L'atlas du développement durable et responsable

Éditions d'Organisation
Groupe Eyrolles
61, bd Saint-Germain
75240 Paris Cedex 05

www.editions-organisation.com
www.editions-eyrolles.com

Chez le même éditeur :
David Autissier, Faouzi Bensebaa, Fabienne Boudier, *L'Atlas du management* 2010/2011

ISBN : 978-2-212-54690-3

Sous la direction de Gilles Pennequin et Antoine-Tristan Mocilnikar

L'atlas du développement durable et responsable

Préfaces de Nathalie Kosciusko-Morizet et de Yann Arthus-Bertrand

EYROLLES
Éditions d'Organisation

Table des matières

Les auteurs

Sébastien Abis est administrateur du Centre international des hautes études en agronomie méditerranéenne (CIHEAM) et analyste politique.

Fadela Amara est inspectrice générale des affaires sociales, elle fut secrétaire d'État chargée de la Politique de la ville, auprès du ministre du Travail, des Relations sociales, de la Famille, de la Solidarité et de la Ville.

Benoist Apparu est secrétaire d'État auprès de la ministre de l'Écologie, du Développement durable, des Transports et du Logement, chargé du Logement.

Yann Arthus-Bertrand est photographe, reporter, président fondateur de Goodplanet.

Alice Audouin, est la présidente de COAL, la coalition pour l'art et le développement durable. Elle est directrice du développement durable d'Havas Media France.

David Autissier est maître de conférences – IAE Gustave Eiffel – Université Paris XII.

Jean-Paul Bailly est président de La Poste.

Faouzi Bensebaa est professeur en sciences de gestion à l'université de Reims, professeur et directeur de la recherche dans le groupe ISEG (groupe IONIS) et consultant en entreprise.

Gilles Berhault est président du Comité 21, président d'Association communication et information pour le développement durable, délégué développement durable de l'Institut Télécom.

Éric Besson est ministre auprès de la ministre de l'Économie, des Finances et de l'Industrie, chargé de l'Industrie, l'Énergie et de l'Économie numérique.

Pierre Biélande est universitaire, économiste, journaliste, rédacteur en chef adjoint d'une revue informatique.

François Bordes est directeur de MyC02.

Dominique Bourg est professeur à l'Université de Lausanne, directeur de l'Institut des Politiques Territoriales et de l'Environnement Humain (IPTEH), faculté des géosciences et de l'environnement.

Thierry Bourret est colonel, directeur de l'Office central de lutte contre les atteintes à l'environnement et à la santé publique au ministère de l'Intérieur, de l'Outre-mer et des Collectivités Territoriales.

Christian Brodhag est directeur de recherche à l'École nationale supérieure des mines de Saint-Étienne, président du conseil d'orientation de l'Institut de l'énergie et de l'environnement de la francophonie (IEPF) et ancien délégué interministériel au Développement durable.

Pierre Calame est président du conseil de la fondation Charles Léopold Mayer pour le progrès de l'homme. Ancien haut fonctionnaire, il fut directeur général de la Fondation de 1988 à 2009.

Pascal Canfin est député Europe écologie au Parlement européen.

Jean-François Caron est maire de Loos-en-Gohelle et président du groupe Europe-Écologie au Conseil régional Nord – Pas-de-Calais.

Pierre-Franck Chevet est directeur général de l'énergie et du climat au ministère de l'Écologie, du Développement durable, des Transports et du Logement.

Alain Chosson est vice-président de la CLCV (Consommation, Logement et Cadre de Vie). Il fut responsable du secteur environnement et cadre de Vie de la CLCV de 1990 à 2004.

Fadi Georges Comair est directeur général des ressources hydrauliques et électriques, ministère de l'Énergie et de l'Eau Libanais.

Jean-Noël Debroise est président de GénérationÉcologie et directeur général d'Alstom Transport.

Jean-Jacques Denis est chargé de mission au Centre d'Analyse Stratégique.

Christian Duchesne est consultant au sein du cabinet d'expertises économiques, financières et sociales Syndex.

François Fatoux est délégué général de l'Observatoire de la responsabilité sociétale des entreprises.

Loïc Fauchon est président du Conseil mondial de l'eau.

Loïc Fel est docteur en épistémologie et responsable du développement durable pour l'agence BETC Euro RSCG.

Philippe Fonta est directeur de l'Environnement au sein d'Airbus, il y fut directeur du développement durable de 2007 à 2010.

Philippe de Fontaine Vive est vice-président de la Banque européenne d'investissement.

Vincent Fouchier est directeur général adjoint de l'Institut d'aménagement et d'urbanisme de la région Île-de-France (IAU-IDF).

Bruno Fulda est directeur de Cabinet du Secrétaire Général de l'Union pour la Méditerranée. Il fut sous-directeur des Échanges internationaux du ministère de l'Écologie, de l'Énergie, du Développement durable et de la Mer, en charge des Technologies vertes et des Négociations sur le climat.

Philippe Germa est directeur général de NATIXIS Environnement & Infrastructures, gérant des fonds FIDEME et European Carbon Fund.

Lauranne Germond est co-fondatrice de COAL.

Anne Ghesquière est fondatrice de FémininBio.

Jean-Pierre Giran est président de Parcs Nationaux de France.

Antoine Grumbach est architecte et professeur à l'école nationale supérieure d'architecture de Paris-Belleville (ENSAPB).

Christian Grusq est président de Diplomatie & Développement Durable.

Jean-Pierre Halkin est chef d'unité responsable des questions environnementales d'EuropeAid, Commission européenne.

Guy Hascoët est conseiller Régional Europe écologie de Bretagne, il fut député du Nord de 1997 à 2000 puis secrétaire d'État à l'économie solidaire dans le gouvernement Lionel Jospin de 2000 à 2002.

Patrice Hernu est administrateur de l'INSEE, président de France Bleu et conseiller risques environnementaux INHESJ-Premier Ministre.

Bertrand Hervieu est inspecteur général de l'agriculture, ministère de l'Agriculture, de l'Alimentation, de la Pêche, de la Ruralité et de l'Aménagement du territoire.

Nicolas Houdant est directeur général d'Énergies Demain.

Patrick d'Humières est président de l'institut RSE Management.

Anne-Catherine Husson-Traore est directrice générale de Novethic.

Julia Jordan est chargée de mission développement durable, mer et agriculture au sein de la Mission interministérielle Union pour la Méditerranée (UpM).

Jean-Louis Joseph est président de la Fédération des parcs naturels régionaux de France.

Yann Jounot est haut fonctionnaire de défense adjoint, directeur de la planification de sécurité nationale au Ministère de l'Intérieur, de l'Outre-mer et des Collectivités Territoriales.

Gilles Kleitz est chef de projet Biodiversité-Ressources naturelles au sein de l'Agence Française de Développement.

Nathalie Kosciusko-Morizet est ministre de l'Écologie, du Développement durable, des Transports et du Logement.

Hervé Lainé est ingénieur général des ponts, des eaux et des forêts, au ministère de l'Écologie, du Développement durable, des Transports et du Logement.

Brice Lalonde est ambassadeur en charge des négociations sur le réchauffement climatique, il fut ministre de l'Environnement de 1988 à 1992. Il a été candidat aux élections présidentielles.

Sylvain Lambert est associé responsable au sein du département développement durable de PricewaterhouseCoopers.

Jean Lamy est ambassadeur au Burundi. Il fut sous-directeur du Climat et de l'Énergie (CLEN), direction des Biens Publics mondiaux (BPM), direction générale de la Mondialisation des Partenariats et du Développement (DGM), ministère des Affaires Étrangères et Européennes.

Bettina Laville avocate associée en charge du développement durable dans le cabinet Landwell & Associés (PricewaterhouseCoopers), membre du conseil d'État. Elle fut coordonatrice pour la France de la conférence de Rio et fondatrice du Comité 21. Elle a été conseiller pour l'environnement du président de la République François Mitterrand et de deux premiers ministres.

Bruno Le Maire est ministre de l'Agriculture, de l'Alimentation, de la Pêche, de la Ruralité et de l'Aménagement du territoire.

Thierry Mariani est secrétaire d'État auprès de la ministre de l'Écologie, du Développement durable, des Transports et du Logement, en charge des Transports.

Philippe Marzolf est vice-président de la Commission Nationale du Débat Public depuis 2002, diplômé de l'Institut européen éco-Conseil de Strasbourg.

Jean-Robert Mazaud est architecte.

Michel Mercier est garde des sceaux, ministre de la Justice et des libertés ; il fut ministre de l'Espace rural et de l'Aménagement du territoire.

Alain Mestre est consultant au sein du cabinet d'expertises économiques, financières et sociales Syndex.

Jean-Marc Michel est directeur général de l'aménagement, du logement et de la nature au ministère de l'Écologie, du Développement durable, des Transports et du Logement.

François Moisan est directeur exécutif stratégie, recherche, international de l'Ademe *(Agence de l'environnement et de la maîtrise de l'énergie)*, président du Club CO2.

Antoine-Tristan Mocilnikar est ingénieur en chef des Mines et titulaire d'un Doctorat de l'Université de Parix IX Dauphine, est haut fonctionnaire en charge de questions de développement durable et également président d'Énergie Intelligence.

Hervé Moulinier est président du Pôle Mer Bretagne.

Patrice Moussy est responsable thématique d'EuropeAid, Commission européenne.

Christophe Nuttall est directeur des plateformes innovantes du Programme des Nations Unies pour le Développement (PNUD).

Leslie Ouarzazi est chargée de programme pour le Programme des Nations unies pour le développement (PNUD).

Jacques Oudin est membre honoraire du Parlement, sénateur honoraire de la Vendée. Il fut vice-président du Conseil Général et conseiller à la Cour des comptes.

Michèle Pappalardo est commissaire générale au développement durable au ministère de l'Écologie, du Développement durable, des Transports et du Logement.

Élizabeth Pastore-Reiss est fondatrice et directrice d'Ethicity.

Gilles Pennequin est haut fonctionnaire spécialisé dans la territorialisation de politiques de développement durable, a été conseiller régional Écologiste du Nord Pas-de-Calais, conseiller auprès du ministre du Logement et auprès de la Commission nationale du développement durable (CNDD).

Serge Planton est responsable du Groupe de recherche climatique du Centre national de recherches météorologiques (CNRM) de Météo-France.

Henri Prévot fut ingénieur général des Mines au Conseil Général des Mines, ministère de l'Économie, de l'Industrie et de l'Emploi.

Isabelle Querne est directrice de Hebdo DD, synthèse hebdomadaire du développement durable dans les médias.

Pierre Radanne est président de l'association 4D. Ancien président de l'ADEME, il fut directeur-adjoint de Cabinet de Mme Dominique Voynet, ministre de l'Aménagement du Territoire et de l'Environnement.

Agnès Rambaud est associée fondatrice du cabinet « Des enjeux et des hommes ».

Henri de Reboul est délégué général de l'Institut du mécénat de solidarité (IMS-Entreprendre pour la Cité).

Jean-Luc Redaud est ingénieur Général du Génie Rural et des Eaux et Forêts, ministère de l'Agriculture, de l'Alimentation, de la Pêche, de la Ruralité et de l'Aménagement du territoire.

Najat Rochdi est directrice adjointe du Bureau du Programme des Nations unies pour le Développement.

Bernard Rogeaux est directeur de la prospective chez EDF R&D.

Augustin de Romanet est directeur général de la Caisse des dépôts et consignations.

Maximilien Rouer est président-directeur général de BeCitizen, administrateur des fonds d'investissement BeCapital et Ginkgo, expert du Conseil général de l'environnement et du développement durable.

Yves-Laurent Sapoval est architecte-urbaniste en chef de l'État.

Sandrine Segovia-Kueny est directeur de la santé publique de l'Agence Régionale de Santé de Basse Normandie.

Bernard Seguin est directeur de recherche à l'Institut national de la recherche agronomique (INRA), mission Changement climatique et effet de serre.

Christian Stoffaës est président du Conseil économique franco-allemand.

Jean-François Tallec est secrétaire général de la mer.

Henri-Luc Thibault est directeur du Plan Bleu, Programme des Nations Unies pour l'Environnement (PNUE).

Jean-Michel Valantin est docteur en études stratégiques et sociologie de la défense.

Philippe van de Maele est président de l'Agence de l'environnement et de la maîtrise de l'énergie (Ademe).

Brigitte Vu est ingénieur management du Territoire vers un développement durable.

Richard Weber est directeur général Adjoint d'EuropeAid, Commission Européenne.

Patrick Widloecher est conseiller du président et du directeur général de La Poste pour le développement responsable et déontologue du Groupe.

Daniel Zimmer est consultant, ancien directeur associé du Conseil mondial de l'eau.

Karim Zinaï est médecin et diplômé de l'ESCP-EAP, Président de ALMEDYS Santé.

Préfaces

Grenelle environnement : une mutation irréversible

L'adoption par l'Assemblée nationale en seconde lecture de la loi Grenelle 2 le 11 mai 2010 a constitué une étape importante dans la transcription dans notre législation des engagements des 24 et 25 octobre 2007. La mise en œuvre du Grenelle environnement a conduit à l'adoption de cinq grands textes qui fournissent les outils pour réussir la mutation écologique : loi Grenelle 1, loi sur la responsabilité environnementale, loi OGM, loi d'organisation et de régulation des transports ferroviaires et loi Grenelle 2. Nous voici ainsi fin prêts pour passer à la vitesse supérieure dans la mise en œuvre concrète du Grenelle !

Nathalie Kosciusko-Morizet est ministre de l'Écologie,
du Développement durable des Transports et du Logement (MEDDTL).

Grâce à l'engagement de l'ensemble des acteurs – État, élus locaux, ONG, entreprises et salariés – et au soutien du président de la République, la France dispose de plusieurs longueurs d'avance grâce à des outils juridiques, techniques et financiers sans précédent : élaboration de cinq grandes lois (loi Grenelle 1, loi OGM, loi sur la responsabilité environnementale, loi d'organisation et de régulation des transports ferroviaires, loi Grenelle 2) en 24 mois, création de 70 mesures de fiscalité écologique, signature de 25 conventions d'engagements volontaires avec les professionnels, mobilisation de 34 milliards d'euros d'investissements publics… Et les premiers résultats sont là ! En moins de deux ans, la France a d'ores et déjà accompli des ruptures irréversibles au sein des six secteurs clés de la mutation écologique.

Énergie : la mutation s'accomplit

Rupture dans le secteur énergétique avec une hausse de 600 % en deux ans de la puissance photovoltaïque raccordée au réseau et une hausse de 90 % de l'éolien. De plus, grâce au plan de développement des énergies renouvelables, notre pays investit massivement dans les infrastructures énergétiques dont il aura besoin au cours des dix ou quinze années à venir : construction d'au moins une centrale solaire par région, lancement de trois appels d'offres « biomasse », création du fonds chaleur renouvelable doté d'un milliard d'euros, relance de tous les programmes de géothermie en région, constitution d'un pôle de recherche d'excellence autour de l'Ines à Chambéry. La loi Grenelle 2 a permis de confirmer et de renforcer l'objectif fixé par le Grenelle environnement de 19 000 MW d'électricité éolienne raccordés au réseau d'ici à 2020, en programmant l'installation de 500 mâts par an. Bref, la France est en train de réussir sa mutation énergétique.

Mobilité : du collectif aux voitures propres

Rupture en matière de mobilité avec la construction de 365 kilomètres de lignes de transports collectifs supplémentaires, soit autant qu'au cours des 34 dernières années, ou le lancement de cinq nouvelles lignes à grande vitesse. De plus, le bonus écologique sur les voitures a permis de faire passer les émissions moyennes de CO_2 des véhicules neufs de 149 g/km à 131 g/km, soit une baisse d'un gramme par mois contre environ un gramme par an auparavant. Ainsi, en moins de deux ans, le parc français de véhicules neufs est devenu le plus sobre d'Europe.

Dans le même temps, nous avons complètement réorganisé la filière automobile française afin d'accélérer la commercialisation des véhicules électriques : lancement d'une première commande publique de 60 000 véhicules électriques, lancement de deux appels à manifestation d'intérêt de l'Ademe pour soutenir l'innovation, création d'un superbonus de 5 000 euros pour l'achat de véhicules très faiblement émetteurs, encouragement à l'installation, sur le sol français, d'usines de batteries, possibilité pour les communes et leurs groupements de créer et d'entretenir des infrastructures de charges... Ainsi, grâce au Grenelle environnement, les constructeurs français seront en mesure de proposer au grand public, dès la fin 2010, des véhicules électriques à des prix accessibles à tous.

Bâtiment : norme et emploi

Rupture dans le secteur du bâtiment avec la mise en place d'une nouvelle norme de construction de 50 kWh/an/m^2, soit trois fois inférieure à la norme actuelle et six fois inférieure à la moyenne constatée dans le bâti existant. Le plan bâtiment du Grenelle environnement poursuit, lui, sa montée en puissance : rénovation de 40 000 logements sociaux sur les 800 000 programmés d'ici à 2020, signature de 120 000 écoprêts à taux zéro afin d'aider les ménages à réaliser des travaux de rénovation thermique, hausse de 800 % en deux ans du nombre de bilans carbone réalisés dans notre pays. Au total, on estime que le plan bâtiment aura permis de mobiliser près de 40 000 emplois dans le seul secteur de la rénovation thermique.

Biodiversité et océan : l'élan est donné

Rupture en matière de protection de la biodiversité avec la réalisation de la moitié des 131 plans de restauration des espèces menacées, l'interdiction des 30 substances phytosanitaires les plus préoccupantes ou le déploiement opérationnel de la trame verte et bleue, désormais opposable aux infrastructures linéaires de l'État. De plus, avec le Grenelle de la mer, la France a élaboré une nouvelle stratégie maritime fondée principalement sur le respect, la connaissance et la protection de la biodiversité marine : classement de 10 % de notre zone économique exclusive (ZEE) en aires marines protégées d'ici à 2012, et de 20 % en 2020, possibilité de créer de nouveaux parcs marins, y compris au-delà des zones territoriales, création d'un écolabel pour les produits de la pêche, création de l'Alliance des sciences de la mer autour de l'Ifremer et du CNRS…

Agriculture : pousser le bio, accompagner les agriculteurs

Rupture en matière agricole avec, déjà, plus de 17 000 exploitations converties à l'agriculture biologique, soit une hausse de 40 % en deux ans. On estime également qu'à l'heure actuelle près de 19 000 agriculteurs tirent des revenus complémentaires de la production d'électricité photovoltaïque et bientôt de la vente de biogaz. La loi Grenelle 2 permet à présent de franchir une nouvelle étape en offrant de nouvelles opportunités aux agriculteurs français : protection renforcée des captages d'eau prioritaires, généralisation des bandes enherbées le long des cours d'eau, lancement d'un programme de prévention contre les algues vertes, création d'un label « haute valeur environnementale »… Enfin, la loi confirme l'objectif d'une réduction si possible de 50 % en dix ans de notre consommation de produits phytopharmaceutiques.

Gouvernance et responsabilité des entreprises

Et dernier sujet majeur, non moins important, rupture en matière de gouvernance grâce à la création du Conseil économique, social et environnemental qui garantit aux associations écologistes une représentation équitable au sein d'une assemblée constitutionnelle.

D'autres initiatives ont été prises en matière de responsabilité et de transparence : obligation pour toutes les entreprises de plus de 500 salariés de présenter, chaque année, un bilan social et environnemental, renforcement de la responsabilité des sociétés mères en cas de pollution grave causée par l'une de leurs filiales, expérimentation de l'affichage environnemental des produits…

Grâce aux 440 milliards d'euros d'investissements du Grenelle environnement, la croissance verte est d'ores et déjà une réalité concrète pour nos concitoyens, nos entreprises et nos territoires : 1/3 des brevets déposés en France en 2009 relèvent des écotechnologies, hausse de 250 % en deux ans du chiffre d'affaires des produits éco labellisés en France, augmentation de 300 % en trois ans du nombre de personnes travaillant dans le secteur des énergies renouvelables… Ainsi, grâce au Grenelle environnement et à l'engagement de chacun – entreprises, salariés,

ONG, collectivités locales, services de l'État – notre pays a non seulement rattrapé son retard mais également pris plusieurs longueurs d'avance dans la bataille économique de demain. Bref, nous changeons tout en restant nous-mêmes, c'est-à-dire en restant fidèles à des valeurs qui font notre force depuis toujours : l'authenticité, la proximité, la qualité et la solidarité.

Les citoyens face aux défis de la planète

Comme beaucoup d'autres, j'ai découvert le concept de « développement durable » en 1992 au moment de la conférence de Rio. Le développement durable est un humanisme parce qu'il implique l'écoute et le respect des autres, des générations présentes et futures. Il s'est peu à peu diffusé à l'ensemble du monde. Il faut se réjouir que chaque jour de nouveaux citoyens de la planète prennent conscience des enjeux liés au changement climatique, au problème d'approvisionnement en eau et en aliments, à la destruction de la biodiversité et à la fin attendue du « tout pétrole ».

Yann Arthus-Bertrand est photographe, reporter, président fondateur de GoodPlanet.org.

Depuis l'insuccès de la conférence de Copenhague sur les changements climatiques en décembre 2009, le développement durable affronte à présent le scepticisme d'une part croissante des élites politiques et économiques, et plus largement des opinions publiques. Nombreux sont ceux qui refusent de penser qu'un autre mode de vie est possible qui tienne compte des limites de la planète.

En outre, le développement durable est de plus en plus galvaudé et ses principes contestés aussi bien par les populations des pays riches – elles ne veulent pas renoncer à leur haut niveau de consommation – que par des populations pauvres – elles souhaitent acquérir les biens et les services qui contribuent chez nous à une qualité de vie sans précédent. Quitte pour cela à exploiter jusqu'au bout toutes les ressources non renouvelables de la planète. Les contestations se renforcent en particulier sur la nécessité de réduire les émissions de gaz à effet de serre, stratégie pourtant indispensable pour lutter contre le réchauffement climatique, l'un des plus grands défis que l'humanité n'ait jamais connus.

Il est nécessaire de continuer à alerter l'opinion : la survie de notre espèce est en jeu. La mobilisation de tous les acteurs de la société se fera à la condition que l'on présente une vision positive de l'avenir auquel nous aspirons. Un avenir dans lequel l'homme vivrait en harmonie, et non en opposition avec les systèmes et les processus naturels, un avenir plus solidaire dans lequel les inégalités sociales seraient en recul.

Pour bâtir un nouveau modèle de développement – respectueux des hommes et de la nature – nous avons à notre disposition de nombreuses expériences réussies de quartiers durables, de production d'énergies renouvelables, de mobilité douce, de pratiques alternatives de consommation, de préservation de la biodiversité, etc. Ces projets pilotes existent partout sur la planète ! Il faut à présent les généraliser rapidement et assurer l'appropriation de ces innovations – certaines relevant du bon sens le plus élémentaire – par le plus grand nombre.

Mais le seul progrès technique ne permettra pas d'atteindre les objectifs ambitieux de lutte contre les dérèglements climatiques sans mobiliser fortement la majorité de nos concitoyens, sans transformer l'économie et les rapports sociaux. Pour cela, il est essentiel de présenter la lutte contre le changement climatique sous un angle nouveau, d'une façon simple et accessible à tous, en cherchant à donner envie à chacun de s'impliquer dès aujourd'hui pour y apporter une réponse.

Les gestes simples qui permettent de réduire ses émissions de gaz à effet de serre sont connus et constituent un premier niveau de transformation. Des initiatives exemplaires existent déjà partout, il s'agit d'en susciter de nouvelles à l'échelle des individus, des entreprises, des collectivités et des États.

C'est le sens de la campagne 10:10 que j'ai récemment lancée. Cette initiative propose à chacun de s'approprier un objectif de réduction volontaire des émissions, elle invite toute personne, organisation ou entreprise à s'engager à diminuer ses émissions de 10 % en 12 mois à partir de 2010. L'objectif de 10:10 est de réduire de manière absolue les émissions de gaz à effet de serre. La compensation ou l'achat de crédits carbone ne peuvent être inclus dans 10:10.

Cette campagne vise à ne se priver de rien, mais à agir raisonnablement en toutes circonstances. Ces gestes quotidiens peuvent participer efficacement à populariser un mouvement global en faveur des générations futures.

Cette démarche se veut progressive, elle ambitionne de changer notre façon de vivre, de repenser notre perception du bonheur qui est largement centrée sur la consommation de biens matériels. Il s'agit de valoriser l'être plutôt que l'avoir, une fois assurée la satisfaction des besoins essentiels à l'homme pour vivre en toute dignité.

Le développement durable et désirable est véritablement à notre portée. La France, dans sa vocation à l'universalité, peut et doit montrer l'exemple. Les contributions rassemblées dans cet Atlas témoignent qu'il existe des raisons d'espérer dans l'avenir. Les solutions sont là, même si les difficultés sont réelles. Cet ouvrage utile participe d'une volonté de montrer la voie pour un progrès centré autour de l'homme qui n'oublie pas avoir hérité d'une planète où s'abrite une vie riche, diverse et inestimable. Cette responsabilité, sans précédent dans l'histoire de l'homme, incombe à notre génération qui doit transmettre ce patrimoine unique aux générations futures.

INTRODUCTION

Vers une école française du développement durable : de l’Atlas du développement durable à Rio+20

Un Atlas pour une école française du développement durable

Antoine-Tristan Mocilnikar est ingénieur en chef des Mines et titulaire d'un doctorat de l'Université Paris IX Dauphine, haut fonctionnaire en charge de questions de développement durable et président d'Énergie intelligence.
Gilles Pennequin est haut fonctionnaire spécialisé dans la territorialisation de politiques de développement durable, ancien conseiller régional écologiste du Nord-Pas-de Calais, conseiller auprès du ministre du Logement et auprès de la Commission nationale du développement durable (CNDD).

« Yahweh Élohim prit l'homme et l'établit dans le jardin d'Éden pour le cultiver et le garder. » *Genèse 2:15*.

Les 90 auteurs rassemblés dans l'œuvre collective que constitue l'*Atlas du développement durable et responsable* sont globalement convaincus que les tensions économiques, sociales et religieuses auxquelles nous sommes confrontés quotidiennement, et les atteintes à l'environnement que nous subissons déjà, peuvent renfermer paradoxalement des forces d'espérance pour l'humanité tout entière. C'est cette conviction qui anime notre démarche, avec l'aide des éditions Eyrolles, pour bâtir, sur le pari de la confrontation positive des idées, les éléments d'une *École française du développement durable*, à partir du témoignage des contributeurs tous engagés dans la mise en œuvre d'actions de développement durable, à différents degrés, dans le domaine politique ou professionnel ou associatif.

Cet Atlas vise à apporter sa pierre à la perception des enjeux et pistes d'actions qui participent possiblement à la reconstruction d'une société humaine soumise pour la première fois de son existence à la question même de sa survie.

Le développement durable se veut holistique. Il constitue un nouveau modèle économique de développement centré autour de l'homme, de ses besoins et de ses aspirations. Il participe à l'invention d'un monde reconnu dans sa pluralité, nourri du respect des droits humains et des droits et devoirs écologiques et sociaux. Il cherche à maintenir la richesse des diversités culturelles engagées dans la même volonté d'élever l'homme vers l'humanité, qui trouvera le désir de vivre, rassemblé par le partage d'une terre commune aux ressources limitées.

L'Europe, qui a inventé le modèle occidental de développement, a été au cœur de l'aventure précédente. Ce modèle de conquête de la planète par la technique a permis une interconnexion de toutes les parties du monde. Il a permis une accumulation sans précédent de biens matériels, mais aussi, surtout, une augmentation considérable de l'espérance de vie par la maîtrise de l'approvisionnement en nourriture, par les progrès de la médecine. Pourtant, les modes d'organisation économique, sociale et politique qui ont créé cette qualité de vie contribuent aujourd'hui à déstructurer ce mouvement perçu encore comme positif, jusqu'au point d'entraîner l'humanité à sa perte s'il n'est pas modifié à temps.

L'enjeu du développement durable est la perpétuation même de l'humanité dans un contexte où la survie au jour le jour de chaque homme devient *a priori* une réalité tangible, mais où celle de l'espèce humaine est compromise. Il tente de combiner les multiples préoccupations, de trouver des compromis et de maîtriser les temporalités. D'où le thème central du rapport Brundtland de 1987, *« répondre aux besoins des générations du présent sans compromettre la capacité des générations futures à répondre aux leurs »*.

Fondée sur des racines anciennes, la notion de développement durable peut s'imposer dans un contexte nouveau.

Historiquement, le développement durable procède d'un compromis Nord-Sud entre développement et protection de l'environnement. Nous le constatons dans les noms donnés aux grands moments qui jalonnent la précision de ce principe : conférence des Nations unies sur l'environnement de Stockholm, en 1972 ; conférence des Nations unies sur l'environnement et le développement de Rio de Janeiro, de 1992 ; Sommet mondial sur le développement durable en 2002 à Johannesburg.

L'esprit même du développement durable se retrouve dans les temps les plus reculés. Les cisterciens sont des précurseurs du développement durable. Pour transformer les vallées en ces terres fertiles et prospères qui firent leur renom, les moines ont dû les drainer et les amender, construire des digues, creuser des canaux, déplacer le lit des rivières, dévier les crues et inventer des stratagèmes de toutes sortes pour rendre le site habitable. L'eau est utilisée dans trois usages bien identifiés qui sont le domestique, le liturgique et l'industriel. Elle doit être conduite de l'extérieur vers l'intérieur de l'abbaye puis *vice versa*.

Pourquoi le sujet revient-il, alors ? Pourquoi est-il peu présent chez Marx, Ricardo ou Keynes ? C'est un vrai débat que cet Atlas ouvre. Ne serait-ce pas parce que le monde retrouve des *clôtures* comme il en connaissait avant la découverte de l'Amérique et de la route vers l'océan Indien à la fin du XVe siècle ?

Une économie de marché de plus en plus intégrée qui étend son modèle à l'ensemble du monde

Avec l'invention de l'agriculture, l'homme se fixe, et construit petit à petit les villages puis la ville. Une économie essentiellement circulaire et locale se forme. Seul un petit surplus est échangé. Les déplacements de population sont également limités. Quand ils prennent une large ampleur, comme avec les grandes invasions, les historiens pensent de plus en plus qu'ils sont liés à des phénomènes climatiques ou environnementaux. Les migrants se fondent avec les natifs. La découverte de l'usage des métaux développe un premier commerce à longue distance, notamment celui de l'étain, entrant dans la composition du bronze, relativement rare et mal réparti sur la planète. Ce commerce a sans doute laissé sa trace dans *L'Odyssée* avec Ulysse. Au gré de la rencontre entre les Chinois et les Grecs après les conquêtes d'Alexandre, un commerce de nature intercontinentale s'organise. Jules César se drape dans des soies chinoises. Mais nous avons affaire à un commerce fonctionnant sociologiquement de proche en proche, et réduit encore une fois au surplus.

Avec l'ouverture pour l'Europe de l'océan Indien, les flux commerciaux planétaires sont pour la première fois captés par un groupe restreint dont le centre de gravité se déplace jusqu'à nos jours, du Portugal vers l'Espagne, Amsterdam, Londres, New York. Avec la découverte puis l'exploitation des Amériques par l'Europe, une dynamique d'expansion jamais vue se développe. Ce sont des révolutions de civilisation sans précédent. Symboliquement, cette période s'achève avec la disparition officielle, décrétée par le Bureau du recensement, en 1890, de ce qu'aux États-Unis on appelait *la frontière*, désignant une région aux confins d'un territoire civilisé. Elle désigne donc plus un front pionnier qu'une frontière telle qu'on l'entend généralement en français.

Dans l'imaginaire américain, si important car si influent sur la planète, cette frontière fut matrice. Dès 1893, lors de l'Exposition universelle de Chicago, l'historien Frederick Jackson Turner développe la théorie que les colons avaient vécu dans un monde vierge qu'il leur avait fallu conquérir, en faisant preuve d'un exceptionnel esprit d'initiative et d'innovation : la frontière les avait délivrés du fardeau de l'habitude en offrant de nouvelles expériences, en faisant appel à de nouvelles institutions et à de nouvelles activités. Les États-Unis, après la disparition de cette frontière moteur, ont essayé de la retrouver. Dans sa campagne électorale, en 1960, John Kennedy, parle de *Nouvelle frontière*, après Roosevelt qui a parlé, en 1932, de *Nouvelle donne (New deal)*, et avant les Républicains qui parlent en 1991 de *Nouvel ordre mondial*. Une expansion sans fin est recherchée.

Mais l'expansion territoriale atteint ses limites partout sur les terres et dans les mers, et pas seulement dans les plaines américaines. Elle se referme également en Afrique en 1898 après la crise de Fachoda, sur le Nil, au Soudan, qui précipite le partage définitif de l'Afrique non explorée par les Blancs entre les deux plus grands empires coloniaux que sont la France et le Royaume-Uni. Le spoutnik, lancé en 1957, marque la conquête de l'espace et indique en même temps qu'il ne sera pas ouvert aux grandes vagues de population. Le traité sur l'Antarctique, qui s'assure que la zone ne deviendra pas l'enjeu de différends internationaux, a été signé en 1959. L'intérêt de l'homme atteint les fonds océaniques (découverte, en 1977, d'une vie et d'un écosystème non liés à la photosynthèse). Puis se développe la pêche intensive, depuis trois décennies, des espèces des grandes profondeurs, découvertes notamment au-dessus des monts marins.

Les dysfonctionnements d'un modèle économique qui développe de nouvelles frontières pour des raisons essentiellement sociales et culturelles, et qui redécouvre les vertus de l'économie de proximité pour des raisons d'abord écologiques.

Depuis la chute du mur de Berlin, les relations internationales qui se définissaient par une tension entre le capitalisme et le communisme ont été remplacées par d'autres formes d'opposition. Notamment celle qui se porte à présent entre les individus mis en marge et ceux qui restent dans le système, entre les quartiers dégradés et les centres urbains rénovés, entre les économies dites développées et les pays les moins avancés. Ces inégalités territorialisées constituent dès lors une des bases de la désespérance, des uns parce qu'ils n'ont rien, ni pour eux ni pour leurs enfants, et des autres parce qu'ils ont peur de ces « nouveaux barbares ». Cette chute du mur de Berlin est sans doute également un moteur de la relance des migrations sur l'ensemble de la planète.

Mécanisme qui développe ainsi un sentiment latent et général d'insécurité. Cette fracture sociale et écologique globale mobilise d'abord contre elle une partie des populations du Sud qui se replient de plus en plus autour de questions religieuses et identitaires. Elle déstabilise ensuite les fondements des valeurs humanistes de l'Occident, lorsqu'elle ne conduit pas, enfin, à susciter la haine entre les peuples, jusqu'au discours simplificateur qui a poussé à qualifier cette tension de « guerre entre l'axe du bien et l'axe du mal ».

Depuis la révolution industrielle occidentale et sa croissance économique exponentielle, nos sociétés n'ont cessé de mettre en œuvre des politiques et des pratiques qui ne sont pas soutenables à long terme, car elles portent gravement atteintes à l'environnement tout en mettant sous tension nos modèles sociaux. Nos sociétés ont en effet parcouru une double évolution : les fortes avancées technologiques et scientifiques ont permis, avec un usage immodéré des ressources naturelles, un enrichissement d'une rapidité sans précédent, en même temps que les notions d'épuisement des ressources naturelles et d'impacts irréversibles sur l'environnement se révélaient de plus en plus fondées.

Le besoin de mieux gérer la rareté

De la rareté relative, nous repassons dans une ère de rareté absolue. D'une dynamique ouverte et exponentielle, nous passons à un schéma d'optimisation sous contrainte. Quels sont les sujets majeurs de ce cadre nouveau ? Avec un degré de certitude de 90 %, les plus grands scientifiques mondiaux estiment que le climat de la Terre est en train de changer à un rythme qui s'accélère et que ces changements ont une origine humaine. Même si le détail de la compréhension du modèle climatique reste à préciser, le besoin de comprendre le climat et de comprendre l'importance que le climat revêt pour nos sociétés a été identifié politiquement. Née du sujet du climat, est en train de se lancer une quête pour l'indexation et la connaissance complète et fermée de la planète. La montée en puissance du thème de la biodiversité illustre cette dynamique. La question de la forêt est particulièrement centrale et constitue véritablement un pont. Plus de 50 % des forêts dans le monde ont disparu. Les forêts sont une composante essentielle du patrimoine génétique, du système climatique et de la préservation et de l'entretien des nappes phréatiques, et plus généralement du cycle de l'eau. La déforestation est responsable de 25 % des émissions de gaz à effet de serre supplémentaires.

Jusqu'à présent, l'économie et la culture occidentalisées ont été construites en grande partie sur la dépendance envers un pétrole facile à extraire, très abondant et donc bon marché. La production de pétrole à terre *(onshore)* avec simple forage a atteint son maximum. Les compléments *offshore*, sable bitumineux, gaz liquéfié, carburant synthétique, biocarburants ouvrent à une production accrue mais de coût marginal sans commune mesure. Il devient alors impossible de satisfaire la demande par une offre uniquement basée sur les productions aux coûts très faibles, c'est-à-dire moins de 15 dollars le baril. Nous rentrons donc dans une ère de pétrole cher. Nous ne connaîtrons peut-être plus, comme au début de ce XXIe siècle, un baril à 20 dollars. Un plus haut de 147 dollars a été atteint en juillet 2008. Un plus bas, finalement assez haut, s'est chiffré, au cœur de la crise, en décembre 2008, à 30 dollars, de manière très brève, pour revenir à près de 90 dollars début 2011.

La taille de la population reste un défi. Au cours des dix dernières années, la population de la planète s'est accrue de plus d'individus que toutes celles qui se sont succédé entre la naissance de Jésus-Christ et 1850. En l'an 1000, la population mondiale était d'environ 500 millions d'habitants. Quelque 800 ans plus tard, elle a atteint un milliard. Il lui a fallu 130 ans pour atteindre 2 milliards en 1930. Trois milliards de personnes vivent sur notre planète en 1960, 4 en 1975, 5 en 1989, 6 en 2000. La population sera de 7 milliards en 2012. Les démographes prévoient un pic à 9 milliards en 2050.

La question alimentaire est cruciale. Aujourd'hui, une personne sur six dans le monde souffre de la faim. L'augmentation de la production agricole et la nécessité de permettre à tous l'accès à l'alimentation dépendent des évolutions du prix de l'énergie, des modifications des conditions de vie, dans un contexte de raréfaction des ressources et de croissance démographique et urbaine. Ainsi, en Asie, la consommation alimentaire est passée de 2 150 kilocalories par personne et par jour en 1970 à près de 2 800 kilocalories en 2000. Les habitudes alimentaires ont également changé avec une consommation de viande plus élevée. Les calories d'origine animale représentaient en 1970 moins de 5 % des calories totales consommées en Asie. Trente ans plus tard, cette part a plus que doublé pour atteindre 11,7 %. Rappelons qu'en moyenne, sept calories végétales sont nécessaires pour produire une calorie animale. Une première alerte, la crise alimentaire mondiale de 2007-2008, a eu pour origine une forte hausse du prix des denrées alimentaires de base, plongeant dans un état de crise quelques-unes des régions les plus pauvres du monde, cause d'instabilité politique et d'émeutes dans plusieurs pays. La FAO (Organisation des Nations Unies pour l'alimentation et l'agriculture) déclara que 37 pays avaient besoin d'une aide alimentaire urgente. Le G8 d'Aquila de 2009 a pris en compte cette question qui sera de nouveau traitée lors du G20 en France en 2011, ainsi qu'à travers la réforme de la PAC (Politique agricole commune).

La rareté relative de l'eau est également une grande contrainte qui va structurer notre développement. À l'horizon 2025, la pénurie d'eau guette cinquante pays dans lesquels vivent 40 % de la population mondiale. La rareté de la ressource se résume en grande partie à une mauvaise répartition géographique et temporelle, accentuée par les différences climatiques. Les régions les plus touchées par la rareté sont en premier lieu le bassin méditerranéen, l'ouest des États-Unis, le sud de l'Afrique, le nord-est du Brésil, le sud et l'est de l'Australie, ou certaines régions d'Amérique latine et d'Asie centrale.

Même les technologies de l'information, gages des moyens de communication presque infinis, ont, à leur tour, rencontré leur rareté. Elles consomment des matériaux rares dont les réserves sont très concentrées : 90 % du niobium proviennent du seul Brésil, 90 % du béryllium, 65 % du rhénium ont pour origine les États-Unis, 85 % des terres rares, 82 % de l'antimoine et 75 % du tungstène sont produits en Chine, 80 % du platine sont extraits d'Afrique du Sud et 70 % du tantale d'Australie, 65 % du palladium sont exportés de Russie, 40 % du cobalt sont tirés des mines du Congo-Kinshasa et de Zambie…

Des solutions à portée de main

Face aux crises écologiques et sociales globales, le monde doit retrouver l'espérance d'une croissance, par une idée renouvelée de ce qu'est la richesse d'un continent et de la qualité de la vie de ses habitants.

Cette incompréhension volontaire des enjeux du développement durable naît entre autres de la cohabitation des systèmes socio-économiques de transformation des sociétés qui relèvent, par certains côtés, d'époques différentes de notre propre histoire. Quand certains pays d'Asie ou du Moyen-Orient connaissent une tertiarisation et une industrialisation accélérées, d'autres territoires ont encore pour enjeu la maîtrise des techniques agricoles.

Face à cette fragmentation du monde, les réponses uniques et globalisantes n'ont que peu de sens. Qu'il s'agisse du modèle de l'économie de marché libérale sans bornes ou de la vision parfois unifiante que certains économistes de l'écologie se font du développement durable.

Face à ces défis, ce n'est donc pas *une solution* qui est à mettre en place mais un *bouquet*. Dégageons quelques pistes. Les solutions existent car l'humanité est d'abord créative, innovante, la liberté est son moteur. Ce génie de l'homme et de la société délivre une vision positive du futur fondée sur une croissance du bien-être pour chaque individu. Il nous éloigne des thèses néomalthusiennes ou autres théories de la décroissance. De nombreux éléments, illustrant des points de vue divers, sont décrits dans cet Atlas.

La fiscalité doit d'abord être repensée afin de prendre en compte une réalité : ce sont actuellement les firmes installées dans des États pratiquant le moins-disant fiscal, social et environnemental qui font perdre des parts de marché aux entreprises des États soumis à des réglementations strictes.

Le prix de l'énergie doit augmenter pour trouver un sentier durable bien au-delà de son coût de production, lui-même en hausse. Se pose alors la question de sa taxation sur fond d'enjeu géopolitique : le prix hors taxe de l'énergie augmentera fortement, et la marge sous-jacente se concentrera dans les pays producteurs. Taxer plus l'énergie, notamment par une taxe carbone, vise à rééquilibrer le partage de la rente entre producteurs et consommateurs.

Il faut dans le même temps soutenir activement le développement des énergies renouvelables, comme les énergies solaire, éolienne, géothermique, celle des mers et la biomasse, dont les biocarburants. Le charbon, dont le coût d'extraction puis de transformation en électricité est très bas, correspond à environ 60 % des réserves fossiles. Il est en outre présent dans les plus grands pays consommateurs d'énergie que sont les États-Unis, la Chine, l'Inde, l'Australie ou la Russie. Pour que son emploi soit durable, les technologies de captage et stockage doivent s'imposer.

Ensuite, des grands pans de la société doivent être repensés, optimisés à nouveau. Il faut inventer la nouvelle ville durable. Plus de la moitié de la population vit aujourd'hui dans des villes qui consomment plus de la moitié de l'énergie et des matières. En 2050, c'est près de 3 milliards d'urbains nouveaux que va connaître le monde. Bâtir la ville, durable devient dès lors un enjeu capital pour assurer la transition économique qu'appelle le développement durable. Par la restructuration de nos villes par l'économie de transport automobile et d'énergie fossiles, donc dans un modèle radicalement opposé au modèle californien qui est en train de bien trop s'implanter sur la planète, nous pourrons réduire la consommation des cités d'un facteur de 10. S'ajoute l'amélioration du bâti, qu'il s'agisse des maisons, des immeubles de bureaux ou des usines. Certains bâtiments seront des producteurs d'énergie nette.

Il va également falloir reconstruire nos chemins de fer, les voies navigables et les transports en commun, tout comme développer l'optimodalité pour maîtriser le recours au transport par camion.

Les industries doivent réduire leur consommation de matière première en mobilisant davantage les technologies d'avant-garde, mais aussi le recyclage (les Asiatiques parlent d'« économie circulaire »). Il faut également relocaliser l'activité : il est essentiel de repenser l'usage de l'espace pour vivre, travailler, produire, développer et acheter des produits locaux. L'achat local rime avec circulation locale de notre argent.

Ces préoccupations doivent concerner *tous* les acteurs. Il faut prendre *toutes* les décisions en les fondant sur la durabilité. D'où la responsabilité sociale des entreprises, le Grenelle de l'environnement, la Commission mondiale du développement durable, les plans climat territoriaux, les stratégies nationales du développement durable, les sommets mondiaux de l'eau, et bien d'autres dynamiques décentralisées.

Restent des sujets très sensibles, beaucoup plus subjectifs car au cœur de nos choix politiques. La dynamique du développement durable ne va cependant pas les éviter, même si le corpus le plus consolidé ne peut donner de règles immédiates. Il peut toutefois concourir au débat.

Commençons par la justice sociale. Selon la morale utilitariste, une action sera considérée comme « bonne » si et seulement si elle travaille « au plus grand bonheur pour le plus grand nombre » fût-ce au prix du sacrifice du bien-être de certains. Il est évident que, dans nos sociétés, cette « règle » devient un peu insuffisante. Une majorité n'accepte plus que certains P-DG soient payés 500 fois le Smic. Plus précisément que, par exemple, l'écart de rémunération entre un P-DG et un salarié aux États-Unis, de 1 à 40 en 1980, soit passé de 1 à 411 en 2005, que 10 % des ménages les plus riches possèdent 71 % du patrimoine aux États-Unis (38 % en France). Se pose également la question de la captation d'une grande partie des rentes et marges par le secteur financier et ses dirigeants. Comme Alexis de Tocqueville l'avait souligné, les tensions naissent de l'attelage liberté-égalité. Le développement durable peut et doit trouver des éléments de compromis. John Rawls propose une étape libérale : *Les inégalités économiques et sociales doivent remplir deux conditions pour être acceptables ; d'abord, elles ne doivent pas empêcher l'égale opportunité de mobilité sociale. Ensuite, elles doivent se faire au plus grand bénéfice de l'ensemble de la société.* Le développement durable doit aller au-delà.

La question de la crise financière est d'une brûlante actualité. La commission présidée par Joseph Stiglitz sur la mesure des performances économiques et du progrès social donne des pistes. Son rapport final, présenté à La Sorbonne en septembre 2009, s'oriente vers un tableau de bord à plusieurs indices, autour de trois grands axes. L'axe économique, avec une amélioration de la façon de calculer le PIB. Celui du bien-être, avec une évaluation subjective (ce que pensent les gens) et objective (avec la prise en compte de la consommation, de la répartition des revenus, etc.). En France, l'Insee commence à s'engager dans cette voie avec la publication, le 17 novembre 2009, des données sur les inégalités. L'institut compte présenter en 2011 des analyses sur les très hauts revenus, le mal logement ou le capital humain. Le troisième axe est particulièrement important. Il concerne la soutenabilité du développement avec deux grands angles d'approche, celui des indicateurs monétaires synthétiques de soutenabilité et celui des indicateurs physiques, *dont l'un d'eux indique clairement dans quelle mesure nous approchons de niveaux dangereux d'atteinte à l'environnement* (cas du changement climatique ou des ressources halieutiques par exemple).

Puis viennent les questions liées à la mondialisation. La population mondiale devrait atteindre les 9 milliards d'individus en 2050. Les pays les plus développés vont voir leur population n'augmenter que faiblement, de 1,23 à 1,28 milliard. L'Inde devrait compter 1,6 milliard d'habitants contre 1,4 milliard pour la Chine. La population des 49 pays les moins développés devrait doubler, passant de 840 millions de personnes en 2009 à 1,7 milliard en 2050. Les questions d'égalité économique et sociale prennent donc une dimension planétaire. Celles qui intéressent les migrations vont se révéler très fortes, comme les questions de concurrence des modèles. Les systèmes sociaux européens devront-ils entrer en concurrence complète avec les modèles chinois et indien ?

Face aux dégradations environnementales et aux tensions sociales, tout comme en raison des dysfonctionnements récents du système financier, ces maux, liés pour la plupart à la prééminence d'un marché économique incapable d'anticiper ces risques, sont responsables du retour du rôle majeur des chefs d'État et de gouvernement en particulier, mais aussi des autorités politiques régionales et municipales. L'histoire de la planète implique une certaine cohésion internationale : dans une économie globale largement dirigée par des firmes multinationales, deux cents États indépendants ne peuvent assurer leur cohésion sociale et la protection de leur environnement qu'en trouvant des modes de coopération entre eux. Dès lors, nous ne pouvons que militer pour un régionalisme, mais d'un nouveau genre car construit sur des partenariats régionaux Nord-Sud. Ce sont des partenariats renouvelés qui assument une part d'hétérogénéité. Ils se distinguent donc des logiques fondées sur la cohérence : Union européenne, OCDE, Ligue arabe, Mercosur, Bric (Brésil, Russie, Inde, Chine), Groupe des 77. Ces regroupements concernent les Amériques avec l'Alena, l'Asie avec l'Asean, l'Euro-Afrique, dont le centre est la Méditerranée, avec l'Union pour la Méditerranée. Entre eux, ils devraient trouver des accords d'échange. C'est une vision très renouvelée par rapport à celle qui a fondé le GATT puis l'OMC. Ce pourrait devenir l'enjeu d'une possible « Organisation mondiale de l'environnement ». Ces blocs régionaux ont également de quoi trouver dans le G20 leur forum de discussion. Se pose en outre la question de *l'évolution* de cette croissance démographique. Finalement, la densité de population et la densité urbaine, très fortes, vont à leur tour susciter des pandémies. C'est aussi un possible développement vers les sujets de santé. Dans cette configuration, l'État-nation, qui fonde l'identité française, doit s'intégrer, évoluer pour répondre à ce besoin de coopération, pour se renforcer dans le respect des principes de subsidiarité.

Reconstruire une représentation globale du mouvement des sociétés

Le problème auquel nous sommes confrontés maintenant est de reconstruire une représentation globale du mouvement des sociétés.

Il s'agit de tracer un nouveau chemin autour de l'équilibre entre des espaces ouverts et des flux régulés, à équidistance entre l'enfermement sur le territoire et l'ouverture absolue au monde.

Notre nouveau modèle économique doit ainsi naviguer entre développement local non communautariste et développement exogène, conforme à une vision universaliste du monde.

À l'échelle des pays et régions, le nouveau paradigme du développement doit enfin soutenir l'intégration de *tous* les habitants, sans pour autant mésestimer l'engouement croissant pour l'expression de leur individualité, de la reconnaissance dans leur spécificité culturelle et religieuse.

Nous terminerons par l'esprit. Nous ne sommes clairement pas à la fin de l'histoire, comme interrogeait Francis Fukuyama. Mais sommes-nous au bord du choc des civilisations, à la façon dont Samuel Huntington en théorise le fondement ?

L'enjeu de la nouvelle politique durable, basée sur une redéfinition de la globalisation et de ses limites, est de faire entrer dans le champ d'une nouvelle croissance les pratiques, les savoirs, les cultures de sociétés différenciées. Ainsi, le développement durable pose la question du contenu d'une croissance décalée entre les pays du monde, en fonction à la fois de leur état actuel de développement et des univers symboliques des populations.

Le principe de précaution nous enseigne que nous devons en comprendre le risque pour l'éviter. Ce sera la dimension géopolitique du développement durable.

Partager, mettre en réseau et agir

De la nécessité de donner une ambition internationale au Comité français pour le développement durable – le Comité 21…

Gilles Berhault est président du Comité 21, président de l'Association pour la communication et l'information du développement durable (ACIDD), délégué développement durable de l'Institut Télécom.

Vingt ans après le Sommet de la Terre de Rio de 1992, « Rio+20 » se déroulera au Brésil en 2012. Il visera à engager l'ensemble des pays du monde dans un combat commun pour le développement durable en associant aux états les associations et ONG, les collectivités territoriales, les entreprises, les chercheurs et, bien sûr, les citoyens. De nombreuses organisations françaises en ont conscience, et tout particulièrement le Comité 21 (qui accompagne les décideurs dans la mise en place du développement durable, lire *infra*).

Le concept de développement durable aura été long à s'imposer. Mais il est maintenant connu et reconnu, désiré par la grande majorité des habitants des pays les plus développés de la planète, à défaut d'être identifié comme une nécessité par ceux qui espèrent accéder au développement tout court.

La prise de conscience du nécessaire changement de paradigme en une réconciliation entre développement économique, justice sociale et protection de l'environnement, s'est forgée dans l'opinion publique mondiale au gré des catastrophes écologiques, alimentaires, des inquiétudes sur la sécurité sanitaire et des crises financières. Autant de facteurs qui concourent à démontrer aux citoyens du monde qu'il existe à présent des interactions fortes nées de la globalisation économique et culturelle. Les travaux du Giec (Groupement d'experts intergouvernemental sur l'évolution du climat) ont confirmé ces inquiétudes, renforcée auprès du grand public par des films comme celui d'Al Gore ou même *Avatar*, portées par des *people*…

Depuis, le Grenelle de l'environnement et la conférence de Copenhague (COP15) sont passés par là. Des actions très concrètes sont initiées par les acteurs publics et économiques, et l'ensemble de la société civile : développement de l'écoconception des produits et services, plans climat, éducation au développement durable, habitat durable, lutte contre les exclusions et les précarités, diversité, transports doux… C'est souvent une démarche globale qui est mise en œuvre, Agenda 21 (le plan d'action adopté par 173 chefs d'État à Rio en 1992) ou politiques RSE (Responsabilité sociale des entreprises).

Le temps n'est plus celui des pionniers mais de la généralisation de la démarche. Le succès du développement durable repose sur la nécessaire implication de l'ensemble des parties prenantes de nos sociétés, avec un renouveau de l'éducation et de la gouvernance territoriale. Celle-ci est totalement transformée aujourd'hui par l'usage des technologies contributives de l'information[1], le Web 2.0[2], véritable « écosystème informationnel » sur lequel se fondent les changements de comportement.

Comité 21, Agenda 21, clés d'une application efficace

Le développement durable obéit à une logique de collaboration. C'est pour cela qu'a été créé le Comité 21 en 1995. Né juste après la conférence de Rio, le Comité français pour le développement durable est un réseau d'acteurs engagés dans la réflexion et la mise en œuvre opérationnelle du développement durable. Il a pour mission de créer les conditions d'échange et de partenariat entre ses adhérents, issus de tous les secteurs, afin qu'ils s'approprient et mettent en œuvre, ensemble, des démarches de développement durable. Organisation à but non lucratif, elle réunit toutes les parties prenantes concernées : entreprises (multinationales, PME, *start-up* de la croissance verte), collectivités territoriales (communes, agglomérations, départements, espaces protégés, régions), associations (protection de l'environnement, consommateurs, développement, solidarité locale, défense des droits humains, syndicats...), institutions, établissements d'enseignement supérieur et médias. Le PNUE (Programme des Nations unies pour l'environnement) et le PNUD (Programme des Nations unies pour le développement) en sont membres de droit. C'est un espace de dialogue et d'actions. Le Comité 21 a ainsi développé une méthodologie très performante de concertation avec les parties prenantes pour aider ses membres à s'inscrire dans cette démarche, évaluer les risques environnementaux et sociaux, s'engager...

L'objectif est clairement affirmé : initier, développer et accompagner des actions efficaces à grande échelle.

Le processus de gouvernance, modèle français ?

C'est une question de vision globale et d'anticipation. L'humanité est entrée maintenant pleinement dans le XXIe siècle, celui de l'innovation, des nano et biotechnologies, de la robotique, des temps synchrones à l'échelle planétaire. Des solutions et des risques nouveaux apparaissent. Les choix à faire sont nombreux, complexes et engageants. L'expérience française en matière de développement durable dans sa recherche d'équilibre de la décision entre les acteurs de la décision publique, de l'économie et bien sûr des citoyens dans toutes leurs diversités, est unique. Le Comité de prospective du Comité 21 veille à proposer des approches originales et éclairantes sur les crises ou la ville.

1. *Développement durable 2.0*, Gilles Berhault, édition de l'Aube, 2009.
2. Facebook, Wikipedia, Dailymotion, Twitter, fils RSS...

Le Sommet de la Terre de Rio de 1992 avait généré un grand optimisme. Espérons que celui de 2012, vingt ans après, accueillera la prise des décisions d'actions pour ce siècle.

Saurons-nous porter collectivement un nouvel élan en faveur du développement durable ?

La France, dans sa visée universaliste, est en mesure de proposer au monde un processus de gouvernance innovant qui assure le lien entre une intervention publique forte et un engagement des acteurs privés. L'un ne peut aller sans l'autre. La question du changement climatique est là pour nous montrer que nous avons besoin d'éclairages par la puissance étatique, mais aussi par les réseaux associatifs. De nombreux acteurs privés et publics, concentrés sur des enjeux de court terme, ne peuvent spontanément s'engager dans la prise en compte des externalités négatives – reportées dans l'espace et dans le temps – que génère notre mode de développement.

C'est tout le projet du Comité 21 : apporter une expertise et un réseau unique en son genre, global et local. Prendre ses responsabilités, mobiliser tous les acteurs sur les territoires, au-delà des partis politiques et des chapelles, au-delà des concurrences habituelles.

Repères

Le Comité 21 est une association ouverte qui accueille chaque mois de nouveaux membres engagés pour le développement durable avec optimisme, créativité et réalisme (440 membres en novembre 2010). Il est temps de prendre de nouvelles initiatives, de passer à un nouveau stade de travail en réseau réellement multipartite : pourra-t-on envisager bientôt une grande université populaire du développement durable ?

Rio, vingt ans après

« Rio+20 » sera le 3e Sommet de la Terre organisé par les Nations Unies (10 ans après celui de Johannesburg – Jo'burg 2002).

Sa date d'organisation apparaît aujourd'hui particulièrement stratégique dans le calendrier de la négociation internationale sur les changements climatiques. COP15/Copenhague (décembre 2009) avait apporté des déceptions, malgré de véritables avancées politiques. Les prochaines rencontres internationales seront des étapes vers Rio+20, probablement le temps déterminant pour signer un accord international plus ambitieux que les objectifs de diminution des émissions de gaz à effet de serre du « protocole de Kyoto 1997 ».

Les Nations unies ont choisi des thèmes officiels pour ce Sommet. Il s'agira de dresser un bilan bien sûr, mais encore de trouver des solutions pour le développement de l'économie verte, l'éradication de la pauvreté, les questions de la gouvernance internationale et locale. C'est avant tout un exercice de négociation, de concertation. À chacun de nous d'y contribuer.

Nombreux sont les membres du Comité 21 qui ont participé à la rédaction de l'*Atlas du développement durable* que vous tenez entre les mains. L'ouvrage arrive à point nommé pour fonder de nouvelles bases, préparer les métamorphoses innovantes, inspirées et fondées par une « école française du développement durable », chère aux auteurs, Antoine-Tristan Mocilnikar et Gilles Pennequin. Est-ce cela, la nouvelle *French Touch* créative ?

Le Comité 21 se sent porteur d'une responsabilité, en tant que première plateforme à pluralité d'acteurs en France pour coproduire le développement durable, et donc porter toute initiative positive.

Zoom

En 1995, quelques mois après le succès du Sommet de la Terre de Rio, trois femmes, Huguette Bouchardeau, Bettina Laville et Simone Veil, avaient décidé de fusionner les organisations de protection de l'environnement qu'elles présidaient pour « *faire vivre en France l'Agenda 21, programme d'actions pour le XXIe siècle ratifié au Sommet de la Terre de Rio en 1992* ». Un homme s'est alors imposé pour prendre la présidence de cette nouvelle structure, Serge Antoine. Premier président du Comité 21, il a marqué le réseau par son enthousiasme et sa vision. Légitimé en tant que créateur des Parcs naturels régionaux ou du Plan Bleu pour la Méditerranée, il a aussi été le principal inspirateur, en France, de la création d'un ministère de l'Environnement.
Cet acte fondateur éclaire encore les actions du Comité 21, toujours transversales, impliquant systématiquement des acteurs aux intérêts et stratégies très différents.

Lectures utiles

L'avenir en vert. Environnement, santé, emploi : pour une France du XXIe siècle, Le Seuil.
Temps de crise financière, économique, écologique, sociale : enjeux, contradictions, opportunités, Comité de prospective du Comité 21.
Guide méthodologique de l'Agenda 21 scolaire, éditions Comité 21.
Agir ensemble pour des territoires durables, éditions Comité 21.
Du quartier à la ville durable, éditions Comité 21.
Le Guide du marketing durable, éditions Comité 21.
Mobilisation des équipes pour le développement durable, éditions Comité 21.
Développement durable 2.0, Gilles Berhault, édition de l'Aube.
www.comite21.org
www.agenda21france.org
www.rioplus20-comite21.fr
www.gillesberhault.com

Rio+20, 3e Sommet de la Terre : déterminant

L'assemblée générale des Nations unies a décidé, en 2009, de convoquer une conférence mondiale sur le développement durable en 2012 à Rio de Janeiro. La préparation a été lente à se mettre en route, le pilotage hésitant. Les Nations unies souffrent de leur peu de moyens et de la lourdeur de leur fonctionnement : le bourbier de la conférence de Copenhague sur les changements climatiques n'a guère incité les gouvernements à prendre les devants et la question a été posée : à quoi servira une grand-messe de plus, surtout en ces temps de crise ? En outre, l'élection présidentielle au Brésil a suspendu un temps le rôle d'aiguillon dévolu au pays hôte. Bref, la conférence ne s'est pas engagée sous les meilleurs auspices. Pourtant, ses enjeux sont déterminants.

Brice Lalonde est ambassadeur en charge des négociations sur le réchauffement climatique, il fut ministre de l'Environnement de 1988 à 1992. Il a été candidat aux élections présidentielles.

Cette rencontre est conçue comme l'héritière des deux grandes conférences des Nations unies sur l'environnement et le développement. La première a été réunie en 1972, à Stockholm, trois ans après que l'expédition Apollo eut popularisé la métaphore du vaisseau spatial Terre. Précisément nommée « Une seule Terre », elle a voté la création d'une institution nouvelle, le Programme des Nations unies pour l'environnement, dont le secrétariat est à Nairobi. Puis inauguré deux décennies pendant lesquelles sont nées les politiques nationales de l'environnement de tous les états de la planète. La seconde conférence fut le fameux « Sommet de la planète Terre » de Rio en 1992. Cinq ans auparavant, le groupe de travail des Nations unies que présidait l'ancienne Premier ministre de la Norvège, Mme Brundtland, avait publié un rapport, *Notre Avenir commun*, qui rendit célèbre une expression forgée pour unir l'impératif du développement et la nécessité de protéger l'environnement : le « *développement soutenable* ». La conférence fut donc consacrée à définir les voies de ce nouveau modèle de développement. Le Mur de Berlin était tombé, et l'on vécut quelque temps sur l'impression d'une communauté des nations réconciliée dont le souci des biens communs devenait la priorité. La conférence fut un grand succès. Les chefs d'état vinrent en foule. Ils adoptèrent une déclaration énumérant les 27 principes du développement et de l'environnement, ainsi qu'un véritable manuel du développement durable : l'« Agenda 21 ». Il faisait le tour en 40 chapitres des recommandations à suivre dans tous les domaines et connut une importante déclinaison locale dans les années suivantes. Toutefois, la conférence restera aussi dans l'histoire comme le lieu où ont été signées trois conventions internationales de portée planétaire dont nous négocierons continuellement la mise en œuvre : la *convention-cadre sur le climat*, la *convention sur la biodiversité* et la *convention de lutte contre la désertification*.

Les frontières de la planète : nous en avons franchi 3 sur 9...

Ce premier pas de vingt ans marque donc un changement d'échelle entre les politiques de l'environnement locales ou continentales et la dimension planétaire des atteintes à la biosphère et des coopérations à entreprendre pour les réduire. Vingt ans après, peut-on dire sérieusement que les politiques planétaires sont en place, ou n'est-ce pas précisément ce que la prochaine conférence doit résoudre : des politiques planétaires sont-elles possibles ? Le cadre multinational s'y prête-t-il ? Comme l'a suggéré le directeur de la division du développement durable aux Nations unies, M. Tariq Banuri : « *Et si la Terre était un seul pays, comment agirions-nous ?* »

La conférence de 2012 s'assurera que la détermination de la communauté internationale en faveur du développement durable reste entière. Elle devra tirer le bilan de l'application des décisions précédentes, auxquelles il convient d'ajouter un *Plan d'application* de 200 pages adopté au sommet intermédiaire de Johannesburg de 2002 (la conférence est d'ailleurs surnommée « Rio+20 »). Où en sommes-nous ? Qu'est-ce qui a été fait ? Que reste-t-il à faire ? On conçoit que des récriminations pourront facilement se faire jour, non seulement du côté des défenseurs de l'environnement inquiets des lenteurs de l'action, mais aussi des pays en développement insatisfaits du partage des efforts ou des montants des transferts financiers Nord-Sud. Cependant, la conférence devra surmonter autant que possible les rancœurs et les mises en accusation pour se consacrer aux engagements d'avenir. Il est d'ailleurs prévu d'identifier les nouveaux défis, ceux qui n'avaient pas été vus en 1992. Un article de référence de la revue *Nature*, en 2009, décrit ainsi les 9 frontières de la planète dont nous aurions malheureusement franchi 3 d'entre elles. En 2050, les limites de la planète seront les mêmes, à l'innovation près, mais elle comptera deux milliards d'humains de plus.

Économie verte : les nouvelles lois de l'intégration dans la nature

Deux thèmes ont été retenus pour structurer les débats : l'économie verte (à condition d'ajouter, bien sûr, « *dans le cadre du développement soutenable et de l'éradication de la pauvreté* »), et le cadre institutionnel du développement soutenable, ce qu'on appelle parfois la gouvernance. Dans le cadre du premier thème, il s'agit de poser les conditions de la transformation de l'économie pour intégrer ses mécanismes, autant que faire se peut, dans ceux de la biosphère et des écosystèmes. La nature est en quelque sorte un système de production de biens et de services gratuits. Le sous-système de l'économie humaine peut-il croître (sinon croître, du moins se développer) sans détruire la nature, mais en ajoutant ses biens aux bienfaits naturels ? La conférence passera en revue les secteurs de l'économie et du commerce pour vérifier comment l'infléchissement est possible. Elle s'attachera à définir les moyens d'une gestion concertée des raretés écologiques. Elle pourra non seulement évoquer des techniques et des produits, mais esquisser des styles de vie à la fois sobres et attrayants, notamment dans les villes de demain. Elle devra répondre à l'inquiétude manifestée par certains que ce nouveau terme d'*économie verte* n'est pas le moyen trouvé par les pays développés d'imposer leurs normes et de protéger leurs industries.

Quelles institutions internationales ?

Le second thème vérifiera si le cadre actuel des institutions internationales favorise le développement soutenable, ou s'il faut le modifier. La question est soulevée depuis longtemps. Le sommet de Rio avait créé au sein de la Commission pour le développement économique et social des Nations unies (ECOSOC) une sous-commission du développement soutenable (la CSD), chargée précisément de suivre la mise en œuvre de ses résolutions et celles des sommets suivants (Johannesburg). Toutefois, bon nombre de participants à cette CSD s'accordent à trouver son bilan décevant. Il en est des Nations unies comme de nombreux états qui n'accordent au développement soutenable qu'une place d'appoint. Pourtant, si l'on veut en faire l'axe du développement, ce sont les principales institutions économiques et sociales qui doivent s'en faire les porteurs. Dès lors, la seconde Commission de l'assemblée générale (celle qui se consacre aux affaires économiques et financières) et l'ECOSOC pourraient devenir les piliers du développement soutenable au sein des Nations unies.

La France présidera la G20 en 2011 : une occasion à exploiter

Reste la question de la gouvernance internationale de l'environnement qui serait traitée à part. C'est un sujet d'étonnement pour beaucoup de nos concitoyens que de constater que les institutions internationales ont bâti une *organisation* pour la protection du commerce (l'OMC), mais seulement un *programme* pour celle de l'environnement. Qui dit programme dit contributions volontaires, sujettes au bon vouloir des états, voire à la volonté de certains d'entre eux de faire pression. Au contraire, les états membres d'une organisation sont tenus d'y verser leur cotisation. L'organisation a évidemment plus d'autorité et de moyens que le simple programme. Aujourd'hui, la protection de l'environnement mondial est éparpillée dans une centaine d'accords partiels dont les secrétariats sont établis dans les différentes capitales. Un diplomate de l'environnement doit donc parcourir un grand nombre de kilomètres pour suivre les débats qui le concernent. Ne serait-il pas temps de rassembler ces conventions sous un même toit et de donner à la protection de l'environnement l'institution qu'elle mérite ?

La situation géopolitique de Rio+20 n'est évidemment pas la même qu'en 1992. Des pays en développement sont devenus des pays à revenu moyen, d'autres émergent comme des puissances mondiales dont la croissance étonnante conduit à s'interroger sur leur durabilité. Ce rééquilibrage pèse sur les Nations unies et le système de Bretton Woods mis en place au sortir de la Seconde Guerre mondiale. Inévitablement, une discussion sur les institutions n'évitera pas une allusion à la réforme des Nations unies et du conseil de sécurité. Le chemin qui mène à Rio+20 côtoiera aussi les assemblées qui abritent les négociations sur le climat, sur la biodiversité, sur les objectifs du Millénaire, sur les financements innovants. Puissent les débats s'enrichir les uns les autres. Tous les niveaux de gouvernement seront concernés, depuis la commune et l'entreprise jusqu'aux états fédéraux. Dans chaque pays, des comités Rio+20 devront mobiliser la société civile autant que les administrations.

La France est bien placée pour contribuer aux négociations. Grâce au Grenelle, elle prend le virage du développement soutenable. Ses émissions de CO_2 sont relativement faibles. Son art de vivre est loin de la démesure. Elle a toujours pris le parti de l'Afrique et des pays les moins avancés, au nom de l'équité. En 2011, elle préside le G20 qui est, d'une certaine façon, un directoire de la planète. Elle pourra demander à ses membres ce qu'ils souhaitent faire de Rio+20 et ce qu'ils en attendent. En ce qui la concerne, une vision optimiste de l'avenir, à coup sûr.

La difficile avancée vers un développement durable

Une vision nouvelle du développement a émergé avec l'accès à une consommation de masse, associant dans un compromis toujours précaire l'économique et le social. C'est dans la sociale démocratie européenne que cette synthèse a été le plus loin. A ainsi été réalisée la première intégration conduisant à un développement durable. Or, la mondialisation de l'économie met aujourd'hui en péril ces avancées sociales si difficilement acquises. La mise en concurrence de plus en plus fréquente de salariés européens avec des travailleurs des pays en développement et émergents se traduit par une réduction régulière et difficilement réversible des systèmes de protection sociale.

Pierre Radanne est président de l'association 4D. Ancien président de l'Ademe,
il fut directeur-adjoint de cabinet de Mme Dominique Voynet,
ministre de l'Aménagement du Territoire et de l'Environnement.

La révolution industrielle a ouvert à une considérable accélération de la création de richesses, avec une multiplication par 5 à 10 du taux de croissance. Une évolution inédite dans l'histoire. S'est alors posée la question brûlante de la répartition de cette richesse. Pendant plus d'un siècle, une confrontation frontale a opposé les responsables économiques et les acteurs sociaux sur la répartition des fruits de la croissance. Progressivement, un compromis s'est construit, à travers l'accès du plus grand nombre à de meilleures conditions de vie, la reconnaissance du droit de grève, la mise en place de systèmes de protection sociale et de régimes de retraite.

Depuis les années 1970, une nouvelle donne émerge. Le constat est acquis de la dégradation de l'environnement et de la finitude des ressources, à commencer par le pétrole. Dans un premier temps, ces préoccupations environnementales ont été opposées aux nécessités de secteurs économiques soumis à une vive concurrence. La prise en compte de l'environnement fut associée à une mise en péril des emplois. Ainsi, certains acteurs économiques et sociaux ont craint que l'intégration des questions écologiques ne réduise la croissance économique et ne remette en cause le compromis économique et social si difficilement obtenu. Pourtant, les populations les plus précaires sont aussi celles qui sont le plus victime des impacts environnementaux et sanitaires.

De ce nouvel antagonisme particulièrement sensible dans les années 1970 et 1980 émergeront deux réponses.

Le temps des remises en cause

D'abord, les pays industriels les plus attentifs aux questions environnementales et économes en énergie – Allemagne, Japon, pays scandinaves notamment – se lancent dans la commercialisation d'équipements plus fiables et moins polluants, et gagnent ainsi des parts de marché. Ensuite, le rapport Brundtland des Nations unies fait la démonstration en 1987 que la dégradation de l'environnement et la dilapidation des ressources auront pour conséquence un blocage du processus de développement économique et social, notamment dans les pays les plus vulnérables.

Émerge alors le concept de *développement durable* qui cristallise la volonté d'une triple intégration entre le développement économique, l'amélioration des conditions sociales pour tous les peuples et la pérennité des conditions de vie sur Terre, *via* la préservation de notre environnement. Telle est la définition du développement durable portée par le rapport Brundtland.

Il est aujourd'hui essentiel de réinterroger cette évolution à la lumière des vingt dernières années.

Nous sommes aujourd'hui confrontés à de grands bouleversements. La mondialisation de l'économie intègre des populations de plus en plus nombreuses dans la société industrielle et provoque une déstabilisation des systèmes de protection sociale. En même temps que l'économie de la planète s'unifie dans un système d'échanges globalisé, nous sommes confrontés aux limites de cette même planète, celle de certaines ressources minérales et énergétiques et celle de la capacité de son environnement à supporter les activités d'une humanité dont la population devrait se voir multiplier par 10 entre 1800 et 2050. Le verdict est simple : une planète aux ressources physiques inévitablement limitées ne peut supporter à la fois une croissance exponentielle des prélèvements sur l'environnement, et garder un accès équitable pour tous à ces ressources, le tout durable dans le temps. Cette prise de conscience est encore partielle : les ressources des matières premières restent mal connues et les diagnostics sur l'horizon de temps de retour à la rareté varient, au rythme de renchérissement de leur coût d'accès et selon les besoins futurs de l'humanité. Il est cependant clair que, pour de nombreuses ressources, à commencer par le pétrole, le milieu de ce siècle sera critique.

Climat et biodiversité, premières questions politiques totales

Les manifestations les plus graves sont le changement climatique et l'érosion de la biodiversité. Ces deux phénomènes marquent une limite que devra dorénavant scrupuleusement prendre en compte l'humanité.

Le climat terrestre, ensemble unique, indivisible, qui ignore les frontières, représente la première question planétaire qui soit réellement à solidarité obligatoire.

Dans un pays comme la France, la moitié des émissions de gaz à effet de serre provient des activités de ses habitants dans leur vie privée quotidienne : le chauffage domestique, les déplacements, notamment en voiture, les pratiques alimentaires et les habitudes de consommation. Ainsi, la question du changement climatique ne sera pas maîtrisée sans l'adhésion de chaque individu. Dès lors, cet enjeu s'avère la première question politique totale de l'histoire humaine car elle exige une implication, depuis l'échelon individuel à celui de la gouvernance planétaire.

Moins visible, l'érosion accélérée de la biodiversité constitue un processus aussi grave que le changement climatique, tout aussi planétaire et probablement plus irréversible encore.

L'obligation et l'opportunité démocratique

Classiquement, le développement durable est basé sur les trois piliers : économie, écologie et social. Or, cette description s'avère totalement insuffisante dès lors que l'on en appelle à une amélioration des comportements individuels.

En fait, dès la Conférence de Rio de 1992, une quatrième composante fondamentale du développement durable a été reconnue, celle de la démocratie. L'accent mis sur cet aspect résulte de trois constats :

- D'abord, aucun accord international sur la gestion de l'environnement ne sera envisageable sans la promesse d'un accès au développement pour les pays les plus pauvres. Ce qui renvoie en fait à la question, centrale, de l'équité.
- Ensuite, la réduction de la ponction de ressources et de la pression sur l'environnement exige des progrès dans les comportements individuels. Or, ils ne pourront s'obtenir durablement sans un grand effort éducatif ni une profonde adhésion des personnes. Et donc, sans une implication directe des populations dans la prise de décision. Ainsi, la Charte de Curitiba de 1992 lance-t-elle la réalisation d'Agenda 21, ces programmes d'actions en faveur du développement durable à tous les échelons territoriaux, notamment locaux.

Enfin, la lutte contre le changement climatique ne pourra réussir sans la mise en place d'instances de décision au plan international, capables de sanctionner économiquement le non-respect des engagements des pays.

L'urgence d'un nouveau mode de développement

Les deux questions majeures que sont le changement climatique et la biodiversité exigent une prise en charge à la fois par la communauté internationale et par les territoires. Lesquels auront un rôle crucial à jouer en termes d'éducation, de formation continue, de renforcement de capacités et surtout de fonctionnement démocratique.

L'humanité, mariée à sa planète, est donc confrontée trois rendez-vous, à un horizon de temps semblable, vers 2050 : la fin de la croissance démographique de l'humanité, la nécessité de diviser par deux les émissions de gaz à effet de serre et la confrontation au déclin de certaines ressources. La crise financière et économique pointe l'exigence d'une régulation mondiale qui encadre l'économie, renforce les droits sociaux et organise la gestion collective de la planète, ce que l'économie de marché ne peut directement réaliser.

Les collectivités territoriales confrontées à ce nouveau mode de développement

Les villes doivent inventer une gouvernance nouvelle à la hauteur de ces enjeux :

- elles décident des investissements qui ont la plus longue durée de vie : les bâtiments, les infrastructures de transports, les grands réseaux ;
- elles répartissent les activités sur le territoire et elles disposent donc de la clé pour réduire les contraintes de transport et organiser l'aménagement du territoire ;
- elles sont en prise avec les besoins sociaux et l'organisation des solidarités ;
- elles ont enfin et surtout le contact direct avec le citoyen.

Vers une société relationnelle

Pourtant, ces quatre composantes du développement durable ne suffiront pas.

La vision jusqu'alors diffusée du développement durable revient à faire prendre en charge par les collectivités publiques, les entreprises et les citoyens des obligations nouvelles afin d'assurer un équilibre avec l'environnement et créer les conditions de développement des générations futures. Cette attente, essentielle, ne comporte pourtant pas encore en contrepartie une promesse à la personne, une vision de ce que serait une vie réussie pour tous dans ce nouveau contexte. Dès lors, le concept de développement durable est perçu comme intellectuel et froid, et ne suscite guère l'enthousiasme, même s'il est maintenant au cœur de tous les discours politiques.

Pour dépasser cette insuffisance, une cinquième composante est à intégrer.

Si les ressources deviennent de plus en plus rares, les relations humaines sont, elles, sans limite. Cet infini dans un monde fini, c'est celui de la relation à l'autre.

Chacun d'entre nous, avec son téléphone portable et Internet, a la faculté d'avoir accès à plus de personnes, plus de connaissances, et dispose de plus d'expression culturelle que toutes les générations qui l'ont précédé. Un nouvel horizon s'ouvre. La communication, la culture, l'accès aux autres constituent la nouvelle voie de développement, le nouveau champ d'expansion de l'aventure humaine. Il s'agit là d'une transformation qui va complètement bouleverser l'humanité.

Le développement durable du XXIe siècle consiste dès lors à basculer d'une société de consommation particulièrement prédatrice à l'encontre de la planète à une société relationnelle, plus légère, mais qui ouvre de nouvelles perspectives d'enrichissement personnel à travers la relation humaine, la connaissance et l'expression personnelle.

Quel devenir pour le développement durable dans un temps de crise ?

Crise écologique, crise financière, crise économique, crise sociale, crise alimentaire, crise morale, crise de sens... les crises sont multiformes et répétitives en ce début de siècle. Devant cette problématique, se pose immédiatement la question de la validité du redémarrage de la croissance, présentée comme la seule solution à la crise actuelle.

Bettina Laville est avocate associée en charge du développement durable dans le cabinet Landwell & Associés (PricewaterhouseCoopers), membre du conseil d'État. Elle fut coordonatrice pour la France de la conférence de Rio et fondatrice du Comité 21. Elle a été conseiller pour l'environnement du président de la République François Mitterrand et de deux premiers ministres.

La problématique — Des crises annoncées

Que l'on parle, comme Daniel Cohn-Bendit, du « *carrefour des crises* », ou de la « *systématique de la crise* », comme Dominique Bourg [*contributeur de L'Atlas, ndlr*], il apparaît que, même si la crise financière, en tout cas celle de 2008, semble surmontée en 2010 après avoir dilapidé 4 000 milliards de dollars américains, la crise économique sera beaucoup plus longue. Les crises alimentaires et écologiques doivent s'appréhender sur la durée du siècle – au moins. Quant à la crise de sens, par essence, on ne peut lui fixer un terme. Et même les finances mondiales continueraient, selon Pascal Lamy, de danser sur un volcan…

La croissance, seule solution ? Qu'elle soit en V, en U, en W ou en L, elle apparaît à de nombreux analystes comme l'emblème d'un monde connu, objet de nostalgie à travers laquelle un ancien modèle parvient à perdurer. La fameuse progression à deux chiffres du PIB des pays émergents reste pour beaucoup l'Eldorado qu'il faut retrouver et qui résoudrait toutes les autres crises. Or, la société et l'économie sont devenues d'une telle complexité que des prévisions fondées sur un instrument aussi exclusivement productif que le PIB semblent inadaptées pour intégrer dans la feuille de route de la sortie de crise les enjeux du monde d'aujourd'hui.

Alarmes, alertes, surdité

Comme le dit Bernard Stiegler en fustigeant la *mécroissance* : « *Le modèle industriel consumériste est mort, nous vivons en cela une révolution* […] *Ce qui est fini, c'est le monde de la consommation et le mode de vie qui avait été initié par Henri Ford, et la combinaison métallurgie/pétrochimie/industries culturelles* ».

Hier, la croissance américaine fascinait le monde entier, et la politique de la Réserve fédérale des États-Unis était présentée comme un mélange de professionnalisme et de sang-froid. Aujourd'hui, on instruit des procès à l'encontre de ces mêmes acteurs qui sont les boucs émissaires de la crise. Or, c'est une courte vue collective qui a provoqué les crises. C'est cette courte vue qui explique que, face à l'éclatement des bulles, les hommes semblent pris d'une stupéfaction collective, bien décrite par les travaux de Jean-Pierre Dupuy. Alors que tous les instruments de prévision étaient passés au rouge depuis le printemps 2007, la crise a surgi comme un cataclysme, bien que les lanceurs d'alerte n'aient pas manqué. Même les économistes les plus classiques font part depuis le début de notre siècle de leur inquiétude. Citons bien sûr les plus récents comme Joseph Stiglitz qui, dès 2006, mettait en exergue les dangers du fanatisme du marché. Mais qu'a-t-on retenu d'Ignacy Sachs et du Club de Rome, d'André Gorz, de Serge Moscovici, d'Ivan Illich, de René Passet, ces économistes ou sociologues qui ont tiré la sonnette d'alarme en proposant des voies alternatives ? Très souvent ignorés du monde officiel de l'économie à quelques exceptions notables près, dont Claude Bébéar, ils ont été cantonnés dans la sphère de l'écologie et balayés par la toute puissance de l'« économie financière ». Certes, le Cercle des économistes écrit dans l'introduction des rencontres d'Aix-en-Provence de 2007 : «… *on invente d'harmonieuses convergences vers un monde où peuples et individus seraient capables d'allouer les ressources mondiales de la manière la plus efficiente et la plus équitable possible. Cet espoir fait bon marché de la dégradation environnementale, de l'abandon dans lequel se retrouvent deux milliards d'hommes. Il occulte* [c'est nous qui soulignons] *des tensions qui existent déjà et qui se renforceront dans les années à venir entre les grandes puissances émergentes et celles qui ont eu le privilège de l'histoire.* »

Le cœur du sujet — Crise d'un capitalisme de « casino »

« *Occultation* », écrit le Cercle des économistes : les hommes ne veulent pas voir qu'une possible catastrophe viendrait uniquement de leurs comportements ? Mais en 2010, le même Cercle a occulté lui-même cette interrogation pour ne penser qu'à la nouvelle croissance qui semble se profiler ! Non qu'il faille, à notre sens, prôner la décroissance ! Cette théorie a certes l'avantage de faire entrer dans la théorie économique une part de réflexion sur le sens de notre mode de civilisation qui lui manque cruellement, et sur la nécessité d'une meilleure allocation et partage des ressources, mais elle ne peut inspirer la marche du monde, car inaudible et scandaleuse pour les plus pauvres.

Risque moral et impunité

Dans un contexte de forte croissance mondiale, les acteurs économiques dominants ont perdu de vue les notions de risque et de long terme, évacuant ainsi le « risque moral ». La théorie économique appelle « risque moral » une attitude immorale parce que celui qui l'adopte se sait protégé par les assurances, les lois ou d'autres institutions contre les préjudices que son comportement pourrait engendrer. Rappelons que les difficultés qui sont apparues dans la sphère financière sont nées essentiellement d'instruments financiers tellement complexes que les références à la réalité des valeurs ont été perdues de façon consciente, perverse, puis non maîtrisable. Le risque moral, se décline aussi du point de vue écologique et entraîne là aussi des dommages irréversibles. La négation du risque moral est une racine commune aux crises. Avec cette évacuation de la « *common decency* » *pour parler comme* Orwell, l'hubris – la démesure –, la « rapacité » fustigée par Obama s'est déployée sans aucun frein.

L'excès est une racine commune aux crises. Ce capitalisme « de casino » est bien loin de celui de Max Weber !

Petites réactions aux « chocs du futur »

Bien sûr, des stratégies de réaction et d'adaptation à la crise existent, au-delà des conséquences de la baisse du pouvoir d'achat. On peut citer les adeptes du *low cost* ou du *hard discount* (qui ne se recrutent pas seulement chez les ménages aux fins de mois difficiles), les acheteurs de produits bio, les partisans du commerce équitable ou solidaire, ceux qui favorisent les producteurs locaux (comme les associations pour le maintien de l'agriculture paysanne), ou les apôtres de la frugalité, symboles d'une nouvelle ère de consommation maigre. Parmi ces évolutions, Alvin et Heidi Toffler ont également mis à jour l'émergence du « prosommateur », ce consommateur-producteur dont l'activité n'est pas prise en compte dans le calcul du PIB.

Les enjeux Sortie de crise, sortie des crises par la croissance verte ?

Zoom

Les plans de relance des principales économies ciblent l'économie verte à hauteur de 15 %. En 2008, les États-Unis ont dépensé 6 % de leur PIB en investissements dans les écotechnologies, soit un effort similaire à celui qu'ils avaient consenti aux technologies de l'information et de la communication (TIC). La perspective d'importants profits attire déjà les fonds spéculatifs. Novethic, filiale de la Caisse des Dépôts et centre d'informations et d'expertise sur la responsabilité sociale et environnementale des entreprises, a dénombré 194 fonds d'investissement environnementaux en Europe, et leurs encours cumulés a dépassé les 25 milliards d'euros en 2008.

En outre, la montée des périls écologiques oblige l'industrie à revoir ses *process* et alimente une économie nouvelle, plus sobre en carbone et plus tournée vers le service et l'usage. La croissance verte est présentée dans tous les pays du monde comme le moteur d'un nouveau départ du développement et de la compétitivité (lire *Zoom*).

Une telle évolution est positive en ce qu'elle montre que le monde économique a enfin compris les effets dévastateurs de la croissance carbonée et la nécessité de changer la structure des investissements. Mais elle risque aussi, lorsqu'elle ne s'accompagne pas de vraies transformations,

Repères

- **L'effet rebond** : il est démontré que les gains en termes d'efficacité, dus à des sauts technologiques, incitent à augmenter les consommations et donc réduisent les gains environnementaux. L'exemple typique est bien sûr celui des écrans plats à plasma. Les économies d'énergie (20 %) suscitées par cette nouvelle technologie risquent de se voir gommées par l'augmentation de la taille de l'écran par rapport à un tube cathodique traditionnel.
- Avec les effets pervers de son plan de soutien aux énergies renouvelables, l'Espagne illustre les risques à venir d'une **bulle verte**. La puissante aide publique à l'industrie des énergies renouvelables a conduit à un boom inattendu de la filière. Alors que le gouvernement Zapatero prévoyait l'installation de panneaux solaires à hauteur de 371 mégawatts entre 2005 et 2010, il s'en est installé 2 400 au cours de la seule année 2008. L'Espagne est ainsi devenue le premier pays producteur au monde. Pour 2009, le ministère de l'Industrie a plafonné les autorisations d'installation à 500 mégawatts. La France, dans la crainte du même phénomène alors qu'elle avait beaucoup plus de marge, a hésité après l'effort du Grenelle et a donné ainsi un signe économique très confus et donc néfaste pour cette filière.

illustrer la confiance abusive à perdurer au moyen de simples adaptations techniques. C'est pourquoi le recours aux technologies vertes a représenté le seul consensus véritable à la Conférence de Copenhague, tangible dans le communiqué des chefs d'État.

Mais les technologies environnementales travaillées par l'idéal classique prométhéen, ne garantissent pas *a priori* une transformation de notre mode de développement, et contiennent en germe leurs propres pièges : *effet rebond et bulle verte* (lire *Repères*).

La crise comme facteur de transformation ou avatar d'un détour ?

Plusieurs ébauches de réponses semblent se profiler pour répondre à ces crises.

- L'école de l'*abandon* des règles économiques actuelles et de la *transformation* des comportements des agents économiques. Lesquels, en constatant l'impasse de la croissance quand elle se résume à la spéculation financière, au creusement des inégalités et aux déséquilibres écologiques, proposent d'y renoncer et de refonder les bases d'un système nouveau intitulé « décroissance, sobriété... », et évalué avec des indicateurs économiques fondés sur la mesure du bien-être.
- Une école de *régulation douce*, qui s'apparente en fait à une sorte de « laisser faire » du marché avec des « accommodements raisonnables », comme l'on dit au Québec, et une prise en compte du droit, de la morale, des règles, comme un lissage des conséquences les plus graves de nos modes de production et de consommation.

Une telle présentation nous montre à quel point la « foi » reste grande dans l'actuel système capitaliste qui pourrait absorber la crise comme un simple *détour*. Elle montre surtout à quel point les luttes de compétitivité réduisent les champs d'invention d'une économie nouvelle.

Il nous semble indispensable d'explorer ces deux voies en mêlant économistes classiques et économistes proches de l'écologie. Il est en effet urgent de refonder une doctrine économique qui assoie la richesse sur les vraies valeurs de production des réseaux tant immatériels que solidaires. En un mot, il reste à élaborer une *vraie économie* pour assurer une prospérité « durable », et la substituer à la « vieille » économie qui a dilapidé nos biens communs.

Lectures utiles

Adieu à la croissance, Jean Gadrey, Les petits matins, 2010.

Les grandes représentations du monde et de l'économie à travers l'histoire, René Passet, éd. LLL, 2010.

La prospérité du vice, Daniel Cohen, Albin Michel, 2009.

Le capitalisme est-il durable ? Bernard Perret, Carnets Nord, 2008.

La mécroissance, Bernard Stiegler *et al.*, Flammarion, 2009.

Temps de crise, rapport du comité 21 (www.comite21.org).

Prospérité sans croissance, Tim Jackson, éditions de Boeck, mai 2010.

Partie 1

Les grands enjeux

Chapitre 1

Faire face au changement climatique

L'évolution du climat et les enjeux du changement climatique

Depuis des milliards d'années, le climat varie continuellement à cause de facteurs naturels externes que je détaille ici. La singularité du climat récent est celle d'un réchauffement que le Giec (Groupe d'experts intergouvernemental sur l'évolution du climat) qualifie de « sans équivoque », car cet accroissement des températures est maintenant mis en évidence dans les observations des températures moyennes mondiales de l'atmosphère et de l'océan, la fonte généralisée de la neige et de la glace, et l'élévation du niveau moyen mondial de la mer.

Serge Planton est responsable du Groupe de recherche climatique
du Centre national de recherches météorologiques (CNRM) de Météo-France.

La problématique Pour en finir avec l'ambiguïté

La question du changement climatique anthropique exige de bien situer les échelles de temps qui lui sont associées. Pour la mise en évidence du rôle des activités humaines sur le changement climatique passé, l'échelle pertinente est le demi-siècle. Le mécanisme par lequel les activités humaines affectent le climat est principalement l'émission de gaz dits à effet de serre, c'est-à-dire des gaz qui réchauffent la surface de la Terre en raison de leurs propriétés radiatives. Parmi lesquels le dioxyde de carbone (CO_2) joue un rôle majeur parce qu'il s'agit du gaz, émis directement par l'homme, qui pèse le plus dans le bilan radiatif de la planète, et parce qu'il conserve une très longue durée de vie dans l'atmosphère. Selon le Giec, l'essentiel de l'accroissement observé sur la température moyenne globale depuis la seconde moitié du XXe siècle est très probablement dû à l'augmentation observée des concentrations des gaz à effet de serre d'origine humaine. Une fluctuation du climat moyen de la planète ou de celui de la France, sur une saison, une année ou même une dizaine d'années, ne peut remettre en cause ce constat. Quant au climat futur, les concentrations de gaz à effet de serre additionnelles accumulées dans l'atmosphère et l'inertie de la réponse du climat font que cette contribution anthropique à l'évolution climatique va se poursuivre au cours des prochaines décennies à un rythme qui dépendra peu de nos émissions sur la même période. En revanche, ces émissions sont déterminantes pour l'évolution du climat à partir de la seconde moitié de ce siècle. Les générations actuelles et futures sont par la force des choses confrontées à la fois à la nécessité de limiter leurs émissions de gaz à effet de serre pour diminuer l'amplitude des évolutions climatiques et de leurs conséquences futures, mais aussi à celle de s'adapter à la part de ces évolutions qui est inévitable.

Le cœur du sujet Le climat change

Depuis des milliards d'années, le climat varie continuellement, mais la singularité du climat récent est celle d'un réchauffement que le Giec qualifie de « sans équivoque » tant il est maintenant établi, dans les observations de l'accroissement des températures moyennes mondiales de l'atmosphère et de l'océan, la fonte généralisée de la neige et de la glace, et l'élévation du niveau moyen mondial de la mer.

L'augmentation de température moyenne planétaire pourrait paraître modeste (entre 0,6 et 0,9 degré en cent ans) mais elle devient significative si on la met en rapport avec l'écart de température de « seulement » 4 à 7 degrés qui sépare une période glaciaire, comme il y a 20 000 ans – période au cours de laquelle la calotte polaire recouvrait l'Écosse – et une période interglaciaire, comme la période actuelle. Le réchauffement climatique est aussi en partie visible par ses conséquences sur l'augmentation du niveau moyen des océans de 10 à 20 centimètres au cours du XXe siècle, sur la réduction des surfaces enneigées au printemps depuis une trentaine d'années (l'équivalent de la superficie de la France en moins tous les dix ans). La fréquence de certains extrêmes climatiques, comme le nombre de jours de fortes chaleurs, a en outre augmenté dans la plupart des régions. Mais d'autres types d'événements extrêmes, comme le nombre de cyclones tropicaux, restent dominés par une variabilité aux échelles de temps décennales ou multidécennales et ne présentent pas de tendances marquées sur le dernier siècle.

Au cours du XXe siècle, la température moyenne de la France a aussi augmenté. Cette augmentation est d'environ 0,1 degré par décennie et s'est accélérée à la fin du siècle avant de se ralentir au début du XXIe siècle. Le réchauffement est également très sensible outre-mer typiquement à partir du début des années 1970. Pour la France toujours, l'évolution des précipitations est plus contrastée mais montre une augmentation sur les deux tiers nord du territoire avec des contrastes saisonniers marqués : hausse en hiver et baisse en été. Sur la période 1951-2000, on constate une diminution du nombre de jours de gel en hiver, une augmentation du nombre de jours où la température dépasse 25 degrés en été, et, généralement, un allongement de la durée des sécheresses les plus longues. Sur cette même période, on n'observe cependant pas de tendance à l'augmentation de la fréquence ni de l'intensité des tempêtes ni du nombre d'épisodes de pluies diluviennes dans les régions méditerranéennes françaises.

Le rôle de l'homme dans l'évolution du climat

Le climat change donc à toutes les échelles de temps, mais le réchauffement récent apparaît atypique. En outre, les mesures de la concentration du CO_2 dans l'atmosphère montrent une augmentation rapide de cette concentration en raison des activités humaines depuis le début de la période industrielle, mais elle s'accélère depuis le

Zoom

Les pionniers du CO_2

Le principe de l'effet de serre est connu depuis 1824, en particulier grâce aux travaux du Français Joseph Fourier, mais ce n'est qu'à la fin du XIXe siècle que le scientifique suédois Svante Arrhenius montre le lien entre la concentration en CO_2 dans l'atmosphère et l'augmentation de la température moyenne de la Terre. Les mesures mises en place à partir de 1959 par Keeling et ses collaborateurs à l'observatoire du Mauna Loa (Hawaï) ont mis en évidence l'influence des activités humaines dans l'augmentation du taux de CO_2 atmosphérique.

milieu du XIXe siècle. Cependant, ces observations ne suffisent pas à apporter la preuve d'un lien de cause à effet, pas plus que celles réalisées à partir des carottages glaciaires montrant une forte corrélation entre l'évolution de la concentration du CO_2 et celle de la température reconstruite sur environ 800 000 ans. Ce n'est que relativement récemment, à la suite d'un processus d'analyse qui a pris près de quinze ans, que le Giec a conclu au rôle prépondérant de l'homme sur le réchauffement des cinquante dernières années, avec une probabilité estimée de plus de 90 %.

Les preuves sont basées sur la comparaison entre, d'une part, les résultats de simulations du climat

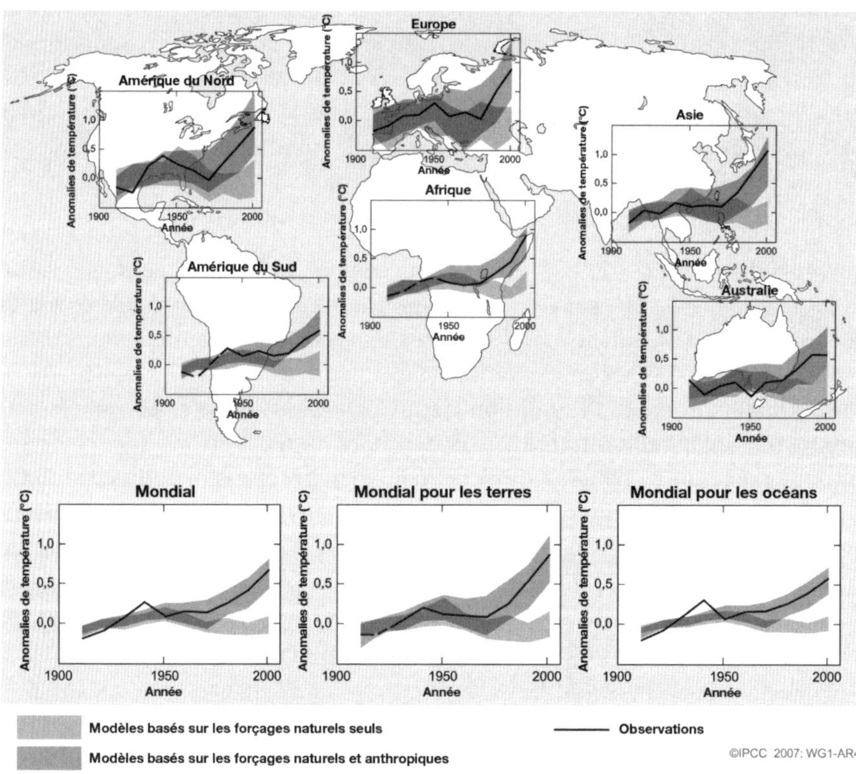

Figure 1 – Comparaison entre les températures moyennes globales et de différentes régions de la planète calculées à partir de différentes simulations climatiques (plages gris foncé et gris clair) et les températures moyennes déduites des observations météorologiques et marines (courbes noires). Ces figures montrent que le réchauffement moyen des cinquante dernières années ne peut pas être simulé sans prendre en compte les causes anthropiques des changements climatiques.

et, d'autre part, des observations de température de l'atmosphère, de température des premières centaines de mètres d'océan, de la pression atmosphérique, des précipitations... Fondés sur les connaissances théoriques du fonctionnement du climat, les modèles climatiques isolent dans les cartes des changements observés la contribution de plusieurs causes possibles d'évolution, d'origine naturelle (variabilité « chaotique », variabilité solaire, volcanisme...) ou d'origine humaine (gaz à effet de serre, particules...). Pour une grande diversité de variables du climat, la prépondérance de la cause anthropique apparaît durant le dernier demi-siècle. Plusieurs études montrent qu'une sous-estimation des effets de la variabilité solaire ou, dans certaines limites, de l'amplitude des variations chaotiques du climat, ne changerait pas cette conclusion. Les preuves accumulées, obtenues par de multiples équipes de recherche, sont donc suffisamment nombreuses pour amener à la conclusion donnée par le groupe d'experts international.

Les enjeux À quel changement climatique peut-on s'attendre ?

Les projections du climat futur au-delà de quelques saisons ne sont pas des prévisions mais des scénarios d'évolution qui reposent sur des hypothèses sous-jacentes sur la démographie et les activités socio-économiques mondiales non prévisibles. Ces hypothèses sont choisies aussi contrastées que possible pour encadrer l'évolution à laquelle on peut s'attendre. Les scénarios de base pris en compte dans le rapport du Giec de 2007 n'incluent pas de scénarios de réduction volontariste des émissions des gaz à effet de serre : il ne s'agit que de scénarios du « laisser-faire ». Ils ont permis de calculer les concentrations de gaz à effet de serre et les changements climatiques associés en utilisant les modèles climatiques évoqués plus haut.

D'après les projections climatiques, parmi lesquelles celles de l'Institut Pierre Simon Laplace et de Météo-France, le réchauffement moyen de la planète entre la fin du XXe siècle et la fin du XXIe siècle serait probablement compris entre 1,1 à 6,4 degrés. Cette large fourchette s'explique environ pour moitié par l'incertitude sur les scénarios socio-économiques de base et pour moitié par les incertitudes de la simulation climatique. Le niveau moyen des océans pourrait augmenter de 20 à 60 centimètres, mais sans tenir compte des effets mal connus à ce jour de la fonte des glaces en bordure des calottes polaires. Ces changements seront donc supérieurs à ceux qui se sont produits au siècle précédent.

Du côté de la France métropolitaine, selon un scénario modéré d'augmentation des gaz à effet de serre, la température moyenne augmenterait de 2 à 2,5 degrés entre la fin du XXe et la fin du XXIe siècle. Pour donner un ordre d'idée, un réchauffement de 1 degré correspond à un déplacement climatique du sud vers le nord d'environ 180 kilomètres pour la majeure partie du pays, ou une élévation de l'ordre de 150 mètres en région montagneuse. Pour ce même scénario, les précipitations

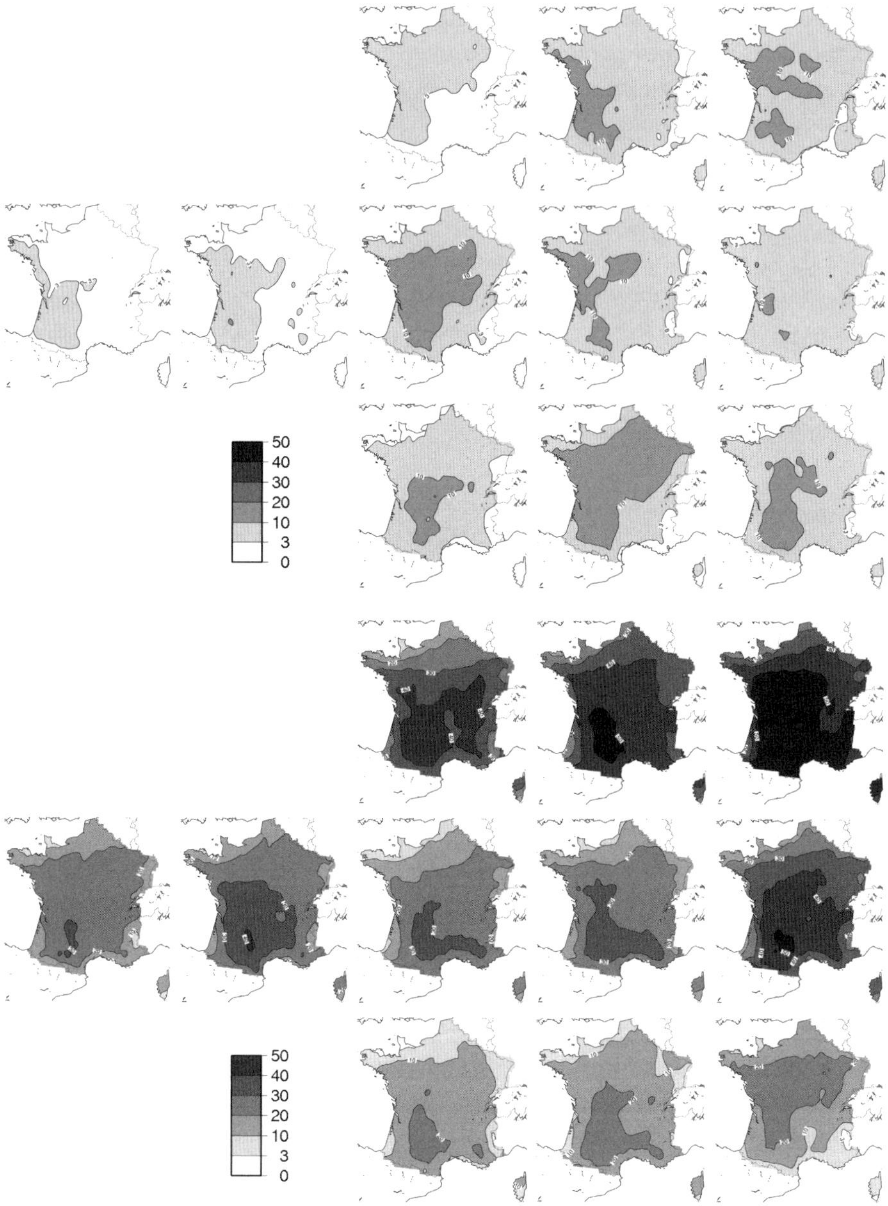

Figure 2 – Changement de la durée moyenne des vagues de chaleur
Ces figures montrent que sur la première partie du siècle la variabilité interne au système climatique est dominante par rapport à l'impact des scénarios d'émission. Ceux-ci deviennent prépondérants sur la seconde moitié du siècle © Météo-France

moyennes varieraient faiblement en hiver et diminueraient sensiblement en été. Un scénario fort d'augmentation des gaz à effet de serre établit que les changements climatiques seraient beaucoup plus marqués avec un réchauffement moyen important (3 à 3,5 degrés), une forte diminution des pluies estivales (de 20 à 35 %), et des évolutions accentuées de certains extrêmes climatiques. Pour ce scénario, un été sur deux de la fin du siècle serait au moins aussi chaud que l'été 2003.

Indépendamment du scénario, il est très probable qu'en été les vagues de chaleur en France seront à la fois plus fréquentes, plus longues et plus intenses, tandis que les périodes de sécheresse seront plus longues. Il est aussi très probable qu'en hiver le nombre de jours de gel diminuera et que les vagues de froid seront moins fréquentes. Il est vraisemblable que les pluies intenses seront proportionnellement plus fréquentes. En l'état des connaissances actuelles, les changements concernant la fréquence et l'intensité des tempêtes semblent en revanche faibles. Il n'est pas encore possible de conclure sur la fréquence des épisodes de pluies diluviennes dans les régions méditerranéennes.

Les résultats des projections climatiques à l'échelle de la France sont bien sûr, comme à l'échelle planétaire, sujets à des incertitudes même si le signe des tendances probables sur le siècle est connu. Ici aussi, à l'horizon de la fin du XXIe siècle, les principales sources d'incertitude sont les scénarios socio-économiques de base et les incertitudes de la simulation climatique. Mais, pour les toute prochaines décennies, la principale source d'incertitude est la variabilité naturelle du climat. À cause de cette variabilité, nous ne pourrons jamais exclure un refroidissement de la prochaine décennie, sans que cela remette en cause le réchauffement d'origine anthropique qui se manifeste à une échelle de temps bien plus longue.

Lectures utiles

Le climat, jeu dangereux, Jean Jouzel et Anne Debroise, Dunod, avril 2007.

Sur les origines de l'effet de serre et du changement climatique, Joseph Fourier, Svante Arrhenius *et al.*, Éditions La Ville brûle, 2010.

Rapport du Groupe de travail I – Les éléments scientifiques : www.ipcc.ch/publications_and_data/ar4/wg1/fr/contents.htm

Dossier sur le changement climatique : http://climat.meteofrance.com/chgt_climat/accueil

À retenir

4 à 7° : écart de température moyenne planétaire estimé entre une période glaciaire et une période interglaciaire.

0,6° à 0,9° : accroissement estimé de la température moyenne planétaire sur les cent dernières années.

1,1° à 6,4° : fourchette probable du réchauffement moyen planétaire au cours du XXIe siècle, estimation du Giec (2007).

Changement climatique : quelle réalité et quels impacts en Méditerranée ?

Bien que globalement peu émettrice de gaz à effet de serre, la région Méditerranée connaîtra une modification profonde de ses caractéristiques climatiques d'ici à la fin du siècle. Celles-ci impacteront de nombreuses activités économiques vitales pour la région. La communauté internationale a mis en place des outils, notamment financiers, pour encourager les actions d'atténuation et d'adaptation. Mais rares sont les pays méditerranéens qui, actuellement, en bénéficient.

Henri-Luc Thibault est directeur du Plan Bleu,
Programme des Nations Unies pour l'Environnement (PNUE).

La problématique Un changement climatique d'ampleur non négligeable attendu

Selon le quatrième rapport du Groupe d'experts intergouvernemental sur l'évolution du climat (Giec), l'augmentation de la moyenne annuelle des températures devrait se situer entre 2,2 C° et 5,1 C° pour la période 2080-2099 par rapport à la période 1980-1999. La probabilité d'un réchauffement compris entre 3 et 4 °C est estimée à 50 %. À l'échelle de la saison, les incertitudes se montrent beaucoup plus fortes : les valeurs données par les fourchettes de probabilité varient du simple au triple.

L'élévation attendue devrait varier d'une région à l'autre : dans les régions subsahariennes, l'augmentation en été pourrait atteindre 4 °C. En revanche, sur la rive nord, l'augmentation serait plus marquée en hiver en restant autour de 3 °C.

Le nombre de jours de pluie va très probablement diminuer et le risque de sécheresse sensiblement augmenter. Là où elle existe, la durée de la période enneigée serait raccourcie. Selon les divers modèles utilisés, une diminution des précipitations affecterait toutes les saisons : jusqu'à 24 % en été. Le très fort assèchement-réchauffement simulé pourrait déboucher sur 42 % d'étés extrêmement secs avant la fin du siècle. La diminution des précipitations, associée à l'augmentation de l'évaporation au printemps et au début de l'été, devrait, en outre, conduire à une faible humidité des sols en été et donc à des risques accrus de sécheresse. Le débit des fleuves, en conséquence, diminuerait en moyenne sur l'année malgré une possible redistribution saisonnière se traduisant par plus d'eau en hiver mais moins au printemps et en été.

Le cœur du sujet Des impacts prévisibles sévères

Une hausse du niveau de la mer

Il n'existe pas à l'heure actuelle de modèle régional associé à des scénarios du Special Report on Emissions Scenarios (SRES du Giec) capable de donner un chiffre global d'augmentation du niveau de la mer. Seules quelques études météorologiques donnent des estimations de 35 cm d'augmentation moyenne d'ici à la fin du siècle. En revanche, le suivi satellitaire opéré notamment par le programme Topex/Poséidon sur les variations du niveau de la mer Méditerranée entre janvier 1993 et juin 2006 dessinent une Méditerranée contrastée[1].

L'augmentation du niveau de la mer se traduira par :

- une aggravation des submersions sur les côtes basses, en particulier les espaces deltaïques, les littoraux à lagunes, les marais maritimes ;
- l'accélération des érosions sur les falaises et les plages ;
- le renforcement de la salinisation dans les estuaires ;
- la réduction du volume des nappes phréatiques d'eau douce.

Des menaces sur la biodiversité

Un déplacement vers le Nord et en altitude des espèces a déjà été observé au cours du XXe siècle en raison de la migration de leur niche écologique. Un déplacement dans le temps a également été observé pour les dates de migration de certains animaux, de récolte de certains fruits. Ces phénomènes devraient s'accentuer au cours du XXIe siècle et se traduire par la disparition d'espèces terrestres et marines, et une baisse importante de la biodiversité. Soit parce que la migration des niches écologiques s'accomplira plus vite que celle des espèces. Soit parce que la migration des espèces rencontrera des barrières physiques infranchissables. Soit tout simplement par la disparition de certaines niches. Les mammifères des régions de plaine en Méditerranée seront vraisemblablement particulièrement visés (entre 5 à 10 % des espèces menacées de disparition d'ici à la fin du siècle).

---

1. www.aviso.oceanobs.com/fileadmin/images/applications/ocean/med_level3.jpg www.aviso.oceanobs.com/fr/applications/ocean/niveau-moyen-de-la-mer-effet-de-serre/variations-regionales/index.htm

Superficie des étages bioclimatiques (% de la surface totale du Liban)

Niveau bioclimatique	Valeurs de départ	Scénario de changement climatique		
		2020	2050	2080
Extrême aridité				2 762
Aridité	4 856	4 919	4 920	13 270
Semi-aridité	19 321	23 838	23 871	15 223
Sous-humidité*	45 166	49 575	50 652	60 757
Humidité	25 903	19 728	19 442	7 470
Sur-humidité**	4 522	1 765	1 115	0,518
Zone oroméditerranéenne***	0,232	0,175		

* Humidité inférieure mais suffisante pour la plupart des cultures sans irrigation ni agriculture site sèche. Correspond au naturel à de l'herbe haute. Précipitations : de 50,8 cm (régions tempérées) à plus de 150 cm (régions chaudes).

** Index d'humidité supérieur à 100.

*** Correspond à un biotope compris entre 1 200 et 1 900 mètres d'altitude.

Des rendements agricoles menacés par la baisse des ressources en eau

Les pays méditerranéens risquent de connaître des réductions importantes de leurs ressources en eau. Au Sud et à l'Est, on estime qu'en 2050 environ 290 millions de personnes pourraient se retrouver en situation de pénurie d'eau. Cette perspective couplée à la sécheresse devrait se traduire par des baisses de rendement agricole significatives. Ainsi, on estime que, dès 2020, les rendements des céréales pourraient baisser au Maroc de 10 % en année normale et de 50 % en année sèche. En Algérie, sont anticipées des réductions comprises entre 5,7 et 14 % en année normale. Les rendements des légumes pourraient diminuer de 10 à 30 % en Algérie et près de 40 % au Maroc. Le changement climatique se traduirait en outre par une réduction de la productivité des pâturages, principalement dans les régions steppiques. Ces évolutions risquent d'accroître les flux migratoires en ville et le coût moyen de ces impacts pourrait approcher le quart du PIB à l'horizon 2100.

Le tourisme affecté

Le TCI classe les destinations touristiques : la façade méditerranéenne est défavorablement touchée.

Le climat est une composante essentielle du choix de la destination pour les touristes internationaux. Les vagues de chaleur et des températures estivales en augmentation pourraient altérer l'attractivité des régions méditerranéennes au profit de régions plus septentrionales. Certaines estimations retiennent qu'un réchauffement de 1 °C à l'horizon 2050 déboucherait potentiellement sur une diminution de 10 % de la fréquentation touristique de la rive sud. Des événements brutaux (type tsunami) ou une augmentation significative du prix du transport liée à des programmes de prévention du réchauffement pourraient également produire un impact dommageable sur l'activité touristique. De même que les conséquences d'une compétition pour l'accès à l'eau.

Des impacts sanitaires notables

Impact de la température selon les tranches d'âge sur les villes méditerranéennes

Mortalité totale	Villes méditerranéennes			Villes non-méditerranéennes		
	Variation du %	95 %	Crl	Variation du %	95 %	Crl
Tous les âges	3,12	0,60	5,73	1,84	0,06	3,64
15-64 ans	0,92	– 1,29	3,13	1,31	– 0,94	3,72
65-74 ans	2,13	– 0,42	4,74	1,65	– 0,51	3,87
+ 75 ans	4,22	1,33	7,20	2,07	0,24	3,89
Mortalité liée aux troubles cardiovasculaires						
Tous les âges	2,70	0,36	7,04	2,44	– 0,09	5,32
15-64 ans	0,57	– 2,47	3,83	1,04	– 2,20	4,92
65-74 ans	1,92	– 1,49	5,35	1,50	– 1,12	4,62
+ 75 ans	4,66	1,13	8,18	2,55	– 0,24	5,51
Mortalité liée aux troubles respiratoires						
Tous les âges	6,71	2,43	11,26	6,10	2,46	11,08
15-64 ans	1,54	– 3,68	7,22	3,02	– 1,55	7,42
65-74 ans	3,37	– 1,46	8,22	3,90	– 0,16	8,92

Étude réalisée en 2004 portant sur la surmortalité liée à l'atteinte de températures au-dessus des moyennes estivales en Europe : elle confirme une vulnérabilité importante des villes méditerranéennes.

Le changement climatique annoncé en région Méditerranée devrait se traduire, au cours du siècle, par une diminution relative de la surmortalité hivernale en raison d'une baisse des maladies de l'appareil respiratoire (bronchites, pneumonies) et des cardiopathies. À l'inverse, la hausse des températures devrait déterminer une assez franche surmortalité estivale, beaucoup moins due à la mise en échec absolue des mécanismes thermorégulateurs (hyperthermie, coup de chaleur, déshydratation aiguë) que par la recrudescence des maladies cardiovasculaires, cérébrovasculaires, respiratoires, métaboliques ou psychiques.

Le changement climatique pourrait également se traduire par l'expansion des aires de développement de certaines maladies parasitaires et infectieuses à l'image de leurs vecteurs, tel *Aedes albopictus*. Cet insecte d'origine asiatique, fort vecteur de la dengue mais aussi de la fièvre de la vallée du Rift et du virus West Nile, qui colonise depuis 1990 la moitié septentrionale de l'Italie, pourrait ainsi et dès à présent gagner l'Italie et le sud de la France où ses exigences écologiques seraient satisfaites, puis s'étendre si le réchauffement annoncé se réalise.

Les enjeux Des outils financiers disponibles peu ou sous-utilisés en Méditerranée

Malgré l'urgence à agir, peu d'initiatives régionales d'envergure ont vu le jour en Méditerranée. Jusqu'à une époque récente, le protocole de Kyoto se prêtait peu à une action concertée sur le plan régional. Jusqu'à la conférence de Bali en décembre 2007, l'accent était mis, de surcroît, surtout sur la stabilisation des concentrations de gaz à effet de serre et sur la réduction des émissions. Or les pays du sud de la Méditerranée ne représentent qu'une faible part des émissions mondiales et peu d'entre eux ont contracté des obligations en termes de réduction ou de stabilisation. Dans ces conditions, ils ont peu bénéficié des mécanismes de flexibilité mis en place dans le cadre du protocole de Kyoto. Ainsi, au titre du Mécanisme de développement propre (MDP), la Méditerranée ne représentait en juin 2008 que 0,14 % des crédits d'émissions enregistrés par le secrétariat de la Convention Climat, et seuls cinq pays méditerranéens ont aujourd'hui vendu des crédits d'émissions.

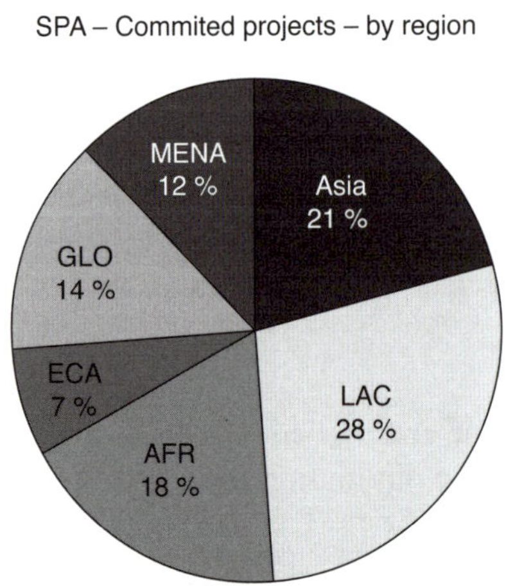

Figure 1 – Répartition par région des projets financés par le Fonds Stratégique sur l'Adaptation (FSA), juin 2008

En ce qui concerne les fonds d'adaptation disponibles auprès du Fonds pour l'environnement mondial (FEM), la situation de la région Moyen-Orient et Afrique du Nord (MENA) est moins déséquilibrée sans toutefois se hisser à la hauteur des enjeux.

Les perspectives

La région Méditerranée peut se donner comme ambition de devenir une zone d'exemplarité en matière de lutte contre le changement climatique. La diversité des pays qui la constituent et leurs niveaux de développement contrastés, le savoir-faire technologique qui y réside, les ressources humaines et financières dont elle dispose lui en donnent assurément le potentiel. Reste à le concrétiser en mutualisant les approches et les compétences, et en intégrant politiques de réduction et politiques d'adaptation. À court terme et afin notamment de bénéficier dès maintenant des mécanismes de financement internationaux disponibles, les pays du Sud et de l'Est gagneraient à investir dans l'effort de recherche et à mieux connaître leurs émissions pour être en capacité d'établir annuellement leurs inventaires.

Lectures utiles

Rencontres d'Averroès, n° 14 : *La Méditerranée au temps du monde*, Parenthèses, 2008.

L'eau en Méditerranée : fonder une stratégie commune services de l'eau, climat et sécurité, L'Harmattan, 2010.

À retenir

– 30 % : baisse attendue de la disponibilité en eau en 2100.

100 millions de personnes souffrent aujourd'hui des manques en eau. Elles seraient 300 millions en 2100 (source : *L'eau en Méditerranée*).

Géopolitique et développement durable

Les enjeux mondiaux du développement durable sont nombreux, ils commencent par la paix et le respect des droits de l'Homme comme proclamés, par exemple, dans la Déclaration universelle des Nations unies de 1946. Ils intéressent donc l'ensemble des relations internationales. Ce qui pourrait sembler nouveau aujourd'hui, c'est le croisement opéré par la géopolitique et le développement durable, car même si les sociétés sont obligées de « s'écologiser », la question du climat est un facteur parmi d'autres.

Christian Grusq est le président de Diplomatie & développement durable.

La problématique — Le développement durable, composante de la géopolitique repensée

Du point de vue de la géopolitique, nous, les Occidentaux, avons perdu notre monopole depuis la chute du mur de Berlin. Les pays dits « émergents » ne veulent plus éprouver le sentiment d'être contrôlés. Dans ce contexte, que devient ce que l'on a coutume d'appeler la « communauté internationale » ?

Pour paraphraser l'ancien Premier ministre de Norvège, Madame Gro Harlem Brundtland (créatrice en août 1967 à l'Onu du concept de développement durable ou développement soutenable, *sustainable development,* en langue anglaise), comment mêler ces deux notions pour répondre à la fois aux besoins du présent, tout en préservant ceux des générations futures et leur assurer un monde plus équilibré, dans la durée ?

Lier géopolitique et développement durable dans ce nouveau paradigme de l'action collective nous oblige à repenser nos objectifs à long terme, en tenant compte de la diversité des sociétés et des nouvelles imbrications des niveaux de gouvernance, et donc déjà d'une incontournable évolution des modes de décision collective au sein même des institutions internationales. Le développement durable devient ainsi une composante essentielle de la stratégie géopolitique.

Depuis Yalta, aucun projet mondial...

Jusqu'au début des années 1990, le monde a vécu dans un système divisé principalement en deux zones d'influence, issues directement des accords de Yalta de 1945, nés, eux, d'un monde sortant de la terreur. Cependant, même si cette bipolarité a pu contenir géographiquement des conflits pendant quarante-cinq ans, la fin du communisme n'a pas fait naître de façon automatique la démocratie, comme certains avaient pu l'imaginer. Au contraire, elle a surtout réveillé les nationalismes et son lot de tensions ethniques.

Durant cette période, aucun nouveau projet politique mondial n'a vu le jour pour faire face à cette situation géopolitique nouvelle. De surcroît, le concept de souveraineté nationale fait l'objet de débats acharnés depuis une quinzaine d'années, alors que notre conception des relations internationales y trouve son fondement, et ce depuis les traités de Westphalie de 1648 !

Et pourtant, depuis la fin de la Seconde Guerre mondiale, le nombre d'États a pratiquement quadruplé !

Parallèlement, nous avons vécu une série de catastrophes de grande ampleur comme celles de Seveso en 1976, de Bhopal en 1984, de Tchernobyl en 1986, aujourd'hui celle du golfe du Mexique avec BP, quand, dans le même temps, la conscience internationale se réveille aux risques d'épuisement de nos ressources naturelles.

En 2002 à Johannesburg, lors du Sommet mondial du développement durable, plus de 180 pays ont déclaré ensemble leur volonté d'accepter d'assumer une responsabilité collective politique nouvelle : lier et renforcer le développement économique, le développement social et la protection environnementale, tant à l'échelon national que mondial.

Alors les impératifs du développement durable nés du changement climatique vont faire naître une géopolitique d'une intensité différente à celle connue jusqu'à ce jour, et le réchauffement de la planète pourrait bien être à l'origine de futurs conflits de souverainetés.

Zoom

Une nouvelle ruée vers l'or… et ses conséquences

Un des exemples significatifs, et totalement nouveaux, dans notre histoire, sont les conséquences engendrées par le recul de la banquise dans l'Arctique. Dans les années à venir, le trafic maritime, entre autres, va largement augmenter autour du cercle polaire par l'ouverture de nouvelles routes maritimes. Les itinéraires de transport seront minorés d'environ 40 %, mais des risques de pollution surgissent. De plus, le sous-sol de cette région regorge de ressources énergétiques, pétrole et gaz, et minières, argent, or, diamant, fer, cuivre : des revendications territoriales s'ensuivront, auxquelles chaque État dont le littoral s'ouvre sur l'Arctique peut légitimement prétendre.
D'ailleurs, en 2007, la Russie a planté son drapeau sur les fonds marins, sous le pôle Nord, dans le respect du domaine complexe du droit couvert par la Convention des Nations unies sur le droit de la mer (UNCLOS) – au nom de son plateau continental, la crête de Lomonosov.

Le cœur du sujet La paix exige la prise en compte de tous les dangers

Il nous faut repenser, voire inventer, dans un contexte de relations internationales interdépendantes, les réponses à donner à toutes les questions relatives au droit international non seulement du commerce, mais aussi de l'investissement, de la concurrence, des ressources naturelles, avec pour objectif la préservation de la biodiversité, l'élimination de la pauvreté ou encore le droit de la santé.

Si 80 % des richesses produites sont aujourd'hui consommées par 20 % des habitants de notre planète, qu'en sera-t-il en 2050 quand la population mondiale sera passée d'un peu plus de 6 milliards à presque 10 milliards d'êtres humains ? Soit une augmentation équivalent à l'ensemble de la population mondiale en 1950 ! Et *quid* alors des ressources énergétiques et alimentaires, avec une augmentation plus que sensible du prix des matières premières, de par leur raréfaction (lire *Les enjeux*) ?

La paix future et l'équilibre mondial passent aussi par la protection des écosystèmes et des ressources naturelles particulièrement menacés, avec son cortège de montée des océans, d'inondations, de tempêtes et d'ouragans, et leurs effets induits, épidémies, migrations et violences. Après les réfugiés des guerres ethniques, s'en viennent les réfugiés climatiques, issus de la montée des eaux dans les zones deltaïques, et même de la disparition programmée de certains États regroupés autour de l'Aosis (Alliance des 42 petits États insulaires). En septembre 2009, à New York, le Premier ministre de la Grenade déclarait que « l'incapacité d'agir équivaudrait à un génocide silencieux ». Sans oublier les régions dont les sols se sont désertifiés sous l'effet de phénomènes bien plus anciens (voir encadré *Zoom*).

Zoom

La CIA surveille… la sécheresse

Depuis septembre 2009, la Central Intelligence Agency (CIA) s'est dotée d'une « cellule » chargée d'évaluer les conséquences du réchauffement climatique et plus particulièrement la désertification, la montée du niveau des océans, les déplacements de populations et la concurrence accrue pour les ressources naturelles sur les différentes parties du globe. Ce Climate change and state stability program, dont le but est de mesurer les conséquences du réchauffement de la planète (famine, inondation, etc.) sur la sécurité des États-Unis, servira aussi ses intérêts stratégiques et commerciaux.

La diplomatie traditionnelle avait pour objectif de réguler les conflits « traditionnels » au mieux des intérêts des États. Elle est donc confrontée à de nouveaux défis. Aujourd'hui, face à la mondialisation, encore si souvent décriée en vain, chaque pays, et même chaque être humain, vit une révolution permanente en temps réel, grâce au développement des technologies de l'information et de la communication. Il nous faut pourtant maîtriser positivement cette évolution/révolution si l'on veut éviter une instabilité plus importante et surtout plus dangereuse pour l'équilibre de notre planète.

Les enjeux Nouveaux acteurs, nouveau paradigme

Un des changements majeurs et brutaux de nos sociétés est la raréfaction des énergies non renouvelables. Nous quittons une société d'abondance pour entrer dans une société de modération. L'accès à l'eau en est déjà l'un des éléments le plus visible : il s'agit là aussi de sécurité humaine, parce que provocatrice de conflits dits « hydrologiques » entre les États.

Mais émergent dans le même temps sur la scène internationale de nouveaux acteurs s'octroyant librement leur part de « marché » dans le concert des relations internationales.

Outre l'individu, consommateur lui-même, qui peut essaimer au travers d'un simple « blog », il faut compter sur l'ensemble des organisations internationales gouvernementales (OIG), les organisations non gouvernementales (ONG), les syndicats, les groupements et lobbys transnationaux divers, les mouvements religieux et même les entreprises internationales, dont le poids est devenu significatif, même s'il reste le plus souvent, mais c'est aussi peut-être son avantage, sa force et sa liberté, en dehors d'un statut juridique formel, ne s'exprimant pas, par exemple, au sein de l'Onu.

Les relations internationales au défi d'inventer des solutions

Le monde des relations internationales rassemble donc de nouveaux concurrents très organisés, dont les objectifs ne seront pas toujours la paix durable.

L'« ardente obligation » des relations internationales est de se penser comme mission régulatrice, en réinventant de nouvelles solutions en matière de politique internationale que fondent les trois piliers, la protection de l'environnement, le développement économique et le développement social.

Autrefois, on ne se préoccupait finalement que des rapports entre des États et des traités. Aujourd'hui, nous devons nous préoccuper, bien sûr, de stratégie, mais aussi de démographie, de santé, d'alertes alimentaires, des questions liées à l'eau et à l'environnement : géopolitique et développement durable sont l'acteur commun des enjeux actuels. Parler de et prôner la croissance verte dans les institutions internationales n'est pas seulement interdire, c'est s'imposer de proposer de nouvelles pistes.

Pour un droit de la planète

L'homme est-il toujours au centre de ce débat ?

Le récent rapport Stiglitz, souhaité par le président français Nicolas Sarkozy, vise à remettre l'homme au centre de l'économie, et plus généralement à remettre les individus au centre de toute analyse. Ce même rapport, dans son troisième chapitre, estime urgent de revenir à des critères simples, et énonce clairement, en substance, que le développement durable est celui qui laisse davantage aux générations futures qu'aux générations présentes !

Le défi commun de la géopolitique et du développement durable est de transformer la *compétition* multipolaire en une *coopération* multipolaire pour une gouvernance mondiale. Il faut, pour y parvenir, renforcer la gouvernance du développement durable afin d'établir les bases de l'application d'un droit international pour le développement durable.

Le défi est de taille. Dès aujourd'hui, les droits de l'homme passent désormais aussi par les droits de la planète. C'est à la fois tout l'enjeu et tout le défi de concilier géopolitique et développement durable, et c'est surtout, sans idéalisme pacifique passéiste, faire le choix de la paix.

Lectures utiles

À propos de la nouvelle ruée vers l'or… et ses conséquences, réf. *Arctic Map plots new « gold rush »*, Martin Pratt, Durham University, 2008.

À propos de la disparition programmée de certains États regroupés autour de l'Aosis, réf. *AOSIS Summit on Climate Change*, UN Department of Economic and Social Affairs, Division for Sustainable Development, New York, 21 septembre 2009.

À propos de la CIA surveille… la sécheresse, réf. Defense et Environnement, AFP/Intelligence Online/3B Conseils, 4 novembre 2009.

À propos du récent rapport Stigliz, www.stiglitz-sen-fitoussi.fr

Chapitre 2

Les enjeux énergétiques du XXIe siècle

Gérer la transition énergétique mondiale

En ce début du XXIe siècle, la géopolitique de l'énergie pose la question des formes de coopération internationale et de gouvernance mondiale à promouvoir pour éviter la multiplication de conflits et assurer une meilleure sécurité énergétique pour tous, en tenant compte du nouvel impératif de la lutte contre le changement climatique.

Jean Lamy est ambassadeur au Burundi. Il fut sous-directeur du Climat et de l'Énergie (CLEN), direction des Biens publics mondiaux (BPM) de la direction générale de la Mondialisation des partenariats et du développement (DGM) du ministère des Affaires étrangères et européennes.

La problématique — La moitié des réserves énergétiques mondiales appartiennent à trois pays

Des inégalités persistantes et une interdépendance croissante dans un contexte de raréfaction et de renchérissement des énergies fossiles et d'évolution de la notion de sécurité énergétique sous la contrainte climat : ainsi se pose le défi de la géopolitique de l'énergie.

La sécurité énergétique s'impose désormais à l'ordre du jour international à la faveur d'une double prise de conscience : celle du caractère limité des ressources fossiles alors que la demande mondiale d'énergie augmente inexorablement. Et celle de la nécessité de mener des politiques énergétiques « climat compatibles » (près de 80 % des émissions de gaz à effet de serre proviennent de la production et de la consommation d'énergie). La notion de sécurité énergétique ne se définit plus seulement comme la sécurité d'approvisionnement en hydrocarbures, mais s'entend comme l'équilibre mondial entre l'offre et la demande d'énergie. Un équilibre qui doit prendre en compte le changement climatique (efficacité énergétique, énergies sobres en carbone) et la question du développement (accès à l'énergie pour tous).

Géopolitique de l'énergie

La demande en énergie va continuer à augmenter fortement en dépit du sursis suscité par la crise économique : + 40 % d'ici à 2030 selon le scénario « business as usual » de l'Agence internationale de l'énergie (AIE) qui prévoit également que les trois principales sources d'énergies fossiles (pétrole, gaz naturel et charbon) resteront dominantes. Mais la demande mondiale d'énergie est très inégalement répartie. Près de 2 milliards de personnes dans le monde n'ont pas accès à l'énergie. Les principaux consommateurs sont les États-Unis (22 % du total), l'Union européenne (16 %), la Chine (15 %), la Russie (6,5 %), le Japon (5 %), l'Inde

(4 %) et le Canada (3 %). Les pays du G8 consomment 46 % de l'énergie mondiale et ceux du G8 + 5 (Chine, Inde, Mexique, Brésil et Afrique du Sud) près de 70 %. La consommation énergétique des pays industrialisés est forte en valeur absolue, l'évolution de celle des pays émergents est forte en tendance. La répartition géographique des nouveaux besoins va entraîner une recomposition des flux.

Pénurie... d'investissement

Du côté de l'offre, les réserves d'hydrocarbures sont concentrées dans un petit nombre de pays. Pour le gaz naturel, plus de 50 % des réserves sont situées dans trois pays seulement : la Russie, l'Iran et le Qatar. Les réserves actuelles d'énergies fossiles rapportées en années de consommation sont aujourd'hui de l'ordre de 40 ans pour le pétrole, 60 ans pour le gaz et 230 ans pour le charbon. Les ressources en matières premières minérales à des fins énergétiques, comme l'uranium pour le nucléaire ou le lithium pour les batteries électriques, ne sont pas non plus infinies. Du côté de l'offre, la limite n'est pas tant celle des ressources que celle de l'investissement pour que l'offre réponde à la demande.

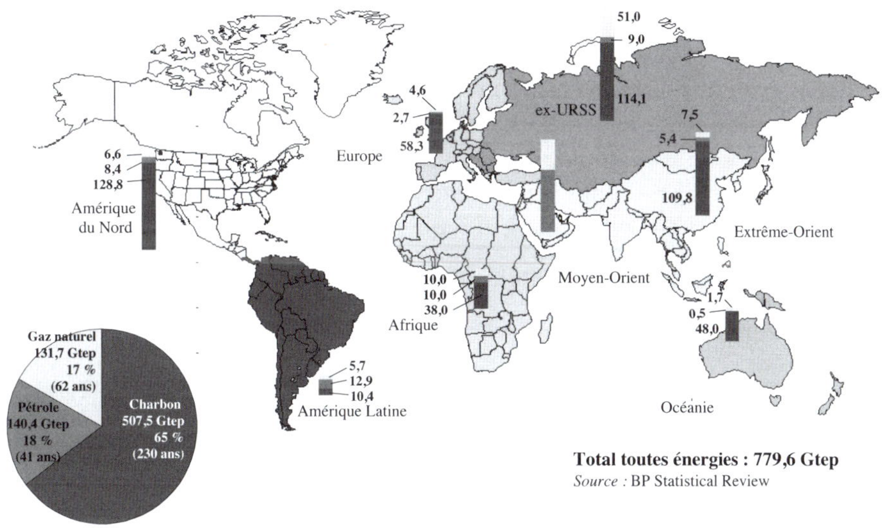

Figure 1 – Réserves mondiales d'énergies primaires (en années de consommation)

Le cœur du sujet | Voyage autour de la planète

Avec l'entrée sur la scène énergétique mondiale des pays émergents (Chine, Inde), grands consommateurs d'énergie, deux des enjeux majeurs résident aujourd'hui dans l'accès aux ressources pétrolières et gazières (notamment au Moyen-Orient, en Russie, dans le golfe de Guinée) et dans la diversification des bouquets énergétiques, dans un contexte de raréfaction des ressources et de regain de « nationalisme énergétique ». Les enjeux énergétiques varient selon les régions du monde.

Union européenne

La dépendance énergétique de l'Union européenne s'accroît : elle pourrait passer à 70 % en 2030 contre 50 % aujourd'hui (en raison de la réduction des ressources en mer du Nord et en Norvège). Cependant, l'approvisionnement européen est relativement diversifié (sauf dans certains pays d'Europe orientale) où le gaz russe représente 25 % de la consommation. Une véritable politique énergétique européenne devrait s'appuyer sur quatre axes : le bon fonctionnement du marché intérieur de l'énergie, plus flexible, plus efficace. La mise en place de mécanismes de solidarité énergétique (ce que prévoit le traité de Lisbonne). L'augmentation des investissements de diversification (des sources et des routes). Le renforcement de la coopération énergétique extérieure.

Le triangle UE-Russie-Asie centrale

Pour l'exportation de leurs hydrocarbures, la Russie et les États de la Caspienne riches en hydrocarbures (Kazakhstan, Turkménistan, Azerbaïdjan) sont en position d'arbitrage entre les marchés situés à l'Ouest et à l'Est. Dans la région, la Russie est incontournable, avec 25 % des réserves mondiales de gaz (principal fournisseur de l'UE). Ce qui fait de l'énergie une question clé des relations UE-Russie. Les Européens expriment leur inquiétude face à leur dépendance vis-à-vis de Moscou, tandis que la Russie est attachée à la « sécurité de la demande » et à la question du transit. Dans ce contexte, le développement des ressources énergétiques en zone arctique constitue un nouvel enjeu majeur.

Proche et Moyen-Orient, Afrique du Nord

C'est une région fortement dotée en hydrocarbures, encore très dépendante de ses exportations énergétiques. Les pays riverains du golfe arabo-persique, en particulier l'Arabie Saoudite (premier exportateur mondial), l'Iran, l'Irak et le Koweït, disposent des plus grands gisements pétroliers et gaziers du monde, en concentrant 62 % des réserves et 40 % de la production mondiale de brut. En Afrique du Nord (5 % des réserves mondiales de pétrole), seuls trois pays sont d'importants exportateurs d'hydrocarbures, l'Algérie, la Libye et l'Égypte, mais tous les pays de la zone sont confrontés à une forte augmentation de leur consommation interne d'énergie. Dans ce contexte, un projet comme le Plan solaire méditerranéen dans le cadre de l'Union pour la Méditerranée est de nature à modifier la donne énergétique dans la région.

Asie

Les pays d'Asie sont les nouveaux entrants sur le marché énergétique mondial, avec des besoins énergétiques gigantesques, des stratégies concurrentes. Bien que l'Asie soit devenue la première zone consommatrice d'énergie (un tiers de la consommation mondiale), la consommation par habitant reste bien inférieure à celle de l'OCDE : un Chinois consomme en moyenne 3,5 fois moins d'énergie qu'un Européen et 8 fois moins qu'un Américain. Le taux de dépendance énergétique de l'Asie est supérieur à 60 % alors que l'Indonésie, la Malaisie, le Brunei et l'Australie sont les seuls États autosuffisants de la région. L'Asie importe les deux tiers de son pétrole, principalement du Moyen-Orient. Face à cette explosion de la demande, les États de la zone – Chine, Inde, Japon, notamment – souhaitent diversifier leurs sources d'approvisionnement, dans une concurrence accrue pour l'accès à de nouveaux pays producteurs (Russie, Iran, Asie centrale…). Pour la même raison, ils cherchent la diversification de leurs bouquets énergétiques. En outre, la sécurité énergétique globale dépend désormais aussi de la façon dont la Chine et l'Inde gèrent leur propre sécurité énergétique, qu'il s'agisse de l'offre (stocks stratégiques) ou de la demande (politiques d'efficacité énergétique).

Amériques

Il y a une prise de conscience du besoin d'une certaine sobriété au nord, et des tensions régionales sur l'énergie au sud. En Amérique du Nord, la question de la sécurisation de l'offre et des approvisionnements reste dominante et influence la politique étrangère. Les États-Unis représentent 5 % de la population mondiale, mais 25 % de la consommation d'énergie. Avec le nouveau défi du changement climatique, les États-uniens évoluent et procèdent à la diversification de leur bouquet énergétique en investissant notamment dans le nucléaire, les énergies renouvelables et les nouvelles technologies (biocarburants, hydrogène, charbon propre…), sans oublier l'efficacité énergétique, ce qui se traduit par la mise en place progressive d'une politique énergie-climat américaine (*cf.* le projet d'American Power Act, rendu public en mai 2010). Deux problématiques dominent la géopolitique énergétique de l'Amérique latine : celle, d'une part, de la réalisation du potentiel de production d'hydrocarbures de plusieurs des pays de la région, pourtant bien dotés en ressources énergétiques (Bolivie, Argentine, Venezuela – ce pays exporte l'essentiel de son pétrole vers les États-Unis). Et celle de la diversification énergétique, avec, en particulier, le développement des biocarburants dont le géant énergétique brésilien se fait le défenseur dans les forums internationaux. Le sous-continent se caractérise par un facteur « souverainiste » dans la plupart des politiques énergétiques et une dimension régionale importante.

Afrique subsaharienne

L'Afrique subsaharienne est entre pauvreté énergétique et captation des ressources. Si les ressources pétrolières et gazières du golfe de Guinée sont de plus en plus disputées, notamment entre les États-Unis et la Chine, la question de l'accès à l'énergie se pose en Afrique subsaharienne avec la plus grande acuité. Les 800 millions d'habitants d'Afrique subsaharienne consomment autant d'énergie que les 8 millions d'habitants de la ville de New York. Une véritable géopolitique mondiale de l'énergie ne peut faire l'économie de la question de la « pauvreté énergétique » : l'accès à l'énergie conditionne le développement.

Les enjeux Le besoin d'une gouvernance mondiale de l'énergie

La triple contrainte de la sécurité énergétique, de la raréfaction des ressources et de la lutte contre le changement climatique change les grilles d'analyse traditionnelles de la géopolitique de l'énergie devenue progressivement une géopolitique de l'énergie durable sous contrainte climat. Il ne s'agit plus seulement d'examiner les conditions de circulation des flux de pétrole et de gaz, mais d'imaginer les nouveaux outils et de trouver les nouvelles formes de coopération internationale capables de conduire à une gestion et à une utilisation plus rationnelles et plus durables des ressources énergétiques. En un mot, d'organiser la transition énergétique globale. De

Zoom

Géopolitiques différentielles

Pour le **pétrole**, dont le marché est mondialisé, et qui est principalement utilisé dans le secteur des transports, la compréhension des interactions économiques (prix du baril, faible élasticité de la demande, phénomènes spéculatifs…) est indispensable pour une analyse pertinente des fondamentaux du marché. On assiste actuellement à une évolution du dialogue producteurs/consommateurs vers une approche plus coopérative sur le moyen et long terme.

Dans le domaine du **gaz naturel**, à la différence du marché pétrolier, **il existe plusieurs marchés régionaux**, qui correspondent aux régions physiquement reliées par gazoducs. À la faveur de l'essor du gaz naturel liquéfié (GNL), le marché se globalise et une géopolitique mondiale du gaz naturel se met progressivement en place, au sein de laquelle les États-Unis et la Russie vont occuper une position centrale.

La géopolitique du **charbon**, souvent oubliée, est spécifique et liée à l'utilisation de cette énergie fossile pour produire de l'électricité, comme c'est largement le cas dans des pays comme la Chine, les États-Unis, l'Afrique du Sud, l'Allemagne, la Pologne… : l'enjeu ici est celui de la réduction des émissions et de la diffusion des technologies du « charbon propre ».

Le secteur de l'**électricité**, énergie secondaire qui offre des flexibilités pour répondre aux tensions sur les énergies fossiles, obéit à une problématique internationale spécifique. Selon l'AIE, les besoins mondiaux en électricité doubleront d'ici à 2030. Du point de vue géopolitique et de la sécurité d'approvisionnement, les **énergies renouvelables** ou le **nucléaire** doivent être pris en compte à l'aune des énergies fossiles qu'ils permettent d'économiser.

S'agissant du **nucléaire**, son développement à l'international doit s'accompagner de la mise en place de cadres institutionnels et juridiques garantissant le respect des exigences en matière de sûreté, de sécurité et de non-prolifération.

nombreux processus internationaux sont en cours à cet effet dans des enceintes variées, qu'il s'agisse de l'organisation des marchés, de la coopération sur les technologies de l'énergie, des énergies traditionnelles ou renouvelables, de l'efficacité énergétique… Une meilleure gouvernance mondiale de l'énergie, en lien avec les enjeux environnementaux, devrait devenir un sujet majeur des prochaines rencontres internationales, notamment dans le cadre du G20 et du système des Nations unies.

Lectures utiles

Les 100 mots de l'énergie, Jean-Marie Chevalier, Puf, coll. « Que sais-je », 2008.

Les grandes batailles de l'énergie, Jean-Marie Chevalier, Gallimard, coll. « Folio Actuel », 2004.

World Energy Outlook, ouvrage collectif de l'Agence internationale de l'énergie (AIE), parution annuelle, www.Iea.org

Géopolitique de l'énergie, Jean-Pierre Favennec, Éditions Technip, 2007.

Le monde et l'énergie – Enjeux géopolitiques, Samuele Furfari, tome II, Les cartes en main, Éditions Technip, coll. « Géopolitiques », 2008.

À retenir

Croissance de la consommation énergétique mondiale, selon l'AIE : 50 % d'ici à 2030.

Réduction des émissions mondiales de gaz à effet de serre, objectif requis selon les experts internationaux, résultant à plus de 80 % de la façon dont l'énergie est produite ou consommée pour maintenir le monde au-dessous d'un seuil de réchauffement global de 2 °C : 50 % d'ici à 2050. Cherchez l'erreur…

Y a-t-il trop d'énergies fossiles ?

Ceux qui veulent nous convaincre de consommer moins d'énergie fossile au motif que les réserves s'épuisent supposent que nous avons perdu la lutte contre le réchauffement climatique. Cette erreur de jugement est bien plus grave qu'une erreur d'analyse. En effet, s'il faut se préparer à l'épuisement des ressources, la meilleure des politiques publiques est de laisser le marché concurrentiel jouer librement : les prix monteront, ce qui à la fois stimulera la production et orientera l'énergie vers ceux qui sauront l'utiliser au mieux.

Henri Prévot fut ingénieur général des mines au Conseil général des Mines, ministère de l'Économie, de l'Industrie et de l'Emploi.

La problématique — Le paradoxe

L'activité humaine contribuera au réchauffement de l'atmosphère jusqu'au jour où les émissions de CO_2 dont elle est la cause ne seront plus supérieures à ce que les continents et les océans peuvent réabsorber. Pour éviter un réchauffement atmosphérique aux conséquences très dommageables, il ne faudra pas avoir rejeté dans l'atmosphère, entre aujourd'hui et ce jour-là, plus de 1 000 milliards de tonnes de carbone (3 600 milliards de tonnes de CO_2). Or les quantités d'énergie fossile – charbon, pétrole, gaz, autres pétroles et gaz non traditionnels – accessibles à un coût que les consommateurs sont prêts à payer contiennent plus de 2 000 milliards de tonnes de carbone. Sans compter les immenses quantités d'hydrate de méthane contenues dans les océans. Il est certes possible de capter le gaz carbonique généré par la combustion et de le stocker sous le sol. Mais cette possibilité ne compensera pas l'énorme différence entre ce qui est accessible et ce que nous pourrons consommer sans causer un réchauffement aux conséquences insupportables.

La meilleure des politiques publiques est de laisser alors le marché concurrentiel jouer librement : les prix monteront, ce qui à la fois stimulera la production et orientera l'énergie vers ceux qui sauront l'utiliser au mieux. Le rôle des pouvoirs publics sera de vérifier que la concurrence s'exerce effectivement et d'apporter une aide, au titre de la solidarité nationale, à ceux que la hausse des prix ferait trop souffrir.

En revanche, s'il faut prévenir le réchauffement climatique, la question à résoudre est radicalement différente : il faut empêcher ou dissuader les entreprises et les personnes de consommer un bien qu'ils sont prêts à payer, carburant pétrolier, gaz, fioul, électricité produite à partir de gaz ou de charbon. Une intervention massive, une intervention « en force » des pouvoirs publics est alors nécessaire.

Parler à la fois de la perspective de l'épuisement des ressources et du réchauffement climatique, c'est donc recommander aux pouvoirs publics à la fois d'être discrets et d'intervenir vigoureusement : une injonction contradictoire. Comme conseil de politique publique, on doit pouvoir faire mieux...

Certes, il peut exister temporairement un déséquilibre entre l'offre et la demande, mais un rythme de consommation évitant un réchauffement excessif viendra à bout des ressources au bout de 1 000 ans. Dans cette perspective, à moyen et à long terme, la contrainte climatique *efface* celle qui naîtrait de l'épuisement des ressources.

Il faut donc une intervention massive des pouvoirs publics. *Laquelle ?*

À savoir...

L'expression « énergie fossile » a-t-elle un sens ?

À moyen terme, les énergies fossiles sont substituables les unes aux autres : on utilise aisément du gaz dans des véhicules à essence, on produit de l'électricité à partir de charbon ou de gaz, du liquide à partir de charbon ou de gaz, on se chauffe au fioul, au gaz ou à l'électricité, etc. Les prix de ces énergies seront donc corrélés et l'on peut parler d'« énergie fossile ». En revanche, à court terme, il peut se produire de gros écarts entre les prix aussi longtemps que des filières de production ou de consommation n'auront pas été développées, conformément à leurs coûts respectifs.

Le cœur du sujet — Diminuer la consommation passe-t-il par la demande ou l'offre ?

S'il faut diminuer la consommation, il appartient aux États de pays consommateurs de prendre des décisions. Évidemment. Évidence trompeuse.

Nous sommes en face d'un problème de réservoirs, de tuyaux et de robinets. Le carbone est dans des réservoirs souterrains. Par toutes sortes de tuyaux qui se ramifient à l'infini, il en arrive à passer par les milliards de tuyaux capillaires de la consommation individuelle qui se déversent tous dans un même réservoir, l'atmosphère. Tous les tuyaux, depuis la sortie des réservoirs géologiques jusqu'aux derniers tuyaux capillaires sont équipés de robinets. Il nous faut freiner ce flux de carbone. Pour fixer les idées, le diviser par deux d'ici à 2050. Agir sur la demande, c'est resserrer les milliards de robinets sur les milliards de tuyaux de la consommation. Pour limiter la production d'énergie fossile, il suffirait de ne pas réaliser les investissements de recherche ou de production de pétrole, de gaz ou de charbon qui seraient pourtant justifiés dans un marché de libre concurrence, c'est-à-dire sans obstacles autres que techniques et économiques. On sait que le gros des réserves de pétrole se trouve dans un petit nombre de pays. Il se dit moins qu'il en est de même des réserves de gaz et de charbon.

Si la consommation est diminuée par une baisse de la demande, dans un marché où les producteurs d'énergie fossile se font concurrence, les prix auront tendance à baisser. Jusqu'où ? Si la demande est divisée par deux, disons que le prix, sur un marché concurrentiel serait de 60 $ le baril pour le pétrole, un prix équivalent pour le gaz et le charbon. Si, au contraire, la consommation est diminuée par une baisse de l'offre, les prix monteront jusqu'à un niveau qui dissuade la demande d'énergie ou permet à des énergies non fossiles d'être moins chères. Jusqu'où les prix monteront-ils ? Peut-être 150 $ le baril. La différence sera de 90 $ le baril, 600 $/tonnes équivalent pétrole (tep). Voilà le montant de la rente que les consommateurs devront payer aux producteurs si la régulation de la consommation est prise en charge par ces derniers.

Les enjeux L'Union européenne, des atouts dans sa diversité ?

600 $/tep pour quelques milliards de tep, les enjeux financiers sont tellement énormes qu'ils ne pourront pas être traités dans le cadre de négociations limitées à l'effet de serre ; ils entreront dans les négociations stratégiques entre grandes puissances. Dans ces négociations, les pays autonomes en énergie fossile (car détenteurs de réserves de charbon suffisantes, dans un scénario de réduction drastique des émissions) détiennent une carte maîtresse puisqu'ils conserveront cette rente sur l'énergie fossile quel que soit le mode de régulation. Ces pays – les États-Unis, le Brésil et dans une moindre mesure la Chine et l'Inde[1] –, selon leur intérêt géostratégique, feront pencher la balance vers une régulation par la demande ou une régulation par l'offre : ce sont eux qui fixeront le prix de l'énergie fossile.

Comme par hasard, le dernier jour de la réunion de Copenhague (décembre 2009), le vendredi en fin d'après-midi, alors que l'on venait d'annuler la photo de famille qui devait immortaliser cette négociation, les plus hauts responsables de Chine, d'Inde et du Brésil étaient réunis, avec celui du Soudan, dans une petite salle. Barack Obama s'est invité. Comme il n'y avait pas de place prévue pour lui, il a dit *Ce n'est pas grave, je vais m'asseoir près de mon ami Lula.* Les présidents des quatre grandes puissances potentiellement autonomes en énergie fossile étaient donc réunis. Chacun pensait sans doute à l'avantage que pourrait lui conférer, dans une négociation avec les principaux pays exportateurs, la Russie, l'Arabie Saoudite et l'Iran, cet atout maître que sera le prix de l'énergie fossile.

Quelle sera la place de l'Union européenne dans ce « grand jeu » entre grandes puissances ? Qu'a-t-elle à proposer ? Ne nous berçons pas d'illusion : mieux vaut pour elle se préparer à l'issue qui lui serait le moins favorable.

Il s'agit donc pour elle de sécurité d'approvisionnement en énergie, c'est-à-dire une question de sécurité publique, une question qui relève de la responsabilité de

1. Lorsqu'elles auront maîtrisé leur consommation d'énergie fossile conformément à une division par deux des émissions mondiales de CO_2, la Chine et l'Inde qui, ensemble, détiennent le quart des réserves mondiales en charbon, ne seront pas loin d'être autonomes en énergie fossile.

chaque État membre comme le dit explicitement le traité sur l'Union européenne. Si quelques États membres ne voient pas d'inconvénient à se mettre sous la dépendance de la Russie et de son gaz pour produire de l'électricité, libre à eux, mais il n'y a aucune raison pour que la France soit entraînée dans leur sillage. Certains pays, refusant le nucléaire, auront à dépenser davantage pour diminuer leurs émissions. Il n'y a aucune raison pour que ceux qui acceptent le nucléaire dépensent autant. Il est heureusement possible de mener des coopérations fructueuses sur des sujets qui touchent à la sécurité publique tout en respectant la responsabilité des États, et en tenant compte du caractère différent de leurs politiques. Il en est ainsi par exemple des accords de Schengen, de l'Europe spatiale, du corps d'armée européen, de la fabrication d'armement. Le traité de Lisbonne les appelle des « coopérations structurées ». L'Europe de l'énergie pourrait se créer sur cette modalité de coopération.

Dans le concert international, l'Union européenne pourrait alors se présenter avec ce que chacun de ses États membres sait faire de mieux plutôt que d'avancer avec une politique uniformisée. Peut-être son savoir-faire technique et son expérience dans les domaines aussi variés que le nucléaire, l'éolien, le solaire, la construction, les TGV, le stockage du CO_2 lui permettront-ils de se faire entendre dans le petit groupe des grandes puissances dont les décisions, peut-être brutales, diviseront par deux les émissions mondiales de CO_2.

À retenir

Plus de 2 000 milliards de tonnes : quantité de carbone contenue dans les réserves de pétrole, gaz et charbon techniquement accessibles à des conditions économiques.

1 000 milliards de tonnes : quantité de carbone à émettre sous forme de CO_2 entre aujourd'hui et le jour où les concentrations de CO_2 seront stabilisées, si l'on veut éviter une hausse de température de plus de 3 °C.

2 ou 3 milliards de tonnes par an : niveau des émissions annuelles qui n'augmente pas la concentration de CO_2 dans l'atmosphère.

Plusieurs centaines d'années : durée des réserves de pétrole, gaz et charbon si l'on évite un réchauffement supérieur à 3 °C, sans stockage du CO_2.

Les perspectives énergétiques du XXIe siècle

Il devient nécessaire de réduire fortement les émissions de CO_2. Le progrès technique nous apportera certainement des solutions, mais la question qui se pose est de savoir si elles seront déployées à temps sur une échelle mondiale.

Bernard Rogeaux est directeur de la prospective chez EDF R&D.

La problématique Une course contre la montre

Les difficultés liées au monde énergétique sont aujourd'hui bien connues : dans un contexte de forte croissance des besoins liée à la croissance démographique et au développement des pays émergents, les raretés se confirment autour de certaines énergies (surtout le pétrole) et la lutte contre les gaz à effet de serre devient une priorité.

Certes, le progrès technique a toujours permis de trouver des solutions dans le passé, et des solutions commencent à apparaître : procédés énergétiquement efficaces dans les bâtiments basse consommation, véhicules électriques ou à hydrogène, capture et séquestration du CO_2, solaire photovoltaïque ou thermodynamique, autres énergies renouvelables… Mais combien de temps nous faudra-t-il pour mettre au point ces procédés innovants et reconstruire partout dans le monde des infrastructures coûteuses dont la durée de vie est de plusieurs dizaines d'années ?

Quelles sont les difficultés qu'il nous reste à résoudre ?

Quelles perspectives réalistes se dessinent pour le XXIe siècle ?

Le cœur du sujet Les prochaines difficultés

Contrairement aux idées reçues, le monde ne souffre pas de rareté énergétique. Le rayonnement solaire fournit annuellement à lui seul dans un pays moyennement ensoleillé et assez peuplé comme la France près de 200 fois plus que l'énergie consommée. Il suffirait en théorie que seulement 5 % du territoire soient recouverts de panneaux solaires de rendement de 10 % pour satisfaire l'ensemble de nos besoins.

La difficulté, c'est que l'énergie solaire n'est pas facile à capter et à convertir en vecteurs capables de répondre à tous les usages énergétiques. L'électricité ou l'hydrogène seraient des vecteurs possibles, mais ils sont moins faciles à stocker et donc moins commodes à utiliser pour les transports ou le chauffage que les carburants liquides. De plus, pour les utiliser dans les batteries ou les piles à combustibles, il faut disposer de matériaux dont les raretés pourraient se confirmer en cas de développement mondial rapide de ces technologies.

Les nouvelles technologies emploient en effet des matériaux souvent qualifiés « high tech » comme l'indium, le gallium, le palladium, le niobium, les terres rares, le tantale… Ces matériaux sont souvent extraits comme sous-produits de mines classiques (zinc, cuivre…). Il ne sera pas facile d'augmenter rapidement la production mondiale de certains de ces matériaux qui sont pourtant nécessaires aux technologies d'avenir d'un nouveau monde énergétique. Ce n'est pas la rareté énergétique qui posera problème, c'est plutôt la rareté de certains matériaux nécessaires pour rendre utilisables les énergies disponibles comme le solaire ou même l'uranium. Cette rareté ralentira la nécessaire mutation énergétique.

Quelles difficultés pour les prochaines mutations énergétiques ?

D'autres obstacles sont à lever…

- *Rendre opérationnelles les nouvelles technologies.* Il faudra par exemple encore du temps pour que les technologies de capture et séquestration du CO_2 soient opérationnelles à l'échelle industrielle. On sait actuellement capter quelques millions de tonnes et les stocker dans d'anciens gisements pétroliers ; il sera plus difficile de transporter et stocker des milliards de tonnes dans des nappes d'eau souterraines. Beaucoup de technologies sont annoncées depuis longtemps comme susceptibles de devenir opérationnelles dans une dizaine d'années… La réalité, c'est que ce délai est repoussé sans cesse.
- *Trouver des moyens pour stocker l'énergie.* L'énergie carbonée se stocke facilement : le pétrole, le charbon et le bois s'emmagasinent pendant plusieurs mois à un coût quasi nul. Pour le gaz, c'est un peu plus difficile, mais possible. Si l'on veut décarboner l'énergie, il faudra en revanche trouver des moyens économiques de stocker l'électricité, la chaleur. On sait stocker l'électricité dans des barrages hydrauliques avec des lacs à deux niveaux, mais ce système de stockage n'est économiquement acceptable que s'il fonctionne souvent (stockage la nuit, déstockage le jour). Il reste à trouver des moyens de stockage qui intègrent au système électrique des énergies intermittentes (éolien, solaire…) et assurent une part significative du chauffage hivernal sans carbone.
- *Déployer les nouvelles technologies dans le monde.* Les infrastructures liées à l'énergie ont souvent une durée de vie de l'ordre de plusieurs décennies : il faut du temps pour transformer les villes, remplacer les bâtiments ou les usines, reconfigurer l'urbanisme qui conditionne une part importante des transports. Il faut aussi du temps pour construire des centrales électriques, des réseaux électriques ou gaziers, des réseaux de chaleur, des voies ferrées, voire électrifier les autoroutes pour que les véhicules électriques puissent se recharger tout en roulant. Construire de nouveaux systèmes électriques qui intégreraient une

part importante d'énergies intermittentes, souvent locales, non compensées dans les creux par des énergies carbonées, supposerait une reconfiguration complète du réseau avec la mise en place de moyens de stockage de masse. Le remplacement des infrastructures pour aller vers un nouveau monde énergétique ne sera pas facile à faire et demandera des décennies.

Changer les modes de vie des pays riches

Les difficultés de la transition énergétique seront donc à la fois liées au temps nécessaire pour réaliser la mutation (rareté de certains matériaux, efforts R&D, durée de vie des infrastructures), comme aux coûts de la transition. Les énergies carbonées sont encore pratiquement gratuites et faciles à utiliser. Les alternatives seront, elles, beaucoup plus coûteuses car elles supposent des infrastructures plus complexes (batteries pour les véhicules électriques, piles à combustible et système de stockage pour l'hydrogène, stockage d'électricité pour les énergies intermittentes, réseaux de chaleur, etc.).

Une partie de la solution passera aussi pour les pays riches par un changement de mode de vie : renoncer aux déplacements en avion et remplacer une grande partie de ses trajets en voiture par des transports en commun, voire un vélo (électrique ?).

Les enjeux Les véritables perspectives énergétiques

Le modèle Mescalito a été développé par EDF pour intégrer l'ensemble des contraintes géologiques et industrielles : ce modèle teste la capacité pour les industriels du secteur de l'énergie à répondre à la demande énergétique mondiale avec des énergies fossiles qui ne sont pas illimitées, et des alternatives qui ne pourront se développer que progressivement.

Des scénarios variés aux facteurs multiples

Si les contraintes CO_2 se confirment, il n'y a aucune autre solution crédible qu'une forte baisse de la demande énergétique : le stockage du CO_2 et les énergies non carbonées ne pourront pas se développer assez vite.

Même en l'absence de contrainte CO_2, le prochain pic ou plateau ondulé de la production pétrolière, suivi par un plateau de la production gazière, ne pourra pas être compensé à temps par les solutions alternatives que sont les pétroles non-conventionnels, les agro-carburants, la production de carburants liquides de synthèse à partir de charbon, l'électrification progressive des transports… Nous allons donc rapidement vers un manque de *carburants liquides*. Au bout de quelques décennies, même le charbon, dont les réserves sont pourtant estimées à

300, voire 500 fois la consommation annuelle actuelle, et le développement rapide des renouvelables et du nucléaire, compatible avec les contraintes évoquées ci-dessus, ne suffiront plus à compenser ces raretés. Nous allons donc vers un pic, toutes énergies confondues, qui devrait intervenir entre 2030 et 2050.

Au-delà de 2050, nous pouvons imaginer l'apparition et le développement de nouvelles technologies encore inconnues (grâce par exemple aux nanotechnologies ?). Mais il se confirme que les prochaines décennies ne seront pas faciles, l'industrie ne pouvant pas proposer de solutions crédibles pour faire face à la demande mondiale.

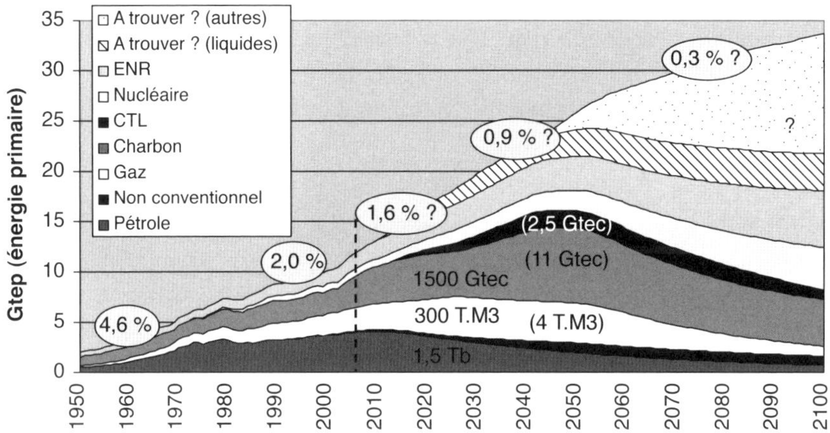

Pour chaque énergie fossile, une estimation moyenne des réserves.
Les scénarios pour les énergies renouvelables sont fondés sur un développement volontariste.

Figure 2 – Scénarios de demande tendanciel, avec une estimation moyenne des réserves fossiles et un développement volontariste des énergies alternatives

Examinons le scénario de la figure 1. Il suppose des efforts en matière d'efficacité énergétique, et une croissance de la demande due aux pays émergents, tout en misant sur l'hypothèse de réserves fossiles assez importantes : 1 500 GTec (gigatonne équivalent charbon) pour le charbon, l'énergie fossile dominante, soit près du double des estimations courantes, en raison de la probable hausse des prix des énergies qui fera passer une part significative des ressources en réserves.

Dans ce scénario, le manque d'énergies liquides apparaîtra vers 2015, et le manque d'énergie vers 2040. La demande énergétique mondiale ne pourra donc pas être satisfaite, malgré le développement assez volontariste des alternatives.

Conséquences géopolitiques : conflits ou sobriété partagée ?

L'énergie est un bien vital pour le fonctionnement des sociétés. Si l'on se dirige vers des raretés énergétiques dans le monde, chaque pays sera incité à sécuriser ses approvisionnements au détriment de ses voisins. Cette sécurisation ne portera pas sur les seules énergies (pétrole, gaz, charbon, uranium), mais en outre, comme nous l'avons évoqué *supra*, sur l'eau et les matériaux rares, condition de leur exploitation. De fait, beaucoup d'États se positionnent aujourd'hui autour de ces raretés, ce qui pourrait générer des conflits. Les contraintes CO_2 risquent alors de passer au second plan.

Une alternative serait l'acceptation généralisée (difficile pour les pays riches ?) d'une sobriété partagée. Avec la perspective d'un partage plus éthique de ressources énergétiques vitales dans un contexte de démographie croissante. Nos estimations convergent vers une consommation soutenable autour de 1,5 tonne équivalent pétrole (tep) par habitant (énergie finale), ce qui est la moitié de la consommation actuelle en France. Ce niveau de consommation soutenable supposerait à la fois la mise en place de procédés énergétiquement efficaces (et souvent coûteux), et l'acceptation d'une véritable sobriété dans notre mode de vie.

Lectures utiles

ASPO France, http://aspofrance.org
Jean-Marc Jancovici sur www.manicore.com

À retenir

Entre 2030 et 2050 : pic mondial probable toutes énergies confondues, compte tenu des rythmes de transition et la raréfaction des énergies faciles à extraire et à utiliser.

1,5 tep/habitant d'énergie finale, moyenne mondiale vers 2050, soit la moitié de notre consommation actuelle en Europe (pays développés).

Chapitre 3

La question de l'eau

Un avenir pour l'eau

Les menaces sur les ressources en eau et son utilisation, ces souffrances que connaissent les masses d'eau autant que ceux qui en font usage créent évidemment des tensions qui vont s'exacerbant. Tensions entre les hommes, mais aussi tensions entre l'homme et la nature dont la prise de conscience est nouvelle. Quel est le scénario d'avenir de cette ressource vitale ?

Loïc Fauchon est président du Conseil mondial de l'eau.

La problématique L'eau menacée par les changements globaux

Aujourd'hui, le milieu naturel de notre planète se trouve gravement menacé. L'eau plus encore, car les menaces qui pèsent sur elle sont déjà des réalités que nous connaissons tous.

- L'eau souffre d'une démographie incontrôlée (près d'un milliard d'habitants supplémentaires chaque décennie). Cette pression démographique est inégale, et la « littoralisation » comme l'urbanisation provoquent d'énormes tensions sur la ressource en eau. L'homme s'impose partout, sans se soucier des fragiles équilibres naturels qui l'entourent. On assiste ainsi à l'érosion de la diversité.
- L'eau souffre de souillure quand l'inconséquence humaine provoque de multiples formes de pollution ou d'agressions du milieu naturel. L'eutrophisation et l'envasement des lacs et retenues, l'assèchement des nappes phréatiques, la salinisation des sols entraînent autant de formes de dégradation de la ressource, qui toutes menacent l'équilibre – et parfois même la survie – des écosystèmes terrestres, fluviaux et marins.
- L'eau souffre de dépendance aux situations politiques et économiques qu'elle rencontre tout au long de son grand cycle. Ici, certains veulent la conserver pour leur usage exclusif. Là, d'autres voudraient la détourner pour un usage mercantile ou comme un outil de domination. Cette situation rend très inégale l'allocation des ressources dont peuvent disposer les États, les régions, les communautés, et contribue à rendre plus aléatoire l'accès à l'eau d'une partie de la population mondiale.
- Enfin, l'eau souffre des évolutions du climat, quelles qu'en soient la cause et la nature. Raréfaction due à des pics de sécheresse dans certaines régions, excès momentanés dans d'autres, avec son cortège de tempêtes et d'inondations. La variabilité du climat, que l'homme comprend mal et dont il ne peut dire encore les conséquences pour l'eau, pourrait jouer demain un rôle d'amplificateur des pénuries comme des débordements.

Alertes vitales

La réalité est là. Ces menaces, ces tensions sont avant tout le fait de l'homme et de ses comportements erratiques et irresponsables qui font du genre humain le premier ennemi de l'eau.

Le futur proche est inquiétant. L'eau manque pour la santé, ou, plus exactement, l'insuffisance d'eau ou sa mauvaise qualité provoquent des maladies hydriques qui sont la première cause de mortalité dans le monde.

Les diarrhées, qui ne constituent qu'un désagrément mineur dans le monde développé, *tuent* dans les pays et les villes les plus pauvres environ 1,5 million d'enfants de moins de cinq ans chaque année, et autant pour le reste de la population.

L'eau manque aussi pour l'alimentation, tant pour produire la nourriture nécessaire à une population qui augmente d'un milliard chaque décennie, que pour faire face aux changements d'habitudes alimentaires provoqués par l'élévation du niveau de vie.

Ce à quoi s'ajoutent des besoins industriels et domestiques grandissants, et surtout la nécessité d'utiliser de l'eau pour produire de l'énergie – la réciproque est d'ailleurs tout aussi nécessaire.

Nous devons changer de comportement. Comment y parvenir ?

Le cœur du sujet Changer notre rapport à l'eau

Nous sommes aujourd'hui à un carrefour sur la longue route du développement des sociétés humaines. Est-ce que d'un côté nous continuons à avancer sans regarder les dégâts collatéraux causés par notre « modèle de développement » ? Ou bien, de l'autre, pouvons-nous trouver une route qui soit celle d'une croissance plus mesurée, qui ne soit plus fondée sur le pillage mais sur le partage, et qui fasse que l'enrichissement de l'homme dans tous les sens du terme ne se fasse pas sur l'appauvrissement systématique de la nature ? Pouvons-nous mettre en œuvre un mode de développement qui n'épuise pas la nature, et qui sache restituer au milieu naturel ce qu'il nous a donné hier et ce que nous devrons lui rendre demain ?

En finir avec le principe d'une offre croissante de l'eau

Nous devons établir un nouveau rapport avec l'eau, plus harmonieux et plus équitable. Changer ce rapport est un devoir moral : il affirme l'accès à l'eau et à l'assainissement comme un droit essentiel indispensable au respect de la dignité de plusieurs milliards d'enfants, de femmes et d'hommes. C'est aussi une exigence économique, un impératif social et une obligation environnementale.

Nous nous trouvons ainsi confrontés à un défi majeur : utiliser plus de ressources en eau, et en même temps les protéger, les valoriser, les conserver, et même les réutiliser. En ce sens, nous devons admettre que *le temps de l'eau facile est révolu.* L'humanité est contrainte d'accepter de consommer moins et de gérer mieux, dans un monde où la rareté des ressources naturelles s'impose peu à peu.

Jusqu'à présent, partout dans le monde, les autorités publiques ont privilégié une approche de la satisfaction des besoins hydriques *par l'offre* : toujours plus de barrages, de canaux, de forages, d'usines de traitement et de capacités de stockage. Mais accroître indéfiniment l'offre en eau coûte de plus en plus cher dans un contexte marqué par la crise économique et l'évolution possible du climat. Accroître l'offre met aussi en péril le milieu naturel quand l'homme confond la réponse aux besoins essentiels et le pillage des richesses hydrologiques. La puissance publique ne peut désormais se satisfaire de créer toujours plus d'équipements et d'infrastructures. Elle doit aujourd'hui cesser de dépenser toujours plus d'argent pour produire de l'eau dont une grande partie est gaspillée.

La voie est étroite, mais incontournable, et passe par une utilisation plus raisonnée des technologies qui progressent et qui progresseront encore. Elle suppose l'édification de barrages moins traumatisants, la réalisation de pompages moins agressifs ou de transferts peu consommateurs d'énergie. Faisons confiance au génie des ingénieurs pour dessaler, recycler et stocker, d'une manière plus respectueuse envers l'homme et aussi envers la nature.

Réduire notre empreinte hydrologique

Mais l'homme doit aussi sensiblement modifier son rapport aux usages multiples de l'eau. Il doit apprendre, s'imposer un partage plus équitable et une utilisation plus économe de la ressource. Ce qui requiert, non sans difficulté, un changement des habitudes de consommation et une évolution des comportements.

Le temps est venu de transformer le principe de l'eau virtuelle en réalité : de quoi réduire durablement notre empreinte hydrologique. Mieux connaître les quantités d'eau nécessaires à la production de denrées agricoles et de biens industriels est aujourd'hui indispensable. Cette connaissance sera à la base de choix qui influeront très fortement sur les consommations d'eau futures, voire sur les flux d'eau échangés entre pays. Elle modifiera sans doute l'idée aujourd'hui répandue que la sécurité alimentaire va de pair avec la souveraineté alimentaire. À l'avenir, la rareté relative de la ressource en eau verra la sécurité alimentaire plus dépendante des échanges entre pays, créant ainsi une nouvelle forme d'interdépendance entre eux.

Les enjeux | L'eau au centre du débat politique

Mais l'avenir de l'eau, son utilisation raisonnée, son partage harmonieux, ne reposent pas seulement sur la maîtrise intelligente des technologies. L'avenir de l'eau repose d'abord avant tout sur une volonté et des engagements politiques. L'eau est aujourd'hui au centre du débat politique, comme l'ensemble de la question du développement durable. Les choix politiques pour l'eau imposent quelques obligations fortes.

- Obligation pour le *droit à l'eau*, élément d'une dignité des individus qui ne se négocie pas, mais s'affirme et se respecte. Ce qui signifie : inscription du droit à l'eau dans les constitutions ou les textes fondateurs de chaque pays, mise en place d'allocations minimales, raccordement des populations démunies des quartiers « informels » aux réseaux publics d'eau et d'assainissement, création systématique de points d'eau et de sanitaires dans plusieurs millions d'écoles des pays les plus pauvres.
- Obligation aussi pour le savoir et la mise en œuvre de transferts adaptés. Obligation pour les financements, qui demande l'annulation des « dettes de l'eau », la mise en place d'une facilité « énergie pour l'eau », ou encore l'encouragement à la microfinance et aux financements solidaires.
- Obligation de gouvernance pour donner à l'eau des institutions locales légitimes afin de rapprocher le citoyen de la gestion de l'eau et d'en faciliter la transparence.

Cette obligation politique s'impose à tous les décideurs. Elle doit maintenant être portée loin et longtemps, haut et fort, pour assurer la « conscientisation » de l'eau. Demain, l'humanité aura suffisamment d'eau si elle coopère autour de cette priorité en s'imposant un *devoir permanent de partage*. Ce sera une contribution indispensable à l'équilibre géostratégique de la planète.

L'eau pour la paix au Proche-Orient

Inéluctablement, l'eau, ressource essentielle au développement durable, se raréfie. Elle est déjà, sans nul doute, l'or bleu du XXIe siècle, et notamment avec une particulière acuité dans les pays du sud-est du bassin méditerranéen où les ressources en eau sont naturellement limitées, surtout dans les États du Proche-Orient. Elle s'y montre pourtant la condition de la paix.

Le docteur Fadi Georges Comair est le directeur général des Ressources hydrauliques et électriques, ministère de l'Énergie et de l'Eau libanais.

La problématique — L'eau et la société : un enjeu stratégique pour le Proche-Orient

Les pays du Proche-Orient, dont la population est en croissance avec un taux supérieur à 2,8 % ne disposent que d'un pourcentage infime de l'eau douce disponible dans le monde. La quantité moyenne d'eau par habitant y est inférieure à 1 000 m^3 par an, alors que la moyenne mondiale atteint 7 000 m^3 par an. Les besoins en eau augmentent de manière exponentielle en raison des changements globaux et de l'urbanisation croissante, couplée à une explosion démographique galopante. Quant à l'irrigation, elle consomme plus de 70 % du volume total des ressources renouvelables.

La gestion fragmentée et non intégrée de cette ressource compromet de plus en plus le développement socio-économique de certains pays du Proche-Orient caractérisés par une demande en eau accrue face à une offre limitée, aléatoire et de qualité amoindrie par les phénomènes de pollution.

Désormais, cette ressource naturelle importante est au cœur des préoccupations diplomatiques des gouvernements du Liban, de la Syrie, de la Jordanie, de la Palestine, d'Israël, de l'Égypte et de la Turquie. L'eau devient alors une source d'enjeux transfrontaliers et donc interétatiques autour des principaux fleuves : le Jourdain, l'Oronte, le Nahr el-Kébir, le Tigre, l'Euphrate et le Nil. Des défis sont à relever si nous voulons assurer à la population du bassin sud-est méditerranéen une utilisation équitable des ressources en eau. Ces défis sont les changements globaux, la gestion de la demande, les politiques de l'eau, la tarification, la décentralisation des services et les classes sociales défavorisées, la bonne gouvernance, le partage équitable et l'utilisation raisonnable des cours d'eau transfrontaliers.

Le cœur du sujet Onu, UE, UPM, les textes contre la panique

L'approvisionnement en eau est actuellement une source de conflit sur la rive sud-est en raison du contexte géopolitique, de la raréfaction de cette ressource, mais aussi du mode de gestion pratiqué par plusieurs pays de la région. Ces nations ont prouvé qu'elles étaient capables de priver un pays voisin de son approvisionnement en eau. Des exemples concrets de la rive sud-est méditerranéenne ont montré que le risque de conflit est d'autant plus fort que le pays le plus vulnérable du côté hydrique, situé à l'aval du bassin, est le plus puissant sur le plan militaire. Ces pays vivent dans un climat de panique continue, voire dans une situation hydraulique obsessionnelle, avec la hantise permanente que leur approvisionnement en eau puisse un jour être menacé.

C'est le cas de l'Égypte qui ne peut vivre sans les eaux du Nil en provenance d'Éthiopie et du Soudan, et celui d'Israël, situé à l'aval du Jourdain, et qui dépend presque totalement des ressources en eau des pays arabes à l'amont du bassin.

Les organisations des Nations unies et de l'Union européenne ainsi que l'Union pour la Méditerranée (UPM) déploient d'énormes efforts pour trouver des solutions à ces conflits en espérant inverser la situation en faveur d'une coopération régionale et consolider ainsi une paix permanente entre les pays riverains. Les textes législatifs tels que la convention de l'Onu (1997), la directive cadre sur l'eau (DCE) de l'Union européenne et la nouvelle stratégie méditerranéenne de l'eau (celle de l'UPM actuellement en cours d'élaboration), pourraient constituer des outils indispensables et fiables pour formuler des accords et traités entre les nations. Mais ils restent rarement utilisés. Les pays riverains exigent en général des garanties pour des répartitions équitables des ressources entre les utilisateurs et préfèrent appliquer le mode de gestion sécuritaire pour les cours d'eau internationaux.

Militarisation du conflit de l'eau dans le Jourdain

En occupant les hauteurs du Golan et la rive ouest en 1967, Israël améliora sa position stratégique sur l'eau et contrôla la majorité des sources amont du Jourdain. De plus, les lignes de cessez-le-feu de 1967 donnèrent à Israël le contrôle de la moitié de la longueur du fleuve Yarmouk (contre dix kilomètres avant la guerre). Le développement de ce bassin par les pays riverains est devenu tributaire du consentement d'Israël.

C'est donc à ce pays que revient la tâche diplomatique de trouver des solutions pour la gestion et le partage équitable de l'eau dans la région. Mais, selon les experts israéliens, la survie de l'État hébreu repose sur l'eau. Cette ressource constitue pour les Israéliens un point incontournable : rendre la terre, c'est manquer d'eau.

Après l'échec du sommet américano-syrien de 2000, la relance du plan de paix par la nouvelle administration américaine du président Obama donne des lueurs d'espoir en vue d'aboutir prochainement à une relance des pourparlers de paix dans la région. Mais la véritable négociation hydrodiplomatique est entre les mains d'Israël.

Le retrait des territoires syriens et libanais, là où se trouvent les sources du Jourdain, ne pourra s'actualiser qu'en la présence d'une dynamique de paix sûre, initiée et garantie par l'Onu et par l'UPM. Il est impératif de lancer cette coopération à grande échelle en vue d'un partage équitable entre tous les pays riverains.

Zoom

Nouvelle « masse d'eau » dans le Jourdain pour la paix

Afin d'aboutir à une paix durable dans la région, ces nations doivent favoriser le concept de gestion intégrée par bassin versant (GIBV) du cours du Jourdain conçu pour mobiliser une masse d'eau globale (eau conventionnelle et non conventionnelle) dans la région.
L'apport mobilisé serait d'environ 3,8 milliards m^3/an. Ce volume doit être partagé équitablement entre les pays du bassin afin de restituer aux pays arabes leurs territoires occupés en 1967, le plateau du Golan (Syrie), et les hameaux de Chebaa (Liban).

- Le bassin du Jourdain : 1,8 milliard m^3/an.
- L'eau provenant du canal mer Rouge/mer Morte : 1 milliard m^3/an.
- L'eau non conventionnelle :

- eaux usées traitées : 0,5 milliard m^3/an ;
- dessalement de l'eau de mer : 0,3 milliard m^3/an ;
- sources d'eau marine : 0,2 milliard m^3/an.

Les enjeux Les hydropolitiques délicates du Proche-Orient

Pour une hydropolitique turque et syrienne

À l'instar du Jourdain, la gestion intégrée par bassin versant (GIBV) devrait être utilisée comme unité de base pour une exploitation durable des deux fleuves, Tigre et Euphrate. Cette stratégie devrait donner la priorité à la satisfaction des besoins humains fondamentaux et s'attacher particulièrement à garantir l'accès à l'eau pour l'irrigation. Ce mode de gestion peut encourager à entamer une action plus participative de la Turquie en y associant la Syrie et l'Irak. Une coordination capable de créer des synergies pour le développement du bassin et favoriser des bienfaits entre pays riverains au-delà du cours d'eau.

L'avenir hydropolitique des pays du bassin du Nil

Malgré la construction du barrage d'Assouan, qui a rendu possible l'extension de la superficie cultivée de 3,9 millions d'hectares enregistrés en 1952 à 5,46 millions en 2001, l'Égypte se trouve confrontée à moyen et à long terme à de grands dilemmes : l'augmentation de la population égyptienne (120 millions d'habitants vers 2040) et la demande en eau associée à l'accroissement du niveau de vie font que la disponibilité en eau renouvelable devrait passer de 922 m^3 par habitant en 1990 à 337 m^3 en 2025.

L'Éthiopie à l'amont du bassin du Nil qui fournit plus de 85 % du débit de ce fleuve n'utilise à ce jour que 0,3 % de son volume. Ce pays fait valoir que sa population croît plus vite que celle de l'Égypte et que les périodes de forte sécheresse qui se sont succédé depuis une trentaine d'années auraient pu être évitées si des projets d'infrastructures d'irrigation avaient été réalisés. À l'instar de l'Éthiopie, le Soudan est confronté aux mêmes problèmes socio-économiques.

Quant à la région des grands lacs, il apparaît que les pays comme la Tanzanie, l'Ouganda, le Kenya et le Burundi ont presque doublé leurs surfaces irriguées.

La création d'une Agence de bassin fluvial (ABF) est primordiale pour la formulation et la mise en œuvre des programmes et des politiques de la Gestion intégrée de ressources en eau (Gire).

L'adoption de ce projet de vision nouvelle pour la gestion du bassin du Nil consolidera à moyen et long terme la position du gouvernement du Caire à l'égard des huit pays riverains du bassin qui ne manquent pas une occasion pour solliciter des appuis politiques étrangers généralement hostiles à l'Égypte. Le but de ces manœuvres est d'affaiblir ce pays en vue d'entraver son développement économique et sa sécurité alimentaire. Nous espérons que l'Égypte fera en sorte de contenir et résorber les positions des huit pays riverains en adoptant ce projet. L'identification ancestrale de l'Égypte en tant que « don du Nil » gardera sa pérennité dans la région.

Hydrodiplomatie et développement durable au Proche-Orient

Le partage équitable des ressources hydrauliques au Proche-Orient doit devenir un objectif global qui vise à répondre aux besoins actuels de la société et préparer la satisfaction des besoins des générations futures. L'Union pour la Méditerranée (UPM) s'est engagée dans l'élaboration de la stratégie méditerranéenne de l'eau et souligne le besoin urgent d'un engagement accru pour améliorer la gestion de cette ressource, réduire les inégalités et contribuer au développement des pays émergents.

L'UPM et l'UE seront aussi amenées à travailler ensemble pour encourager les processus de démocratisation, renforcer les capacités institutionnelles, améliorer la gouvernance et favoriser le processus de paix dans la région sud-est du bassin.

Dans un premier temps, cette démarche pourrait faciliter l'application de la gestion intégrée de ressources en eau à l'échelle du bassin hydrogéographique, dite « masse d'eau ».

Les pays du Proche-Orient doivent avoir recours à l'hydrodiplomatie pour la gestion de leurs conflits sur une base permanente.

Pour tous les dirigeants des pays au Proche-Orient, le défi consistera à utiliser la stratégie du dialogue et la coopération régionale comme une opportunité pour réaliser ensemble des progrès coordonnés dans les domaines du développement humain et économique, de la protection des ressources en eau et des avancées culturelles. La consolidation de la culture de l'eau pour la paix est essentielle pour les pays méditerranéens.

Lectures utiles

Fadi Georges Comair, *Gestion et hydrodiplomatie de l'eau au Proche-Orient*, Les éditions l'Orient-Le Jour, juillet 2008.

Franck Galland, *L'eau : un problème de sécurité collective*, Sécurité Globale, Choiseul, 2009.

Pierre Beckouche, Zoe Lucon, Alexandre Taithe, Ipemed, *L'Eau en Méditerranée : fonder une stratégie commune*, L'Harmattan, 2010.

Pierre Blanc, Liban, *Israël : les dessous hydropolitiques d'une tension*, *Moyen-Orient*, n° 5, avril-mai 2010.

Les enjeux méditerranéens : l'eau entre guerre et paix, Hervé de Charrette, *Les cahiers de la convention démocrate*, L'Harmattan 2004.

Repères

2 870 000 km^2 : superficie du bassin du Nil, confluence du Nil Blanc et du Nil Bleu. Il traverse neuf pays : Rwanda, Tanzanie, Ouganda, Congo, Burundi, Kenya, Éthiopie, Soudan, et rejoint la Méditerranée à travers l'Égypte. Un accord bilatéral a été signé entre l'Égypte (55,5 milliards de m^3) et le Soudan (18,5 milliards de m^3) en 1959, excluant les sept autres pays riverains du partage de ce bassin, dont l'Éthiopie qui fournit 86 % des ressources en eau du Nil.

La Turquie, « château d'eau » de la région sud-est méditerranéenne, dispose de 26 bassins fluviaux dont le Tigre et l'Euphrate qui fournissent à eux seuls 1/3 des ressources en eaux du pays.

Le système hydraulique du Jourdain présente un volume d'écoulement d'environ 1,8 milliard de m^3 d'eau.

La gestion territoriale de l'eau : du local à la planète, l'eau a besoin de politiques concertées

L'eau ne connaît ni les frontières politiques ni les limites administratives. En revanche, la gestion de l'eau implique nécessairement les États, et de plus en plus, les autorités locales et territoriales qui sont le niveau d'administration le plus proche des besoins des populations. Voici comment la France administre son eau.

Jacques Oudin est membre honoraire du Parlement, sénateur honoraire de la Vendée.
Il fut vice-président du Conseil Général et conseiller à la Cour des comptes.

La problématique Océans, fleuves, nappes en danger

La diversité des milieux aquatiques, leur sensibilité aux évolutions climatiques et, souvent, leur dégradation impliquent une prise de conscience mondiale complétée par des actions territoriales pour préserver et régénérer les masses d'eau les plus menacées.

Il en est ainsi pour la gestion des grandes « sources » de l'eau : certains *espaces océaniques et maritimes* comme les océans polaires, la Méditerranée, la mer Baltique, la mer du Nord qui sont soit menacées par l'appétit des puissances riveraines, soit largement surexploitées.

Menaces pour les grands *fleuves transfrontaliers* dont la gestion implique des structures spécifiques de gouvernance regroupant les pays riverains.

Menaces pour la gestion des *grandes nappes phréatiques transfrontalières* dont l'espace ne correspond pas toujours aux limites géographiques des bassins de surface.

Une gestion territorialisée, adaptée et concertée indispensable

La diversité des conditions climatiques, des situations géographiques et économiques influe sur les besoins en eau des populations. Des besoins que seules des approches complémentaires nationales et territoriales évaluent et satisfont.

Le « territoire » concerne à la fois les États, les grands bassins hydrographiques et jusqu'aux sous-bassins. Toutes les autorités territoriales sont donc concernées à un titre ou à un autre.

L'État doit assumer, en priorité, cinq missions essentielles

- La mise en œuvre d'une *loi-cadre sur l'eau* qui détermine et fixe les grands principes et les objectifs de la gestion de l'eau à échelle nationale et à celle des autorités locales.
- Il doit veiller à la mise en œuvre des *engagements* qu'il aurait pris à l'*international* : protocole de Kyoto ou directive-cadre sur l'eau au plan européen, entre autres.
- Il met au point des *réseaux d'observation et de connaissance* sur l'eau, indispensables pour asseoir les mesures les plus pertinentes pour la mise en œuvre d'une politique : on ne gère bien que ce que l'on connaît bien ! Ce rôle est essentiellement, mais non exclusivement, dévolu au Réseau national d'information sur l'eau.
- Il définit un *partage des responsabilités* et des principes d'action entre tous les échelons des structures publiques en charge de la gestion de l'eau : État, régions, départements, communes, plus les diverses structures des bassins et des sous-bassins.
- Enfin, il organise et pilote la *police de l'eau* pour assurer le respect des dispositions prises tant par les autorités nationales que par les autorités de bassin dans le cadre des Sdage (Schémas directeurs d'aménagement et de gestion des eaux) et des Sage (Schémas d'aménagement et de gestion des eaux), élaborés à l'échelle des sous-bassins.

Le cœur du sujet — Les quatre grands principes d'action des agences et des comités

Les *autorités de bassin* sont les pivots qui, en accord avec les orientations de la loi-cadre et des engagements internationaux, définissent les orientations de la politique de l'eau à l'échelon du grand bassin hydrographique autour des principaux fleuves (ou des grands aquifères).

Quatre grands principes régissent les actions menées par les organismes de bassin qui, en France, s'appellent agences de l'eau et comités de bassin.

- La *cohérence de la gestion par bassin* déclinée en sous-bassin. Ce principe se doit d'être mis en œuvre en étroite liaison avec les autorités locales, généralement dans le cadre d'engagements contractuels avec les collectivités territoriales concernées. Ce principe de cohérence entre les échelons de décision et d'intervention se concrétise par l'existence de deux organismes, un établissement public d'État, *l'Agence de l'eau* (voir encadré *Zoom* ci-dessous) et un *Comité de bassin*.
- La *gouvernance partagée et concertée* entre tous les acteurs, c'est-à-dire entre les administrations, les élus territoriaux, les représentants des organismes d'usa-

gers et tous les autres acteurs du territoire comme les associations. *Aucune politique durable de l'eau ne saurait être mise en œuvre sans une forte adhésion des populations concernées et de leurs représentants.* D'où la pertinence d'une politique active d'information, de consultation et de concertation.

- L'élaboration des Sdage, en France, a donné lieu à l'envoi de millions de questionnaires dans les foyers ainsi qu'à de très nombreuses réunions organisées autour des enjeux de la politique de l'eau comme sur les orientations et les actions préconisées. Ces principes de cohérence et de concertation sont également appliqués aux Sage, les Schémas d'aménagement et de gestion des eaux pour les sous-bassins. Ils sont élaborés par les *commissions locales de l'eau*, portées par les autorités locales mais validées par les représentants de l'État. Les dispositions des Sdage comme des Sage sont opposables. Il convient donc que les acteurs du territoire soient informés et impliqués dans cette démarche.
- Les *ressources* et le *financement* de la politique de l'eau et des actions qui en découlent. Deux notions essentielles : l'application du principe *pollueur-payeur* (tous ceux qui utilisent et prélèvent de l'eau doivent acquitter une « redevance » proportionnée aux usages et aux pollutions qui en découlent). Un principe que complète la *mutualisation* des financements. Les ressources des redevances sont affectées à des actions collectives, à l'aide apportée aux investissements d'amélioration de l'alimentation en eau potable ou de développement des modalités et de la qualité de l'assainissement.
- La *cohérence des interventions financières de l'Agence.* La mise en œuvre du Sdage comme du Sage est indissociable d'un programme de mesures (ou d'actions) à moyen et long terme qui sera adopté par le conseil d'administration de l'agence et le comité de bassin (pour les Sdage) et par les commissions locales de l'eau pour les Sage.
- Le financement de ces programmes de mesures est mis en œuvre dans le cadre d'une politique de *contractualisation* systématique avec les principaux acteurs. À commencer par les autorités territoriales (en France : régions, départements, communes et leurs groupements).

Zoom

Qui pilote les Agences de l'eau ?

Le conseil d'administration se compose de représentants de trois collèges :

- des fonctionnaires d'État ;
- des représentants des collectivités territoriales ;
- des représentants des usagers.

Ces deux dernières catégories sont élues par leurs pairs.

Le comité de bassin bénéficie de la même représentation.

Les six comités de bassin de France sont composés de 100 à 190 membres. Ils votent le Sdage, les redevances, le budget de l'Agence, les subventions et les aides accordées, et prennent les grandes décisions qui encadrent la gestion du bassin.

Le sigle qui résume tout : la Gire

Ces quatre principes fondent l'approche nouvelle de la politique de l'eau synthétisée sous le sigle de Gire : la *Gestion intégrée des ressources en eau.* Il s'agit d'une démarche ambitieuse. À la clé, un partage des responsabilités, une vision commune fondée sur une concertation permanente, alimentée par des informations précises et des financements mutualisés, associés à une police de l'eau largement acceptée.

Les enjeux Les priorités et les évolutions des politiques de l'eau

La politique de l'eau a émergé pour faire face à l'urbanisation croissante, aux pollutions engendrées par le développement de toutes les activités humaines et par une démographie souvent galopante. À ces données quantitatives se sont ajoutées rapidement des considérations sanitaires pour préserver la santé des hommes, et des préoccupations environnementales pour préserver ou régénérer la qualité des milieux. Naguère gratuite et naturelle, l'eau est devenue un *produit industriel* dont le coût est lié à la rareté, à la qualité recherchée et aux pollutions subies.

Une politique de l'eau sera forcément progressive. Son facteur clé est la participation financière des usagers. Il faut, en général, deux ou trois générations pour aboutir à des résultats acceptables : l'alimentation en eau potable, le traitement des eaux usées et l'assainissement, la prise en compte de tous les déchets et des « intrants » qui altèrent les milieux naturels.

À cette première évolution s'ajoutent désormais deux préoccupations majeures que toutes les politiques de l'eau doivent intégrer à l'international, au plan national, à l'échelon local : c'est la préservation des milieux naturels et de la biodiversité et l'adaptation aux conséquences des changements climatiques. La réduction de la biodiversité apparaît, malheureusement, comme un phénomène global et difficilement réversible. Seuls quelques milieux seront préservés et régénérés dans un laps de temps à l'échelle de nos générations.

Dans ce combat (inégal), l'implication et la mobilisation des autorités locales sont des facteurs essentiels de réussite. Dans l'immédiat, trois éléments prioritaires sont pris en considération par les politiques nationales de l'eau, et déclinées ensuite par les politiques territoriales.

- L'accentuation de la sécheresse dans de nombreuses régions, au nom des « 3 R » : *rétention* de l'eau par des réserves appropriées, *rechargement* des nappes phréatiques menacées, *recyclage* des eaux usées essentiellement pour l'irrigation.
- La prévention et la lutte contre les débordements de cours d'eau (qui impliquent observation et système d'alerte avancé, localisation optimale des activités humaines dans les zones les plus menacées, aménagement, si indispensable et possible, d'ouvrages de protection).

- La lutte contre les submersions marines : certaines zones basses littorales et certains deltas seront difficiles à protéger et à sécuriser quand d'autres ont assuré leur protection depuis longtemps (Pays-Bas) et travaillent encore à renforcer leur sécurité.

Des raisons de croire en une prise de conscience

Ces trois types de menaces qui pèsent sur certains territoires exigent deux réactions essentielles : une *volonté politique* consensuelle émanant de tout le corps social et une *politique financière mutualisant les financements* (États et apports internationaux). Car aucune région ne pourra, à elle seule, faire face aux charges qui résultent de ces menaces. Or le développement de la coopération internationale dans le domaine de l'eau est un constat rassurant. La prise de conscience mondiale apparaît clairement dans les débats internationaux (Onu, G20, Forum mondial de l'eau, Riob (Réseau international des organismes de bassins). Les actions et les programmes internationaux se développent, à la fois, dans les grands projets (Union pour la Méditerranée, fleuves Niger, Congo, Mekong, etc.) et dans la coopération décentralisée entre autorités locales. La France et l'Europe donnent, à cet égard, des exemples réconfortants.

Si les politiques territoriales de l'eau sont des éléments essentiels pour la satisfaction des besoins des populations locales, en revanche, aucune ne pourra se développer de façon pertinente sans des éclairages, des approches et des soutiens financiers nationaux et internationaux.

L'empreinte-eau et l'eau virtuelle

Dans un monde où l'eau douce disponible est à partager entre une population de plus en plus grande, il faut de plus en plus en raisonner les usages avec la prise en compte de l'ensemble de l'eau disponible : ne plus se limiter à l'eau des nappes et des rivières, qui constituent les « ressources en eau » classiques (ou « eau bleue »), mais intégrer aussi l'eau de pluie, l'eau salée et les eaux usées et donc analyser la totalité de l'« empreinte-eau[1] ».

Daniel Zimmer est consultant, ancien directeur associé du Conseil mondial de l'eau.

La problématique Définition, ordres de grandeurs

L'empreinte-eau est l'adaptation à l'eau de la notion d'empreinte écologique qui quantifie la superficie terrestre requise pour assurer un mode de consommation donné. L'empreinte-eau désigne par analogie la quantité totale d'eau requise pour une production ou un mode de vie donnés, et ce quelle que soit la provenance de cette eau.

L'empreinte-eau mondiale est d'environ 8 000 km^3/an, soit environ 1 200 m^3/hab/an, dont environ 2 800 proviennent des eaux dites *bleues* et 7 000 km^3 de l'eau agricole, dont 5 000 km^3 sont fournis directement par la pluie (Roche et Zimmer, 2006). La carte du monde des empreintes-eau nationales (figure 1) illustre les disparités fortes entre pays en fonction de leur niveau de développement et de leurs habitudes alimentaires. La consommation de viande ou de produits agricoles transformés conduit à des empreintes-eau élevées. C'est donc dans les pays développés que l'empreinte-eau est la plus élevée (> 2 000 m^3/hab/an). À l'inverse, les pays peu développés ou à régime riche en produits végétaux (Inde, Chine) ont des empreintes-eau faibles (< 1 000 m^3/hab/an).

Zoom

Les besoins majeurs de l'agriculture

Si le concept d'empreinte-eau devient opérationnel, c'est parce que l'essentiel de l'eau requise pour un mode de vie donné, quel que soit le niveau de développement, est de *l'eau agricole*. Car les quantités d'eau requises en agriculture dépendent peu des modes de production. Il faut en gros 1 litre d'eau pour produire une Kcalorie végétale dans de nombreuses conditions, et donc en moyenne de 3 000 à plus de 5 000 litres d'eau par personne et par jour (soit de 1 000 à plus de 2 000 m^3 par personne et par an) pour se nourrir. Ces quantités sont bien plus grandes que celles requises pour la production industrielle ou les usages domestiques (environ 1/10 des quantités agricoles).

1. Nous préférons ce terme à celui d'« empreinte aquatique » également utilisé en français. En anglais : *water footprint.*

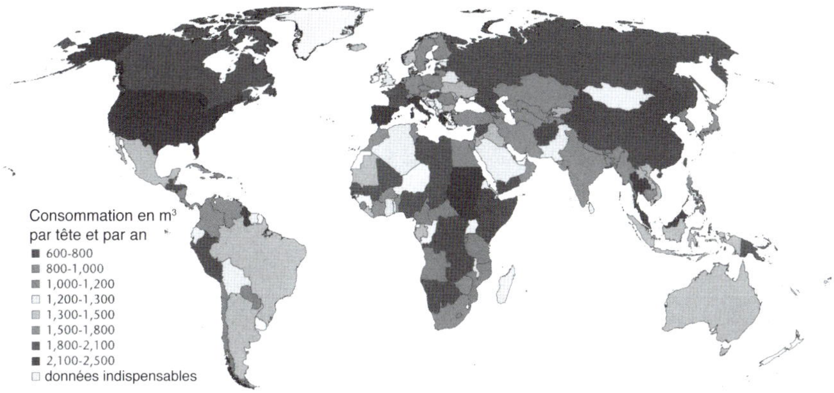

Source: World Water Assessment Programme (WWAP), 2009, *United Nations World Water Development Report 3: Water in a Changing World*. Paris: UNESCO, and London: Earthscan, p. 102. Based on data from Hoekstra and Chapagain, 2007, 'Water footprints of nations', *Water Resources Management* 21(1).

Carte en couleurs sur http://www.waterfootprint.org/?page=files/WaterFootprintsNations.

Figure 1 – Carte des empreintes-eau par habitant et par an des pays du monde entre 1997 et 2001 (d'après Hoekstra et Chapagain, 2007)

Le cœur du sujet Empreinte-eau et eau virtuelle

Le concept d'empreinte-eau est parent de celui d'eau virtuelle qui désigne également la quantité d'eau requise pour produire des biens, tout particulièrement agricoles. Ce concept, introduit par Alan (Alan, 1998), a toutefois surtout été utilisé pour identifier *les flux d'eau échangés entre pays* également nommés « empreinte-eau externe » par Hoekstra et Chapagain (2007). Pour Alan, ces flux d'eau virtuelle – et donc ces importations alimentaires – contribuent à assurer une relative stabilité des pays arides (notamment le Moyen-Orient) malgré la pénurie d'eau qui les frappe.

Autosuffisance et effets pervers

L'approche de l'eau virtuelle a rencontré une certaine réticence notamment dans les pays du Moyen-Orient. Pourquoi ?

À l'idée d'eau virtuelle on associe généralement celle que le marché met en valeur les avantages comparatifs des pays dans la production alimentaire : d'un point de vue économique, il vaut mieux produire dans les pays aux coûts les plus faibles. La sécurité alimentaire devrait donc passer par les échanges et une interdépendance entre pays.

Cette idée se heurte à celle, promue par la plupart des pays, que la *sécurité* alimentaire requiert la *souveraineté* alimentaire : les peuples ont le droit de se nourrir eux-mêmes. L'histoire – et tout récemment la crise alimentaire de 2008 – a montré qu'en cas de pénurie il est dangereux d'être à la merci du marché pour se fournir en nourriture. En 2008, ce ne sont pas moins de quarante pays qui ont pris des mesures protectionnistes pour freiner ou favoriser selon les cas les exportations ou les importations de nourriture.

Les flux d'eau virtuelle entre pays représentent 1 200 à 1 400 km^3 par an, soit environ 16 % de l'empreinte-eau totale. Ces flux sont en augmentation constante et régulière depuis plusieurs décennies (Zimmer et Renault, 2002).

Les enjeux Les dimensions stratégiques de l'empreinte-eau

L'analyse de l'empreinte-eau revêt une dimension stratégique partout où les ressources en eau bleue sont rares. Dans ces conditions en effet, il importe d'examiner l'ensemble des formes d'eau si l'on veut accroître l'efficience de l'utilisation de l'eau.

La dimension stratégique de l'empreinte-eau vient en particulier de sa capacité à proposer une réflexion sur la consommation d'eau agricole et, *in fine*, sur l'articulation entre sécurité et souveraineté alimentaire. Dans une situation où le facteur eau est limitant, quelles productions agricoles privilégier ? Quelles politiques d'échanges mettre en place ? Comment augmenter les productivités économique, écologique et sociale de l'eau ?

À l'échelle locale et régionale

Le concept prend un intérêt évident pour les pays du pourtour méditerranéen qui ont des attitudes variables vis-à-vis de ces questions. Deux exemples illustrent cette diversité.

- *La Tunisie.* Ce pays dispose de ressources en eaux (bleues) renouvelables très faibles (4 milliards de m^3, soit environ 400 m^3/hab/an). Malgré cette situation particulièrement tendue, la Tunisie parvient à assurer sa sécurité alimentaire. Une grande part de l'eau pour la nourriture, 6 ou 7 milliards de m^3 par an, provient de *l'eau de pluie,* tandis que l'agriculture irriguée consomme 1,5 milliard de m^3. Les importations nettes sont de l'ordre de 4 milliards, avec 5,3 milliards de m^3 importés et 1,5 milliard exportés. Toutefois, l'analyse de cet échange révèle que les marchandises exportées valorisent plus de deux fois mieux le m^3 d'eau que les marchandises importées. L'évolution prévue de l'empreinte-eau du pays montre que la dépendance du pays vis-à-vis de l'eau extérieure ira croissant, au point d'atteindre une proportion de 50 % d'ici à 2025 si rien n'est fait. Cette dépendance, jugée dangereuse pour la sécurité alimentaire, ne sera réduite significativement que grâce à une augmentation de la productivité de l'eau agricole pluviale selon les derniers travaux réalisés (Besbès *et al.*, 2009).
- *L'Égypte* dispose en tout et pour tout de 55 milliards de m^3 d'eau bleue du Nil par an, d'après le traité qui la lie au Soudan depuis cinquante ans, soit environ

720 m^3/hab/an. Elle en consomme de l'ordre de 30 à 35 milliards pour son agriculture. Avec son eau – et en prenant comme base une empreinte-eau annuelle de 1 200 m^3/hab/an –, l'Égypte détient donc la capacité de produire de la nourriture pour environ la moitié de sa population à l'heure actuelle. Le reste doit être importé. L'Égypte, comme la Tunisie, importe donc des quantités croissantes de céréales afin de nourrir une population qui croît au rythme de 2,1 %/an (soit 1,5 million de personnes par an). La croissance des importations suivra mécaniquement le même rythme, augmentant la dépendance de l'Égypte au marché. Le pays, dont le développement a été historiquement autocentré, perçoit cette dépendance aux céréales étrangères comme une faiblesse. D'où la difficulté d'intégrer des raisonnements sur les échanges et l'eau virtuelle qui constitueraient un aveu de cette faiblesse. L'eau et le commerce restent donc des domaines disjoints, ce qui conduit aussi à réduire la capacité à faire de l'eau un élément des solutions.

À l'échelle mondiale, le raisonnement sur les empreintes-eau révèle que, sans échanges de produits agricoles, ni la sécurité alimentaire ni la sécurité en eau ne sauraient être atteintes. Avec la croissance démographique, qui affecte notamment les pays arides, la situation de dépendance va s'accroître, ce qui impose plus que jamais une réflexion globale et des mesures concernant le soutien des agricultures et la régulation des échanges commerciaux agricoles.

C'est bien la question agricole qui fait aujourd'hui de l'eau un enjeu géopolitique et de développement durable.

Lectures utiles

"Virtual water : a strategic resource : Global solutions to regional deficits", J.A. Alan, *Groundwater*, 36 (4) : 545-546,1998.

"Changing water resources and food supply in arid zones : Tunisia", Besbes M, Chahed J, Ramdane A, de Marsily G., 2009. *In* : Schneier-Madanes G, Courel MF, eds. *Water and sustainability in arid regions*. Paris : Springer, CNRS éditions.

"Water footprints of nations : water use by people as a function of their consumption pattern", Hoekstra A.Y., Chapagain A.K., 2007, *Water resources Management*, 21:35-48.

« Eau, aménagement et usages », Roche P.A., Zimmer D., 2006, in *Rapport RST de l'Académie des Sciences, Les Eaux Continentales*, direction G. de Marsily, 11-101.

"Virtual water in food production and global trade", Zimmer, D., Renault, D. 2002, *Review of methodological issues and preliminary results*. Proceedings of the International Expert Meeting on Virtual Water Trade (ed. by Hoekstra A.Y.), Value of Water Research Report Series n° 12, IHE, Delft, 2003, 93-107.

De nombreux articles et documents sont disponibles sur le site www.waterfootprint.org

On consultera également utilement sur ces questions le dernier et troisième rapport du World Water Assessment Programme, *Water in a Changing World*, www.unesco.org/water/wwap/wwdr/wwdr3/

À retenir

8 000 km^3/an, soit 1 200 m^3/personne/an, dont 7 000 km^3/an pour l'agriculture, chiffres de l'empreinte-eau mondiale.

1 km^3 = 1 milliard de m^3 (500 000 piscines olympiques).

1 km^3 d'eau permet de produire la nourriture d'environ 1 million de personnes.

Irrigation : 2 600 km^3/an.

Au moins 40 % de la nourriture produite mondialement et de l'eau requise pour sa production sont perdues ou gaspillées.

Offre et demande d'eau douce : l'exemple des pays méditerranéens

Le bassin méditerranéen est pauvre en eau douce. Il souffre de « stress hydrique », la pénurie est déjà installée dans plusieurs pays. La croissance démographique et le développement économique vont concourir à une augmentation considérable de la demande en eau, alors que les conséquences du changement climatique vont réduire les ressources naturelles renouvelables, souvent déjà surexploitées. Il ne sera pas possible d'assurer une offre en eau suffisante si l'on n'améliore pas en même temps la gestion de la demande.

Hervé Lainé est ingénieur général des Ponts, des Eaux et des Forêts au ministère de l'Écologie, du Développement durable, des Transports et du Logement.

La problématique — Les bassins méditerranéens ont atteint leur limite

L'eau douce, bien essentiel à la vie, a multiplié ses usages : domestiques (eau potable, cuisine, hygiène), agricoles (irrigation), économiques (industrie, énergie, santé, tourisme, etc.), écologiques (sauvegarde des milieux naturels et de la biodiversité). Chacun de ces usages se traduit par une demande en eau face à laquelle les autorités nationales et locales s'efforcent d'assurer une offre suffisante.

Dans la plupart des pays du pourtour méditerranéen et jusqu'à une période récente, on est plus ou moins parvenu à adapter l'offre à une demande sans cesse croissante : la construction de barrages, l'augmentation des quantités pompées dans les fleuves, les lacs ou les aquifères ont permis une mobilisation plus complète des ressources naturelles renouvelables et disponibles, donc un accroissement de l'offre. Mais les barrages n'ont pas toujours l'efficacité attendue, ils risquent de nuire à l'environnement naturel ou social. Les pompages mal contrôlés se traduisent par un abaissement du niveau des nappes, parfois par des phénomènes de salinisation. Dans beaucoup de bassins au sud, à l'est et parfois au nord de la Méditerranée, on approche – ou l'on a déjà dépassé – les capacités d'exploitation des ressources naturelles : les pratiques actuelles ne sont plus durables.

Les eaux « alternatives » ne suffisent pas

Le recours à des « eaux non conventionnelles », eaux douces obtenues par dessalement d'eau de mer ou d'eau saumâtre, exploitation des résurgences sous-marines d'eau douce ou encore réutilisation des eaux usées devient une première réponse. C'est ainsi que le dessalement, déjà pratiqué dans plusieurs pays (Espagne, Tunisie, Algérie, Malte, Israël), est en plein développement. Mais cette option est elle-même problématique car très consommatrice d'énergie, donc productrice de gaz à effet de serre tant que l'on ne maîtrise pas le dessalement par l'énergie solaire.

En réalité, seule une politique volontariste de « gestion de la demande » pourra éviter des situations insurmontables de pénurie.

Le cœur du sujet Constat préoccupant

Le bassin méditerranéen est pauvre en eau douce : alors que les pays en cause concentrent 7 % de la population mondiale, ils ne bénéficient que de 3 % des ressources en eau. Des ressources en outre très inégalement réparties, les pays situés au sud et à l'est de la Méditerranée ne recevant que 10 % du total. Ils sont, à l'exception du Liban, en situation « de stress hydrique » (moins de 1 000 m^3 par habitant et par an alors qu'il en faut 1 700 m^3 pour assurer normalement les besoins en eau : Maroc, Égypte, Chypre, Syrie). Pire, certains sont en situation de « pénurie d'eau » (moins de 500 m^3 par habitant et par an : Malte, Libye, Territoires palestiniens, Israël, Algérie et Tunisie).

En cinquante ans, le développement économique et la croissance démographique ont conduit à un doublement de la demande en eau pour l'ensemble des pays méditerranéens. L'indice d'exploitation dépasse 75 % dans cinq pays (Égypte, Malte, Israël, Syrie et Libye) et approche 50 % dans les autres pays du Sud et de l'Est. Or les ressources exploitables ne représentent pas, loin s'en faut, la totalité des ressources renouvelables : on en déduit que l'on fait déjà appel à une utilisation non durable d'eau douce, soit par prélèvements dans les « nappes fossiles », soit en surexploitant les ressources renouvelables. Cette part non renouvelable est estimée à 16 km^3 (16 milliards de m^3) par an sur une demande totale de 280 km^3.

Les facteurs d'aggravation

La population méditerranéenne passera de 450 millions à 535 millions en 2025 et à 590 millions en 2050, pour l'essentiel dans les pays du Sud et de l'Est. Pour ces pays, déjà pauvres en eau, il s'ensuivrait une augmentation de 30 % de la demande si rien n'était fait !

L'agriculture, qui représente à elle seule 64 % de la demande en eau (82 % dans les pays du Sud et de l'Est), continuera de se développer par l'augmentation des surfaces irriguées. Le développement des villes contribuera lui aussi à accroître la pression sur les ressources pour répondre aux besoins en eau potable. La région verra sa fréquentation touristique s'amplifier, avec des équipements d'hébergement et de loisir très consommateurs d'eau.

L'impact du changement climatique

Selon les prévisions du Groupe d'experts intergouvernemental d'étude sur le climat (Giec), la région méditerranéenne sera un *hot spot* du changement climatique, ce qui se traduira par une modification significative du régime des pluies : les précipitations devraient sensiblement diminuer au printemps, en été (jusqu'à moins 30 % dans certaines hypothèses) et en automne. Elles ne devraient augmenter en hiver que dans les pays du Nord, mais diminuer dans les pays du Sud. Autrement dit, ce sont les régions déjà déficitaires qui verront leur situation empirer.

Les enjeux Barcelone, 2010, le sommet de l'espoir

250 millions de Méditerranéens seront en situation de stress hydrique en 2015, dont 80 millions en situation de pénurie. Puis la situation devrait empirer encore et se traduire par des crises graves, des difficultés économiques et sociales, des migrations de populations, des tensions internationales, voire des conflits. Quelles solutions ?

Gestion par l'offre : ressources conventionnelles et...

Malgré de nombreuses critiques de la part des défenseurs de l'environnement, l'augmentation des capacités de stockage par la réalisation de nouveaux barrages reste possible quoique limitée. Des recherches visent à développer les techniques de recharge des nappes souterraines, moyen semble-t-il prometteur de stocker les eaux de pluie pendant les périodes de fortes précipitations. Enfin, l'on projette des canaux ou des canalisations pour transférer des quantités massives d'eau depuis des régions où elle est abondante vers des régions moins favorisées (le projet de transfert vers la région de Barcelone de l'eau du Rhône a été abandonné au profit de l'eau de l'Èbre, éventualité vivement critiquée en Espagne même… On envisage aussi une canalisation sous-marine depuis la Turquie vers Israël).

… ressources non conventionnelles

Zoom

Le projet Red-Dead

Un canal pourrait relier la mer Rouge à la mer Morte : c'est le projet Red-Dead. Long de 180 km, il capterait par pompage 1,5 milliard de m^3 d'eau par an, dont plus de la moitié serait dessalée pour contribuer à la satisfaction des besoins en eau douce de la Jordanie, d'Israël et des Territoires palestiniens. Profitant d'un dénivelé important entre les deux mers (plus de 420 m) le projet intègre la production de l'énergie nécessaire au pompage et au dessalement. L'eau résiduelle, plus salée que la mer Rouge mais moins que la mer Morte, y serait déversée pour stopper l'abaissement continu de son niveau.

Ce projet ambitieux et coûteux (plus de 10 milliards de dollars) est contesté par les associations de défense de l'environnement. Il contribuerait pourtant à l'apaisement des tensions internationales dans la région, ce qui lui vaut d'être parfois appelé « canal de la paix ».

La réutilisation pour l'agriculture des eaux usées retraitées est une « nouvelle masse d'eau » peu exploitée, sauf par Israël, pays en pénurie particulièrement vive. Malgré les réticences des populations, plusieurs pays souhaitent à juste titre mobiliser cet apport.

De nombreuses résurgences sous-marines d'eau douce jalonnent les côtes méditerranéennes qui pourraient détendre la situation du Proche-Orient, en Syrie notamment. Mais jusqu'à présent les expériences menées n'ont pas été convaincantes.

Aussi, malgré ses inconvénients, le dessalement d'eau de mer ou d'eau saumâtre reste-t-il privilégié par plusieurs pays : c'est un potentiel rapidement mobilisable car les techniques sont maîtrisées et son rendement énergétique s'améliore. Des usines importantes existent déjà (celle d'Ashkelon en Israël d'une capacité de 320 000 m^3 par jour) et les projets se multiplient rapidement.

L'hypothétique projet Red-Dead (voir encadré *Zoom* ci-dessus) comprend une composante « dessalement » pour 850 millions de m^3 par an.

Gestion par la demande

Le Plan Bleu, organisation internationale rattachée au Programme des Nations unies pour l'environnement (PNUE) et spécialisée sur la Méditerranée, a évalué l'ampleur des pertes due à une mauvaise gestion individuelle ou collective et la part récupérable dès maintenant. C'est dans l'agriculture, par l'adoption de méthodes d'irrigation modernes (aspersion ou goutte-à-goutte plutôt qu'irrigation gravitaire), que les économies seraient les plus importantes : 48 milliards de m^3 par an. Dans l'industrie, le recyclage de la moitié des eaux utilisées aboutirait à une économie de 16 milliards de m^3. Les économies d'eau potable pourraient s'élever à 8 milliards de m^3 en stimulant les comportements économes et, surtout, en améliorant l'efficience des réseaux de distribution dans lesquels les fuites, parfois supérieures à 50 % pourraient être ramenées à moins de 15 %.

Ce potentiel d'économies, 72 km^3 en tout, serait porté à 86 km^3 en 2025. Objectif : réduire la croissance de la demande de 40 km^3 par an par rapport à son niveau actuel. Une telle perspective est ambitieuse mais réaliste au vu d'expériences déjà menées.

Délicat prix de l'eau

Les modes de gouvernance de l'eau doivent être revus. Un point essentiel est la tarification de l'eau, très généralement facturée en deçà de son prix réel. L'eau à usage agricole, souvent gratuite ou facturée symboliquement, répond en terre d'Islam à l'idée culturelle que l'eau est un don de Dieu. Certes, mais on ne peut en dire autant des infrastructures construites ou des services assurés pour traiter l'eau et l'acheminer là où elle est utilisée (du reste, dans les pays européens aussi l'eau agricole n'est pas payée à son prix !).

Les pays de l'Union pour la Méditerranée se sont engagés dans l'élaboration d'une « Stratégie méditerranéenne de l'eau » (approuvée par les ministres en charge de l'eau en avril 2010 à Barcelone) qui privilégie l'adaptation au changement climatique, la gestion de la demande en eau, son utilisation efficiente, les ressources non conventionnelles, etc.

Lectures utiles

Plan Bleu : *Méditerranée, les perspectives du Plan Bleu sur l'environnement et le développement.* Dirigé par Guillaume Benoit et Aline Comeau, Édition de l'Aube, 2005.

Plan Bleu : *L'eau des Méditerranéens : situation et perspectives*, Jean Margat, L'Harmattan, 2008.

Ressources et demandes en eau en Méditerranée, situation et perspectives, Mohammed Blida et Gaëlle Thivet, Éditions John Libbey, 2009, *Sciences et changements planétaires*, « Sécheresse », vol. 20, n° 1, pp. 9-16.

L'avenir de l'eau, Érik Orsenna, Fayard 2008.

Gestion et hydrodiplomatie de l'eau au Proche-Orient, Fadi Georges Comair, Éditions l'Orient le Jour, Beyrouth 2008.

Géopolitique de l'eau, nature et enjeux, Janine et Samuel Assouline, Studyrama, 2007.

Stratégie méditerranéenne pour le développement durable, PNUE/PAM, Athènes 2005.

Eau, Michel Camdessus, Bertrand Badré, Ivan Chéret, Pierre-Frédéric Ténière-Buchot, Robert Laffont, 2004.

Atlas mondial de l'eau, Salif Diop et Philippe Rekacewicz, Autrement, 2007.

La gestion durable des eaux en France

Depuis une quarantaine d'années, les principes d'une gestion durable des ressources en eau sont appliqués en France avec les comités de bassin et les agences de l'eau. La politique environnementale française s'inscrit désormais dans un cadre d'objectifs et de règlements européens très riche. La France dispose ainsi d'une large palette d'actions qui doit s'adapter en permanence.

Jean-Luc Redaud est ingénieur Général du Génie Rural et des Eaux et Forêts, ministère de l'Agriculture, de l'Alimentation, de la Pêche, de la Ruralité et de l'Aménagement du territoire.

La problématique Un contexte géographique favorable

Dotée d'un réseau de rivières, de lacs et de nappes souterraines riche et diversifié et d'un patrimoine aquatique de qualité exceptionnelle, la France bénéficie d'un contexte géographique favorable. Davantage, en tout cas, que d'autres pays européens dans lesquels la densité d'activités et de population est plus élevée, ou moins bien lotis en ressources en eau comme les pays du sud de la Méditerranée. La dégradation d'une part importante du lit des rivières, la disparition de nombreuses zones humides, la difficulté de maîtriser certaines formes de pollutions, sont autant de préoccupations qui appellent un renouveau de l'action publique.

Des lois qu'inspirent les principes du développement durable

Très tôt, plusieurs lois sont venues traduire des règles d'une gestion solidaire économiquement viable, respectueuse des milieux, qui anticipent les principes d'une gestion durable tels que définis après les sommets de Rio en 1992 et de Johannesburg en 2002.

- La loi de 1964 a instauré une gestion solidaire de l'eau dans son cadre naturel, le bassin versant hydrographique, avec la création des six comités de bassin et agences de l'eau, « chargées de financer des opérations d'intérêt commun au bassin ».
- La loi de 1992 affirme l'eau comme *patrimoine commun de la nation*. Elle organise avec les Sdage et les Sage[1] les moyens d'une planification décentralisée des eaux au plus près des bassins versants.
- La loi de 2004 transpose en droit français la directive-cadre sur l'eau. Les bassins métropolitains et d'outre-mer sont organisés en treize districts.

1. Schémas directeurs d'aménagement et gestion des eaux et Schémas d'aménagement et gestion des eaux.

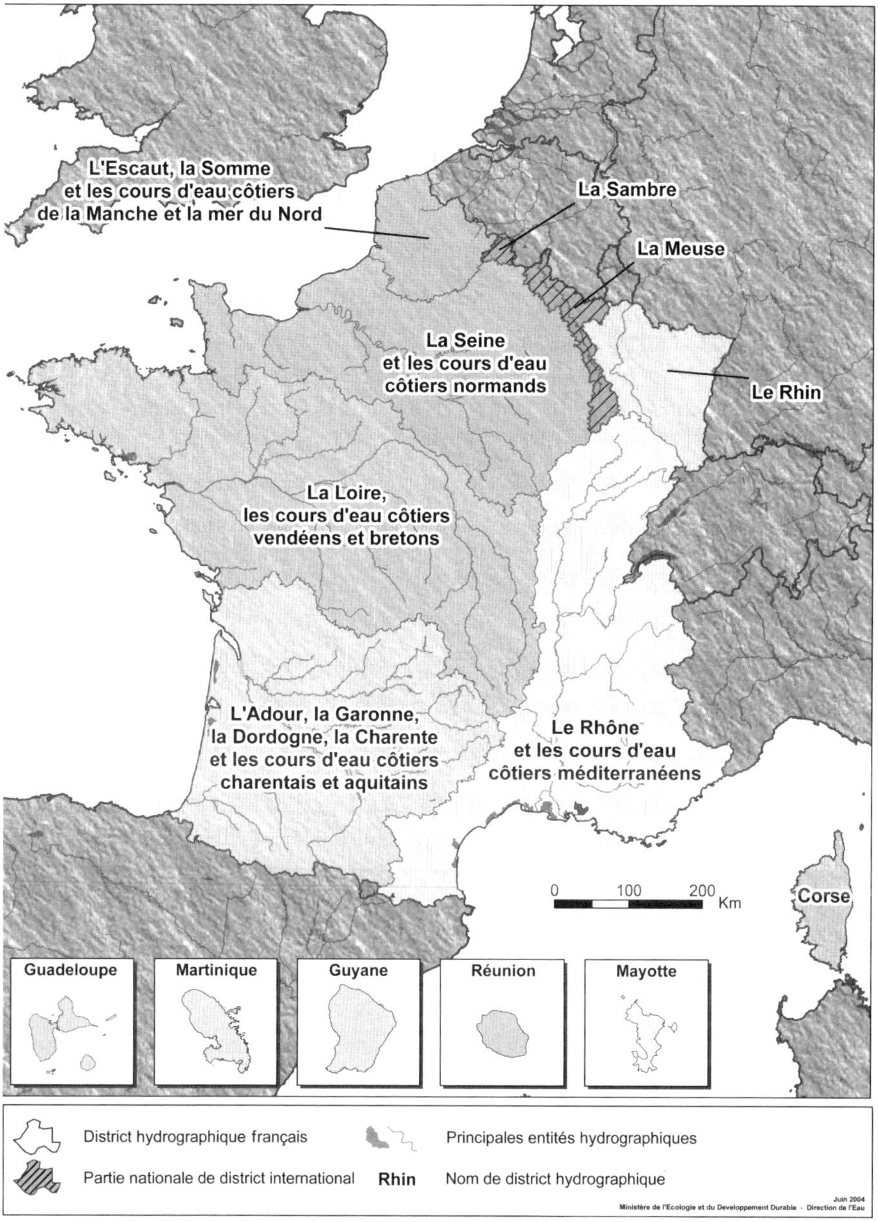

Figure 1 – Bassins en vue de l'élaboration et la mise à jour des Sdage

- La loi de 2006 instaure un droit d'accès à l'eau potable et à l'hygiène dans des conditions économiquement acceptables pour tous, et apporte une plus grande transparence au fonctionnement du service public de l'eau et de l'assainissement. Cette loi rénove profondément le dispositif des agences de l'eau, et crée l'Organisme national de l'eau et des milieux aquatiques, l'Onema.

Plus récemment, de nombreuses dispositions ont été adoptées pour renforcer les moyens d'une concertation entre les acteurs, clé de voûte du dispositif français.

Zoom

Les agences de l'eau engagées dans la Gestion intégrée des ressources en eau

Les six bassins métropolitains, créés en 1964, ont maintenant évolué vers treize districts sur lesquels les agences de l'eau ou les offices de l'eau ont été chargés de promouvoir une gestion intégrée des ressources en eau par bassin versant (Rhône, Seine, Rhin, Meuse, Escaut, Loire, Garonne, Corse, Guyane, Guadeloupe, Martinique, Réunion et Mayotte).

Les orientations des agences sont placées sous l'autorité d'un comité de bassin, agissant comme une sorte de parlement de l'eau, et d'un conseil d'administration formé à partir du comité de bassin. La définition des SDAGE, c'est-à-dire des plans de gestion au titre de la directive-cadre, soumis à l'approbation conjointe des comités de bassin et de l'État, constitue le support de la gestion intégrée des ressources en eau.

Les agences de l'eau sont des établissements publics de l'État dotés de l'autonomie financière, auxquelles la loi de 2006 affecte le produit de diverses redevances sur les usages de l'eau afin de financer des opérations concourant à une meilleure gestion des eaux dans un cadre d'unités de bassin hydrographique indépendantes des divisions administratives. Très tôt, notre pays s'est ainsi doté des outils d'une gestion intégrée des eaux par bassin versant en disposant d'un outil d'intervention puissant que sont les redevances sur les préleveurs ou pollueurs.

Le cœur du sujet — Les priorités du moment : régulation et décentralisation

La France s'est engagée résolument dans la mise en œuvre de la directive-cadre européenne sur l'eau, avec l'objectif que les deux tiers de nos « masses d'eau » atteignent le bon état écologique en 2015. Depuis une vingtaine d'années, la situation générale de la qualité des eaux superficielles s'est sensiblement améliorée pour les paramètres classiques de pollution, mais reste stationnaire pour les pollutions azotées et phosphorées dans les régions d'agriculture intensive. Les réseaux de surveillance diagnostiquent, en revanche, une généralisation de la contamination des eaux par les toxiques venant notamment des produits phytosanitaires.

Dans le Sud-Ouest, un déséquilibre devient récurrent entre la disponibilité des ressources en eau et les prélèvements, conséquence d'un développement très important des irrigations dans les années 1980 et 1990.

Le pays a connu quelques crises majeures dues à des phénomènes d'inondations violentes qui ont touché des communes en zones inondables, dont la tempête Xynthia qui a affecté les Pays de la Loire et La Vendée en mars 2010 est une récente illustration. C'est, hélas, souvent plutôt un accroissement de la vulnérabilité de nos installations (constructions en zones à risque) qu'une évolution de l'intensité des phénomènes exceptionnels qui explique l'aggravation récente des dommages constatés. Cela devrait appeler une revitalisation des actions de contrôle des acteurs locaux par les services de l'État.

Au cours des quarante dernières années, le rôle des acteurs publics et privés intervenant dans le monde de l'eau a fortement évolué sous l'effet des processus de décentralisation engagés au début des années 1980. Aujourd'hui, l'essentiel des actions d'aménagement a été transféré aux collectivités territoriales, régions, départements et communes. Les services de l'État seront désormais appelés à jouer un rôle de régulateur plus que d'acteur. L'Onema a pour charge d'animer les missions nationales de collecte d'information et d'expertise technique utiles à tous les acteurs du secteur.

Les enjeux — Les priorités de demain : intégration des politiques de l'eau dans les changements globaux

Les consensus établis dans le cadre de « la nouvelle démocratie à 5 » instaurée dans le Grenelle de l'environnement réservent une place importante à la protection de l'eau :

- mise en place de « trames bleues » (constitution de continuités écologiques) ;
- généralisation de bandes enherbées le long des cours d'eau ;
- protection des zones humides ;
- gestion collective des prélèvements pour irrigation en zones de déficit
- plan d'action de protection des 500 captages prioritaires menacés par des pollutions diffuses ;
- poursuite des actions d'économie d'eau sur les services d'eau potable.

En parallèle, des engagements particuliers ont été pris sur les principales activités qui provoquent un impact sur nos systèmes aquatiques. Ainsi, en agriculture sont programmés un nouveau label Haute qualité environnementale (HQE) pour les exploitations, une réduction de 50 % des quantités de pesticides utilisés d'ici à 2017, l'augmentation sensible des surfaces consacrées à l'agriculture biologique, etc.

Changement climatique

En France, le changement climatique devrait entre autres se traduire globalement par une réduction des pluies estivales et une augmentation des pluies d'hiver. Les impacts sur les écoulements superficiels ou sur le renouvellement des nappes souterraines sont beaucoup plus controversés. Ils seront de toute façon très variables : les prévisions font ainsi état d'une possible augmentation des volumes écoulés annuellement sur les rivières dépendant du nord du massif alpin, alors qu'on escompte une baisse des écoulements sur le bassin de la Seine. Une préoccupation majeure concerne la perspective d'une forte baisse des débits d'étiage des rivières de l'ouest Atlantique, notamment sur le bassin de la Garonne et de la Charente.

L'agriculture et la production d'énergie risquent de devoir s'adapter à une telle modification du régime des eaux.

Le secteur de l'eau potable et de l'assainissement fera sans doute face à de multiples difficultés : renforcement des unités de traitement en eau potable (cyanobactéries, algues), corrosion des réseaux, évacuation des eaux de ruissellement en milieu urbain, protection des ouvrages en zones inondables ou bords de mer. Le recours aux techniques alternatives (dessalement, réutilisation des eaux usées, etc.) offre des solutions à des pénuries ponctuelles de ressources générées par le changement climatique.

Imaginer ce que serait un bon état écologique au-delà de 2050 devient difficile pour des milieux dont le fonctionnement naturel serait très perturbé. Le saumon pourrait ne plus trouver des bassins aussi propices qu'aujourd'hui dans le sud de la France. L'omble chevalier risque de disparaître des lacs alpins. L'année 2010, année de la biodiversité, sera l'occasion d'identifier de nouvelles pistes de travail.

Plan d'adaptation

Le ministère de l'Environnement, du Développement durable et de la Mer (MEDDM) a engagé l'élaboration d'un plan national d'adaptation qui concerne de nombreux secteurs économiques et sociaux. Pour le secteur de l'eau, la Direction de l'eau et la biodiversité a estimé à environ 2 milliards de mètres cubes les pertes potentielles d'écoulement en période d'étiage qui devraient être compensées à horizon 2050. Comment ?

- En agissant sur les économies d'eau, voie prioritaire mais non suffisante.
- En engageant une conversion des activités les plus consommatrices en eau, comme, en agriculture, de nouveaux assolements privilégiant des plantes moins gourmandes en eau.
- Par des ouvrages de stockage ou de transferts de la ressource.

Intégrer politique de l'eau et changements globaux

La politique de l'eau doit s'adapter à des changements globaux de l'occupation du territoire. Face à ces évolutions, la volonté des gestionnaires de l'eau est de préserver les principes qui ont montré leur efficacité par le passé : maintenir des structures de planification-gestion des eaux par bassin versant, organiser à tous les niveaux les moyens d'une concertation de toutes les parties prenantes, maintenir les éléments d'une fiscalité écologique sur les acteurs de l'eau, préserver les moyens d'une gestion durable des eaux intégrant des objectifs ambitieux de protection des milieux naturels aquatiques, assurer à tous nos concitoyens, y compris les plus démunis, les moyens d'accès à nos milieux naturels aquatiques comme aux services publics ou économiques dépendant de l'eau.

Texte rédigé en concertation avec Jean-Claude Vial et Philippe Guettier de la Direction de l'eau et de la biodiversité.

Lectures utiles

Portail de l'eau du MEEDDM : www.eaufrance.fr
Site des agences de l'eau : www.lesagencesdeleau.fr
Site du Partenariat français pour l'eau : www.partenariat-francais-eau.fr
Planète eau, repères pour demain, Jean-Luc Redaud, *in* Johanet, 2000.
Les agences de l'eau, Jean-Loïc Nicolazo et Jean-Luc Redaud, *in* Johanet 2007.
Les instruments durables de la gestion de l'eau, rapport de la Cour des comptes, 2010.
Données sur les ressources en eau et observatoire des services d'eau, in www.onema.fr
Évaluation du coût des impacts du changement climatique et de l'adaptation en France, MEEDDM/DGEC, 2010, www.onerc.gouv.fr
Les activités économiques dans le monde liées à l'eau, Rapport du CES, 2008.
L'économie des services publics de l'eau et de l'assainissement, novembre 2008, www.fp2e.org
ONG, www.coalition-eau.org
Encyclopédie du développement durable, www.encyclopedie-dd.org

À retenir

Aujourd'hui, en France, l'organisation de l'alimentation en eau potable et de l'assainissement est une responsabilité des communes, regroupées le plus souvent en intercommunalité : il existe environ 28 000 unités de distribution (dont 17 000 collectives) et 16 700 services d'assainissement.

Ces services sont gérés soit en régie directe par les communes, soit en délégation de service public (affermage ou concession) à des sociétés privées. La moitié environ des groupements de communes ont délégué la gestion partielle ou totale des services. La délégation est concentrée sur les villes et les unités les plus importantes en milieu rural : 75 % des consommateurs disposent d'eau privée et 25 % d'eau municipale. Côté assainissement, 55 % des consommateurs sont liés à un service délégué. Trois grandes compagnies privées dominent très largement ce marché : Veolia, Lyonnaise des eaux-Suez et Saur.

Ce système décentralisé assure une gestion de l'eau au plus près des usagers, mais a impliqué de définir de nouvelles règles de bonne conduite entre les communes, donneurs d'ordre et les gestionnaires des services qu'ils soient publics ou privés : conditions d'appels d'offres pour les délégations de service, rapport annuel du maire et du délégataire, mise en place de commissions associant toutes les parties (CCSPL[1]), suivi et information d'un

1. *Commission consultative des services publics locaux.*

ensemble d'indicateurs de performances communs, création d'un observatoire national confié à l'Onema, etc. Les principes définis, à ce titre, s'inspirent largement de ceux définis dans les normes internationales ISO 224 dont la France a été l'initiateur : impliquant, en particulier une participation active des usagers conformément aux règles de la convention d'Aarhus.

Le prix moyen, de l'ordre de 3 €/m^3, se situe dans la moyenne des prix des services européens (il comprend à la fois l'eau potable et l'assainissement). Il peut s'avérer très variable entre communes selon leur taille et leur mode d'exploitation.

Chapitre 4

Les plus pauvres et le droit au développement durable

Repenser une ville européenne

Aujourd'hui, pour la première fois au cours de l'histoire de l'humanité, plus de la moitié de la population du globe, soit 3,3 milliards d'habitants, vit en milieu urbain. D'ici à 2030, ce chiffre avoisinera les 5 milliards. Presque toute la croissance démographique aura donc pour cadre les agglomérations. Or les villes sont responsables de plus des deux tiers des émissions de CO_2 de la planète. Cette urbanisation grandissante va jouer un rôle déterminant dans les changements climatiques.

Fadela Amara est inspectrice générale des affaires sociales, elle fut secrétaire d'État chargée de la Politique de la ville, auprès du ministre du Travail, des Relations sociales, de la Famille, de la Solidarité et de la Ville.

La problématique Une ville sur trois piliers

Urbanisation croissante à échelle mondiale, caractère inéluctable et incidences sur le changement climatique placent la ville durable au cœur des priorités du XXIe siècle. Les collectivités territoriales et les villes sont bel et bien en première ligne du développement durable urbain pour réduire les incidences négatives de l'urbanisation sur l'environnement, limiter leurs impacts économiques, maintenir la justice sociale et créer un cadre de vie meilleur.

Après avoir rêvé la ville durable, il s'agit à présent de la construire.

Un projet politique global

La ville durable et solidaire pour tous est une question centrale dans les agendas européens et dans les enjeux du Grenelle de l'environnement. Elle est avant tout un enjeu de civilisation à appréhender dans une approche globale et intégrée. D'où l'effort de dépassement indispensable des cloisonnements entre politiques sectorielles. Une ville, c'est d'abord un espace d'hommes et de femmes qui aspirent à vivre le mieux possible *ensemble*. Autrement dit, en respectant clairement les trois piliers du développement durable : la prospérité économique, l'équilibre social et les impératifs écologiques.

La ville durable est un enjeu essentiel pour renouveler la qualité et l'attrait de la vie urbaine, en encourageant l'émergence de projets urbains et de transports de qualité, économes en espace et en énergie, en favorisant la nature en ville, en donnant toute sa place à la concertation et à la participation des citoyens. Il s'agit donc bien d'un projet politique, un objectif global qui doit guider les politiques d'aménagement et de développement urbains mais aussi l'ensemble des politiques d'une collectivité : en matière d'éducation, de formation, de solidarité, de logement et d'emploi.

Le cœur du sujet Une priorité : les quartiers en difficulté

Pour lutter contre les dysfonctionnements qui caractérisent les zones urbaines en difficulté, on ne peut se limiter à des programmes d'action sociale. Il est nécessaire d'agir en amont et de prendre en compte les questions d'environnement : économies de matières premières et d'énergie, traitement des déchets, lutte contre les nuisances et les pollutions de l'air et de l'eau… La politique de la ville poursuit véritablement un objectif de développement durable car elle promeut une démarche transversale qui fait converger la préoccupation économique, la prise en compte des pollutions et des énergies, le désenclavement des quartiers et le développement social.

Dans les villes françaises comme dans les villes européennes, de nombreux quartiers accumulent les difficultés et les handicaps : enclavement, dégradation, fort taux de chômage, marginalité sociale, insécurité, risque de repli communautaire ou même de dérive obscurantiste. Parce qu'ils portent les symptômes exacerbés de la crise économique et sociale actuelle, ils sont le terrain d'action privilégié pour construire cette politique. Le développement durable est à même de favoriser la réduction des inégalités sociales et territoriales et constituer un levier au service d'un projet de développement à l'échelle d'une ville ou d'une agglomération. Il est de nature à contribuer à la réalisation d'enjeux partagés avec la politique de la ville : la qualité du cadre de vie, la création d'emplois, la mobilisation des habitants ou encore la mobilité territoriale.

Il s'agit dès lors de porter une attention particulière aux quartiers en difficulté, c'est-à-dire agir à la fois sur les conséquences mais aussi prévenir les causes de la tendance à la fragmentation spatiale et sociale de nos villes et donc de notre société européenne.

Critères européens

Afin de faire face à cet enjeu de société complexe – il engage la société dans son ensemble – la charte de Leipzig de mars 2007 recommande de mettre en œuvre simultanément des politiques publiques. Elle n'impose pas de *définition* de la ville durable européenne, mais propose des axes de progrès sur des sujets concrets en privilégiant l'intégration de leur approche, selon trois priorités :

- l'enseignement et la formation des enfants et des jeunes ;
- le développement économique et l'emploi ;
- le désenclavement des quartiers difficiles et leur mise en valeur urbanistique fondée sur le concept de « baukultur ».

Agir pour la réussite éducative implique d'agir sur les *causes* des inégalités sociales et de l'exclusion. L'école est le lieu par excellence de l'apprentissage de la citoyenneté et de l'émancipation et doit offrir à tous l'égalité des chances et l'accès à l'excellence.

Agir en faveur de l'emploi obéit à l'idée que l'insertion passe en premier lieu par la fiche de paie. Avoir un emploi n'est pas seulement porteur de pouvoir d'achat mais avant tout gage de dignité, condition d'un mieux vivre ensemble. Au vu des circonstances actuelles, nous devons nous montrer d'autant plus créatifs, et mobiliser activement le monde de l'entreprise en faveur de l'emploi dans les quartiers en difficulté.

La rénovation urbaine, celle du cadre de vie et notamment l'accès à des transports de qualité offrent aux habitants le bénéfice de l'ensemble des opportunités de la ville.

Seule cette approche intégrée nous permettra de construire une ville européenne durable et solidaire.

Les enjeux Repenser la gouvernance

Mais elle nous amène également à travailler sur la question du « comment » mettre en œuvre ces principes et donc sur la gouvernance, qui est toujours une question transversale au développement durable. Dans ce domaine, les solutions ne sont pas seulement d'ordre technique ou financier mais relèvent de processus : apprendre à travailler ensemble, dépasser nos cloisonnements institutionnels, communiquer, renforcer les capacités et les interactions entre les secteurs et les acteurs, adopter des modalités d'action et de prise de décision plus partenariales et plus interactives.

Cette gouvernance partenariale ne peut se construire que par un processus d'apprentissage collectif de long terme et un dialogue continu entre tous les acteurs locaux.

Tout passe par les élus locaux

Car ce sont les élus locaux qui sont les mieux à même de concevoir et de mettre en œuvre des politiques sur mesure qui répondent aux spécificités et aux exigences des territoires. Leur proximité avec les citoyens impose la réalité d'enjeux de cohésion sociale et de citoyenneté. Ils sont en mesure d'élaborer des politiques qui équilibrent des piliers économique, environnemental et social du développement durable de manière audacieuse.

Comme le rappelle la charte européenne de l'autonomie locale, « la défense et le renforcement de l'autonomie locale représentent une contribution importante à la construction d'une Europe fondée sur les principes de démocratie et la décentralisation du pouvoir… ». Cette approche collective de la ville européenne durable exige également de réinjecter en permanence l'évaluation et la capitalisation d'expériences dans l'action. Les indicateurs qui fonderont cette évaluation devront tenir compte des logiques de processus.

Pour que les villes et les territoires contribuent au développement durable, il est nécessaire de penser le territoire comme un système de relation et de le reconnaître comme la base de la gouvernance de demain. C'est désormais une nouvelle manière de penser la ville, de la faire, de la gérer et de la vivre, qu'il faut envisager et interroger.

Accès et excès alimentaires : la responsabilisation nécessaire

Pour comprendre les enjeux de l'agriculture, il faut parfois partir des assiettes, qu'elles soient vides, pleines ou de piètre qualité, car se nourrir est un acte vital auquel personne ne peut échapper. La contrainte alimentaire a toujours constitué le souci premier de l'homme, quels que soient son ancrage historique, sa situation géographique ou son statut social. Derrière cet impératif universel se dissimulent pourtant deux dynamiques contrastées : si la faim dans le monde progresse, les excès alimentaires aussi se multiplient.

Sébastien Abis est administrateur du Centre international
des hautes études en agronomie méditerranéenne (CIHEAM) et analyste politique.

La problématique — Faim, pauvreté, obésité : la corrélation douloureuse

Le caractère stratégique de l'agriculture, négligé à la fin du XXe siècle, s'enracine à nouveau parmi les variables clés de l'architecture internationale. La crise alimentaire observée au printemps 2008 constitue à ce titre la piqûre de rappel la plus douloureuse. Elle rappelle aux décideurs comme aux opinions publiques qu'il ne saurait exister de stabilité sur la planète sans développement durable des agricultures. Tout porte à croire que les turbulences récentes ne sont que des aperçus de plus vastes tensions alimentaires à venir. Une mutation structurelle des équilibres agricoles mondiaux se dessine actuellement : (r)évolutions sociodémographiques, modifications des comportements alimentaires, accroissement de richesses pour les uns et pauvreté endémique pour les autres, financiarisation du secteur agricole et volatilité des marchés, raréfaction de l'eau et de la terre pourtant indispensables à l'agriculture, impacts nombreux du changement climatique, marginalisation persistante des mondes agricoles et ruraux dans les politiques de développement. Plus qu'une crise conjoncturelle, la secousse de 2008 signale au monde qu'une inconnue alimentaire globale réémerge.

Un milliard d'individus souffrent aujourd'hui de la faim, soit un homme sur sept environ. La sous-nutrition demeure la première cause de mortalité sur Terre : un ventre creux est un corps qui souffre, une intelligence qui se bride et un être qui s'éteint. Or, les prix des denrées alimentaires devraient tendanciellement s'orienter à la hausse au cours des années à venir. La pauvreté demeure d'ailleurs la mère nourricière de cette famine mondiale qui s'amplifie. Le phénomène n'ignore pas les territoires pourtant dits développés du Nord où de plus en plus de personnes peinent à se nourrir. Au total, près de 40 % de la population mondiale se trouverait dans une situation de pauvreté et de sous-nutrition critique. Paradoxalement, trois quarts de ces pauvres sont des paysans courageux, aidés par leurs animaux. Leur travail est irremplaçable face à l'insécurité alimentaire. Et pourtant, le versant rutilant de la mondialisation entend parfois occulter ces populations paysannes qui comptent encore pour près de la moitié du poids démographique de la planète.

Le cœur du sujet Au cœur des sociétés, l'alimentation

Parallèlement, les excès alimentaires progressent, dont la croissance des maladies de surcharge constitue la traduction concrète. Le surpoids et l'obésité, fruits, entre autres, de modifications radicales des modes alimentaires, représentent une authentique menace pour le développement durable des sociétés. Ce fléau provoque une incidence plus élevée de maladies chroniques, dont le diabète, les maladies cardiovasculaires et le cancer. Considérée comme une épidémie à part entière, l'obésité touche principalement les nouvelles générations et les villes, n'épargne aucune région du monde et pourrait concerner près de 700 millions d'individus à l'horizon 2015.

Faire progresser le droit à l'alimentation, ingrédient majeur dans le panier des droits de l'homme, c'est créer les conditions de la paix, de la stabilité, de la prospérité et de la liberté. Un meilleur accès à l'alimentation, à l'heure où les distorsions territoriales ajoutent une difficulté aux disparités sociales, constitue une priorité pour la réduction de la faim.

Tout est ensuite question de sagesse et de conscience. Pour nourrir une planète de sept milliards d'individus en 2010, l'offre alimentaire doit désormais tendre à responsabiliser les consommateurs. Il faut réapprendre ce que signifie une nourriture suffisante, c'est-à-dire une alimentation variée et abondante pour satisfaire les besoins nutritionnels et ainsi favoriser une vie aussi active que saine. Puis faire évoluer les régimes alimentaires sur un modèle écologiquement plus soutenable et sanitairement plus responsable est devenu une impérieuse nécessité.

Mieux appréhender la tonalité géopolitique de son assiette est un objectif gastronomique ambitieux, mais sur lequel il est possible de progresser. Un consommateur mieux informé modifiera peu à peu son régime. La promotion des aliments de qualité ne saurait demeurer l'apanage des privilégiés. La demande, d'ailleurs, ne recule pas malgré la crise économique. La part alimentaire dans le budget des ménages ne peut indéfiniment se contracter. L'essor des circuits courts dans les pays développés est une première illustration d'un mouvement appelé à s'accélérer. Les dérives alimentaires, le dépassement, de loin, des seuils conseillés de consommation en sucres, viandes ou graisses, sont contrôlables par des politiques déterminées en matière de prévention et de santé publique. Alimentation, nutrition, santé, tout est lié. Contrer le développement de la faim et enrayer la progression de l'obésité représentent finalement un seul et même objectif.

Les enjeux Veut-on nourrir le monde ?

La sécurité alimentaire internationale repose sur deux piliers interdépendants : la quantité et la qualité. Certaines zones géographiques, à l'instar du bassin méditerranéen, incarnent parfaitement cette équation complexe à trouver entre ce que l'on peut et devrait consommer.

Peut-on nourrir et comment mieux nourrir neuf milliards d'individus en 2050 ? Les experts, généralement, répondent par l'affirmative. Avec prudence certes, mais en s'avançant sur le terrain de la technique et de la science. Il faudrait, d'ici là, augmenter de 70 % la production alimentaire mondiale, accroître chaque année de 1 000 millions de tonnes les récoltes céréalières et de 200 millions de tonnes la production de viandes. Donc améliorer les rendements et miser sur l'intensification agricole, vu la raréfaction et le renchérissement des terres arables. D'autres conditions s'avèrent indispensables : l'épargne et la mobilisation plus efficiente des ressources hydriques, la dynamisation des investissements dans l'agriculture, la reconnexion des mondes ruraux isolés avec les zones urbaines littorales et mondialisées, le développement maîtrisé de l'innovation technologique, la lutte globale contre la pauvreté et la mise en place d'une gouvernance agricole plus responsable à l'échelle du globe… L'agriculture doit clairement servir le développement des sociétés. Mais ces paramètres indiquent aussi que les stratégies de sécurité alimentaire doivent s'adapter localement. Il sera sans doute crucial de favoriser les approches régionales de coopération pour tenter d'équilibrer offre et demande alimentaires… sous le sceau du paradigme inédit de la *durabilité*. Car il faudra aussi rendre écologiquement soutenable cette politique en faveur de la sécurité alimentaire.

Veut-on nourrir le monde ? La véritable demande stratégique est là, inutile de le nier. Ainsi faut-il sans doute produire partout si l'on veut espérer nourrir la planète car les règles du marché ne sauraient seules répondre à ce défi trop concret et trop humain pour penser le traiter hors sol. Territorialiser la lutte contre l'insécurité alimentaire, c'est aussi éviter les pertes de ce qui est produit et donc améliorer la logistique agricole globale, mais également combattre les gaspillages dans les sociétés développées où une partie de l'offre alimentaire est perdue et où l'excès de consommation, parfois, devient insultant quand la misère côtoie l'opulence. Optimiser la sécurité alimentaire des populations, c'est enfin trouver le bon compromis entre la défense de l'agriculture familiale, basée sur une production raisonnée et biologique, et la promotion de l'agro-industrie et des outils modernes de la recherche agronomique.

Limiter le choc alimentaire mondial

Jamais le monde n'a eu autant les moyens de prendre conscience de ses interdépendances. Partout sur le globe, deux tendances se renforcent : la famine s'accroît et l'obésité se diffuse. Tout se passe comme si des assiettes ne cessent de se remplir pendant que des estomacs n'en finissent plus de se creuser. Sur le plan social, économique, environnemental et sanitaire, les coûts de ces deux dynamiques corrélées risquent de s'amplifier. Si le progrès et les capacités humains sont essentiels pour assurer une meilleure sécurité de la production agricole et un accès renforcé à l'alimentation, nul doute que la volonté politique restera la première des conditions pour réussir à limiter au XXIe siècle le choc alimentaire mondial.

Lectures utiles

Agriculture for Development, World Development Report 2008, World Bank, Washington, 2007.

The state of food insecurity in the World 2009. Economic crises : impacts and lessons learned, Roma, FAO, 2009.

The environmental food crisis. The environment's role in averting future food crises, United Nations Environment Programme (UNEP), February 2009.

Agricultural Outlook 2009-2018, FAO and OECD, Roma, 2009.

The Feeding of the Nine Billion : Global Food Security for the 21st Century, Alex Evans (ed.), Chatham House Report, Royal Institute of International Affairs, London (United Kingdom), 2009.

The World Health Report 2007 – A safer future : global public health security in the 21st century, WHO, Geneva, 2008.

Mediterra 2010. Atlas des agricultures, de l'alimentation, de la pêche et des mondes ruraux en Méditerranée, CIHEAM, rapport annuel, Les Presses de Sciences-Po, Paris, février 2010.

Buono, pulito e giusto. Principi di nuova gastronomia, Carlo Petrini, Einaudi, 2005.

Emploi et diversité

L'entreprise, productrice de richesses et pourvoyeuse d'emplois, est à la croisée de nombreuses sollicitations. Sa contribution est aujourd'hui fortement attendue en matière de développement durable d'un côté, de non-discrimination et de diversité, de l'autre. Comment ces notions peuvent-elles et doivent-elles s'articuler ?

Henri de Reboul est délégué général de l'Institut du mécénat de solidarité (IMS-Entreprendre pour la Cité).

La problématique Discriminations et développement durable

L'entreprise est clairement interpellée en matière de lutte contre les discriminations et de promotion de la diversité. Ce nouveau sujet de société peut-il, comme d'autres qui émergent, s'intégrer dans une approche plus globale du développement durable ?

Des liens naturels...

La RSE – Responsabilité sociale (et environnementale) de l'entreprise – est le plus souvent considérée comme la contribution des entreprises au développement durable. À partir de la fin des années 1990, les entreprises se sont appropriées ces notions qui, loin d'opposer frontalement l'économique et le social ou l'économique et l'environnement, essaient de les réconcilier et de les inscrire dans une logique gagnant/gagnant.

De leur côté, les promoteurs de la diversité incitent les entreprises à prendre en compte cette dimension sociale et évoquent alors l'intérêt bien compris de l'entreprise.

Les entreprises sont notamment guidées dans leurs démarches de RSE par des conventions et des standards internationaux. Les plus averties ont pu constater que l'égalité de traitement et la non-discrimination y étaient systématiquement évoquées comme un droit fondamental (conventions de l'OIT, Global Compact, notation extra-financière, Global Reporting Initiative…). Il s'agit même du domaine de progrès en droits humains où les pays industrialisés sont montrés du doigt.

… mais pas d'articulation systématique

Pourtant, avant 2005, peu d'entreprises avaient intégré les questions de discrimination dans leur politique de RSE, sauf quand la loi l'obligeait (comme sur le handicap) et au sein d'entreprises particulièrement engagées ou dont le siège aux États-Unis leur demandait une déclinaison de l'*affirmative action* américaine. Le sujet de la diversité a son histoire particulière. Elle est, dans les entreprises, montée en puissance parallèlement au développement durable et plus tardivement.

Le cœur du sujet Liberté, égalité, diversité

Les questions relatives à la diversité trouvent presque toujours leurs sources dans l'histoire des pays. Nos sociétés ont progressivement accepté de considérer comme des sujets de droits – aspirant à l'égalité, à l'accès à l'emploi et à l'absence de discriminations – les femmes, les jeunes, les personnes handicapées, les personnes issues de l'immigration et plus récemment les seniors et les homosexuels. Les évolutions législatives ont tenté de rendre effective l'égalité promise par nos systèmes démocratiques.

De la colonisation à l'immigration

Impossible d'évoquer toutes les discriminations : les plus prononcées et particulièrement sensibles (marquées par le nombre le plus important de plaintes pour discrimination dans l'emploi) concernent les origines et la couleur de la peau. Cette discrimination est liée à l'immigration, l'accueil et l'intégration de populations venues de cultures et de continents différents. Pour des pays comme les États-Unis, la Grande-Bretagne et la France, il faut remonter plus loin dans le temps pour comprendre l'importance du problème. Les pays anciennement colonisateurs avaient établi pendant des décennies, voire des siècles, des relations de « civilisés à indigènes ». Puis la décolonisation, le plus souvent accompagnée de violences et de conflits, a eu lieu. Aujourd'hui, les jeunes Français issus de cette immigration demandent d'ailleurs à ne pas être sans cesse renvoyés à leurs origines et à cette histoire controversée.

Le « modèle français » d'intégration

La France a adopté un modèle d'accueil des étrangers qui leur propose l'assimilation et la garantie d'égalité devant la loi. Les directives européennes ont néanmoins obligé la France, comme les autres pays de l'Union, à améliorer sa législation et à garantir un possible recours en justice pour discrimination. La Haute autorité de lutte contre les discriminations et pour l'égalité (Halde) a été créée en 2004 dans cette perspective. On considérait encore alors que seul l'État pouvait agir.

La réalité a montré que le « modèle français garantissant l'égalité » ne suffisait pas. Étude après étude, testing après testing, la réalité confirme que cette insuffisance ne puise pas seulement ses racines dans l'éducation, la formation et la qualification.

> **Zoom**
>
> **Charte de la diversité, six ans après**
>
> 2 800 entreprises ont signé cette charte. La plupart des grandes entreprises ont nommé un responsable au moins en charge de la diversité. Quatre-vingt-dix structures ont reçu le label Diversité lancé fin 2008. Beaucoup reste à faire pour, dans le privé comme dans le secteur public, changer les mentalités. Mais le mouvement est lancé.

Certains, dotés des mêmes qualifications, n'ont pas du tout le même accès à l'emploi quand ils portent un nom à consonance étrangère, habitent un quartier sensible, sont seniors ou souffrent d'un handicap. Les discriminations existent. La reproduction sociale est forte. Les acteurs de la société sont concernés. Et notamment l'entreprise. Ainsi, en octobre 2004, Claude Bébéar et Yazid Sabeg proposent à trente grandes entreprises et trois PME de signer la charte de la diversité (voir encadré *Zoom* ci-dessus). Elles reconnaissent ainsi que les discriminations existent et que l'entreprise a intérêt à recruter et promouvoir selon les compétences.

Les enjeux L'équilibre des trois champs du développement durable

À l'instar des pouvoirs publics qui, notamment en France, ont étroitement associé développement durable et écologie ou environnement (ne serait-ce qu'à travers le nom du ministère concerné), les entreprises industrielles, dont l'impact environnemental est fort, ont souvent associé le développement durable à l'environnement. Or le développement durable, pour se montrer légitime, notamment en période de crise, doit marcher sur ses trois pieds, l'économique, le social et l'environnemental.

La dimension sociale de la RSE s'est au début beaucoup focalisée sur les droits humains au travail chez les fournisseurs dans les pays en développement. Le sujet positif de la diversité concerne désormais le territoire national.

Comment les entreprises s'organisent-elles ?

La plupart des grandes entreprises ont créé une fonction transversale qui coordonne les efforts sur les champs sociaux, sociétaux et environnementaux, et le reporting de ces actions. Autant le rattachement du sujet, de la fonction voire du département DD ou RSE peut varier, autant celui de la diversité revient toujours aux ressources humaines. Les nécessités de la communication et du reporting obligent les responsables du développement durable ou de la RSE et diversité à travailler ensemble. La collaboration est encore plus étroite et féconde quand les deux fonctions sont rattachées au même directeur. Des fonctions plus transversales comme une direction générale en charge des RH et des relations extérieures, qui est d'ailleurs le plus souvent membre du comité directeur – le codir –, sont particulièrement propices à une politique forte et commune en la matière.

Des enjeux de business

Force est de constater que les entreprises, confrontées aux attentes de la société et en recherche de sens, se doivent d'intégrer un projet environnemental et social innovant, spécifique à leur stratégie et à leur positionnement sur les marchés. Une exigence pour attirer et garder les talents, pour mobiliser les collaborateurs, pour asseoir sa réputation et son activité dans l'opinion et auprès des décideurs, notamment publics, et enfin pour convaincre et fidéliser ses clients.

Quel avenir pour ces notions nouvelles ?

Il semble que le développement durable et la diversité se sont ancrés dans les grandes entreprises. La diversité doit s'intégrer à la fois dans une démarche cohérente d'engagement sociétal et dans une politique transversale de DD. Les patrons de PME, par conviction personnelle ou poussés par la législation et les donneurs d'ordre, commencent également à intégrer ces dimensions. Toutefois, ils sont demandeurs d'une mise en cohérence de toutes ces approches qui risqueraient, sinon, d'apparaître comme des injonctions trop nombreuses, successives, voire contradictoires.

Nos sociétés se complexifient. La crise a montré que le défi de réconcilier les dimensions économiques, sociales et environnementales est clairement celui de ce siècle.

Nos économies, nos sociétés, nos quartiers sont moins homogènes, plus riches de différences assumées, multiculturels. La diversité y est une réalité. Elle ne peut, elle ne doit s'arrêter aux portes des entreprises. La fonction publique doit la prendre en compte. Il s'agit d'un enjeu incontournable de cohésion, d'équité et d'inclusion sociale.

Lectures utiles

Le site de la charte de la diversité qui recense études, outils et acteurs : www.charte-diversite.com

La Société, une affaire d'entreprise ?, 2006, IMS-Entreprendre pour la Cité, Éditions Eyrolles.

Les oubliés de l'égalité des chances, Yazid Sabeg et Laurence Méhaignerie, Institut Montaigne, janvier 2004.

Les discriminations à raison de l'origine dans les embauches en France, BIT, mars 2007.

Le site de la Haute autorité de lutte contre les discriminations et pour l'égalité, www.halde.fr ; avec, entre autres, son rapport annuel et le baromètre de la Halde et de l'OIT sur la perception des discriminations au travail.

Le site de l'Union européenne sur la diversité et les discriminations : www.stop-discrimination.info

Chapitre 5

La justice sociale dans le développement durable

Le développement durable au service de l'humain. Un exemple de reconversion industrielle : Loos-en-Gohelle

La charte du cadre de vie de Loos-en-Gohelle, en plein cœur de l'ex-bassin minier du Nord-Pas-de-Calais, donne un cadre auquel toute action municipale doit se conformer. Son rayon très large couvre tous les domaines de l'environnement et du cadre de vie urbain, y compris le logement. Forte de ses premières expérimentations, la commune a généralisé les « bonnes pratiques » pendant la décennie suivante.

Jean-François Caron est maire de Loos-en-Gohelle
et président du Groupe Europe-Écologie au conseil régional Nord-Pas de Calais.

La problématique — Loos-en-Gohelle sort de la fosse

L'arrêt de l'activité minière a laissé la commune en état de crise, crise environnementale, sociale et économique. Avec deux séquelles principales : les friches industrielles immobilisaient 30 % du territoire, avec des conséquences environnementales, économiques et urbanistiques ; l'attitude paternaliste des compagnies minières pendant plus d'un siècle avait privé les citoyens de leur esprit d'initiative, tout en exacerbant un sentiment d'appartenance à une cité rattachée à une fosse et non à un collectif représenté par la commune. C'est ainsi que plusieurs cités, séparées du centre par 35 hectares de friches, ne se considéraient pas comme faisant partie de la ville.

À l'heure de la reconversion, les élus loossois ont donc mené une profonde réflexion sur les moyens de redonner de la perspective au territoire et à ses habitants. La nécessité d'opérer une véritable rupture avec le modèle industriel classique, désormais dépassé, est apparue évidente. Ouvrir le futur plutôt que recommencer les mêmes erreurs… Mais s'extraire de ce modèle impliquait de se projeter dans l'avenir. Et, au-delà, d'imaginer et de construire un autre avenir, un exercice auquel la population en difficultés (jusqu'à 50 % de RMIstes dans une cité) n'était pas habituée.

Cette démarche a mis en lumière l'importance de donner du sens à l'histoire de Loos-en-Gohelle. L'objectif à atteindre : un développement transversal et cohérent qui tire les leçons du passé et n'oublie personne. Le développement durable, qui répondait à ces critères, a donc été abordé sous l'angle de la trajectoire du territoire : les pieds dans l'histoire, la tête tournée vers un avenir meilleur.

Le cœur du sujet Repenser la participation citoyenne

La reconquête du destin communal a commencé par un important travail de concertation, d'analyse et de diagnostic, qui a abouti en 2000 à la signature du nouveau Plan d'occupation des sols (POS) et de la charte du cadre de vie à laquelle toute action municipale doit se conformer. Son rayon très large couvre tous les domaines de l'environnement et du cadre de vie urbain, y compris le logement. Forte de ses premières expérimentations, la commune a généralisé les « bonnes pratiques » pendant la décennie suivante. Une période couronnée par un franc succès de l'équipe municipale aux élections de 2008 : 82,1 % (meilleur score régional des scrutins à plusieurs listes). Tout en engageant de nouveaux projets innovants, Loos-en-Gohelle est actuellement dans une phase d'évaluation, d'interprétation des actions menées au regard de son histoire et du caractère transférable de son expérience vers les autres collectivités.

Un outil efficace de développement du lien social et du vivre ensemble

La charte du cadre de vie a été conçue de manière participative, à l'origine d'un mouvement qui s'est amplifié depuis : la participation habitante est désormais vue comme le ferment d'une véritable dynamique de développement social, et constitue l'un des fondements de la politique municipale. Elle s'applique à tous les niveaux de projet selon des formes variées, de la participation au comité de pilotage de la démarche d'interprétation du territoire (qui aura un impact sur la ville tant pour son image que pour ses aménagements urbains et qualité de vie), au fleurissement d'une rue *via* le programme Fifty-Fifty (la ville fournit bacs et fleurs, les habitants assurent l'entretien). La participation habitante est un travail de longue haleine qui se poursuit et qui porte ses fruits.

La participation n'est pas la démocratie directe : les élus restent maîtres de leurs décisions. Mais elle vérifie que le projet envisagé correspond à un besoin réel de la population. De plus, l'individu devient, en prenant part à la décision et à l'action, un citoyen. Il n'est plus un consommateur de services publics mais s'inscrit dans un collectif qui produit et défend l'intérêt général. Vu comme un expert de ses besoins, il est le gage d'une meilleure efficacité des actions engagées.

L'expérience loossoise a permis de montrer que la participation agit aussi sur la qualité de vie et le sentiment de sécurité, parce qu'elle propose des espaces de rencontres et d'échanges : elle donne envie de vivre ensemble. Loos-en-Gohelle est d'ailleurs reconnue pour le nombre de bénévoles qui se mobilisent lors des manifestations culturelles et sportives et pour l'esprit de convivialité qui y règne. Le « vivre ensemble » est une ressource précieuse pour la ville.

Le logement, levier social au quotidien

Le logement constitue le premier budget des familles : loyer, factures d'eau et d'énergies. Or, actuellement, plus les logements sont sociaux, plus il revient cher d'y habiter (peu d'isolation, chauffage électrique...) ! Dans une population confrontée à des difficultés économiques, il s'agit donc du premier levier sur lequel il est possible de peser. C'est pourquoi la municipalité a privilégié l'éco-construction pour les logements sociaux.

Les diverses techniques utilisées (récupération de l'eau de pluie, chauffe-eau solaire, isolation renforcée, chauffage performant, etc.) allègent le poids économique du logement sur les ménages. Voilà qui répond aux besoins d'une population confrontée à de réelles difficultés économiques, lesquelles ont un impact sur la société en général : les collectivités, *via* les CCAS, leur viennent en aide en cas d'impayés et de coupures. Sans oublier les dépenses de santé engendrées par les affections dues au manque de chauffage, à l'humidité des habitations, etc.

Mais au-delà d'un toit, le logement est aussi un vecteur de valorisation et d'estime de soi de l'individu, ainsi qu'un facteur d'intégration dans la société. C'est une notion importante pour les habitants qui se sentent davantage considérés lorsqu'on leur propose un logement de qualité.

Concrètement, il existe un écueil de taille à l'éco-construction des logements sociaux : les économies de fonctionnement ne sont pas réalisées par les bailleurs, qui financent les constructions. Il faut donc les convaincre de prendre en compte les coûts d'utilisation des logements... Les pouvoirs publics doivent également réaliser des progrès et intégrer dans leurs critères d'attribution des subventions des bonus pour les logements peu consommateurs d'énergie.

C'est possible ! À Loos-en-Gohelle, depuis 1997, tout est en éco-construction : bâtiments communaux et logements sociaux. Citons entre autres VillAvenir (six maisons à haute performance énergétique, opération d'envergure nationale) et Chênelet (logements basse consommation très sociaux).

Le cadre de vie, facteur de bien-être individuel et collectif

Le choix de l'éco-construction a été concomitant à une réflexion globale d'urbanisme. Le logement est en effet la cellule de base de la ville, et toute action dans ce domaine a des répercussions sur la commune dans son entier : modification du paysage communal, résorption de friches, densification de l'habitat, mixité sociale... En plus des implications directes de l'éco-construction (« chantier propre », matériaux non toxiques, recyclage, circuit court limitant le transport, etc.), il est donc apparu préférable de traiter l'habitat au sens large, à l'échelle du cadre de vie.

Zoom

Maillage en site propre

La cohabitation entre espaces naturels et bâtis a été renforcée grâce à la création d'une « ceinture verte » (inscrite au POS en 2000). Quinze kilomètres de liaisons vertes ont été réalisés autour et dans la ville. Ce maillage naturel favorise notamment les déplacements doux (en sites propres) d'un quartier ou d'un équipement à l'autre, la biodiversité (corridor biologique), requalifie le paysage et constitue une offre de sentiers de randonnée et de lieux de loisirs attrayante. Elle a également modifié la perception de leur cadre de vie, plus agréable, par les habitants.

Les enjeux Un développement économique respectueux

Parallèlement, une nouvelle orientation a été donnée à l'ancien carreau de fosse des mines qui avait été conservé de haute lutte lors de sa fermeture. Jusqu'alors emblématique du développement non durable, la Base 11/19 est peu à peu devenue un pôle de référence du développement durable s'appuyant sur les racines et les valeurs humaines du territoire. Loos-en-Gohelle a aidé à la création d'un nouveau secteur économique sur cette Base 11/19 : cd2e (Création développement d'éco-entreprises), halle des éco-matériaux, plate-forme d'analyse des cycles de vie des matériaux, cabinets spécialisés, etc. Ce mouvement a généré un accroissement exponentiel de l'attractivité de la ville, avec la venue de la FFB (Fédération française du bâtiment) pour VillAvenir, de la Fondation d'Auteuil pour la création d'un centre de formation dédié, la construction d'une centrale de test de panneaux photovoltaïques, etc. La création d'un *cluster* éco-construction, et bientôt éco-réhabilitation (rénovation de l'ancien) est en cours…

Une réponse globale

Ainsi, en s'engageant dans une politique volontariste de développement durable, la municipalité a prouvé qu'il est possible de se relever autrement qu'en reproduisant le schéma industriel classique. Et qu'il est possible de le faire sans renier son passé, en impulsant la candidature du Bassin minier Nord-Pas-de-Calais à l'inscription au Patrimoine mondial de l'Unesco, au titre de patrimoine culturel évolutif. Cette candidature, portée par de nombreux bénévoles et élus pendant dix ans, a été déposée par la France au Comité du Patrimoine mondial en janvier 2010.

Lectures utiles

Reconsidérer la richesse, Patrick Viveret, Éditions de l'Aube, 2003.

Les nouveaux indicateurs de richesse, Florence Jany-Catrice, La Découverte, 2005.

Le développement durable, la seconde étape, Jacques Theys, Christian du Tertre, Félix Rauschmayer, Éditions de l'Aube, 2009.

Les pionniers de la ville durable, Cyria Emelianoff, Ruth Stegassy, Autrement, 2010.
Étude prospective régionale n° 10 : des indicateurs régionaux de développement humain dans le Nord-Pas-de-Calais et en Wallonie, juin 2006.

À retenir

6 980 habitants : population de Loos-en-Gohelle, membre de la CommunAupole de Lens-Liévin, qui regroupe 36 communes et 250 000 habitants.

Taux de chômage en 2006 : 18,71 % de la population active ; 156 foyers bénéficiaires du RMI/RSA ; 1 353 foyers imposables.

Découverte du charbon en 1850. Début de l'exploitation en 1873. Arrêt de l'exploitation en 1986.

186 mètres : hauteur des deux terrils les plus hauts d'Europe.

40 logements sociaux et création de 30 logements sociaux neufs rénovés HQE en 1997.

La solidarité écologique, une réponse aux besoins des générations futures

Dès 1987, le rapport Brundtland intitulé « *Notre avenir à tous* » donne la première définition officielle du développement durable : « *Un mode de développement qui répond aux besoins du présent sans compromettre les capacités des générations futures à répondre aux leurs.* »

Le sommet de Johannesbourg a ensuite en 2001 reconnu explicitement la place privilégiée de l'énergie dans la construction d'un développement humain durable, en en faisant l'une des principales composantes de l'initiative WEHAB[1]. Alors que s'ouvre la Conférence des Nations unies sur le climat à Cancun, les attentes de la communauté internationale concernant la réponse politique à apporter sont immenses.

Les négociations climatiques doivent proposer des solutions pour répondre aux besoins, notamment en énergie, des générations futures et promouvoir une solidarité internationale concrète.

Pierre-Franck Chevet est directeur général de l'énergie et du Climat au ministère de l'Écologie, du Développement durable, des Transports et du Logement.

La problématique L'impérieuse nécessité de la solidarité

Le climat est un bien public mondial, unique et indivisible. Dès lors, la lutte contre le changement climatique exige une réponse globale et appelle la mise en place de mécanismes innovants. Les solutions proposées traduiront la réalité de la solidarité internationale dans ce domaine.

La lutte contre le changement climatique est une externalité positive dont bénéficieront tous les états. Et seule la coopération entre pays développés et pays en voie de développement déclenchera la mise en œuvre des actions d'atténuation adaptées aux enjeux.

En outre, l'accès à l'énergie et les nouvelles technologies de l'énergie produisent un impact direct sur la croissance, le développement économique et social, et l'atténuation du changement climatique. Priorités de l'agenda international, leur développement est une réponse au défi du changement climatique et d'un développement économique durable.

1. L'initiative WEHAB concerne les cinq domaines thématiques, l'eau *(water)*, l'énergie *(energy)*, la santé *(health)*, l'agriculture *(agriculture)* et la biodiversité *(biodiversity)*, sur lesquels il a été décidé de concentrer les efforts de la communauté internationale pour la relance de la mise en œuvre de l'Agenda 21.

Quel est le constat aujourd'hui ?

- **Premier constat : Les populations les plus pauvres et les moins émettrices de gaz à effet de serre sont aussi particulièrement vulnérables aux effets du changement climatique.**

  L'énergie moderne n'est pas accessible aux plus pauvres : 1,6 milliard d'individus n'ont pas accès à l'électricité et 2,4 milliards continuent à dépendre des combustibles traditionnels (bois, fuel). Des services énergétiques modernes, abordables et efficaces, sont pourtant considérés comme essentiels pour la croissance économique et pour le développement durable.

  Les changements climatiques ont beau constituer un phénomène mondial, leurs effets néfastes sont plus durement ressentis par les populations et les pays pauvres. Les pays les plus pauvres sont tout particulièrement vulnérables en raison de leur forte dépendance à l'égard des ressources naturelles ainsi que de leur capacité limitée à faire face à la variabilité climatique et aux phénomènes météorologiques.

  En outre, même les pays en développement aux économies plus diversifiées sont vulnérables en raison de l'absence de ressources financières, de technologies adéquates et d'institutions efficaces, ce qui limite leur capacité à s'adapter aux conséquences du changement climatique.

- **Deuxième constat : la maîtrise des émissions de gaz à effet de serre dépendra à l'avenir des choix énergétiques des pays en développement.**

  Si les pays développés sont aujourd'hui les principaux émetteurs de gaz à effet de serre avec, pour 25 % de la population mondiale, 50 % des émissions, les pays en développement seront à l'avenir les principaux responsables de l'*accroissement* des émissions : leurs besoins énergétiques augmentent fortement, en lien avec leur développement économique et avec leur dynamisme démographique. À l'échelle mondiale, la maîtrise des émissions de gaz à effet de serre dépendra donc à très long terme avant tout des choix énergétiques des pays en développement.

Le cœur du sujet L'une des réponses apportées

L'accès à l'énergie est une clé du développement économique et de la réduction de la pauvreté. Améliorer l'accès à l'énergie moderne dans le monde contribuera à atteindre les Objectifs du Millénaire. Sans énergie, les économies ne croîtront pas et la pauvreté ne sera pas réduite. L'accès à l'énergie influence en outre grandement le bien-être des individus, que ce soit en donnant l'accès à une eau potable, en améliorant la productivité agricole, en améliorant l'accès à la santé, à l'éducation ou en créant des emplois.

De plus, les énergies renouvelables apporteront, si elles sont mobilisées à bon niveau comme le permet l'évolution récente des technologies et de leurs coûts, des solutions de long terme en raison de la disponibilité des ressources en quantité et qualité suffisantes pour les générations actuelles et futures.

Pour répondre aux besoins des pays les plus pauvres et notamment de l'Afrique subsaharienne, pour les engager sur la voie d'une croissance durable, *le Plan solaire Méditerranée et le plan pour une électrification durable de l'Afrique, dit Initiative Paris-Nairobi, proposent une nouvelle forme de coopération entre le Nord et le Sud axée autour de projets concrets.*

Plan solaire Méditerranée : l'émergence de projets concrets

Le Plan solaire Méditerranée (PSM), qui vise la construction de 20 GW de capacités additionnelles à partir de sources renouvelables, a redynamisé la coopération énergétique entre la rive nord et la rive sud de la Méditerranée, et a créé un cadre institutionnel et financier favorable au développement des ressources en énergie renouvelable de la région. Il a également initié la création de nouveaux outils de financement ou mécanismes de coopération qui contribueront à faire émerger ou à financer des réalisations concrètes. Ainsi, avec la mise en œuvre de projets concrets, le PSM contribuera à renforcer l'intégration et la croissance économique de la Méditerranée.

L'objectif quantitatif de 20 GW de capacités additionnelles de production d'électricité bas carbone est suffisamment important pour répondre à une partie de l'augmentation de la demande (environ 20 %), pour faciliter la création d'une filière économique locale et pour entraîner par son volume une baisse sensible des coûts en raison d'effets d'échelle.

Cette coopération concrète entre l'Europe et la rive sud de la Méditerranée inspirera utilement les coopérations à mener pour lutter contre le changement climatique et garantir l'accès de tous à l'énergie.

Les enjeux Vers un nouveau mode de partenariat France-Afrique

Pour connaître des progrès décisifs dans la lutte contre le changement climatique, cette nouvelle forme de coopération entre les pays développés et les pays en développement doit s'appuyer sur des éléments bien précis :

- **L'adoption de stratégies nationales :** la mise en place de stratégies nationales de lutte contre le réchauffement climatique et de politique énergétique constituera un guide essentiel pour le montage de projets dans les territoires concernés de façon à la fois cohérente et programmée
- **Le renforcement des institutions nationales :** l'adoption d'un cadre législatif adéquat et le renforcement des compagnies électriques nationales faciliteront

l'accès des pays aux financements internationaux et accroîtront le volume d'investissements venant du secteur privé

- **Le développement des capacités humaines et institutionnelles**, surtout dans les pays en développement : pour porter ces responsabilités de développement et de diffusion des options énergétiques durables et leur intégration dans les stratégies nationales de développement, les pays en développement ont besoin de renforcer leurs capacités de montage de projets en consolidant les autorités de gestion, en gérant les projets de petite taille par grappe ou de façon novatrice, en s'appuyant sur une intégration régionale plus forte.
- **L'accompagnement de cette dynamique passe par un soutien sans faille des pays développés** à la fois pour la mise en place de politiques publiques, pour le montage des projets mais aussi pour la création de mécanismes de financement innovants.

Lors du sommet Afrique-France du 1er juin 2010, les chefs d'État et de gouvernements ont déclaré : « *nous appuierons l'élaboration d'un plan "énergie renouvelable" pour doter l'Afrique d'un système électrique durable, fondé sur des projets concrets et des financements innovants.* »

Compte tenu de l'immense potentiel du continent africain dans le domaine des énergies nouvelles et renouvelables, ils ont appelé à la mise en œuvre rapide de projets concrets répondant aux besoins réels de l'Afrique et portant sur les divers types d'énergies renouvelables, notamment l'énergie solaire à concentration thermodynamique.

Enfin, ils ont insisté, compte tenu de la forte croissance des besoins énergétiques, sur l'importance de mobiliser davantage d'investissements et de mettre en place de nouvelles politiques publiques pour diversifier la production d'énergie, améliorer l'accès à l'énergie, promouvoir l'efficacité énergétique et développer les énergies renouvelables.

La France propose ainsi un nouveau mode de partenariat entre les pays développés et l'Afrique, axé sur le développement de l'accès à l'énergie et des énergies renouvelables.

Lectures utiles

(1987). *Our Common Future : The World Commission on Environment and Development*, Bruntland, G, Oxford : Oxford University Press. Notre avenir à tous, Rapport Bruntland.

Agenda 21 : www.un.org/esa/sustdev/documents/agenda21/index.htm

Objectifs de développement du millénaire : /www.un.org/french/milleniumgoals

Rapport conjoint de l'Onudi, de l'AIE et du PNUD, http://content.undp.org/go/cms-service/download/publication/?version=live&id=2793175, *Special early excerpt of the World Energy Outlook 2010 for the UN General Assembly on the Millennium Development Goals, septembre 2010.*

Rapport du secrétaire général des Nations unies, *Energy for a sustainable future*, avril 2010.

Intégrer la dimension emploi dans l'élaboration des plans climats-énergies territoriaux

En 2004, la France publie son Plan climat pour la diminution des émissions de gaz à effet de serre (GES) et la réduction des consommations d'énergie. Agriculture, transport, industrie, bâtiment... tous les secteurs sont concernés et les collectivités publiques sont incitées à mettre en place des Plans climats-énergies territoriaux (PCET) pour mettre en cohérence une politique climatique en prenant en compte la vulnérabilité de leur territoire. État des lieux.

Alain Mestre et Christian Duchesne sont consultants
au sein du cabinet d'expertises économiques, financières et sociales Syndex.

La problématique — Quel choix énergétique pour les collectivités françaises ?

Les collectivités locales sont des acteurs essentiels de la lutte contre le changement climatique. En premier lieu parce qu'elles sont responsables de 15 % environ des émissions de gaz à effet de serre (GES), de manière directe, de par leur propre fonctionnement. Indirectement, elles influent sur la consommation énergétique des territoires : bâtiments, équipements, transports, gestion de l'eau, des déchets etc. Enfin, les collectivités ont la capacité d'influencer les modes de production et de consommation des citoyens par des actions de sensibilisation et de coordination. Les émissions de GES en France sont relativement stables depuis 1990, compte tenu du recours au nucléaire dans la production d'électricité, ce qui ne peut être considéré comme viable (de par les risques induits et la nature des déchets produits). La question énergétique, les enjeux et les choix d'aujourd'hui sont donc particulièrement importants en ce début de XXIe siècle.

Projets territoriaux

En 2004, la France publie son Plan climat. Il vise la diminution des émissions de GES et la réduction des consommations d'énergie. Tous les secteurs sont concernés : agriculture, transport, industrie, bâtiment… Les collectivités sont incitées à mettre en place des Plans climat-énergie territoriaux (PCET) : des plans d'actions pour répondre à l'enjeu climatique et énergétique, atténuer les effets et s'adapter au changement climatique. Pour un territoire engagé dans un Plan climat, la réalisation du diagnostic constitue la première étape afin de repérer les sources principales d'émission. C'est ensuite avec l'ensemble des acteurs du territoire qu'est fixé un objectif de réduction et des mesures pour l'atteindre, à une date donnée, afin de réduire les consommations d'énergie, soutenir le développement d'énergies renouvelables, insuffler des modes de production et de consommation durables. Au-delà, il s'agit de mesurer la vulnérabilité du territoire, d'évaluer les impacts du changement climatique et de protéger les ressources et les milieux naturels (certaines régions seront plus touchées que d'autres).

Les PCET font partie intégrante des projets territoriaux de développement durable, Agendas 21 compris[1]. Le Plan climat-énergie territorial doit répondre aux cinq finalités du développement durable, définies par le ministère de l'Écologie en 2003 : la lutte contre le changement climatique, la préservation de la biodiversité, l'épanouissement des êtres humains, la cohésion sociale, un développement fondé sur des modes de production et de consommation responsables.

Ces plans doivent s'élaborer selon une méthode participative. Le Plan climat-énergie territorial apparaît ainsi comme un outil de sensibilisation de la population aux enjeux planétaires, et de manière plus générale de mobilisation des acteurs du territoire sur les questions du développement. Sa souplesse, outre qu'elle a renforcé et rendu visibles les actions déjà mises en œuvre par les collectivités, a ouvert la voie à des démarches innovantes. Les PCET n'ont pas de statut législatif et sont initiés volontairement. De nombreux PCET ont ainsi été lancés à différentes échelles : communale, départementale, régionale, etc.

Zoom

Le nouveau dispositif SRCAE/PCET

Grenelle I : ancrage des territoires dans la lutte contre le changement climatique

- Généralisation des PCET aux grandes collectivités : article 7.
- Lutte contre le changement climatique : article 8.
- Énergies renouvelables : article 17.

Grenelle II : cohérence territoriale régionale organisée par le SRCAE

- Élaboration conjointe préfet de région et président du conseil régional.
- Contenu du schéma : objectifs en matière de maîtrise de l'énergie, objectifs en termes d'énergies renouvelables (par zones géographiques), orientations en termes de réduction des GES, orientations en termes d'adaptation, orientations pour la qualité de l'air.

Les PCET plus attentifs à l'impact emploi

Le défi climatique, au titre de l'urgence, est à même de modifier la responsabilité des collectivités territoriales, notamment dans le domaine de l'énergie. Les démarches engagées aujourd'hui sur les territoires, la pertinence des réponses apportées, demandent à être mises en cohérence avec les politiques d'aménagement et les stratégies de développement, tant locales que nationales.

1. Ce projet politique global pour le XXIe siècle issu de la conférence de Rio (1992) invite les collectivités locales à s'engager dans un programme d'actions à long terme.

À l'issue du Grenelle de l'environnement, l'engagement a été pris de généraliser les Plans climat-énergie territoriaux d'ici à la fin 2012 pour les communautés d'agglomérations.

Un PCET doit aider les collectivités à identifier sur leur territoire les principales activités responsables d'émissions de gaz à effet de serre, de façon à déployer des plans d'action et à mettre en cohérence une politique climatique sur l'ensemble de leur territoire prenant en compte sa vulnérabilité spécifique. Les régions, départements, intercommunalités et communes vont ainsi définir des mesures de trois types :

- pour l'atténuation du changement climatique ;
- pour l'adaptation du changement climatique ;
- pour l'emploi.

Or cette dernière dimension est le plus souvent absente des PCET réalisés à ce jour. D'où la finalité du projet : doter les futurs PCET des outils nécessaires à l'évaluation des impacts emploi des mesures d'atténuation et d'adaptation au changement climatique.

Zoom

Domaines d'actions des PCET

Le PCET concerne l'ensemble des compétences des collectivités :

- aménagement et déplacements : transports collectifs, maîtrise de la circulation routière, politique de voirie, limitation de stationnement ;
- gestion des déchets : optimisation des taux de captage du biogaz… ;
- consommation d'énergie : amélioration de l'efficacité énergétique des bâtiments publics et du résidentiel-tertiaire ;
- production d'énergie renouvelable ;
- adaptation ;
- sensibilisation et incitation de la population…

Le cœur du sujet Intégrer systématiquement dans les PCET une étude d'impact emploi

La mise en œuvre des PCET induit, à travers les politiques et mesures sectorielles dans l'énergie, les transports et le bâtiment, des mutations structurelles dans les industries et services. Le territoire est marqué par les évolutions des diverses filières représentées. Elles se neutralisent parfois en termes de volume d'emploi global ou sur certains métiers facilitant le passage d'une filière à l'autre. Mais si deux filières tirent dans le même sens, les effets se cumulent, structurant une forte demande sur certains métiers ou, au contraire, une vraie difficulté de reconversion au sein du territoire.

En outre, c'est le plus souvent au plan territorial que se pose la question de la mobilisation des compétences que recherchent les entreprises. C'est vrai aussi pour les métiers nouveaux créés par la croissance verte, et les métiers préexistants, mais qui devront la prendre en compte.

L'étude pilotée par Syndex pour le ministère de l'Environnement (MEEDDM), à la demande de la CFDT et de la CGT dans le cadre du Grenelle de l'environnement, a dessiné les contours des mutations induites par la mise en œuvre des politiques et mesures liées aux enjeux du changement climatique, faites de destructions d'emplois et de créations d'emplois[1].

Repérer et anticiper les transferts d'une industrie à l'autre

L'étude propose ainsi une typologie des industries concernées, classées en quatre catégories selon le degré de corrélation entre l'évolution sectorielle et les contraintes et opportunités liées à la croissance « bas carbone ».

Du point de vue des dynamiques de l'emploi, la sécurisation des parcours professionnels apparaît la question clé du développement durable. Pour les travailleurs, le transfert des compétences individuelles et le défi de la « substituabilité » entre les emplois de filières technologiques produits-*process* différentes, se posent avec acuité dans ce cadre. La reconnaissance des transferts potentiels interfilières au sein de l'industrie concourt à la sécurisation des parcours professionnels des salariés dans le cadre des mutations sectorielles et intersectorielles liées à une croissance de l'économie « bas carbone ».

> **Zoom**
>
> Fondaterra
>
> La Fondation européenne pour des territoires durables, créée en septembre 2004, est un réseau unique d'institutions publiques et privées fédérant des compétences de recherche, de formation, de médiation des connaissances et d'expertise autour de la thématique du développement durable des territoires. Fondaterra constitue avec ses 70 membres fondateurs un *cluster* interdisciplinaire au service d'un développement durable des territoires.

Repérer les évolutions structurelles qu'il faudra anticiper est souvent l'élément déclencheur de la volonté de prévenir l'événement. Le plus difficile est de prévoir le contexte dans lequel ces évolutions vont s'insérer. De ce point de vue, l'élaboration des PCET prévue par la loi doit devenir un outil de prospective emploi favorisant l'anticipation des mutations sociales.

Les enjeux | Une évaluation territoriale des impacts emplois

La logique du Grenelle de l'environnement suppose la mise en œuvre de nouvelles organisations, de nouvelles coordinations entre les acteurs politiques, économiques et sociétaux. En particulier, il est indispensable de mieux cerner les emplois de la nouvelle croissance au service du développement durable, d'identifier les besoins de formation ou de reconversions, ainsi que la capacité des financeurs et des organismes de formation à faire face à cette profonde évolution. La mobilisation de l'ensemble de ces acteurs est indispensable pour saisir toutes les opportunités de cette révolution industrielle.

---

1. Gestion prévisionnelle des emplois et des compétences dans les secteurs industrie et énergie impactés par le Grenelle de l'environnement et l'évolution du système européen ETS : www.developpement-durable.gouv.fr/IMG/pdf/Etude_Syndex_Alpha.pdf

Aussi, Syndex et Fondaterra (voir encadré *Zoom* ci-dessus) proposent, dans le cadre de l'élaboration des PCET, à partir d'un diagnostic et d'un état des lieux de la situation de l'emploi dans les secteurs de l'énergie, des transports et du bâtiment, de :

- réaliser un diagnostic des dynamiques sectorielles sur le territoire ;
- bâtir des scénarios prospectifs d'évolution de l'emploi (maintien, création, destruction, changement de compétences) ;
- proposer des pistes d'action et des outils pour préparer la transition sociale des mutations nécessaires (Gestion prévisionnelle de l'emploi et des compétences) ;
- alimenter et éclairer les réflexions, les débats et l'élaboration des acteurs des cinq collèges, sur les mêmes principes de gouvernance du Grenelle de l'environnement (partenaires sociaux, entreprises, élus, ONG, représentants de l'État).

Démarche plan climat et GPEC

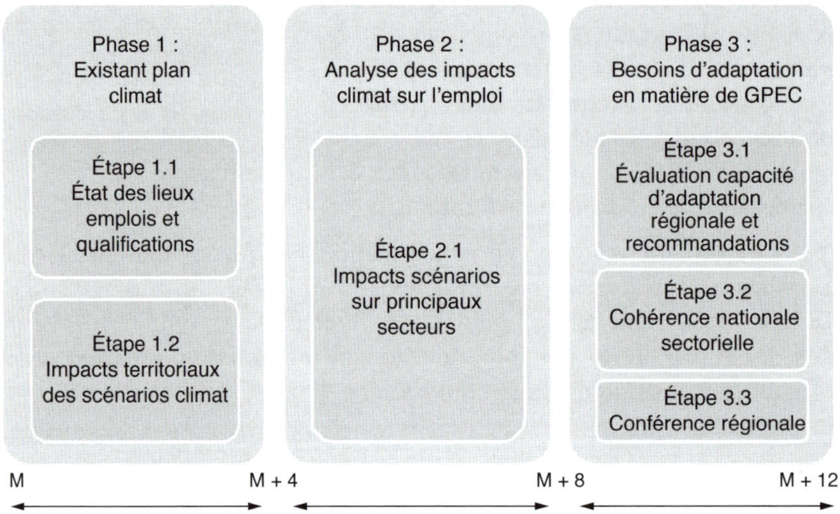

Figure 1 – Démarche Plan climat et GPEC

Lectures utiles

Études pilotées par Syndex consultables sur *www.syndex.fr* :

Pour le réseau TEE (Territoires-Environnement-Emplois) : *Bois-énergie, solaire et emploi en Poitou-Charentes.*

Pour la CES et la DG Environnement de la Commission européenne : *Changement climatique et emploi*, avril 2007.

Les dérèglements climatiques, les nouvelles politiques industrielles et les sorties de crises, octobre 2009.

Pour le MEEDDM : *Gestion prévisionnelle des emplois et des compétences dans les secteurs de l'industrie et de l'énergie impactés par le Grenelle de l'environnement et l'évolution du système européen ETS d'échange des droits d'émission des gaz à effet de serre*, mai 2010.

À retenir

40 000 emplois créés en moyenne sur la période 2010-2020 dans l'industrie électromécanique.

20 000 emplois créés d'ici à 2020 dans l'industrie des biens d'équipement à destination des énergies renouvelables.

8 000 emplois détruits dans la filière thermique, mais 5 500 emplois créés dans la filière électrique à l'horizon 2030 en raison de la mutation attendue de l'industrie automobile (motorisation électrique).

La responsabilité sociale des entreprises (RSE), nouveau modèle d'entreprise

Un concept qui peut apparaître très abstrait a émergé ces dernières années dans le discours des entreprises, qu'elles soient des PME ou des multinationales, qu'elles viennent de l'économie sociale et des organismes sociaux ou de l'économie capitaliste : celui de « responsabilité sociétale des entreprises » (RSE).

François Fatoux est délégué général de l'Observatoire de la responsabilité sociétale des entreprises.

La problématique « R » signifie aussi « relations »

La RSE a émergé au départ dans le monde anglo-américain, puis a fait l'objet d'une déclinaison en Europe dans les années 2000 (l'Observatoire de la responsabilité sociétale des entreprises – Orse – se crée justement en 2000). Sa formalisation par la Commission européenne dans le cadre d'un livre vert publié en 2001 s'exprime ainsi : *Prise en compte par les entreprises de manière volontaire des enjeux sociaux et environnementaux dans leurs relations commerciales et leurs relations avec les parties prenantes.*

De cette définition ressortent trois points :

- l'entreprise qui s'engage dans une démarche de responsabilité le fait de manière volontaire, au-delà de ses obligations légales. Démarche naturelle pour des entreprises qui ont leurs implantations dans des pays développés, la mise en œuvre de ce principe risque de rencontrer des difficultés dans des pays où les autorités publiques connaissent des défaillances ;
- l'entreprise doit concilier exigences sociales et environnementales avec un objectif de performance économique et financière. Cette exigence pose la question du mécénat dans les politiques de RSE des entreprises ;
- l'entreprise doit rendre compte de sa politique auprès de ses parties prenantes (en anglais : *stakeholders*) que sont principalement les actionnaires, les salariés, les clients, les consommateurs, les riverains, les autorités publiques. Cette multiplicité des interlocuteurs complexifie l'ensemble car l'entreprise devra arbitrer entre les exigences variées, et le plus souvent contradictoires, de ces parties prenantes.

Zoom

Les outils de la RSE

L'idée de « reddition » (en anglais : *reporting*) pour objectiver les démarches des entreprises de manière à ne pas rester dans le discours et l'incantatoire, s'est formalisée par la création d'outils dits de RSE :

- la notation extra-financière liée notamment au développement de l'Investissement socialement responsable (ISR) ;
- les rapports de développement durable liés aux obligations de la loi NRE pour les entreprises en France, et l'initiative de normalisation mondiale qu'est le Global Reporting Initiative (GRI) ;
- les démarches d'audit des fournisseurs ;
- les engagements unilatéraux des entreprises sous forme de codes de conduite ;
- les engagements contractualisés avec les parties prenantes, notamment les ONG et syndicats ;
- les systèmes de management, notamment dans le cadre des normes ISO ;
- les labels.

En 2009, toutes les entreprises structurent leur démarche de développement durable autour de l'un ou de quelques-uns de ces outils. Très souvent faute de choix (obligation de publier pour les entreprises cotées en Bourse), mais dans certains cas volontairement, car elles y voient une opportunité de revisiter leur *process*, leur modèle économique, leur relation avec les syndicats, clients, etc.

Le cœur du sujet De la prolifération d'outils aux référentiels sectoriels

Dans les années 2000, deux types de sollicitation en direction des entreprises ont émergé :

- Celle émanant des investisseurs et gérants d'actifs engagés de manière éthique ou socialement responsable. De façon à construire un portefeuille représentatif de tous les secteurs d'activité, mais avec la volonté de privilégier « les meilleurs » (en anglais : *best in class*), ces acteurs ont eu recours à des agences de notation extra-financière pour mener un travail de sélection des entreprises. Cette démarche de notation s'étend aujourd'hui à des entreprises publiques, des collectivités publiques, des ONG qui, sur une base volontaire, souhaitent disposer d'un diagnostic de leurs pratiques sociales et environnementales.
- Celle émanant des pouvoirs publics exigeant des entreprises qu'elles s'inscrivent dans une démarche de transparence accrue. Le législateur est intervenu en 2001 (loi du 15 mai 2001 dite NRE) pour que les entreprises cotées en Bourse (environ 650 sont concernées) soient tenues de publier des informations sociales et environnementales dans leur rapport annuel (obligation étendue aux entreprises dont le bilan est supérieur à 43 millions d'euros et des effectifs supérieurs à 500 salariés).

Les entreprises se sont progressivement structurées autour…

- de leurs relations avec les agences de notation extra-financière (sous forme notamment de réponses à des questionnaires) ;
- des rapports de développement durable ;

- des questionnaires adressés à leurs fournisseurs ;
- de l'utilisation de systèmes de management orientés sur la RSE (projet ISO 26000) ;
- de la création de labels visant aussi bien des produits de consommation que des labels d'engagement des entreprises ;
- de la mise en place d'un système d'étiquetage de leurs produits pour donner une meilleure image de l'entreprise vis-à-vis des consommateurs et clients.

L'Observatoire de la responsabilité sociétale des entreprises (Orse) a vu proliférer ces multiples outils et a commencé à appréhender leurs limites au sens où ils génèrent une profusion d'indicateurs de suivi qui ne permettent pas toujours de comprendre les enjeux clés de l'entreprise propres à leur secteur d'activité.

Une banque n'a pas à traiter des mêmes enjeux de développement durable qu'une entreprise de la publicité, de la grande distribution, de l'énergie ou du tourisme. D'où la question de la construction de *référentiels sectoriels* élaborés par les entreprises et l'ensemble de leurs parties prenantes.

Pour autant, il est capital que l'entreprise qui construit sa démarche de responsabilité le fasse de manière crédible. Les référentiels sectoriels sont nécessaires mais pas suffisants. Il faut aller plus loin et s'assurer que les entreprises prennent réellement en compte les intérêts de leurs parties prenantes.

Engagements et crédibilité

Les entreprises se doivent de contractualiser leurs engagements pour les rendre crédibles avec leurs parties prenantes.

Dans le cadre de plusieurs études rendues publiques, l'Observatoire a mis l'accent sur :

- les engagements avec les ONG : « les partenariats stratégiques » ;
- les engagements avec les syndicats au plan international, au sein des accords cadres internationaux ;
- les engagements avec les fournisseurs dans le cadre des politiques d'achat des grandes entreprises. Les directions achats des entreprises doivent non seulement s'assurer que leurs fournisseurs sont exemplaires mais en plus qu'ils ont réellement la capacité à s'engager (ce qui pose la question des relations donneur d'ordre/fournisseur sur les délais de paiement).

Les enjeux RSE et dialogue social comme sociétal

Cette question des engagements contractualisés est pour l'Orse une question clé car jusqu'à présent les entreprises ont été tentées, dans leur grande majorité, de privilégier une approche *externe* de la mesure des engagements en passant par des démarches d'audit de notation et de certification au détriment de démarches *internes d'implication* des acteurs concernés et notamment des salariés et de leurs représentants.

Cette seconde approche n'est pas toujours choisie par les entreprises car elle suppose une confrontation des acteurs au sens positif du terme.

Pour autant, elle a de quoi se révéler efficace, à la fois pour appréhender et mesurer les réels enjeux de l'entreprise, et mais aussi car, économiquement, elle est susceptible de générer des coûts de mise en œuvre moins élevés.

Nous sommes convaincus que le dialogue social est indispensable pour crédibiliser et inscrire dans la durée les politiques de RSE des entreprises. En même temps, la RSE est une formidable opportunité pour redonner du sens au dialogue social dans les entreprises.

Dialogue à risque entre ONG et grandes entreprises

Dans la mesure où l'on parle de « dialogue social », il faut aussi parler de « dialogue sociétal ». Les enjeux de société auxquels sont confrontées les entreprises sont d'une telle complexité qu'elles doivent solliciter le regard comme l'expertise du monde associatif. Certaines grandes ONG ont bien compris que si elles voulaient faire changer le monde, il pouvait être intéressant de changer les *pratiques* des grandes entreprises.

Rien qui aille de soi, car les démarches de partenariat ONG/entreprises comprennent une part de risque pour les deux parties (notamment celle de faire perdre son indépendance et sa capacité de critique pour les ONG).

Pour autant, ces acteurs sont prêts à assumer cette part de risque car ils ont compris que le développement durable comme le concept de responsabilité sociétale des entreprises étaient des opportunités pour repenser l'avenir de notre société, les processus de décisions dans tous les lieux de pouvoirs, politiques, économiques et sociaux, et qu'à côté des innovations environnementales et technologiques le concept d'innovation sociétale était tout autant indispensable.

Lectures utiles

La responsabilité sociale des entreprises françaises, Alternatives économiques, hors-série, novembre 2009.

Site de l'Orse : www.reportingrse.org

À retenir

71 entreprises multinationales ont signé un accord sur la RSE avec une fédération syndicale mondiale, dont les entreprises françaises Accor, Carrefour, Danone, France Télécom, Renault, PSA Peugeot Citroën, Rhodia, Lafarge, Vallourec, Club-Méditerranée, EADS.

50 milliards d'euros : montant des encours ISR en France fin 2009, avec une croissance de 70 % en un an.

Chapitre 6

Santé et environnement

Santé mondiale : tirer des plans sur la planète

« Les êtres humains sont au centre des préoccupations relatives au développement durable. Ils ont droit à une vie saine et productive en harmonie avec la nature. » (Article 1er de la déclaration de Rio, 1992.) « Chacun a le droit de vivre dans un environnement équilibré et respectueux de la santé. » (Article 1er de la Charte de l'environnement, loi constitutionnelle du 1er mars 2005.)

Sandrine Segovia-Kueny est directrice de la santé publique
de l'agence régionale de santé de Basse Normandiee.

La problématique Climats de mort

Dans notre monde en mutation, la principale interrogation porte sur l'homme, sa santé, son bien-être présent et futur, objets d'enjeux majeurs. Le premier concerne le *changement climatique*, responsable en 2009 du décès de 300 000 personnes, contre 150 000 en 2000, dont la majorité sont des enfants vivant dans les pays en développement. Le deuxième enjeu touche aux conséquences sanitaires des *pollutions environnementales*, responsables notamment de 300 000 décès prématurés dans l'Union européenne à cause de la pollution atmosphérique. Le troisième enjeu résulte de l'*augmentation de la précarité* et de ses conséquences, y compris sanitaires, liée aux conséquences de la crise économique.

Face à cette situation, quelles sont les actions à mettre en œuvre pour aller vers un développement durable en santé ?

Le cœur du sujet Atteindre les objectifs du millénaire pour le développement (OMD)

En 2000, la déclaration du millénaire des Nations unies adoptée par 189 pays a fixé les huit objectifs du millénaire pour le développement (OMD), échéance 2015. De vrais défis : la réduction de la pauvreté et de la faim, la lutte contre la mauvaise santé, contre les inégalités entre les sexes, le manque d'instruction, le défaut d'accès à l'eau potable et à l'assainissement, enfin la dégradation de l'environnement. Pour 2010, les OMD constituent *la* priorité des Nations unies. Et pour cause, la situation mondiale demeure préoccupante. Le nombre d'habitants des régions en développement vivant dans une pauvreté extrême était passé de 1,8 milliard en 1990 à 1,4 milliard en 2005 : soit, cette année-là, un peu plus du quart de la population du monde en développement, contre près de la moitié en 1990. Or, depuis, ce chiffre a de nouveau augmenté de plus de 55 à 90 millions en 2008, en raison de la crise économique et de la hausse des prix alimentaires. Pour atteindre les OMD, la mobilisation des États est essentielle, en particulier leur participation financière à hauteur de 0,7 % du produit national brut des pays développés. Mais seuls le Danemark, le Luxembourg, les Pays-Bas, la Norvège et la Suède avaient atteint ou dépassé ce pourcentage en 2008. La France, à cette date, reste le quatrième plus gros donateur après les États-Unis, l'Allemagne, le Royaume-Uni. Les investissements doivent porter prioritairement sur le développement durable en santé, qui représente à lui seul trois des huit objectifs, avec les efforts amont sur l'environnement et l'organisation des systèmes de santé primaire. En 2006, l'absence d'assainissement concernait toujours 1,4 milliard de personnes, avec son cortège de décès, de maladies liées. L'Agence française de développement (AFD) consacre la majorité de ses engagements à ces objectifs en subventionnant des projets dans les pays en développement, pour une réalisation locale des engagements internationaux.

Promouvoir le développement durable en santé dans les Agendas 21

Penser mondial, agir local : c'est le maître mot du développement durable, de l'initiative internationale à son implantation nationale et locale. Pour le volet santé, cette dynamique inciterait les générations futures à innover en vue d'une meilleure espérance de vie, à condition qu'elle soit liée à un surcroît de vie *en bonne santé*. Cet objectif d'espérance de vie reste encore inaccessible dans de nombreux pays en voie de développement, incapables de garantir actuellement à leurs populations la perspective d'un *état de complet bien-être physique, mental et social,* selon la définition de l'Organisation mondiale de la santé (OMS). Dans le prolongement de l'Agenda 21 adopté lors du sommet de Rio en 1992, cette feuille de route pour le XXIe siècle se décline en quarante chapitres. Ils décrivent les secteurs où le développement durable doit être mis en œuvre dans les territoires. Le sixième, relatif à la protection et à la promotion de la santé, met en évidence les liens étroits entre développement et santé. En France, les Agendas 21 locaux comprennent de plus en plus souvent un volet sur le développement durable en santé : dans les territoires, les inégalités environnementales en santé sont particulièrement visibles, notamment à travers les « points noirs » environnementaux (notamment autoroutes, lignes TGV, aéroports, foyers d'ondes électromagnétiques, etc.). Leur résolution représente un objectif essentiel en termes de santé publique mais aussi de politique locale.

Mettre en œuvre le Plan national santé environnement 2 (2009-2013)

Dès 1999, puis en 2004, lors de conférences interministérielles des pays de la zone Europe de l'Organisation mondiale de la santé, la France s'est engagée, comme 52 pays, à élaborer un Plan national santé environnement (PNSE), puis un Plan santé environnement pour les enfants. C'est ainsi qu'en France, le premier PNSE 2004-2009 concernait à la fois les adultes et les enfants. Il a été suivi par un second PNSE, adopté en 2009, dans lequel la stratégie en santé environnement a engagé la lutte contre les inégalités en santé liée à l'environnement et l'élargissement des populations concernées ; cette fois, le Plan s'est ouvert aux populations vulnérables – enfants, femmes enceintes – tout comme aux populations en général exposées à des polluants chimiques, au-delà des seuls professionnels. Car l'ensemble des polluants engendre des pathologies, en priorité chez les plus vulnérables – enfants et adultes en situation de précarité socio-économique, parmi lesquels, particulièrement, un nombre croissant de femmes, seules ou à la tête de familles monoparentales, celles-là même qui n'ont pas les moyens de vivre loin des « points noirs » environnementaux. Ce plan, partie intégrante du Grenelle de l'environnement, constitue l'une des cinq préoccupations majeures en santé publique inscrite dans la loi de Santé publique du 9 août 2004. Il est l'un des plans décrits dans la loi du 3 août 2009 de Programmation relative à la mise en œuvre du Grenelle de l'environnement, convergents pour l'amélioration à terme de notre environnement. Ce plan fait donc partie de la stratégie en amont pour le développement durable en santé afin de diminuer le poids de l'environnement sur la santé. Du côté des territoires, les plans régionaux santé-environnement déclineront les mesures opérationnelles à y mettre en œuvre.

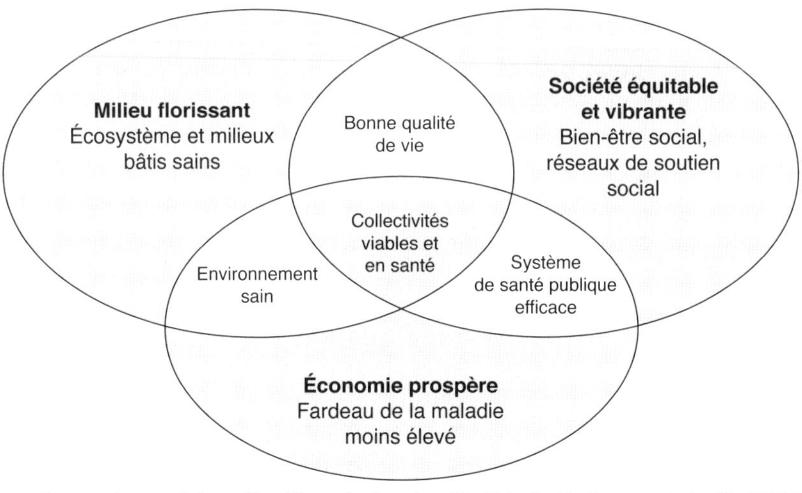

Source : Agence de la santé publique du Canada – Stratégie de développement durable 2007-2010, adaptation d'un diagramme produit par le US Partnership UN Decade of Education for Sustainable Development.

Figure 1 – Relation entre la santé publique et le développement durable

Les enjeux Europe : stratégie nationale du développement durable

La stratégie européenne sur le développement durable, adoptée par le Conseil européen à Göteborg en 2001, puis revue en 2006, comporte un volet santé centré sur la promotion de la santé pour tous et l'amélioration de la protection contre les menaces sanitaires. En France, la première stratégie nationale de développement durable 2003-2008, prise conformément à l'engagement de la conférence des Nations unies de Rio en 1992, comportait un premier programme d'action sur la prévention des risques, des pollutions, et des autres atteintes à la santé et à l'environnement.

L'autre stratégie s'articule autour de neuf défis stratégiques pour la période 2009-2013, dont un dédié à la santé publique, la prévention et la gestion des risques, avec une attention particulière à l'environnement et à la lutte contre les inégalités sociales. Autrement dit, une implication plus forte dans ce domaine. Pour la santé, les choix stratégiques visent au maintien d'un bon état de santé de la population. Ce qui induit tout particulièrement la réduction et, si possible, l'élimination des expositions à un environnement pollué (air extérieur ou intérieur, sols, bruit). Le dispositif va de pair avec la préservation et l'augmentation de l'accès aux soins de qualité pour tous, l'un des sujets majeurs dans les territoires de santé, et l'un des objectifs de la loi « Hôpital, patients, santé et territoires » de juillet 2009. En outre, le renforcement de la capacité d'anticipation des risques sanitaires est stratégique, face à l'apparition de nouveaux agents infectieux (un par an depuis les années soixante-dix). Tout comme l'apparition des risques liés à de nouvelles technologies, comme les nanotechnologies ou les ondes électromagnétiques, où le principe de précaution pourrait s'appliquer. Ou encore les conséquences sanitaires du changement climatique. Enfin, la réduction des risques naturels et technologiques, par les politiques de prévention des risques, demeure une priorité pour les territoires en métropole et outre-mer. Les plans concernent les installations classées pour la protection de l'environnement – ICPE – les établissements Seveso, tout comme le plan prévention des risques inondations – PPRI.

S'adapter avec le plan national d'adaptation climatique

Les politiques d'adaptation sont indissociables des politiques d'atténuation déjà engagées comme le Paquet européen énergie-climat, la déclaration issue des négociations climatiques de Copenhague, la loi du 3 août 2009 de Programmation de la mise en œuvre du Grenelle Environnement, qui prévoit un Plan national d'adaptation pour 2011. Ce plan, dont le lancement a eu lieu en décembre 2009, se décompose autour de sept thématiques majeures, dont la santé. Il proposera notamment sur le volet sanitaire des mesures d'adaptation dans les meilleurs délais aux diverses menaces sanitaires. Il implique le renforcement de la veille et de la sécurité sanitaire, la recherche, la préparation du système de soins à faire face à de nouveaux risques. Il se déclinera également dans les territoires avec les futurs « schémas régionaux du climat, de l'air et de l'énergie », proposés par le projet de loi portant engagement national pour l'environnement, soumis au Parlement à partir de septembre 2009. Une stratégie locale d'adaptation aux conséquences du changement climatique accompagne le tout, prévue dans la loi du 3 août 2009 pour les départements, les régions, les collectivités d'outre-mer et la Nouvelle-Calédonie.

La prise de conscience planétaire du lien entre la protection de l'environnement et la santé est apparue notamment lors de la déclaration de Rio de 1992. Concrètement, vingt ans plus tard, il n'existe pas de dispositions internationales coercitives sur ce point. Mais les États prennent de plus en plus compte de ce défi. Notamment, la norme, aujourd'hui en France, est de vivre dans un environnement respectueux de la santé dont l'enjeu actuel est sa mise en œuvre par les autorités publiques. Il s'agit d'un atout pour réussir la mise en place de la santé durable par l'inclusion du système de santé actuel dans un système plus large constitué par les politiques de lutte contre les pollutions environnementales de santé environnementale, pour diminuer le nombre de personnes malades. Ainsi, la mise en place du règlement REACH sur les produits chimiques permettra d'économiser 50 milliards sur les dépenses de santé en trente ans et diminuera la mortalité par cancer de 4 500 personnes annuellement en Europe. Agir ensemble pour un meilleur environnement conduit donc à un développement durable en santé, à rester en bonne santé ou en acquérir une meilleure.

Lectures utiles

Projet Stratégie nationale de développement durable (2009-2013), www.ladocumentationfrancaise.fr/rapports-publics/104000065

Plan national santé environnement 2 (2009-2013), www.sante-sports.gouv.fr/deuxieme-plan-national-sante-environnement-pnse-2-2009-2013.html

Règlement (CE) n° 1907/2006 du Parlement européen et du Conseil, du 18 décembre 2006, concernant l'enregistrement, l'évaluation et l'autorisation des substances chimiques, ainsi que les restrictions applicables à ces substances (REACH), instituant une agence européenne des produits chimiques.

Intégrer le développement durable dans les politiques de l'UE : rapport de situation 2009 sur la stratégie de l'Union européenne en faveur du développement durable. Communication de la Commission au Parlement européen, au Conseil, au Comité économique et social européen et au Comité des régions, http://europa.eu/legislation_summaries/agriculture/environment/l28117_fr.htm

Loi de programme relatif à la mise en œuvre du Grenelle de l'environnement du 3 août 2009, dite Grenelle 1, www.senat.fr/dossierleg/pjl08-042.html

Projet de loi d'engagement national pour l'environnement, dit Grenelle 2, http://www.senat.fr/dossierleg/pjl08-155.html

The anatomy of a silent crisis of Global humanitarian forum 2009, www.ghfgeneva.org/Portals/0/.../human_impact_report.pdf

À retenir

Sur les 8,8 millions de personnes relevant d'un traitement contre le VIH, 4 millions y ont eu accès en 2008 contre 400 000 en 2003, ce qui correspond à 10 fois plus en 5 ans et à une couverture de 42 % des besoins.

8 des 10 personnes qui n'ont toujours pas accès à une source d'eau potable vivent en zone rurale.

50 % de la population des pays en développement n'a pas accès à l'assainissement.

Source : Rapport *Objectifs du millénaire du développement 2010*

L'homme malade de son environnement

Les équilibres complexes et les interdépendances multiples qui régissent la vie sur Terre sont aujourd'hui perturbés. Le genre humain, par sa démographie qui explose et son mode de vie qui pollue, a gravement altéré son environnement avec des répercutions inquiétantes sur sa propre santé. Les enfants et les plus pauvres souffrent les premiers de ces maladies créées par l'homme, dans sa course effrénée vers un progrès inégalement partagé.

Karim Zinaï est médecin et diplômé de l'ESCP-EAP,
Président de ALMEDYS Santé.

La problématique — Impact environnemental et sanitaire du développement humain

Une meilleure gestion de l'environnement dans le monde permettrait de réduire de manière considérable la morbidité au sein des populations. Selon l'OMS, ce ne sont pas moins de 80 % des maladies dans le monde qui sont impactées par des facteurs de risques environnementaux !

Le changement climatique, l'explosion démographique, l'urbanisation anarchique, l'industrialisation incontrôlée, l'agriculture intensive ont contribué à dégrader un environnement devenu agressif pour l'homme. Nos modes de vie et de production génèrent des facteurs physiques, chimiques ou infectieux qui altèrent l'eau, l'air et les aliments et affectent notre santé de manière directe ou indirecte. La dégradation de l'environnement diffère suivant les régions du globe, et ses conséquences sur la santé dépendent du degré de développement des pays.

Santé environnementale

Définie par l'OMS, « *la santé environnementale comporte les aspects de la santé humaine et des maladies qui sont déterminées par l'environnement. Cela se réfère également à la théorie et à la pratique de contrôle et d'évaluation dans l'environnement des facteurs qui peuvent potentiellement affecter la santé*[1] ». Ces facteurs découlent de causes « externes », autres que génétiques, congénitales ou psychosomatiques. Le professeur Dominique Belpomme parle de « maladies créées par l'homme » suite à la dégradation de l'environnement dont il serait responsable.

1. Première Conférence européenne sur l'environnement et la santé, OMS, Francfort-sur-le-Main (République fédérale d'Allemagne), 7-8 décembre 1989.

Le cœur du sujet Risques environnementaux et pauvreté dans les pays en voie de développement

Les pays en voie de développement (PED) paient le plus lourd tribut de la dégradation de l'environnement : 25 % des décès dans ces pays sont attribuables à des causes environnementales, contre 17 % dans les pays industrialisés : l'extrême pauvreté qui règne dans certaines régions rend l'accès aux soins de santé plus difficile. Les enfants sont les plus touchés : le nombre de décès liés à des facteurs de risques environnementaux est multiplié par 5 chez cette catégorie de population[1].

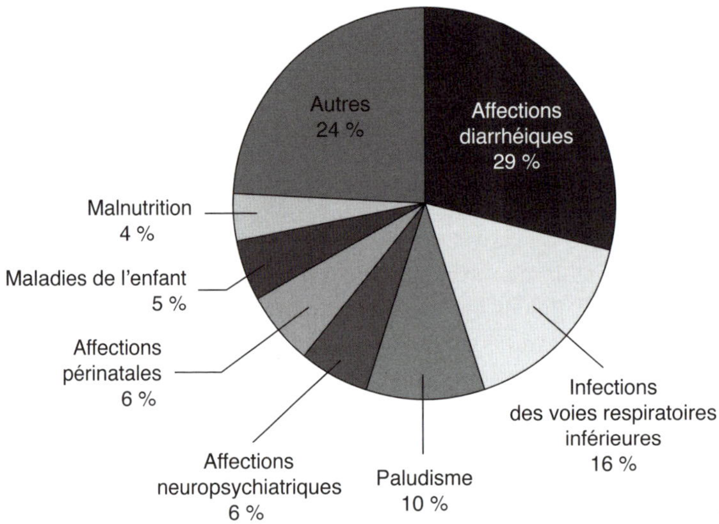

Source : Rapport de l'OMS, 2007.

Figure 1 – Morbidité liée à l'environnement chez les enfants de 0 à 14 ans

Pollution bactériologique et manque d'hygiène

Le principal risque des pays du Sud reste la pollution bactériologique de l'eau. 94 % des maladies diarrhéiques sont attribuables à l'environnement et sont associées à des facteurs de risque tels que l'eau de boisson non salubre et le manque d'hygiène et d'assainissement. Ce sont 1,7 million de personnes qui meurent chaque année des suites de ces maladies[2].

1. Rapport de l'OMS : *Prévenir la maladie grâce à un environnement sain*, 2007.
2. Rapport de l'OMS, *op. cit.*

Au Zimbabwe, entre août 2008 et juin 2009, l'épidémie de choléra a touché plus de 98 000 personnes et en a tué près de 4 300. Plus de la moitié des malades sont morts avant d'avoir eu accès à des soins[1].

Premières victimes du réchauffement climatique

Le changement climatique constitue la plus grave menace sanitaire du XXIe siècle.[2] Il est à l'origine de la *souffrance silencieuse* de millions d'individus dans le monde selon Kofi A. Annan, président du Global Humanitarian Forum. Il crée de nouveaux contextes sanitaires. Par exemple l'augmentation des températures associée à la déforestation favorise la prolifération des moustiques vecteurs du paludisme, de la fièvre jaune ou de la dengue. Des cas de paludisme sont ainsi apparus sur les hauts plateaux du Kenya à une altitude où ils n'avaient encore jamais été observés.

En outre, la sécheresse aggrave la malnutrition. L'agriculture et la production de denrées alimentaires deviennent déficientes. Les carences en vitamines et minéraux essentiels accroissent la vulnérabilité des individus aux maladies et entraînent un retard de croissance physique ou mental des nourrissons. En 2006, plus de 36 millions de personnes sont mortes de faim ou de maladies dues aux carences alimentaires dont 3 millions d'enfants[3].

Impacts environnementaux mesurés et modifiables

L'identification et la mesure des risques sanitaires liés à la dégradation de l'environnement dans les PED aident à la mise en œuvre de solutions directement applicables pour lutter contre les maladies qui en résultent. L'amélioration des conditions de vie reste le levier le plus efficace pour lutter contre les fléaux d'origine environnementale.

Société de consommation et pays développés

Concentrée dans les villes, la population des pays développés est exposée quotidiennement aux émissions rejetées dans l'atmosphère, aux pesticides utilisés dans l'agriculture et aux multiples produits chimiques contenus dans la majorité des produits de consommation. Jusqu'à présent, le confort procuré par ce mode de vie était mis à l'honneur, mais de nombreuses études tendent aujourd'hui à démontrer ses effets néfastes pour la santé.

1. Bulletin n° 4 de l'OMS, *Flambée épidémique au Zimbabwe*, juin 2009.
2. Global Health Commission : *Managing the health effects of climate change, The Lancet*, 2009.
3. Rapport de l'OMS, *op. cit.*

Pollution atmosphérique urbaine

Un nuage polluant au-dessus des villes affecte les voies respiratoires des citadins. En vingt ans, la prévalence de l'asthme a doublé, tandis que l'exposition aux particules fines conduit à une augmentation du risque de décès par maladies cardio-respiratoires. L'air pollué par les gaz d'échappement provoquerait plus de décès que les accidents de la route.

La pollution atmosphérique urbaine et ses effets sur la santé

Polluants atmosphériques	Sources principales	Effets sur la santé
Dioxyde de soufre	Industrie	Exacerbation des troubles bronchitiques
Oxydes d'azote	Installations de combustion	Crise d'asthme et bronchiolite
Monoxyde de carbone	Installations de combustion, transports, chauffage domestique	Atteinte du système nerveux central et des organes sensoriels
Ozone	Polluant secondaire formé suite à des réactions chimiques entre les composés organiques volatiles et l'oxyde d'azote en présence de rayons ultraviolets	Altération de la fonction respiratoire et de la résistance aux infections
Particules en suspension	Véhicules, combustion de certaines industries	Altération des fonctions respiratoires, crises d'asthme, bronchites chroniques
Composés organiques volatiles	Combustion, usage et évaporation de solvants, carburants industriels...	Bronchites par intoxication chronique. Responsables de certains cancers.

Source : Afsset - Pollution atmosphérique urbaine, 2008.

Pollution chimique

Environ 104 000 substances chimiques sont présentes sur le marché. Parmi elles, les pesticides contaminent l'air, l'eau et les sols pour se retrouver dans l'alimentation et fréquemment au-delà de la limite maximale en résidus (LMR) autorisée par les autorités de santé. En 2006, dans l'Union européenne, 49,5 % des fruits et légumes et 27 % des céréales testés ont réagi positivement à la présence de pesticides[1]. On retrouve également ces substances dans toutes sortes de produits et biens de consommation courante (appareils électriques, ustensiles, produits cosmétiques...).

1. Source : Mouvement pour le droit et le respect des générations futures, 2008.

Or des études démontrent notamment que la recrudescence des cancers et des pathologies neurodégénératives comme la maladie de Parkinson, que l'augmentation des cas d'infertilité et de malformations congénitales, seraient liées à une exposition à des substances chimiques cancérigènes ou à des perturbateurs endocriniens (parabène, phtalates, bisphénol A)[1]. Les métaux lourds (plomb, cadmium, méthylmercure) se retrouvent également dans l'alimentation (fruits, légumes, poissons et crustacés, vins).

Prévention des risques et carences de données

Le problème se pose lorsqu'il s'agit de mesurer la fraction de risque attribuable à la pollution en raison de la complexité des interactions entre les multiples facteurs et l'insuffisance des données scientifiques. La recherche doit donc être mobilisée, les dispositifs de veille et d'alerte améliorés afin de prendre en compte les risques potentiels et appliquer le principe de précaution avec davantage de constance. Cette démarche court toutefois le risque d'être ralentie par la pression des intérêts en présence, et tout particulièrement les lobbys des industries chimiques et des énergies fossiles car les enjeux financiers sont considérables. La directive REACH, qui devait contrôler l'usage des composants chimiques, n'a-t-elle pas été vidée de son objet initial ?

Les enjeux La sensibilisation, l'éducation et l'accompagnement

Pour sortir de cette dynamique destructrice, il faut agir en amont, passer d'une logique curative, aussi onéreuse qu'inefficace, à une logique préventive par le management environnemental des causes.

Les professionnels de santé ont un rôle primordial à jouer pour remettre les questions sanitaires au centre des débats sur les conséquences de la dégradation de l'environnement. Ils doivent éduquer les patients, sensibiliser la société civile et surtout faire pression sur le personnel politique : c'est leur rôle sociétal et leur responsabilité. Ces questions de santé n'ont pas été suffisamment abordées dans le cadre du sommet de Copenhague, alors qu'elles sont indissociables de son objet.

Il s'agit de mettre en œuvre des stratégies mondiales préventives en faveur de la santé du plus grand nombre, par la réduction des inégalités structurelles (accès à l'énergie, argent, ressources) car ce sont les plus pauvres qui en souffrent alors qu'ils ne sont pas responsables, notamment du réchauffement climatique. La pol-

1. Colloque Meeddat/Afsset/IReSP, *Environnement chimique, reproduction et développement de l'enfant*, 25 novembre 2008.

lution générée par la croissance économique dans certaines zones du monde conduit à répandre la pauvreté dans d'autres zones.

L'objectif est ambitieux mais essentiel : parvenir à un mode de développement respectueux de l'environnement et par là même de notre santé. Les gouvernements semblent avoir pris la mesure des risques encourus et certaines entreprises commencent à réagir. Quelques lueurs d'espoir peut-être…

Lectures utiles

Grenelle de l'environnement : Instaurer un environnement respectueux de la santé, www.legrenelle-environnement.fr

Deuxième Plan national santé environnement (PNSE2), 2009-2013, www.ecologie.gouv.fr/IMG/pdf/PNSE_2_OO. pdf

Ces maladies créées par l'homme, Pr Dominique Belpomme, Albin-Michel, 2004.

Mouvement pour le droit et le respect des générations futures (MDRGF), www.mdrgf.org

Association pour la recherche thérapeutique anticancéreuse (ARTAC), Cancer et environnement, www.artac.info

Appel de la jeunesse : collectif créé en 2009, rassemblant les structures étudiantes et les jeunes qui s'intéressent activement à la question de la santé liée à l'environnement. www.appeldelajeunesse.org

MBA spécialisé marketing communication santé environnement (MCSE) : direction du programme, Dr Karim Zinaï : www.mcse-edu.com

À retenir

Selon l'OMS, une meilleure gestion de l'environnement permettrait d'éviter chaque année :

- 13 millions de décès, notamment dans les pays en voie de développement ;
- un tiers des décès d'enfants de moins de cinq ans (pollution de l'eau et de l'air) ;
- 40 % des décès liés au paludisme, 41 % des décès résultant d'infections des voies respiratoires inférieures et 94 % des décès causés par les maladies diarrhéiques.

La survenue dans les pays les plus avancés d'un nombre significatif de cancers (jusqu'à trois cancers sur quatre), de pathologies cardiovasculaires, d'asthmes, d'infections des voies respiratoires inférieures, d'accidents de la circulation, d'intoxications et de noyades.

La santé, investissement durable

La santé des populations est en équilibre fragile. Elle se retrouve à la convergence de nombreux facteurs, autrement nommés « déterminants de santé », dont les liens de causalité souvent indirects ne se mesurent qu'à long terme. Dans ce sens, la santé est la première bénéficiaire du développement durable, processus qui tend à concilier un cercle vertueux entre l'écologique, l'économique et le social.

Le docteur Jean-Jacques Denis est chargé de mission au Centre d'analyse stratégique.

La problématique — Ce bien hors commerce que trustent les laboratoires...

Les maladies, principalement infectieuses, n'ont pas échappé à la mondialisation. Dans le même temps, les transitions démographiques et épidémiologiques ont fait apparaître, dans les pays en développement, les maladies chroniques et de surcharge qui étaient l'apanage des pays riches. Néanmoins, toutes les régions ne sont pas exposées avec la même intensité aux risques sanitaires et toutes ne voient pas leur démographie baisser. La pauvreté et l'atteinte à l'environnement restent des causes majeures. Souvent, ce sont les mêmes pays qui auront à supporter ces fléaux. Leur cumul met un terme aux « Trente glorieuses sanitaires » durant lesquelles tout semblait possible : la santé des populations s'améliorait et l'OMS avançait l'objectif de « la santé pour tous en 2000 ». Mais, le fossé entre le Nord et le Sud s'accroissant, il a fait voler en éclat bien des certitudes. Le « droit aux soins », notamment primaires, a donc été préféré au « droit à la santé ».

Développement durable et santé

Le simple battement d'ailes d'un papillon pourrait déclencher une tornade à l'autre bout du monde ! Cette formule prend toute son acuité dans les domaines sanitaires. Les menaces sur la santé sont interdépendantes. De ce point de vue, le triptyque « eau, agriculture, développement » est exemplaire pour la santé des territoires, des économies et des hommes. Avec le stress hydrique et la sécheresse, l'accès à l'eau potable va se raréfier, entraînant des conséquences sur des agricultures déjà fragilisées par la substitution, à l'agriculture vivrière, des cultures de « rente ». Les manifestations de la faim en témoignent déjà. À ces déséquilibres sociaux s'ajoute la malnutrition, qui fait le lit des maladies de la pauvreté et dont les enfants sont les premiers touchés[1]. La production de gaz à effet de serre menace de se répercuter aux antipodes des pays émetteurs et valide les scénarios catastrophes. Les événements météorologiques extrêmes, la montée du niveau de la mer seront à l'origine de migrations climatiques. Développement durable et santé sont donc intimement liés.

La santé ne repose pas sur la consommation ou la destruction excessives de richesses vitales, inégalement réparties et susceptibles de disparition. Mais, soumise aux capacités des États de mettre en œuvre un système de soins et une protection sociale, elle est un bien hors commerce qui repose en partie sur l'accessibilité à des biens et des services entrant dans le champ du commerce international. Or ce marché, à l'instar d'autres, dépend de la solvabilité des économies nationales ou des personnes, toujours dépendante du développement.

Le cœur du sujet Gouvernance, stratégies et opinions publiques

La santé dans nombre de pays en développement se retrouve donc au cœur de diverses politiques parmi lesquelles les aides internationales et la gouvernance mondiale, les stratégies industrielles et les règles commerciales. Sans oublier les opinions publiques et leur capacité à orienter les priorités des précédentes. Chacune est elle-même la résultante de luttes d'influences, parfois de rapports de force, qui font entrer la santé dans les enjeux majeurs de la géopolitique.

La santé ne se décrète pas. C'est sur cette difficulté de passer de la théorie à la pratique, de la proclamation à l'action, qu'a échoué le sommet de l'Onu sur le climat de Copenhague lorsqu'un grand nombre de pays ont considéré la préservation de l'environnement comme une contrainte et un frein à leur propre développement économique. Dans le domaine de la santé, si les compétences restent pour l'essentiel régaliennes, les États ne peuvent agir seuls. Pourtant, et malgré les besoins de santé croissants, les organisations créées au lendemain de la Seconde Guerre mondiale sont victimes d'une « crise de gouvernance » : enjeux stratégiques divergents, découragements, aides publiques au développement évoluant sensiblement des relations bilatérales vers une dimension multilatérale... La porte est ouverte à de nouvelles philanthropies et à une privatisation de la gouvernance orchestrée par des acteurs privés, aux capacités financières supérieures à celles des aides publiques, mais dont la pérennité n'est pas assurée ou pour lesquels la santé peut n'être que secondaire ou conjoncturelle. Ces constats et ces craintes encou-

1. Chaque année dans le monde, sur les 13 millions de décès qui pourraient être évités, 4 millions d'enfants vivant pour la plupart dans les pays en développement (l'Afrique concentre à elle seule 40 % des décès, alors qu'elle n'abrite que 15 % de la population mondiale) pourraient être sauvés par des actions sur l'eau et l'environnement.

ragent l'instauration de gouvernances régionales dans un monde multipolaire : l'Union européenne étend son action vers une Europe de la santé, et son attention pour sa périphérie s'exprime avec la politique de voisinage en ouvrant de nouvelles perspectives avec le financement de projets, l'instauration de normes ou la création de l'Union pour la Méditerranée.

Population mondiale : les chiffres de la disparité

Continents Pays	Population (× 1 000)	Taux de natalité	Taux de natalité	Espérance de vie (années)	Mortalité infantile (/1 000)	Nombre d'enfant(s) par femme	Population de plus de 65 ans (× 1 000)
Afrique	1 033 043	35	12	55	79,1	4,45	25 481
Amérique latine et Caraïbes	588 649	18,1	6	74	20,2	2,17	40 755
Amérique du Nord	351 659	13,6	7,8	79,7	5,6	2,02	45 954
Asie	4 166 741	18,6	7,4	69,6	39,2	2,3	278 282
Europe	732 759	10,5	11,5	75,6	6,9	1,52	119 134
Océanie	35 838	17	7	76,9	21,6	2,42	3 871
Monde	6 908 689	19,9	8,4	68,2	45,2	2,52	513 477

Institut national d'études démographiques. www.ined.fr.
Source : World Population Prospects. Nations unies. 2009.

Les questions de l'accès aux soins et notamment aux médicaments nous renvoient aux accords de l'OMC sur les Aspects des droits de propriété intellectuelle qui touchent au commerce (ADPIC). Les débats concernant ces accords sont anciens et violents, et reposent sur des négociations sous-tendues par des enjeux économiques lorsqu'ils traversent les stratégies des multinationales de la pharmacie. Ces accords se retrouvent au centre de tensions entre les droits humains et les politiques de santé d'une part, et le droit de la propriété intellectuelle et le commerce international d'autre part. Les dérogations qu'ils autorisent (licences obligatoires) en cas de situation sanitaire urgente sont régulièrement contestées par les laboratoires pharmaceutiques. Inversement, ces mêmes entreprises tentent de contourner ces réglementations, sous couvert de conditions spécifiques inscrites dans des accords de libre-échange déséquilibrés ou par la création d'obstacles au développement des génériques. Le médicament se retrouve donc au croisement d'enjeux géostratégiques qui, en l'absence de protection sociale, ne laissent comme alternative aux plus pauvres que le recours à des contrefaçons pour le plus grand bénéfice des circuits mafieux.

La pandémie H1N1 révélatrice de l'insuffisance de l'OMS

Si les maladies, de même que la dégradation de l'environnement, ignorent les frontières, elles restent cependant relativement imperméables aux hommes et particulièrement à ceux qui souffrent, en dépit de l'augmentation constante des flux migratoires. N'est-ce pas pour vaincre la loi du silence qui frappait le Biafra que MSF inventa le devoir de soigner puis le devoir d'ingérence, ouvrant ainsi la voie au devoir de témoigner lorsqu'il n'y a plus de droits ? Une pandémie, par définition, touche le monde entier. Celle du sida, avant de bouleverser les représentations socio-économiques des maladies, n'aurait-elle pas été mieux combattue si son expansion avait été appréhendée dès l'origine ? Les réseaux internationaux de surveillance sanitaires sont efficaces, mais le constat est amer du côté des maladies qui menacent l'humanité. À nouveau, l'alerte pandémique de la grippe A/H1N1 a révélé une absence de gouvernance mondiale et l'insuffisance de l'OMS : les pays les plus pauvres sont restés sans traitement ni vaccin, à la merci de la générosité des plus riches. C'est donc dans le sillage de la mondialisation, que les ONG fortes de leur proximité suppléent localement les défaillances des systèmes de soins. Sur le plan international, elles sont devenues des interlocuteurs incontournables, exprimant ainsi l'émergence des sociétés civiles qui ne comptent plus laisser leur destin dans d'autres mains que les leurs.

Les enjeux La santé est géostratégique

La santé n'est pas indépendante des mutations du monde. Partout, on assiste à la fois à une homogénéisation des maladies et des risques et à un accroissement des inégalités. La répartition inéquitable des biens nécessaires à la santé des populations fait résonner l'avertissement de Margaret Chan, directrice générale de l'OMS : *Un monde fortement déséquilibré en matière de santé n'est ni stable ni sûr.* Cependant, la « transition écologique » des opinions n'est-elle pas en train de reléguer au second plan la santé, d'autant plus victime de l'indifférence que les populations concernées sont lointaines, géographiquement et socialement ? Ou au contraire, ouvre-t-elle la voie à de nouvelles mobilisations pour agir sur les déterminants sociaux ou environnementaux, orientant ainsi les actions internationales vers la santé publique et la prévention plutôt que vers les soins individuels ?

Les enjeux soulevés par la question du développement durable sont multiples. Ajoutés aux conditions nécessaires à l'accès et à la qualité des soins, ils deviennent une équation particulièrement complexe. Face à ces défis, une « diplomatie sanitaire » tenant compte des enjeux de pouvoir doit donner corps au concept de « développement sanitaire, durable et solidaire » qui repose sur trois piliers : le développement social et économique, première des conditions pour l'instauration d'une protection sociale et la lutte contre la pauvreté. La deuxième est la coopération solidaire, parce que les frontières sanitaires disparaissent et que le partage de la connaissance et les échanges autour de la recherche et de la formation doivent faire progresser la santé. Enfin, les droits de l'homme et l'éthique, parce qu'assortis à la responsabilité sociale, ils sont à la source du droit aux soins. La santé appelle donc un investissement durable, priorité dans une gouvernance mondiale renouvelée si nous voulons éviter que les crises sanitaires encore localisées ne deviennent des crises humanitaires mondialisées.

Lectures utiles

Le monde en 2025 – La montée en puissance de l'Asie et la transition socio-économique, Commission européenne EUR 23921 FR, 2009. ftp://ftp.cordis.europa.eu/pub/fp7/ssh/docs/le_monde_en_2025_fr.pdf

« Euro-Méditerranée/Eurarabies ? », *Outre-Terre* n° 23. « Les défis de la santé en Méditerranée », Jean-Jacques Denis (p. 31-38).

Géopolitique du changement climatique, François Gemenne, Armand Colin, novembre 2009.

Les soins de santé primaires – Maintenant plus que jamais, Rapport sur la santé dans le monde, hors série, World Health Organization, 2008.

L'Organisation mondiale du commerce, La Documentation française (mis à jour en décembre 2009). www.ladocumentationfrancaise.fr/dossiers/omc/index.shtml

« L'année dernière à Copenhague », Jean Pisani-Ferry, *Le Monde*, 11 janvier 2010.

2010 développement et changement climatique – Pour un climat favorable au développement, Rapport sur le développement dans le monde, version préliminaire, La Banque mondiale. http://siteresources.worldbank.org/INTWDR2010/Resources/5287678 1226014527953/Overview-French.pdf

« La malnutrition au banquet des puissants ? », Claire Brisset, *Le Monde diplomatique*, novembre 2009.

La Fondation Chirac, www.fondationchirac.eu

Chapitre 7

Pour une politique agricole durable

Pour en finir avec la malnutrition

Au cours du XXe siècle, la sécurité alimentaire s'est améliorée au point qu'on a pu croire que la faim n'était plus un fléau. En 1930, la sous-alimentation touchait 1,3 milliard d'individus, soit une personne sur trois. En 2000, elle touchait moins d'une personne sur sept. Pourtant, plus d'un milliard de personnes souffrent encore de la faim, et ce chiffre a augmenté de 20 % entre 2008 et 2009. Avec l'accroissement prévu de la population, nourrir demain la planète reste un défi majeur.

Bruno Le Maire est ministre de l'Agriculture, de l'Alimentation, de la Pêche, de la Ruralité et de l'Aménagement du territoire.

La problématique — L'humanité doit réinventer ses modèles de production

Les progrès considérables de la sécurité alimentaire s'expliquent bien sûr par la modernisation de l'agriculture, une hausse des rendements sans précédent et par des politiques publiques vigoureuses, telle la Politique agricole commune (PAC) ou la Révolution verte conduite en Inde. L'Europe a assuré son autonomie alimentaire et la malnutrition a beaucoup reculé au Brésil, au Nigéria ou en Chine par exemple. La production agricole est aujourd'hui suffisante pour nourrir le monde.

Mais la malnutrition n'a jamais été éradiquée. Avec l'envolée des prix agricoles sur les marchés mondiaux, puis la crise financière et économique, elle s'est accentuée en Afrique et même aux États-Unis. La stabilité et l'abondance auxquelles nous sommes habitués en Europe ne sont donc pas définitivement acquises.

La faim n'est toutefois pas une fatalité. L'agriculture mondiale peut assurer une alimentation saine et suffisante à 9 milliards d'hommes en 2050, à condition d'accroître la production et d'entreprendre une véritable révolution de nos politiques alimentaires et agricoles. Au-delà de l'aide alimentaire pour les plus démunis, un engagement coordonné de la communauté internationale en faveur de l'agriculture est indispensable. Parce que les trois quarts des personnes qui souffrent de la faim aujourd'hui sont des paysans. Et parce que la croissance du PIB agricole réduit de trois à quatre fois plus la pauvreté qu'une croissance du PIB dans les autres secteurs. Nous devons donc réinvestir dans l'agriculture, au Nord comme au Sud, pour produire plus et mieux.

Le cœur du sujet Développer au Sud, réadapter au Nord

Il nous faut trouver les moyens pour augmenter la production agricole tout en préservant les ressources naturelles et la biodiversité.

Par la gestion de l'espace agricole, d'abord. L'extension des terres cultivées est possible. Au-delà des 1 500 à 1 800 millions d'hectares déjà cultivés, 500 à 800 millions d'hectares pourraient être mis en culture *sans empiéter sur les forêts et les espaces protégés*. Mais nous devons d'abord préserver les terres cultivées contre l'étalement urbain et contre la dégradation du sol par l'érosion, la désertification et la salinisation. Face aux risques de prédation et de spéculation sur les terres agricoles, nous devons aussi établir un code de bonnes pratiques sociales, environnementales et foncières pour encadrer les investissements fonciers internationaux et garantir l'accès au foncier des agriculteurs. La protection du foncier agricole est ainsi un enjeu économique, social et politique majeur.

Améliorer les rendements est ensuite indispensable pour répondre au défi alimentaire. Des marges de progrès existent : le rendement moyen est de 3 tonnes par hectare dans le monde, mais il est de 1,2 tonne en Afrique, et de 5 ou 6 tonnes dans les pays développés. Toutefois, les grands accroissements de rendements seront plus difficiles demain : le recours à la mécanisation et aux engrais reste tributaire du pétrole, les produits phytosanitaires doivent respecter l'environnement, les tensions sur la ressource en eau se multiplient. Au Nord comme au Sud, l'intensification agricole doit donc être adaptée aux sociétés et aux écosystèmes locaux.

Nous connaissons notre feuille de route...

Au Sud, nous devons réinvestir dans l'agriculture et notamment dans l'agriculture familiale. La communauté internationale s'est engagée à L'Aquila, en juillet 2009, à investir 20 milliards d'euros sur trois ans pour l'aménagement des terres, la construction d'infrastructures et la diffusion de techniques appropriées aux écosystèmes locaux. Mais ces investissements seront insuffisants si les agriculteurs n'ont pas accès au foncier ou au crédit, s'ils ne peuvent commercialiser leurs produits à un prix incitatif et stable, et s'ils ne sont pas accompagnés face aux aléas sanitaires ou climatiques. Aujourd'hui, 15 à 35 % de la production est perdue en raison de mauvaises conditions de production et de récolte, et 10 à 15 % par manque d'infrastructures de stockage et de transformation. Pour réduire la pauvreté, il faut donc aussi encourager la modernisation des petites exploitations familiales, améliorer l'accès des agriculteurs aux moyens de production et aux marchés, et mieux structurer les filières.

Au Nord aussi, entre 30 à 50 % de la production alimentaire n'est pas consommée. Réduire les pertes et gaspillages, notamment dans la distribution, dans la restauration et au domicile, serait une première réponse au défi alimentaire. Nous devons ensuite concilier performance économique et efficacité écologique. En Europe, nous disposons, avec la PAC, d'un outil exceptionnel qui nous a permis de passer d'une situation de déficit alimentaire à une situation d'excédent. À nous d'adapter les instruments existants et d'en mettre de nouveaux en place pour garantir la sécurité sanitaire, l'indépendance alimentaire, l'équilibre des territoires et le respect de l'environnement.

Les enjeux Partenariat mondial, engagements internationaux, action !

Au-delà des investissements dans l'agriculture, une plus grande cohérence des politiques et des acteurs à l'échelle internationale est enfin indispensable.

Face à la volatilité et à l'insécurité des prix agricoles, nous devons imaginer de nouvelles régulations des marchés agricoles mondiaux. C'est une question majeure pour les agriculteurs et pour les consommateurs. C'est indispensable pour garantir un approvisionnement régulier et éviter les crises alimentaires comme celle de 2008. L'agriculture n'est pas un marché comme les autres : les négociations du cycle de Doha à l'OMC en témoignent. Les échanges internationaux doivent être mis au service de la sécurité alimentaire et du développement.

Face au changement climatique aussi, nous devons poursuivre l'effort commun en matière de recherche et de transfert de connaissances. D'après le quatrième rapport d'évaluation du Giec sur le climat, les rendements de l'agriculture pluviale pourraient chuter de 50 % d'ici à 2020 dans certains pays d'Afrique. Nous devons donc *anticiper les impacts du changement climatique* sur la production alimentaire et la malnutrition, et adapter l'agriculture.

Face à ces défis planétaires, un partenariat mondial pour l'agriculture et la sécurité alimentaire a été lancé en 2008 sous l'impulsion de Nicolas Sarkozy. Lors du Sommet mondial de Rome à la FAO en novembre 2009, la communauté internationale a renouvelé ses engagements. Nous détenons les capacités techniques pour nourrir la population mondiale en 2050. Il est à présent urgent d'agir.

À retenir

1,02 milliard de personnes souffrent de la malnutrition.

6 millions d'enfants meurent chaque année de causes liées à la malnutrition.

20 à 30 milliards de dollars : coût annuel estimé de la malnutrition pour le développement économique.

Freins et forces d'une politique agricole durable

Pourquoi est-il si difficile de penser le développement durable et ses applications en agriculture, et spécialement en agriculture française ? Une évocation du pourquoi historique, ici particulièrement développée, illustre parfaitement la difficulté de penser le développement durable et d'en inventer les modalités de réalisation.

Bertrand Hervieu est inspecteur général de l'Agriculture, ministère de l'Agriculture, de l'Alimentation, de la Pêche, de la Ruralité et de l'Aménagement du territoire.

La problématique Lenteur mais non immobilisme

Dans l'histoire, les notions de développement et de durabilité n'ont pas fait bon ménage. Pourtant, tout l'espoir repose sur la certitude que résoudre l'énigme d'un développement non destructeur revient à faire entrer l'humanité dans l'antichambre du paradis.

Les progrès en agriculture – au regard d'autres activités humaines – ont été lents. On rappelait à l'envi au lendemain de la Seconde Guerre mondiale que les rendements en blé ne dépasseraient jamais 40 quintaux à l'hectare. On rappelait que les Égyptiens produisaient 5 quintaux, les Romains 10 et les Européens 20 à la fin du XIXe siècle. Cette lenteur allait de pair avec une représentation du temps privilégiant une vision cyclique au sein de laquelle le retour des saisons et des rites qui les accompagnaient produisait davantage une image du monde comme un ordre à préserver en un temps ressenti comme stable, que la vision d'un mouvement à provoquer et à entretenir. Cette lenteur et cet ordre, pourtant, n'étaient pas immobilisme. Les campagnes françaises ont progressé, jusqu'à atteindre, des débuts de la IIIe République au régime de Vichy, une sorte d'âge d'or des sociétés paysannes.

Émile Zola : La terre

Pour la IIIe République, la terre fut par excellence un patrimoine familial : c'est en conférant à la terre ce statut et en faisant du laboureur un petit propriétaire foncier – enfin bénéficiaire des acquis de 1789 – qu'elle fit *chausser aux paysans les sabots de la République*, conformément au projet imaginé par Gambetta. La France rurale de l'Ancien Régime – où résidaient 80 % de la population française et qui était le siège d'activités autant agricoles qu'artisanales et préindustrielles – s'est transformée, dans la seconde moitié du XIXe siècle, en une France paysanne, vidée progressivement de ses activités non agricoles.

Vers 1880, la crise agricole ruina quelques petits propriétaires et rentiers, et amplifia encore le mouvement.

Dans cette évolution, la population rurale est devenue, pour l'essentiel, une population paysanne vivant d'une agriculture transformée dans ses structures et ses techniques. Une classe moyenne a émergé : *Le départ désormais définitif et sans esprit de retour des éléments les plus mobiles, a laissé à la terre les plus enracinés par l'habitude et surtout par le bien, par l'accès à une propriété toujours plus exigeante et plus accaparante* (Philippe Ariès).

Zoom

Exodes…

Les couches sociales touchées par l'exode ont varié en fonction des crises. Les premiers immigrants ont été la masse des errants, *petit peuple mobile et vagabond, qui cherchait à travailler à droite et à gauche, qui courait les routes, pieds nus dans ses sabots, le baluchon et la faucille sur l'épaule,* selon la description qu'en donne l'historien Philippe Ariès. Avec le traité franco-anglais de libre-échange de 1860, ce sont les artisans et les tisserands qui se sont trouvés définitivement drainés vers les centres manufacturiers.

En un siècle, les campagnes françaises, fourmilières démographiques, artisanales, industrielles et agricoles, se constituent en un ghetto paysan, dans un mouvement d'une grande cohérence politique, idéologique et démographique.

La possession avant l'exploitation

Cette France paysanne, qui fut celle des terroirs au sein desquels on produisait de façon différenciée un peu de tout partout, était aussi une France des villages formés de familles *vivant au même pot et au même feu*, jalouses de leur autonomie mais liées entre elles par les alliances, et dont les chefs assuraient au sein du conseil municipal la gestion des parties communes de l'ensemble des propriétés privées. La force du sentiment d'appartenance à la communauté n'entrait pas, dans ces conditions, en contradiction avec l'individualisme paysan. L'un et l'autre allaient au contraire dans le même sens : devenir propriétaire revenait à acquérir un statut social reconnu et envié par excellence.

Cette dialectique du patrimoine familial et de la production était plus ordonnée à une propre reproduction qu'au développement des rendements et de l'échange. Cette France paysanne était d'ailleurs largement déficitaire du côté de sa couverture alimentaire. Elle a fait de la France un jardin travaillé, cultivé, ordonné, qui ne risquait pas d'être épuisé : la gestion en bon père de famille, selon l'expression consacrée, excluait tout risque d'épuisement ou de destruction.

Dans cette pratique, la vision patrimoniale portait en elle-même les exigences du maintien et même d'enrichissement des potentialités à des fins de transmission – la terre n'était pas *exploitée*, le terme n'était pas présent au lexique de l'époque –, la terre était d'abord *possédée* pour être *transmise*.

Vers une « vision minière » de l'agriculture

La jeune génération arrivée sur le devant de la scène au lendemain de la Seconde Guerre mondiale a voulu voir dans la terre non pas un patrimoine familial et un bien intouchable mais un « outil de travail ». Le slogan fut au cœur du projet du Centre national des jeunes agriculteurs des années 1950-1960 et un des pivots des grandes lois d'orientation agricole de 1960 et 1962 défendues par Michel Debré et Edgard Pisani. Cette rupture politique et culturelle a consacré le passage de l'*état* de paysan au *métier* d'agriculteur, il a magnifié l'effacement de la propriété foncière au profit de l'exploitation agricole. Cette entrée fracassante dans l'ère du développement agricole sonne comme une conquête de la modernité sur l'archaïsme des temps anciens, comme une victoire des jeunes progressistes sur des conservateurs sclérosés.

Dès lors, la terre se déracine, rendant possible remembrements, remaniement des cadastres, flexibilité du capital. Sur le plan juridique, la notion de « propriété de la terre » devient de plus en plus abstraite. On crée des groupements fonciers agricoles, des sociétés civiles d'exploitations agricoles, des groupements agricoles d'exploitation en commun, et, plus tard, des exploitations agricoles à responsabilité limitée : on peut désormais être propriétaire foncier en détenant non plus un lopin mais des parts anonymes, mêmes si elles restent liées à des réseaux familiaux.

Ainsi s'opère un processus des « dépatrimonialisation » du sol, au moment même où les sociétés modernes en appellent à une patrimonialisation de la terre, des paysages, de la biodiversité.

À la fin du XXe siècle, plus de la moitié de la surface agricole utilisée est détenue ou gérée sous des formes sociétaires diverses, dont le succès en termes de rentabilité se mesure à l'aune d'un temps court et non d'un temps intergénérationnel, et au trébuchet du calcul financier et non point de l'attachement patrimonial.

Ce basculement, en rompant avec une vision cyclique du temps aussi bien qu'avec une vision à long terme de la gestion du sol, a produit des résultats stupéfiants. La France est devenue le deuxième exportateur mondial de produits agricoles, le premier exportateur mondial de produits agroalimentaires. En cessant d'être une société agraire, la France est devenue une grande puissance agricole et agroalimentaire.

La culture paysanne s'est trouvée disqualifiée par cette vision « minière » de l'agriculture, moins soucieuse du patrimoine agronomique, écologique, hydrologique que des *rendements*. En outre, une partie du territoire, naguère cultivée malgré ses faibles potentialités, est apparue comme inutile ou facultative au regard des exigences techniques de la production.

Ainsi est apparue une sorte de divorce : on a constaté que l'agriculture pouvait se porter bien tandis que le paysage, lui, était mis à mal. Tout se passe comme si ce qui relevait de la durabilité, donc du temps long, et de la préservation, relevait d'une époque condamnée, durant laquelle la notion du développement n'existait tout simplement pas.

Le cœur du sujet Travail de la terre contre organisation des espaces

En agriculture – et en France particulièrement – la modernisation et le développement ont été des conquêtes sociales et culturelles avant un projet politique et législatif. Et dans l'archaïsme combattu par les jeunes agriculteurs des années 1950, il y avait bien des ingrédients qui rentrent aujourd'hui, à juste titre, dans la composition de ce que l'on qualifie de « durable ».

Plus que dans d'autres milieux, « développement » et « durabilité » sonnent ici comme des notes inconciliables et disharmoniques puisque le premier terme renvoi à une épopée victorieuse tandis que le second évoque l'appel honni à « l'ordre éternel des champs ».

Affirmer que la campagne est aussi un paysage, un patrimoine et un bien public, par-delà les propriétés privées qui les constituent de façon incontestée et par-delà, bien entendu, la fonction productive toujours voulue, c'est poser, comme l'affirme l'opinion publique, catégoriquement, une inversion des priorités dans l'aménagement de ce qui n'est pas la ville. C'est bousculer la logique unidimensionnelle du développement agricole. C'est considérer le travail de la terre comme un élément qui n'a pas toute légitimité à chambarder l'organisation des espaces. C'est affirmer que le regard peut primer sur la production, que le cadre de vie est une composante de la richesse des nations, que le droit de consommer le spectacle du paysage existe, et que cette mise en scène fait partie des valeurs qui nous réunissent. Une sorte du droit de regard se fait jour.

Les enjeux Réappropriation d'un horizon...

Ainsi donc se dessine un nouveau projet pour l'agriculture, plus complexe et plus riche : la difficulté provient, d'une part, du caractère parfois contradictoire de ce projet mais surtout, d'autre part, qu'il n'a été ni imaginé ni porté par les agriculteurs eux-mêmes.

Allons plus loin : pourrait-il être imaginé, ce projet, ou porté par le monde agricole, tant le projet des années 1950, consacré par les lois de 1960 et 1962, leur paraît historiquement indépassable ?

Il n'est pas rare, dans le mouvement social, que des victoires se figent. Dès lors, le défi du développement durable est bien, s'agissant de l'agriculture, de transformer cette attente exogène, venue d'ailleurs, en un horizon désiré, puis voulu, par les agriculteurs eux-mêmes.

Lectures utiles

L'histoire des populations françaises et de leurs attitudes devant la vie depuis le XVIIIe siècle, Philippe Ariès, Seuil, réédition 1971.

L'Homme et sa planète, Marcel Boiteux, Académie des sciences morales et politiques, Puf, 2003.

Nourrir la planète, Michel Griffon, Odile Jacob, 2006.

Pour des agricultures écologiquement intensives, Michel Griffon, L'Aube, 2010.

Les mondes agricoles en politique, Bertrand Hervieu, Nonna Mayer, Pierre Muller, François Purseigle, Jacques Remy, Sciences-Po Les Presses, 2010.

Quelles cultures, quels paysages dans une France plus chaude ?

L'agriculture est l'une des activités humaines qui reste le plus directement influencée par le climat, malgré l'augmentation de sa productivité dans le cas des pays développés. L'ensemble des facteurs bioclimatiques qui régissent le fonctionnement des écosystèmes gérés ou naturels est amené à se modifier, et le changement climatique aura un impact marqué, aussi bien sur la production agricole que sur les diverses composantes du paysage qui l'accompagnent.

Bernard Seguin est directeur de recherche à l'Institut national de la recherche agronomique (INRA), mission Changement climatique et effet de serre.

La problématique La production végétale à gagnant-perdant

Les conséquences d'un changement du climat varient beaucoup en fonction du type de couvert et des conditions climatiques associées aux pratiques culturales. Mais la tendance générale est claire : si les régions tempérées peuvent s'attendre à des effets tantôt positifs, tantôt négatifs sur le rendement, le changement climatique aura quasi systématiquement des effets négatifs dans les zones tropicales ! C'est effectivement ce qui ressort du grand nombre d'études consacrées à la prédiction de l'impact du réchauffement climatique sur l'agriculture à l'échelle mondiale[1]. Elle a été clairement confirmée par le 4e rapport du Groupe d'experts international sur le climat (Giec)[2]. En milieu tropical, l'absence d'effet réellement positif est liée à la prépondérance des plantes pour lesquelles la fixation du carbone (photosynthèse) répond à un mécanisme dénommé C_4 : elles sont alors moins aptes à bénéficier de l'effet stimulant de l'augmentation du CO_2 atmosphérique sur la photosynthèse que les cultures en C_3 des climats tempérés, et à l'impact négatif de l'élévation des températures (raccourcissement du cycle et basculement du fonctionnement photosynthétique vers des gammes thermiques défavorables).

Dans ce contexte général, l'agriculture européenne correspond pour l'essentiel au cadre géographique des régions tempérées, avec cependant une différenciation majeure entre les pays plus froids du nord de l'Europe et ceux plus chauds du sud. Ce contraste se retrouve clairement dans le cas de la France qui se situe assez bien à la charnière de ces deux grandes zones climatiques. Les simulations menées pour

1. Entre autres, Rosenzweig et Hillel 1998, Reddy et Hodges 2000.
2. Easterling *et al.* 2007.

le blé et le maïs[1] font apparaître un effet légèrement positif dans le Nord, même sans adaptation (de l'ordre de 10 %), alors que des chutes de rendement dans le Sud risquent d'apparaître, avec les effets combinés de températures excessives et de la sécheresse. Pour les prairies, dans le cas du Massif central, il est fait état d'une production fourragère augmentée de 20 % qui permettrait d'augmenter d'autant le chargement animal, sous réserve que la pluviométrie ne soit pas trop diminuée[2]. *A priori*, les grandes cultures et les prairies devraient être plutôt favorisées, sauf dans le Sud où apparaît le risque de sécheresses accentuées, accompagnées de températures élevées.

Mais l'éventualité d'événements extrêmes et, de façon plus large, la prise en compte de la variabilité de ces facteurs pourraient conduire à des impacts différents de ce réchauffement moyen continu. C'est assez évident pour les sécheresses ou les fortes pluies (qui affectent l'agriculture par l'érosion et l'inondation des parcelles), mais c'est également vrai pour la température. La fréquence des canicules, avec des températures dépassant les 35 °C, est attendue une année sur deux vers 2050, et la tolérance des écosystèmes actuels, qu'ils soient cultivés ou naturels, est bien mal connue.

Le cœur du sujet L'adaptation : changer sur place… ou se déplacer ?

De telles perspectives considèrent implicitement les systèmes tels qu'ils sont pratiqués actuellement. Une marge appréciable d'adaptation apparaît possible en mobilisant l'expertise agronomique au sens large pour les adapter aux conditions climatiques modifiées (recours au matériel génétique approprié, mise au point d'itinéraires techniques adaptés, ajustement de la fertilisation et de l'irrigation, etc.). De façon générale, on estime que l'adaptation des grandes cultures a des chances de réussir, dans la mesure où les années passées ont montré la capacité des agriculteurs à les faire évoluer rapidement en fonction des contraintes de tout ordre. De même pour les prairies et l'élevage. Il faut cependant relativiser cette vision optimiste sur une capacité d'ajustement rapide (quelques années), en soulignant une fois de plus les incertitudes actuelles des scénarios du futur sur la pluviométrie et le bilan hydrique. Pour les cultures pérennes, si le diagnostic reste identique dans ses grandes lignes, la capacité d'adaptation exige de prendre en compte une durée plus longue, de l'ordre de dix à vingt années. D'ores et déjà, devant les évolutions constatées du calendrier (avancée des stades de la floraison, par exemple, pour les arbres fruitiers, et de la date des vendanges et des moissons), il faut se préoccuper du choix du matériel végétal adapté.

1. Delecolle *et al.* 1999, Seguin *et al.* 2004.
2. Soussana 2001.

Affaire de degrés

Mais il faut évidemment envisager un déplacement géographique des cultures pratiquées, en accord avec celui de leurs potentialités agroclimatiques. À l'heure actuelle, il n'apparaît encore de signe tangible nulle part dans le monde. Et pourtant, dans ce cas, le réchauffement observé équivaut à un déplacement vers le nord de l'ordre de 180 kilomètres ou en altitude de l'ordre de 150 mètres. Ce qui traduit la plasticité des systèmes de production, mais jusqu'où ou jusqu'à quand ? On peut donc légitimement envisager l'éventualité de la remontée (vers le nord ou en altitude) de certaines cultures, ou l'introduction de nouvelles cultures au sud. Mais là, c'est plutôt la menace sur la ressource en eau qui représente l'élément essentiel : si la tendance des scénarios à une diminution de la pluviométrie estivale (de l'ordre de 20 à 30 %) autour du bassin méditerranéen est confirmée dans le futur, elle pourrait entraîner un abandon de l'agriculture dans certaines zones traditionnelles de culture en sec, et une tension accrue sur l'utilisation de l'eau entre les utilisateurs au détriment de l'irrigation.

Zoom

Des impacts déjà sensibles

Le réchauffement récent, un peu supérieur à 1 °C sur les dernières trente années, est déjà directement responsable, dans le territoire français, d'avancées du calendrier phénologique (deux semaines pour la floraison des arbres fruitiers, de trois à quatre pour les dates de vendange et de moisson) et d'effets sur la production (hausse de 20 % pour la betterave, mais chute de 10 % sur le blé ; augmentation du taux de sucre et par suite du degré alcoolique moyen du vin avoisinant les 2°). On voit, en revanche, assez peu d'effets sur le choix des productions et l'occupation du sol, car l'augmentation de température ne fait pas encore sortir nettement les valeurs actuelles de la gamme de variabilité du climat passé, à laquelle était adaptée l'agriculture du XXe siècle.

L'adéquation à la stricte typicité traditionnelle paraît encore assurée pour un réchauffement modéré (2 ou 3 °C), en conjuguant des efforts sur le mode de conduite et le microclimat. Au-delà, s'il atteint 4 ou 5 °C, la seule issue pour conserver la typicité traditionnelle, quand c'est possible, serait de jouer sur l'altitude et le relief. L'évolution vers des cépages plus méridionaux est une solution technique envisageable à terme, mais elle serait réservée aux terroirs de climat froid.

Les enjeux | Une vision plus large

Le changement climatique ne sera évidemment pas le seul facteur déterminant de l'agriculture du futur. Son impact climatique sera hautement systémique, et il dépendra avant tout de l'action de l'homme. Pour chaque agro-écosystème, dans chaque filière, une cascade de répercussions sur les modes d'utilisation des terres, sur les besoins en eau, sur la qualité des sols, sur la pression de pathogènes, sur les besoins en intrants et en énergie, sur l'origine, la qualité et la typicité des produits doit s'envisager. Il faudra aussi prendre en compte tout particulièrement les rétroactions sur les émissions de gaz à effet de serre, sur les ressources naturelles et sur la biodiversité.

Les dynamiques socio-économiques sont difficiles à prévoir à court terme, mais elles seront fortement structurées à long terme par des tendances lourdes, comme l'augmentation de la population mondiale, la raréfaction des énergies fossiles, des matières premières et des ressources naturelles. Conjuguées au changement climatique, ces tendances entraîneront des tensions croissantes : compétition accrue pour l'eau dans un climat plus chaud et plus sec en été, en particulier dans le Sud. Compétition pour la terre, avec l'augmentation de la demande alimentaire mondiale, la consommation accrue de protéines animales et les utilisations de la biomasse pour l'énergie. Surexploitation des ressources halieutiques et réduction des stocks. Selon le scénario du futur considéré, l'équilibre entre offre et demande alimentaire mondiale, la malnutrition, les tensions sur les ressources, et l'intensité de la réduction des émissions anthropiques de gaz à effet de serre peuvent varier considérablement[1].

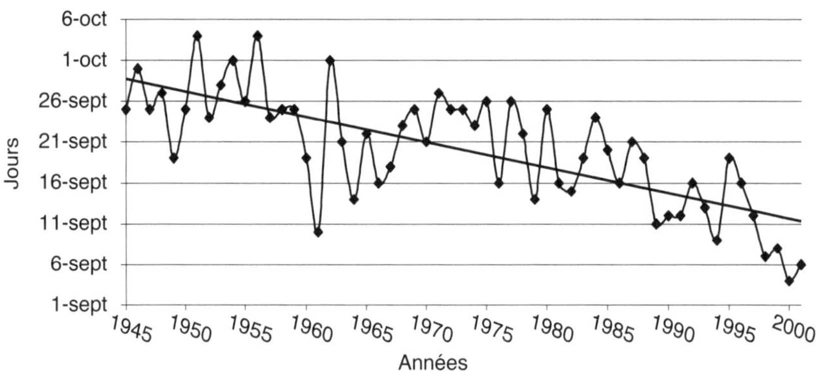

Figure 1 – Évolution des dates de vendange à Châteauneuf-du-Pape (Ganichot 2002)

Un paysage en jeu

Les agriculteurs et les éleveurs disposent déjà de nombreuses options techniques d'adaptation pour des changements marginaux des systèmes existants. Ils s'inscrivent dans le prolongement de stratégies de maîtrise du risque climatique déjà largement utilisées sur le terrain. Un changement climatique modéré est susceptible, moyennant adaptation, d'augmenter de 10 à 20 % les rendements. À l'inverse, une stratégie d'adaptation compatible avec les objectifs de développement durable est donc à bâtir pour limiter la vulnérabilité face à des changements sévères.

1. Schmidhuber et Tubiello 2007.

Ces questionnements sont au cœur de la concertation actuelle pour l'élaboration du Plan national d'adaptation au climat (prévu pour l'automne 2010). Une dimension spatiale dans l'adaptation de l'agriculture se fait jour, dont on peut penser qu'elle va prendre une importance croissante, en relation avec l'évolution de l'occupation des terres et donc avec d'autres activités ou modes d'occupation (forêts et milieux naturels, mais aussi urbains). On peut d'ores et déjà se demander, par exemple, quelle pression sera la plus forte sur le paysage agricole en milieu méditerranéen au cours du siècle : celle résultant d'une péjoration du climat (avec sécheresses et canicules plus fréquentes) et des conséquences sur l'agriculture et plus généralement les écosystèmes, ou celle consécutive à l'extension de l'urbanisation ?

Lectures utiles

Changement climatique : les savoirs et les possibles, H. Le Treut, O. Godard *et al.*, Éditions la ville brûle, 2010.

L'homme face au climat, Seguin B., Brisson N., Loustau D., Dupouey J.-L., Odile Jacob (2006), 177-204.

Climate Change 2007 : Climate Change Impacts, adaptations and vulnerability, IPCC Working Group II, Easterling W. *et al.* Food, fibre, and forest products, Cambridge University Press (2008).

Climate change and global crop productivity, Reddy K.R., Hodges R.F., CABI, Wallingford (2000).

Climate change and the global harvest, Rosenzweig C., Hillel D., Oxford University Press (1998).

Acta Horticulturae, Seguin B., Garcia de Cortazar. I, (2005), 689,61-71.

Demeter, Soussana J.F., Armand Colin, Paris (2001), 195-222.

PNAS, Schmidhuber J., Tubiello, F N., 104, 19703-19708 (2007).

Acad. Agric. Fr. C. R, Delecolle R., Soussana J.F., Legros J.P., 85 (1999) 45-51.

À retenir

± 10 % : valeur des impacts limités sur les rendements des cultures (d'après les projections à partir des tendances moyennes).

Possibilité de « faire mieux » en fonction des mesures d'adaptation, mais, à l'inverse, risques de fortes chutes (50 %, en particulier sur les fourrages) dans le cas d'événements extrêmes plus fréquents (fortes températures, sécheresses), surtout si le réchauffement dépasse les 2 ou 3 °C.

Chapitre 8

Protéger la biodiversité

La biodiversité, un enjeu majeur pour la France

La biodiversité est un enjeu pour l'homme autant que pour la planète. Face à lui, il faut rappeler l'urgence de conserver un potentiel d'évolution des systèmes écologiques qui constituent et entretiennent la biosphère. Il convient aussi de rappeler l'opportunité de préserver les multiples services rendus par les écosystèmes à l'homme : la fourniture de bois, l'épuration de l'eau, le potentiel pour la pharmacopée, la diversité de notre alimentation, ou encore la pollinisation des cultures...

Jean-Marc Michel est directeur général de l'Aménagement,
du Logement et de la Nature au ministre de l'Écologie,
du Développement durable, des Transports et du Logement.

La problématique — Pour une autorité scientifique mondiale

La conservation, voire la restauration, de la diversité biologique est un enjeu vital. L'homme doit comprendre qu'il dépend de la nature. Autrement dit, le moment est venu pour lui de retrouver un peu de lucidité et d'humilité. Mais un préalable s'impose : il doit se rappeler que ses activités peuvent se révéler nuisibles pour la nature et étouffer le vivant. Il doit comprendre qu'il est la cause de ce que l'on appelle parfois la sixième extinction… Et pourtant, c'est par le génie inventif de l'homme que le vivant renaîtra.

La lutte contre l'érosion de la biodiversité est un défi planétaire. Et l'interaction entre activités humaines, territoires, océans, mouvements des espèces, oblige à une collaboration entre les pays. C'est tout le sens de l'engagement français en faveur de la création d'une autorité scientifique mondiale sur la biodiversité, à l'instar du Groupe d'experts intergouvernemental sur l'évolution du climat (Giec). Elle autoriserait à la fois une mobilisation efficace des connaissances et des compétences, et une prise de conscience des conséquences de la perte de biodiversité.

L'engagement sans concession de la France en faveur de la création d'un Intergovernmental Platform on Biodiversity and Ecosystem Services (IPBES) témoigne de la prise de conscience de notre responsabilité à agir en faveur de la biodiversité.

Et comment pourrait-il en être autrement ?

La France, un patrimoine exceptionnel

Nous sommes un pays riche de biodiversité. La métropole abrite quatre des six zones biogéographiques européennes : continentale, océanique, montagnarde et méditerranéenne. Il en résulte une diversité de paysages, d'écosystèmes et d'espèces quasi unique à l'échelle du continent européen. En outre, nos territoires d'outre-mer confèrent à la France une richesse biologique exceptionnelle, aussi bien terrestre que marine : il y a plus d'espèces endémiques dans les territoires français d'outre-mer que dans l'ensemble du continent européen, de l'Atlantique à l'Oural.

Autant dire que ce que nous ferons en faveur de la biodiversité, sur notre territoire, connaîtra un effet significatif, quel que soit l'effort conduit par ses voisins…

C'est une invitation à l'action ! De plus, la France, en développant des actions coordonnées au service des trois océans où ses territoires et collectivités sont implantés, contribue activement à sauvegarder la richesse de ces ressources biologiques.

Le cœur du sujet Un outil fédérateur : la Stratégie nationale pour la biodiversité

Prenons garde de ne pas limiter la nécessaire préservation de la biodiversité à des actions dans des espaces spécialement protégés ou pour la restauration d'espèces exceptionnelles ou en voie de disparition. La biodiversité est aussi dans nos squares, dans nos campagnes et dans nos rues, autant dire dans notre quotidien. Or cette biodiversité « ordinaire » est tout aussi impactée par nos modes de transports, notre urbanisme, notre agriculture, notre industrie et même nos loisirs.

L'enjeu majeur est donc moins maintenant de protéger une nature exceptionnelle – même s'il reste encore des progrès à accomplir sur ce point – que d'intégrer la prise en compte de la diversité biologique *dans l'ensemble des secteurs d'activité*. D'où l'idée de cesser de défendre la nature comme une citadelle assiégée, mais de repenser une « harmonie durable » entre les espèces et l'activité humaine. Réviser nos modes de production et de consommation, éviter l'artificialisation et la fragmentation des espaces ruraux et naturels, penser différemment la ville ou encore associer et responsabiliser davantage les usagers et les acteurs économiques sont autant d'objectifs que vise cette stratégie.

Pour répondre à cet enjeu, nous disposons d'un outil institutionnel structurant et fédérateur : c'est la Stratégie nationale pour la biodiversité. Nous profitons de 2010, année mondiale de la biodiversité, pour mettre en révision cette stratégie nationale.

Les axes de cette Stratégie sont complémentaires et interdépendants

Le point le plus frappant, et peut-être le plus urgent, d'une telle Stratégie me semble être le renforcement de notre connaissance du vivant. L'amélioration du savoir scientifique et sa diffusion demeurent les conditions essentielles de l'efficacité de nos actions futures. Si les disciplines proches des sciences fondamentales comme la génétique connaissent un développement très important, l'attractivité et la valorisation des disciplines naturalistes et du champ de l'écologie ne semblent pas suffisantes au regard de leur utilité pour la collectivité. Le besoin se fait aussi sentir de garantir davantage d'interdisciplinarité et de regards croisés entre sciences naturalistes et sciences sociales. N'ayons pas peur d'enrichir toujours un peu plus les sciences de la vie et de la terre, par les sciences sociales ou économiques, et réciproquement !

Le besoin d'une expertise transparente

Non seulement il nous faut plus de chercheurs, mais il nous faut aussi plus d'inventaires, de données brutes sur l'état et l'évolution du milieu naturel : sans cette connaissance-là, nous sommes aveugles.

Les décisions doivent pouvoir être prises en meilleure connaissance de cause.

Qu'il s'agisse des citoyens, des entreprises, des collectivités ou encore de l'État, il faut que cette connaissance soit à la fois directement utile et exploitable. C'est tout le rôle de l'expertise. Et pas de n'importe laquelle ! Nous avons besoin d'une expertise indépendante, transparente et collégiale en matière de biodiversité. C'est cela qui fera le lien entre la connaissance scientifique et la décision politique comme économique.

Les enjeux Chiffrer la valeur de la nature

Le président de la République a posé un principe simple mais exigeant : désormais, en France, plus aucune décision publique ne se prendra sans avoir obtenu au préalable un avis scientifique.

Il est temps aujourd'hui d'intégrer les impacts sur les écosystèmes dans l'évaluation économique d'un projet, de sorte que le maître d'ouvrage ait intérêt à minimiser l'impact négatif sur le milieu, au-delà des protections réglementaires qui ne concernent que quelques espèces animales et végétales ou quelques aires protégées. Ainsi, il ne doit plus être possible d'assécher une zone humide pour y construire une route ou un bâtiment sans en avoir évalué le coût de la destruction pour la société.

Or cette capacité à chiffrer la valeur de la nature et des services qu'elle nous apporte nous manque cruellement aujourd'hui.

C'est le deuxième axe de notre Stratégie nationale en faveur de la biodiversité : donner une valeur aux services rendus par les écosystèmes. Certes, il faut se prémunir contre un éventuel dérapage vers l'estimation d'un « droit à détruire », d'un monnayage de la biodiversité, ou, pire encore, d'un marché de régulation. À cet égard, les travaux menés par Pavan Sukhdev sur l'économie de la biodiversité ou ceux de Bernard Chevassus-au-Louis montrent la voie à suivre. Il faut désormais les approfondir et les compléter.

Sensibiliser les Français, à commencer par les plus jeunes

Un troisième axe, aussi ancien que le concept même de protection de la nature : c'est la sensibilisation du citoyen aux enjeux de la conservation, de la gestion et de la valorisation de la biodiversité. Là encore, nous pouvons aller beaucoup plus loin, notamment en direction des écoles, collèges et des lycées. Elles sont là, les générations futures qui devront éviter de répéter les erreurs passées. De façon complémentaire, le développement des sciences participatives dans un cadre scientifique rigoureux doit atteindre un public plus large encore, dans une démarche active et valorisante. Le message a besoin de clarté : nous sommes tous dépositaires de la biodiversité.

Dernier axe au cœur de la Stratégie nationale, la poursuite de notre effort pour constituer un réseau cohérent d'aires protégées terrestres et marines. Il faudra créer de nouvelles aires lorsqu'elles seront nécessaires, et garantir les continuités écologiques indispensables au bon fonctionnement des écosystèmes. La mise en place d'une trame verte et bleue qui sillonnera et valorisera nos territoires est à cet égard indispensable.

La biodiversité est un enjeu majeur pour la France. Mais c'est aussi un beau sujet de philosophie : il pose la question de la place de l'homme dans la nature. Il nous incite à prendre conscience que notre destin est consubstantiel à celui de la nature. N'oublions pas les leçons de l'histoire. Comme à l'Île de Pâques[1].

Définitivement : préservons la biodiversité, pour elle-même et pour nos générations futures.

Lectures utiles

Humanité et biodiversité : manifeste pour une nouvelle alliance, Ligue Roc, co-édition Ligue Roc/Descartes et Cie, 2009.

Un éléphant dans un jeu de quilles, Robert Barbault, Seuil, 2006.

La biodiversité à travers des exemples : les réseaux de la Vie, CSPNB et MEEDDM, téléchargeables depuis www.biodiversité2010.fr

Approche économique de la biodiversité et des services liés aux écosystèmes : Mission présidée par Bernard Chevassus-au-Louis, Centre d'analyse stratégique, la documentation française, 2009.

---

1. Selon toute vraisemblance, l'île du Pacifique s'est vue déboiser par ses habitants au point d'y rendre leur maintien impossible.

Repères

- 7 % du PIB mondial d'ici à 2050 : coût de l'inaction actuelle et cumulée chaque année face à la dégradation des services écologiques (soit 13 938 milliards d'euros par an).
- 50 000 à 100 000 espèces disparaissent chaque année, ce qui correspond à un rythme d'extinction 100 à 1 000 fois supérieur au rythme naturel (la communauté scientifique estime que la moitié des espèces vivantes que nous connaissons pourrait disparaître d'ici à un siècle).
- 1,8 million d'espèces seulement ont été recensées sur les 10 à 100 millions qui peupleraient la planète.
- Moins de 20 % du fond des mers a été exploré alors qu'il représente près de 3/4 de la surface terrestre.
- 6 millions d'hectares de forêt sont perdus chaque année depuis l'an 2000 dans le monde.
- 75 % de la population mondiale dépend encore à l'heure actuelle de remèdes « maison » concoctés à partir de plantes, et la majorité de la pharmacopée moderne utilise encore des molécules d'origines naturelles.
- 1 Français sur 3 sait ce qu'est la biodiversité.

Quels instruments pour maîtriser notre impact global sur la biosphère ?

Après le sommet de Copenhague, il pourrait se révéler productif d'explorer les bonnes raisons d'être... pessimiste. Ne serait-ce que pour tirer quelques leçons des scénarios sur la biodiversité. Les chiffres, les sciences, les faits nous montrent une biosphère en transformation rapide. Elle nous emporte dans des transitions fortes, aux conséquences matérielles et aux risques importants et globalisés, vers des états peut-être moins favorables à l'homme et à ses modes d'existence actuels.

Gilles Kleitz est chef de projet Biodiversité-Ressources naturelles au sein de l'Agence française de développement.

La problématique En quête d'une « nouvelle valeur environnementale »

À l'image de la gestion des flux de déchets ou des pollutions accidentelles, notre incapacité, même momentanée, à contrôler notre empreinte sur la biosphère entraîne dorénavant des conséquences très rapidement importantes, cumulatives et catastrophiques. Mais, même en gestion « routinière », nos efforts environnementaux dégagent des bilans globaux sur la biosphère négatifs, comme si nous n'arrivions pas au total à compenser nos dégâts : 60 % de services écosystémiques sont en diminution[1], la perte de biodiversité s'accélère plutôt[2], et des perturbations additionnelles importantes sont attendues des changements climatiques[3] et de l'augmentation souhaitable du niveau de vie de l'humanité. Au rythme où vont les choses, on peut ainsi légitimement craindre que nos règles, nos institutions et notre capacité d'agir en commun – nécessaire aux actions environnementales – n'évoluent moins vite que les bouleversements que l'on imprime à la biosphère et que les exigences changeantes que l'environnement nous impose en retour.

Notre sursaut d'humain, c'est bien sûr d'agir. Or, si l'on observe bien un foisonnement d'initiatives et d'actions renforcées en faveur de la biosphère, mobilisant intelligence et volonté d'une multitude d'acteurs, on constate dans le même temps une difficulté fondamentale à changer les règles et valeurs communes qui

1. Millenium Ecosystem Assessment/ONU/Island Press (2005).
2. P. Sukdev, *The Economics of Ecosystems and Biodiversity* (2009).
3. 4e rapport d'évaluation du GIEC (2007).

organisent l'activité humaine, l'économie et le rapport entre les nations et qui causent le creusement de la partie « débit » de notre bilan écologique[1].

Quelle nouvelle valeur environnementale, transformant nos technologies, notre économie, notre façon d'être au monde, et pour ainsi dire, nos esprits, serait nécessaire pour inverser cette tendance lourde, et faire évoluer les grands facteurs du creusement de notre dette croissante vis-à-vis du reste de la biosphère ? Le foisonnement des initiatives d'amélioration des régimes et règles d'utilisation des ressources biologiques et de stabilisation du climat va naturellement contribuer à un tel dépassement salutaire, peut-être sous forme de métamorphose[2] ? Il nous semble cependant qu'il ne sera pas suffisant pour susciter cette émergence, qui sera faite autant de techniques et d'économie que de mobilisation sociale, de sens et de symboles.

Un capital naturel non rémunéré par ses utilisateurs

Aux échelles nationales, la biodiversité, les écosystèmes et les ressources biologiques font l'objet de régimes d'accès et de règles d'usage spécifiques, dotés d'une panoplie d'instruments de mise en œuvre, comme les aires protégées et la promotion d'un développement moins consommateur d'espaces naturels, rassemblés le plus souvent dans une stratégie nationale pour la biodiversité. La mutualisation des coûts de protection par l'action publique demeure la règle générale, de même que l'adoption de normes communes d'accès endossées par les ayants droit.

La mobilisation d'incitations fiscales ou de prix écologiques se développe lentement et les instruments économiques restent peu mobilisés pour la gestion des ressources sauvages. Puiser dans le capital naturel reste en règle générale gratuit (le coût n'est lié qu'à l'accès) et le capital naturel n'est, pour ainsi dire, pas rémunéré par ses utilisateurs[3]. Les approches intégrées, territoriales, par écosystèmes sont essentielles mais très exigeantes en termes de mise en œuvre. Au total, l'ensemble du dispositif produit des résultats contrastés et insuffisants à l'échelle globale : il arrive ponctuellement à compenser les dynamiques de dégradation dans le contexte de fortes institutions publiques ou communautaires, de fiscalité efficace et de régulation des accès, mais il est sans effet notoire dans les contextes opposés, qui sont la majorité.

1. Dans le cadre de la préparation de la 10e COP de la Convention sur la diversité biologique (CBD, Nagoya, octobre 2010), le Centre mondial de suivi de la conservation (WCMC) indique que parmi les 21 indicateurs mis en place par la CBD pour le suivi de ses objectifs stratégiques, seuls les indicateurs de moyens sont au vert, avec notamment plus d'aires protégées et plus de financements internationaux. Tous les autres (état de la biodiversité, intégrité des écosystèmes, niveau de pressions, etc.) sont au rouge.
2. L'expression est d'E. Morin.
3. En France, la redevance sur l'eau est une exception notoire qui permet la mise en place progressive de comportements vertueux et de financement de la bonne gestion de l'écosystème que constitue le bassin versant.

Le cœur du sujet Indicateurs de biodiversité à l'orange

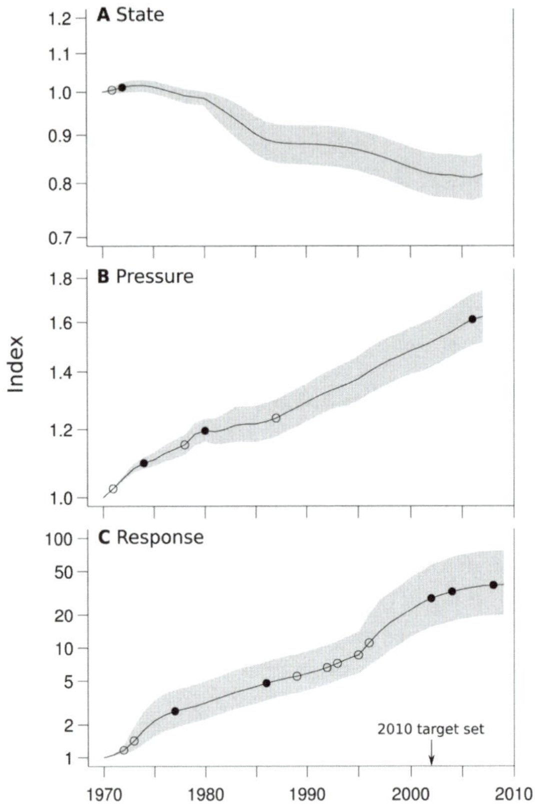

(www.sciencexpress.org / 29 April 2010 / Page 4 / 10.1126/science.1187512 ; Butchart S. & col., 2010) (adapté 2010 . G.Kleitz) : indices agrégés mondiaux de (A) l'état de la biodiversité, fondés sur neuf indicateurs portant notamment sur les tendances de populations de quelques espèces et l'état de la répartition de ces espèces, (B) les pressions s'exerçant sur la biodiversité fondées sur 5 indicateurs d'empreinte écologique, de dépôt d'azote, d'espèces allochtones invasives, de surexploitation et d'impact du changement climatique ; et (C) réponses politiques et techniques de conservation de la biodiversité, fondées sur 6 indicateurs de surface et représentativité des aires protégées, de surface forestière en gestion durable, des budgets publics pour la biodiversité. Les indicateurs sont à 0 en 1970. Les zones grisées sont les intervalles de confiance de 95 %. Inflexions positives (○) ou négatives (●).

Traduction des termes anglais :
« A State » : « (A) État de la biodiversité »
« B Pressure » : « (B) Pressions sur la biodiversité »
« C Response » : « (C) Actions en faveur de la biodiversité »

Figure 1 – Tendances globales de la biodiversité

En France, la destruction annuelle, sans compensation, de plus de 60 000 hectares de terrain naturel et semi-naturel, essentiellement d'origine agricole, la destruction de milieux biologiquement riches tels les prairies naturelles, les zones humides, et les paysages bocagers et de polyculture-élevage, les pollutions diffuses à l'azote, aux phosphates et aux pesticides, les dégâts causés par les espèces invasives, notamment à l'outre-mer, sont-elles « neutralisées » par les résultats positifs en matière d'aires protégées, d'installations classées, de traitement des eaux, des composantes agro-environnementales de la politique agricole commune, de bonne gestion des forêts ? Les indicateurs de biodiversité semblent plutôt pointer vers un bilan global orange, virant vers le rouge, avec quelques succès locaux[1]. Les effets croissants du changement climatique risquent d'assombrir le tableau. Au-delà du renforcement de l'en-

1. Lire par exemple le rapport 2008 de la Stratégie nationale pour la biodiversité (MEEDDM) ainsi que l'évaluation nationale de l'état de conservation des espèces et habitats de la directive « Habitat, Faune, Flore » (2007, MEEDDM), ainsi que l'indicateur STOC (MNHN).

semble des outils existants, la priorité pour améliorer ce bilan semble devoir revenir à la protection des espaces naturels et semi-naturels. Comment ? Par l'instauration d'une trame verte et bleue, la compensation systématique des atteintes à ces espaces, le renforcement des normes environnementales sur toutes les activités polluantes de l'eau, de l'air et des sols et la protection d'une partie importante du littoral et des eaux marines sous juridiction française. Ces objectifs, à l'exception des pollutions diffuses (repris ailleurs), sont inscrits dans la stratégie nationale pour la biodiversité ; et il s'agit donc de les mettre en œuvre rapidement.

La multiplication de dispositifs internationaux cache leur faiblesse

À l'échelle régionale et internationale, la règle est l'instauration, depuis l'après-guerre, de nombreux cadres de connaissance, de reconnaissance et de recommandations : les multiples conventions sur la biodiversité (CMS, Berne, AEWA, Ramsar...)[1], encadrées par la Convention sur la diversité biologique, sont d'application volontaire et dépourvues d'objectifs chiffrés obligatoires et de dispositifs pénaux. Elles constituent cependant une boîte à outils très utile pour l'action locale et régionale. La mise en œuvre de l'ensemble de ces dispositifs internationaux marque actuellement des progrès. Par exemple, la surface couverte par des aires protégées a atteint, en 2009, 13,9 % de la surface terrestre, soit l'équivalent de l'Amérique latine et de l'Amérique centrale réunies. P. Sukdev souligne à ce titre qu'une priorité pour maintenir les services rendus par les écosystèmes aux sociétés reste le financement du réseau mondial d'aires protégées[2]. L'émergence de l'objectif de stopper la déforestation d'ici à 2030 est également une avancée majeure qu'il faudra confirmer, en parallèle à la mise en place progressive d'un mécanisme international de financement de la déforestation évitée[3].

Zoom

Outils contraignants limités à des ressources ponctuelles

- CITES, quotas régionaux de pêche, CBI par exemple : Convention de Washington sur le commerce des espèces menacées, Convention Internationale sur les baleines.
- Essor transnational sans précédent que le cadre réglementaire européen : Natura 2000, directive-cadre sur l'Eau, Forest Law Enforcement on Governance and Trade (FLEGT), REACH, stratégie marine, directive « Habitat, Faune Flore », directive « Oiseaux ».
- Efforts globaux de connaissance et de diagnostic sur la biodiversité sous forme d'évaluation : Millenium Ecosystem Assessment, The Economics of Ecosystems and Biodiversity, Global Biodiversity Outlooks. Ou au moyen de mécanismes plus pérennes : World Conservation Monitoring Center, Global Biodiversity Information Facility.

1. Convention sur les espèces migratrices, convention de Berne sur la protection des espèces sauvages, convention sur les oiseaux migrateurs, convention sur les zones humides.
2. P. Sukdev, 2009. "The Economics of Ecosystems and Biodiversity".
3. Mécanisme dit « REDD+ », Reducing Emissions from Deforestation and Degradation ».

Au total, ces dispositifs présentent cependant de grandes faiblesses, comme le montrent les données globales sur le déclin de la biodiversité et l'état des écosystèmes et de leurs services, pour les raisons déjà invoquées : les dynamiques d'utilisation non durable des ressources biologiques dépassent, et de beaucoup, les succès réalisés dans certains cas par les politiques dédiées à la protection de la biodiversité : on estime ainsi que les deux tiers des aires protégées ne sont que des traits sur une carte…

Les enjeux Du diagnostic partagé aux prévisions affinées

Dans ce contexte, quels instruments essentiels manquent à ces dispositifs ? Un axe semble essentiel, favorable à l'ensemble des instruments existants : c'est l'activation de l'intelligence adaptative et des capacités de changement de nos institutions par une meilleure mobilisation du dialogue entre les sciences et la décision. En produisant des diagnostics scientifiques collégiaux et incontournables, en mesurant des tendances aux échelles globales et sub-globales, en améliorant la prévision de l'évolution des systèmes biologiques et leurs conséquences, une plate-forme internationale sur la biodiversité et les écosystèmes (IPBES)[1] serait à même d'améliorer l'efficacité de nos outils de gestion durable de la biosphère.

Les trois moteurs

J'ai la conviction que le renforcement continu des outils de conservation et l'intégration des préoccupations relatives à la biodiversité dans nos économies sont indispensables pour inverser la tendance. En amont, trois moteurs de transformation peuvent contribuer à renforcer encore ces tentatives de maîtrise de notre impact sur la biosphère :

- les acteurs de la biodiversité doivent négocier dans la langue des décideurs et révéler les liens entre écosystèmes et compétitivité des nations, bénéfice des entreprises, emploi, rémunération du capital, taux de l'emprunt, gestion des risques[2] ;
- l'impératif d'une équité sociale dans l'accès aux services prodigués par la biosphère sera au cœur de l'évolution des dispositifs de gestion de la biodiversité, dans un monde grevé d'une dette écologique croissante aux effets négatifs très inégalement répartis ;
- le statut et le droit des espèces forment une machine philosophique puissante qui suit son chemin dans nos esprits, dans notre humanité. Il me semble réa-

1. « International Plateform on Biodiversity and Ecosystem Services », actuellement en cours de négociation par le Programme des Nations unies pour l'environnement.
2. *Cf.* par exemple P. Sukdev (2009) *The Economics of Ecosystems and Biodiversity*, rapport CASS/Chevassus (2009) : *Approches économiques de la biodiversité et des services liés aux écosystèmes.*

liste de penser que notre rapport matériel au monde en sortira progressivement changé. La possibilité de disposer des êtres vivants ou des territoires de nature pourrait être modifiée. Au bénéfice, on peut l'espérer, des non-humains.

Un saut qualitatif dans nos raisonnements économiques, nos contrats sociaux et nos valeurs paraît nécessaire pour inverser le comportement globalement prédateur de l'humanité sur la biosphère. Il convient de rappeler qu'au-delà des certitudes concernant les pertes d'espèces sauvages, d'habitats naturels et de services rendus par les écosystèmes, les dynamiques futures de la biosphère face à ces pressions restent imparfaitement explorées.

Lectures utiles

Les écosystèmes et le bien-être, HumanWorld Ressource Institute, (2005), Synthèse de l'évaluation du millénaire pour les écosystèmes, disponible sur le Net.

La biodiversité par les exemples, Conseil scientifique du patrimoine naturel et de la biodiversité, (2006, 2008), tomes I et II, ministère de l'Écologie, de l'Énergie, du Développement durable et de la Mer.

Un éléphant dans un jeu de quilles : l'homme dans la biodiversité, R. Barbault, (2006), coll. « Sciences Ouvertes », Le Seuil.

Stratégie nationale pour la biodiversité, rapport d'activité 2008, direction de l'Eau et de la Biodiversité (2009), disponible sur le site du MEEDDM.

Faune sauvage, races domestiques et écosystèmes peuvent s'assembler pour créer des espaces alliant durablement de fortes productivités, des recettes économiques et monétaires, et la conservation de patrimoines naturels exceptionnels (Photo © G. Kleitz 2010).

Figure 2 – Zèbres de Burchell et bovins de race Boran dans un ranch du Nord Kenya

La biodiversité des parcs nationaux français

Dès le XIXe siècle, la création d'espaces protégés apparaît comme un moyen de préserver, entre autres, des milieux considérés comme « patrimoniaux ». Le concept de « parc national » inventé par les États-Unis d'Amérique en 1872, diffuse rapidement dans les zones désertiques ou vidées de leurs habitants des pays neufs. En France, une approche aussi radicale n'était ni possible ni souhaitable en raison d'une appropriation forte et ancienne du territoire. Mais, pour chaque parc national, se pose donc la question de savoir quelle biodiversité il est supposé protéger.

Jean-Pierre Giran est président de Parcs nationaux de France.

La problématique — La biodiversité, reflet de l'histoire de nos territoires

Les parcs nationaux français recouvrent une grande variété d'écosystèmes terrestres et maritimes, relevant de plusieurs régions biogéographiques d'Europe, d'Amérique ou d'Asie, tant en zone rurale que périurbaine : forêts tropicales des plateaux amazoniens (Guyane), forêts tropicales océaniques étagées sur volcan actif des Caraïbes (Guadeloupe) et des Mascareignes (La Réunion), mangrove et récif coralien (Guadeloupe), mer et littoral méditerranéen (Port-Cros et bientôt Calanques), moyenne montagne méditerranéenne agroforestière (Cévennes) et formations des étages d'altitude des Alpes du nord (Vanoise), du centre (Écrins) et du sud (Mercantour), ainsi que du massif pyrénéen (Pyrénées).

Les territoires des parcs ont tout d'abord été influencés par leurs histoires géologique et climatique. Les écosystèmes actuels dépendent étroitement de la nature des roches, de la qualité des sols, du climat d'aujourd'hui. Ils portent aussi en profondeur les traces d'événements marquants comme la surrection des Alpes, l'émergence du volcan de la Soufrière, les glaciations quaternaires ou la montée des eaux de la Méditerranée.

Pressions écologiques

Des trajectoires différentes expliquent des biodiversités différentes : l'isolement de La Guadeloupe et plus encore de La Réunion a favorisé l'endémisme insulaire d'aujourd'hui. En métropole, les parcs au contact des diverses zones biogéographiques (Cévennes, Mercantour) cumulent les espèces provenant de chacune d'elles, ce qui a favorisé l'endémisme pour les populations isolées en limite d'aire. Les conditions de milieu répartissent les espèces selon leurs préférences, elles concentrent un grand nombre d'espèces très compétitives dans les milieux les plus accueillants et ne laissent dans les milieux hostiles que des espèces moins compétitives, mais spécialisées et adaptées aux conditions extrêmes : palétuviers du Grand Cul-de-Sac Marin de Guadeloupe tolérant les eaux saumâtres, orchidées xérophiles vivant à même la roche des inselbergs de Guyane, astragale de Marseille supportant des sols squelettiques, carex des glaciers adapté aux régions glacées d'altitude de la Vanoise.

L'homme au cœur de l'évolution de la nature

Les processus évolutifs sont toujours à l'œuvre sous l'influence de la nature et de l'homme. Dans les parcs des Alpes et Pyrénées, les glaciers fondent, cèdent la place à des lacs d'altitude qui sédimentent, se transforment en pelouses humides qui s'embroussaillent. Les incendies, les éruptions volcaniques, les avalanches, les glissements de terrain, les chablis, les inondations participent à un régime de perturbations qui « rajeunit » les milieux, favorisant localement l'installation d'espèces pionnières. Des populations isolées sur des îles ou en fond de vallée donnent naissance à de nouvelles espèces comme le Carabe de Solier du Mercantour. Sous l'effet des variations climatiques, la limite supérieure de certains végétaux de montagne, remonte en altitude.

> **Zoom**
>
> France, une histoire d'hommes et de nature
>
> En métropole, les premiers chasseurs-cueilleurs du paléolithique éliminent les grands herbivores et les grands carnivores. Les populations sédentaires du néolithique investissent les plaines fertiles en pratiquant l'agriculture et l'élevage. Autour des villages, les forêts font l'objet de défrichements et l'espace est « zoné » selon sa destination. Le paysage métropolitain évolue vers une mosaïque de champs de plaines ou de vallées, de terrasses de culture, de prés de fauche et de prairies permanentes. Les terres agricoles sont fortement aménagées et bien desservies à proximité des habitations, comme en témoignent aujourd'hui les terrasses des Cévennes et des Calanques, le bocage du Champsaur ou les canaux d'irrigation des Pyrénées. Les zones plus difficiles à cultiver, en altitude, en zone inondable ou sur les Causses, sont valorisées en pâtures. Plus loin du village, les forêts devenues mono ou bispécifiques servent de réservoirs de gibiers et de bois, et certaines comme dans les Calanques, dans les îles d'Hyères et dans le Mercantour font l'objet d'une exploitation intense pour la fabrication de la chaux, du charbon de bois ou de la soude.

La gestion de l'espace par les populations a un effet sur la vie sauvage. L'ouverture des milieux consécutive au défrichement des forêts et aux écobuages favorise involontairement des pans de la biodiversité qui ne s'exprimaient que marginalement dans des régions majoritairement forestières (micromammifères, rapaces). L'activité agricole favorise les plantes messicoles, des oiseaux granivores et des rongeurs domestiques. L'élevage et la fauche favorisent certaines espèces végétales comme les orchidées des pelouses calcaires en Cévennes et la Reine des Alpes dans les parcs alpins ou les espèces animales qui se nourrissent des charognes de bétail.

La forêt guyanaise aussi a été occupée (on trouve en moyenne un site archéologique par km^2) depuis au moins 7 000 ans par des populations amérindiennes itinérantes qui ouvrent des abattis cultivés un à trois ans avant de les abandonner à la dynamique naturelle, créant un régime de perturbations localisées et temporaires qui rajeunit la forêt primaire.

Par la poudre et le poison

En Guadeloupe et à La Réunion, l'arrivée des premiers Européens, au XVIIe siècle, s'est accompagnée de défrichements et d'introductions d'animaux domestiques pour assurer la subsistance des navigateurs de passage et l'installation des premiers colons, mais aussi de rats, souris, chiens et chats qui ont conduit à la disparition de nombreuses espèces locales et menacent aujourd'hui deux espèces de pétrels et le Tuit-tuit, endémiques de La Réunion. Elle s'est aussi accompagnée de prélèvements massifs d'espèces natives pour constituer les réserves alimentaires des bateaux, qui ont conduit à la disparition de la Tortue terrestre de Bourbon. Des espèces végétales exotiques ont été introduites en masse au détriment des écosystèmes locaux. En Guadeloupe, l'introduction de la mangouste et du crapaud buffle pour réguler le rat ou le hanneton de la canne à sucre a aggravé les déséquilibres.

Certains scientifiques considèrent que le développement industriel constitue un tournant dans l'histoire de la Terre : le principal facteur de l'évolution du monde vivant n'est plus la géologie ni le climat, c'est l'homme. L'industrialisation, la multiplication des infrastructures et l'agriculture industrielle ont complètement changé le paysage français, condamnant le système traditionnel (et écologique) de la polyculture-élevage, faisant disparaître une grande partie de la mosaïque porteuse de la biodiversité, banalisant et fragmentant les milieux, pendant que les armes à feu, le poison et les pesticides ont considérablement appauvri la biodiversité et pollué les sols. De nombreuses introductions volontaires ou accidentelles ont multiplié les invasions biologiques.

Le cœur du sujet — Les parcs nationaux acteurs d'une approche éthique de la protection de la nature

Le choix de maintenir une biodiversité « naturelle originelle » est légitime et réaliste à moyen terme sur les milieux peu artificialisés comme les hautes montagnes, les falaises, les marécages difficilement accessibles, les milieux tropicaux primaires. En revanche, vouloir revenir partout dans les parcs nationaux à une « biodiversité naturelle originelle » (encore faudrait-il la définir…) est illusoire : en contribuant à la disparition d'un certain nombre d'espèces, l'homme a initié des trajectoires irréversibles : même en l'absence de changement climatique, on ne pourra plus revenir à la nature d'avant. Tout juste peut-on tenter de corriger des erreurs récentes en réintroduisant certaines espèces disparues depuis peu. La recherche d'une biodiversité naturelle originelle à tout prix dans nos paysages transformés supprimerait les usages actuels issus de pratiques séculaires, et entraînerait la perte d'une bonne partie de la biodiversité qu'ils ont favorisée. Enfin cet état d'équilibre espéré ne pourra en fait jamais être atteint en raison de l'évolution des paramètres climatiques et écologiques imputables au changement climatique.

Préserver la biodiversité dans les parcs nationaux revient donc à favoriser le maintien des activités et pratiques qui en sont à l'origine. Les parcs se retrouvent alors sur le fil du rasoir : ils doivent à la fois maintenir l'activité en question, tout en la régulant ou en s'opposant à certaines de ses évolutions préjudiciables pour la biodiversité.

Les enjeux Au cœur de la trame

Tout l'enjeu de la conservation est de trouver le bon équilibre entre une approche traditionnelle favorisant les espèces emblématiques, une approche plus utilitariste selon laquelle il ne faudrait conserver la biodiversité que comme ressource économique pour ses services écosystémiques directs les plus visibles (production) et une approche plus éthique dans laquelle on prend davantage en considération les valeurs culturelles, sociales et philosophiques de la vie... Mais aussi les services potentiels d'espèces qui seront peut-être dans le futur une ressource indispensable pour la survie de l'homme.

Dans une trame verte et bleue nationale – voire internationale –, les parcs nationaux ont à jouer un rôle stratégique de noyaux de nature : il n'y a pas de cœur (les parcs) sans artères (les trames) ni d'artères sans cœur.

Lectures utiles

Impacts d'un réchauffement rapide du climat sur la distribution des espèces végétales forestières le long du gradient d'altitude, Jonathan Lenoir (thèse), 2008.

Aux origines de l'environnement, Gilles Boeuf, Fayard, 2010 (citant Henri de Lumley, *La grande histoire des premiers hommes européens*), Odile Jacob, 2007.

Un éléphant dans un jeu de quille – L'homme dans la biodiversité, Robert Barbault, Seuil, Science Ouverte, 2008.

Histoire de la France rurale, Georges Duby, 1962.

À retenir

9 parcs nationaux à ce jour et 3 parcs nationaux en création : Vanoise 1963, Port-Cros 1963, Pyrénées 1967, Cévennes 1970, Écrins 1973, Mercantour 1979, Guadeloupe 1989,

La Réunion 2007, Guyane 2007. Le Parc national des Calanques devrait voir le jour fin 2010.

8 % du territoire français : ils couvrent des domaines terrestres et maritimes variés en métropole et outre-mer.

Plus de 7 millions de visiteurs.

Parc nationaux de France, créé en 2006, a vocation à promouvoir les parcs nationaux français à l'échelle nationale et internationale.

Concilier biodiversité et activités humaines : le défi des parcs naturels régionaux de France

Un certain nombre de facteurs conditionnent la réussite des parcs dans leur démonstration au quotidien que préserver un patrimoine naturel et développer un territoire n'est pas incompatible : une légitimité pour agir, l'implication des élus, la mise en place de partenariats élargis, une ingénierie pluridisciplinaire, l'obtention de financements, du temps pour instaurer un dialogue et une confiance...

Jean-Louis Joseph est président de la Fédération des parcs naturels régionaux de France.

La problématique — Un équilibre fragile entre biodiversité et activités humaines

Les parcs naturels régionaux sont des espaces ruraux habités et à forte valeur patrimoniale. Ils abritent une biodiversité remarquable, notamment la quasi-totalité des habitats naturels d'intérêt européen (milieux littoraux, forestiers, agropastoraux, zones humides, vallées alluviales…) et des espèces animales et végétales rares et menacées (grand tétras, lynx boréal, tortue luth…). Ils abritent aussi une biodiversité plus ordinaire, notamment dans des secteurs de grandes cultures ou périurbains. Ils ont pour objectif de protéger de manière dynamique des paysages à dominante agricole, des milieux naturels et des patrimoines culturels de grande qualité mais menacés par diverses pressions, variables selon les territoires, avec un impact sur la biodiversité : urbanisation non contrôlée, tourisme de masse, agriculture intensive, ou au contraire dévitalisation du tissu économique et social, induisant un abandon de l'entretien des milieux naturels par les gestionnaires locaux.

Zoom

Agriculteurs et parcs naturels régionaux en symbiose

L'agriculture tient une place importante dans les territoires des parcs naturels régionaux. Certains milieux naturels ou espèces sauvages ne perdurent que grâce à la présence de certaines pratiques agricoles comme le pastoralisme. Pour cette raison, techniciens et élus des parcs entretiennent des relations privilégiées avec les agriculteurs de leurs territoires.

À titre d'exemple, on peut citer le premier concours agricole national de prairies fleuries lancé en 2010 dans treize territoires de parcs naturels régionaux et cinq parcs nationaux (www.prairiesfleuries.fr). Des concours agricoles nationaux récompensaient déjà depuis de longues années des produits et des races d'animaux domestiques. Les parcs naturels régionaux, dans le cadre d'un partenariat large (chambres d'agriculture, syndicats d'AOC fromagères, syndicats d'apiculture et association de gestion et de protection de la nature) ont innové en lançant l'idée de décerner des prix à des prairies ! 250 agriculteurs ont inscrit des parcelles au concours destiné à récompenser les prairies qui possèdent le meilleur équilibre entre valeur écologique et valeur agronomique (équilibre agri-écologique).

Chaque parc naturel régional définit un projet de territoire qui concilie protection de l'environnement et développement économique et social. Ce projet se concrétise dans une charte qui engage l'ensemble des partenaires, notamment l'État et les collectivités territoriales, pour une durée de douze ans.

Le cœur du sujet Connaître pour agir

Il est toujours préférable de connaître avant d'agir. Pour la biodiversité, l'urgence de l'action pour arrêter son érosion, conjuguée à la méconnaissance de l'existence même de nombreuses espèces et de leurs interrelations, oblige bien souvent à mener parallèlement des actions d'inventaires et de préservation…

Pour mieux connaître la biodiversité de leurs territoires, les parcs naturels régionaux mènent des politiques importantes d'inventaires, en s'appuyant sur les naturalistes locaux. Ainsi, une expédition maritime organisée par le Parc de Guyane s'est rendue sur l'estuaire de l'Oyapock, avec l'objectif d'améliorer les connaissances sur cette zone, dans divers domaines. C'est à cette occasion qu'une nouvelle espèce d'oiseau a été découverte, la 702e de Guyane, baptisée viréon gorge grise.

De nombreuses actions d'inventaires impliquent les habitants. Ainsi, dans le Parc du Pilat, tout un chacun participe à un observatoire de la flore. Actuellement, près de cinquante espèces de plantes rares ou menacées sont suivies. Il s'agit de passer une fois par an pour observer la plante et informer le parc de son stade de croissance, du nombre d'individus et signaler toute disparition.

Les parcs mobilisent de nombreuses équipes de recherche pour travailler sur les liens entre biodiversité et activités humaines afin de mieux comprendre, par exemple, les effets des pratiques agricoles ou forestières, et ainsi mieux éclairer les gestionnaires et décideurs locaux.

Sensibiliser

Bien souvent, les actions d'inventaires sont couplées à des actions de sensibilisation. En partenariat avec la coordination mammalogique du Nord de la France, le Parc de l'Avesnois a ainsi lancé la campagne *Avez-vous des chauves-souris dans votre cave ?* But : inventorier les sites d'hibernation de chauve-souris. Les particuliers sont invités à signaler la présence de chauve-souris chez eux durant l'hiver. Ils recevront des conseils sur les bonnes manières de les accueillir au mieux.

Pour sensibiliser l'ensemble des acteurs du territoire (élus, socioprofessionnels, scolaires…), les parcs utilisent de nombreux outils pédagogiques. Dans les Marais du Cotentin et du Bessin, un jardin pédagogique sera prochainement ouvert à la Maison du Parc. De nombreuses animations sont prévues : visite guidée *(Inviter la nature au jardin)*, animations pour les scolaires, conférence *Insectes auxiliaires du jardin*, un week-end sur les techniques alternatives de jardinage…

La sensibilisation des acteurs passe souvent par l'établissement de chartes de bonnes pratiques. Dans les ballons des Vosges, le Parc a mis en place une charte de cueillette de l'arnica, espèce emblématique des hautes chaumes, et qui représente un enjeu économique de taille, pour les laboratoires comme pour les cueilleurs. Chaque signataire s'engage : les communes doivent louer les terrains aux agriculteurs en veillant à ce que certaines pratiques agricoles soient encadrées, les cueilleurs doivent respecter des consignes de cueillette, etc.

Agir

Parfois, parce que des espèces ont disparu des territoires, il devient nécessaire de les réintroduire afin de redonner toute leur fonction aux écosystèmes. Le bouquetin des Alpes a ainsi été réintroduit dans la réserve naturelle des Hauts de Chartreuse, gérée par le Parc (sa situation ne permettait pas d'espérer son retour spontané).

En Camargue, le Parc crée, avec les pêcheurs, une réserve dans le golfe de Beauduc, zone de nurserie pour les poissons plats, espèces à haute valeur commerciale. Les milieux sont menacés par la pratique illégale d'arts traînants non sélectifs. Une vingtaine de pêcheurs petits métiers ont opté pour la création d'un cantonnement de pêche, assorti de mesures de gestion sur un 1/10 du golfe. Une équipe de gestion sera mise en place pour assurer la surveillance, les suivis et la gestion du site.

Grâce à l'action du Parc du Vexin français, la zone d'activités des Portes du Vexin à Ennery comprend des espaces favorables à la biodiversité : haies d'espèces végétales locales, « couloirs enherbés » servant de corridors écologiques pour la faune, milieux humides, pierriers… Un ensemble de prescriptions concernant l'entretien a été défini : interdiction de recourir à des produits phytosanitaires, fauche tardive…

Lutter

Les parcs naturels régionaux n'échappent pas au phénomène des espèces invasives. Dans le Morvan, les écrevisses américaines, introduites illégalement dans les plans d'eau, exercent sur l'écrevisse pied blanc, autochtone, une compétition redoutable, car elles sont porteuses saines de germes pathogènes très virulents. Le Parc et ses partenaires expérimentent différentes techniques de capture.

La biodiversité domestique n'est pas oubliée. Ainsi, le Parc d'Armorique est engagé aux côtés de la région Bretagne dans un programme en faveur des races locales à faibles effectifs de vaches, moutons, chevaux et chèvres. Il apporte un appui technique aux syndicats d'éleveurs et engage des actions pour la promotion et la relance des races et des produits associés.

Les enjeux La biodiversité, élément structurant de la gestion et de l'aménagement de l'espace ?

À côté des actions ciblées sur la préservation d'un patrimoine naturel remarquable (réserves naturelles, réseau Natura 2000...), d'autres paraissent nécessaires pour mieux prendre en compte la biodiversité dans l'ensemble des activités liées à l'aménagement du territoire, l'urbanisme, l'agriculture, l'activité industrielle, le tourisme, la gestion de l'eau... À ce titre, les parcs naturels régionaux ont vocation à expérimenter puis à transférer leurs expériences.

À titre d'exemple, le Parc de Lorraine teste depuis dix-sept ans la réalisation d'un outil d'aide à la décision, baptisé Atlas communal, basé sur l'inventaire de la biodiversité des communes. Il aide les élus à prendre des décisions en termes d'aménagement du territoire et d'urbanisme dans le respect des milieux naturels, de la faune et de la flore : 180 communes de Lorraine bénéficient à ce jour de cet outil. Une vingtaine d'autres parcs mènent des démarches similaires. En s'inspirant de ces travaux, le ministère en charge de l'Écologie a lancé en mai 2010 les *Atlas de la biodiversité dans les communes* !

Autre exemple sur un sujet qui est aujourd'hui relayé et amplifié par les accords du Grenelle de l'environnement : la trame verte et bleue. Les parcs naturels régionaux font partie des « pionniers » de cette trame. Depuis près de 10 ans, ils expérimentent aussi bien sur l'identification des trames, les questions de gouvernance et sur la mise en œuvre d'actions concrètes visant à créer un réseau écologique intégrant les activités agricoles, forestières, touristiques, etc.

À retenir

46 parcs naturels régionaux (44 en métropole et 2 en outre-mer), et plusieurs projets.

13 % du territoire français.

12 des 36 sites Ramsar français (convention pour la conservation des zones humides).

6 des 10 réserves de biosphères françaises.

Plus de 3 millions d'habitants.

La Fédération des parcs naturels régionaux de France, créée en 1971, a vocation à promouvoir les parcs naturels régionaux français à l'échelle nationale et internationale.

Chapitre 9

La mer des possibles : gérer durablement les océans, les mers et les littoraux

Nouveaux enjeux, nouveaux intérêts, nouvelle gestion

Les grandes nations maritimes ont compris qu'elles doivent se doter de stratégies et de politiques publiques pour la mer. Cette prise de conscience s'accompagne de potentiels de développement ou de créations d'activités économiques. Il faut y voir le signe de l'importance des enjeux et des atouts de l'espace unique « mer et littoral » à préserver mais aussi à mettre en valeur.

Jean-François Tallec est Secrétaire général de la mer.

La problématique Enjeux de toujours...

La continuité physique des mers et océans, les progrès technologiques en matière de navigation et la liberté de circulation sur les mers font de tout État disposant d'une façade maritime le « voisin par la mer » de près de 80 % des États du monde. Cette proximité de « voisinage » n'a rien d'anodin, même à l'heure du transport aérien et d'Internet. Certes, il autorise directement les échanges commerciaux licites entre deux États en s'affranchissant du transit par des États tiers. Mais il constitue aussi une vulnérabilité. Tout trafic illicite au départ de tel ou tel pays est en mesure d'atteindre la plus grande partie du monde sans franchir de frontières. Il signifie aussi heureusement, que 80 % des nations peuvent, en cas de grande détresse, recevoir par la mer une assistance « lourde » de la communauté internationale.

... actuels et à venir

- La planète mondialisée « respire par le commerce international[1] ». Lequel repose sur le transport maritime pour les trois quarts de son volume[2]. Le fret transporté par la voie maritime, en commençant par les matières premières dont les hydrocarbures, irrigue les économies au point de les rendre dépendantes. Et cette forte dépendance d'aujourd'hui ne fera que se renforcer demain.
- La liberté de navigation sur les mers et un coût de la tonne transportée extrêmement avantageux sont évidemment les facteurs clés.
- Au-delà de l'échange des marchandises, la mer véhicule la plus grosse partie du flot des échanges intercontinentaux d'informations par la voie des câbles sous-

1. Nicolas Sarkozy, Le Havre, 16 juillet 2009.
2. Deux tiers des échanges mesurés en valeur ou 80 % mesurés en tonnage.

marins. La révolution de la fibre optique a permis « l'échange en temps réel » scellant définitivement l'interdépendance des systèmes financiers.

- Les ressources halieutiques sont, historiquement, la première des richesses tirées de la mer. Chaque année, 100 à 120 millions de tonnes sont pêchées. Elles servent essentiellement à l'alimentation humaine et ce secteur d'activité fait vivre plus de 200 millions de personnes dans le monde[1]. Pour autant, la pêche n'est qu'une partie de ce que la biodiversité marine apporte et apportera à l'homme si l'on sait la préserver.
- En outre, l'exploitation des ressources minérales se réduit pratiquement à celle des hydrocarbures. Part aujourd'hui importante des réserves connues, l'*offshore* représente le gros des espérances de demain avec le développement de « l'*offshore* profond[2] ». Les autres ressources minérales sont encore peu exploitées car leur collecte n'est pas encore rentable, mais une situation de pénurie ou des progrès technologiques pourraient changer la donne.

L'exploitation des mers comme source d'énergies nouvelles entièrement renouvelables n'en est qu'à ses balbutiements, mais les connaissances actuelles font déjà entrevoir un potentiel immense.

Cette importance de la mer l'érige donc en enjeu géopolitique majeur. Qu'il s'agisse d'occuper et de s'approprier les espaces maritimes ou, au contraire, d'en garantir l'accès libre à tous, la question de leur maîtrise, source de tant d'affrontements passés, reste d'actualité. Les grandes lignes du « droit de la mer », fixées à Montego Bay[3], sont garanties de fait par la puissance militaire des démocraties, dont la France.

Le cœur du sujet L'heure des prises de conscience et des choix

Dans le concert des nations maritimes, la prise de conscience est de plus en plus nette de la fragilité du milieu marin et des menaces, alors que le potentiel est immense s'il est correctement exploité, ce qui implique d'agir vite mais de façon concertée.

Avec l'atteinte des premières limites de la capacité des mers et océans à absorber et recycler les conséquences des activités humaines, l'importance de l'écosystème maritime révèle aux yeux de tous, son caractère vital pour l'humanité. Réchauffement climatique, potentielle modification des courants généraux comme le Gulf

1. Alimentation directe des humains pour les ¾, le solde *via* la nourriture pour les animaux et l'aquaculture.
2. 22 % du pétrole et 37 % du gaz (source Ifremer).
3. Par la convention des Nations unies sur le droit de la mer, signée en 1982 et entrée en vigueur en 1994.

Stream, fluctuations d'El Niño, montée du niveau des mers, fonte et disparition de la calotte glaciaire illustrent la fragilité d'un monde qui paraissait invulnérable. Ses conséquences, difficiles encore à apprécier, seront obligatoirement de taille.

Immense ou inconnu ne signifie pas illimité[1]. Les océans ne peuvent absorber indéfiniment sans coup férir les rejets et pollutions d'origine humaine[2]. La destruction d'habitats et de leurs écosystèmes associés atteint un niveau préoccupant, particulièrement en zone littorale mais aussi parfois au large. La biodiversité marine est aussi menacée par la multiplication des espèces invasives souvent à cause d'activités humaines.

Une chance inespérée pour relever les défis du futur

C'est la mer qui sauvera la terre. La mer constitue en effet le premier potentiel de vie de l'humanité[3] : potentiel alimentaire grâce au plancton, aux algues et aux protéines animales ; potentiel médical grâce aux enzymes et aux molécules des espèces marines ; potentiel énergétique grâce aux « énergies bleues » comme l'énergie thermique des mers, l'énergie tirée de la houle et des éoliennes en mer ; potentiel scientifique avec seulement quelques dizaines de milliers d'espèces connues sur un total estimé à plusieurs millions ; potentiel économique avec ses nombreux métiers, ses filières d'excellence et ses millions de travailleurs…

Le choix de la France : se donner une destinée maritime

… Là comme sur le climat ou sur la préservation de la biodiversité, nous sommes la dernière génération qui ait la capacité pleine et entière d'agir. Agir, avant qu'il ne soit trop tard…[4]

Le temps des constats et des hésitations est révolu. Mais le problème est mondial et sa solution sera mondiale.

C'est des instances internationales que sortiront les décisions les plus efficaces pour préserver l'avenir de la mer et en organiser la gestion commune. C'est de l'engagement volontariste de chacune des puissances maritimes, dans le cadre de structures communes mais aussi par des initiatives nationales, que dépend la réalisation effective de ces décisions.

Dans ce domaine, la France, par la place dans le monde maritime que lui confèrent son histoire, sa géographie et sa culture, assume une responsabilité particu-

1. Plus de 70 % de la surface de la planète.
2. 80 % dues aux activités terrestres (rejets dans les cours d'eau et l'atmosphère) et 20 % d'origine maritime (accidentelle ou chronique).
3. Jean-Louis Borloo, préface du Livre bleu du Grenelle de la mer, août 2009.
4. Nicolas Sarkozy, Le Havre, 16 juillet 2009.

lière et répond d'un devoir d'exemplarité. État côtier parmi les plus importants, la France est aussi une puissance maritime qui s'ignore. Elle conserve toute la panoplie des capacités maritimes et des savoir-faire associés : dans le transport maritime avec des armements français très performants, dans la construction navale civile et militaire, dans la pêche hauturière avec des professionnels performants, dans le secteur des hydrocarbures *offshore* avec des leaders mondiaux, dans l'industrie nautique de la plaisance, en s'appuyant sur une recherche océanographique mondialement reconnue, un tourisme littoral florissant et enfin des sociétés de services très présentes sur les marchés internationaux des banques et assurances.

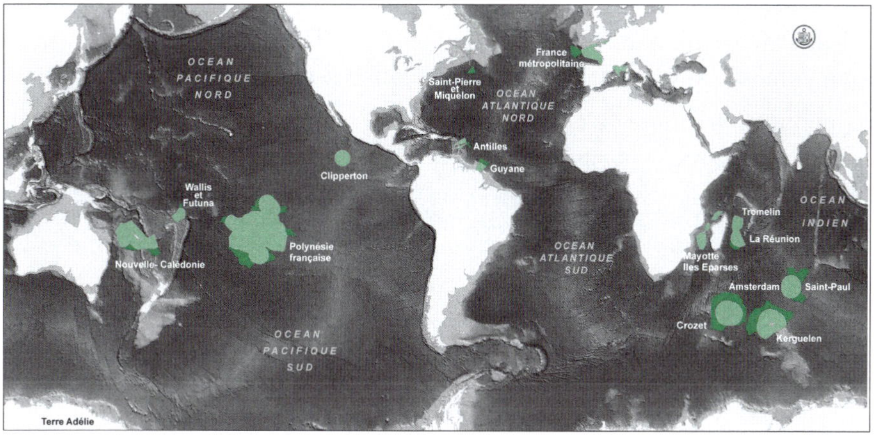

En vert clair : espaces maritimes sous juridiction de la France.
En vert foncé : demandes d'extension de ces espaces auprès de l'Onu au titre de l'article 76 de la Convention des Nations unies sur le droit de la mer (CNUDM).

Source : Service hydrographique et océanographique de la Marine.

Figure 1 – Espaces maritimes français actuels et revendiqués

Les enjeux Le Livre bleu : une approche intégrée pour la mer et le littoral

Fort de ces constats, des enjeux et leur forte interdépendance, la France vient de choisir, avec l'adoption d'une stratégie nationale pour la mer et les océans (le Livre bleu), de les relever et ainsi de dépasser les démarches strictement sectorielles ou géographiques dans l'élaboration des politiques maritimes.

Appuyé notamment sur les conclusions du Grenelle de la mer, le Livre bleu pose les fondements de cette politique en exposant les grandes orientations stratégiques ainsi que les principes de sa conception et de sa mise en œuvre : gestion intégrée de la mer et du littoral.

En adoptant une approche intégrée, la France rompt avec un traitement sectoriel pour la mise en œuvre des politiques en lien avec la mer et le littoral. En prenant en compte l'ensemble des enjeux, ce choix lui donne les moyens de dégager des voies de progression pour chaque secteur ou thématique aussi bien sur les plans social, économique ou environnemental.

Avec la définition d'objectifs lisibles pour tous les acteurs et pour tous les citoyens, les enjeux, les impacts, les conflits seront anticipés et les développements potentiels soutenus. Chaque politique contributrice se construira, selon une démarche de gestion intégrée, à partir d'une prospective maritime et avec une gouvernance adaptée.

La France fait ainsi le choix d'un processus de décision englobant toutes les échelles (géographiques ou temporelles) ainsi que l'ensemble des conséquences à long terme des choix, qu'ils soient environnementaux, économiques ou sociaux.

La politique maritime de notre pays sera ainsi une politique d'ensemble inscrite dans le développement durable traitant de manière cohérente de la mer et du littoral.

Lectures utiles

Le rapport du groupe Poséidon, *Politique maritime de la France : une ambition maritime pour la France*, La Documentation française, ISBN 978-2-11-006431-8.

Le Livre Bleu *Stratégie nationale pour la mer et les océans.*

Le Livre Vert : *Vers une politique maritime de l'Union : une vision européenne des océans et des mers*, SEC, 2006.

Données économiques maritimes françaises 2007 (Ifremer).

À retenir

Près de 11 millions de km² constituent les espaces maritimes sous juridiction nationale de la France, au second rang mondial après les États-Unis.

18,9 milliards d'euros de valeur ajoutée et 500 000 équivalents temps plein (dont 320 000 emplois directs) en 2003 représentent le poids de l'économie maritime.

Deux tiers des échanges mesurés en valeur ou 80 % mesurés en tonnage, part du transport maritime dans les échanges mondiaux.

La mer au secours de la Terre

Les ressources ultimes de la « planète Mer » ont beau rester largement inconnues et inexploitées, elles se montrent sans doute tout aussi « épuisables » que celles de la planète Terre : l'impact visible des activités humaines sur les océans et les « chocs en retour » qui s'amorcent font s'interroger sur la durabilité et la résilience de ces ressources. D'où la nécessité de prendre en compte les services rendus par les écosystèmes marins, quelle qu'en soit leur échelle. Les « silences de la mer » laissent place à ses réponses.

Hervé Moulinier est président du Pôle Mer Bretagne.

La problématique Ce que les océans offrent à l'homme

Face à ces défis, la réponse ne peut venir que de la combinaison des intelligences pour mieux comprendre, accroître la connaissance et la partager, trouver des solutions nouvelles aux conflits d'usages et de ressources, dans un objectif d'équilibre des écosystèmes concernés. Leur viabilité économique, elle, exige de placer l'homme au cœur de ces écosystèmes.

Parmi les outils dont la France dispose pour inventer ces nouvelles solutions, les pôles de compétitivité se révèlent de première importance : il s'agit de faire travailler ensemble les scientifiques et les entreprises sur des projets collaboratifs innovants, dans une approche transversale intersectorielle ou interdisciplinaire selon le cas, dans un objectif de développement économique durable. C'est bien la vocation des Pôles Mer Bretagne et Mer Provence-Alpes-Côte d'Azur (voir encadré *Zoom* ci-contre).

Zoom

Pôles de compétitivité : les ancres d'une vision européenne

Jumelés par leurs objectifs et leurs principes d'action, les Pôles Mer Bretagne et Mer Provence-Alpes-Côte d'Azur se sont donné une gouvernance en commun. L'État les a labellisés en 2005 et confirmés en 2008. Véritables outils de développement économique durable au service d'une politique maritime intégrée, ils constituent en eux-mêmes une réponse aux enjeux maritimes, en droite ligne des orientations du Livre Bleu de l'Union européenne et en cohérence avec le Livre Bleu national, *Une politique maritime pour la France.*

Ils forment un cluster d'environ 600 membres adhérents, en augmentation constante, dont 60 % de PME. Ils regroupent l'essentiel de la recherche française en sciences et techniques de la mer à travers les grands groupes du domaine. Leurs cinq thématiques concernent directement 100 000 emplois parmi les 310 000 emplois directs que compte l'économie maritime de la France. Ces deux pôles couvrent les trois façades maritimes métropolitaines de façon complémentaire, connectés à l'outre-mer.

Le cœur du sujet Les énergies marines renouvelables

Les océans captent la plus grande partie du rayonnement solaire (environ 3 000 fois la consommation mondiale d'énergie). Ils sont donc le siège de la grande machine thermodynamique de notre planète (variation du flux solaire entre pôles et équateur, évaporation, condensation, photosynthèse planctonique, vents…). Mais c'est aussi dans ces étendues marines que l'énergie gravitationnelle et cinétique de rotation est la plus exploitable (régimes de vent synoptique, marées…). Hors ressources fossiles, par nature non renouvelables à l'échelle de la société et émettrices de gaz à effet de serre, l'océan recèle des quantités phénoménales d'énergie qui font que la partie « socio-économiquement » exploitable, tout en restant négligeable par rapport au flux entrant, est elle-même gigantesque.

Les énergies marines représenteront en 2020 une partie faible (quelque 1 %) du bouquet énergétique national et mondial en raison de leur jeunesse. Il n'empêche qu'elles représentent un enjeu industriel et d'emplois pour une empreinte environnementale beaucoup plus réduite que d'autres énergies renouvelables terrestres (si l'on extrapole la comparaison entre photovoltaïque et éolien vue sous l'angle du bilan carbone). Deux avantages complémentaires « durables » les caractérisent : en leur qualité de technologies nouvelles sur un espace nouveau, il est encore possible de résoudre les conflits d'usages par une concertation innovante. Leur existence est propice, par exemple, au développement de zones de cantonnement pour améliorer la surveillance et la sécurité en mer. Second avantage : elles se prêtent plus facilement à mettre en œuvre des dispositifs de stockage (au-delà du lissage du réseau), par exemple par la production *offshore* d'eau douce et d'hydrogène. À plus court terme, elles sont la solution à l'émergence de systèmes d'indépendance îliens en énergie et eau. Et, quasi immédiatement, elles favorisent l'utilisation de l'eau de mer dans les dispositifs de climatisation des villes en bord de mer : il s'agit là d'une solution qui a fait ses preuves.

Les ressources biologiques

Si la biomasse marine est d'un ordre de grandeur plus importante que la biomasse terrestre, sa diversité est beaucoup moins connue. Chaque jour ou presque sont découvertes de nouvelles espèces, en particulier dans les micro-organismes ; partant, de nouvelles propriétés et principes actifs. Le potentiel des biotechnologies pour extraire des algues, non seulement des protéines et des lipides, mais en outre des molécules utiles à la santé, en médecine, en thalassothérapie, dans le traitement des plantes est établi. Ils trouvent leurs applications concrètes, peu à peu, dans les projets des deux Pôles Mer.

Les ressources halieutiques

Les produits de la pêche ne représentent que 20 %, dans la consommation mondiale, de protéines. La stagnation, voire la légère diminution du volume pêché, a fait prendre conscience de la vulnérabilité de la ressource face à la surpêche de certaines espèces. Une pêche durable repose sur des efforts considérables. Non seulement pour lutter contre la pêche illégale, assurer une meilleure diffusion des bonnes pratiques (adéquation et sélectivité des engins, respect du repos biologique et des zones de reproduction…), mais aussi pour transmettre une meilleure compréhension des écosystèmes par la coexpertise et une meilleure économie de la pêche. De quoi permettre aux professionnels de vivre de leur métier tout en pesant moins ou de façon plus optimisée sur la ressource (valorisation des produits et coproduits, chaîne de commercialisation, économies d'énergie, nouveaux navires…).

Le développement des élevages marins sans recours à la pêche minotière est un enjeu à la fois environnemental, scientifique, sociétal (qualité de l'eau, compréhension des maladies, utilisation de protéines végétales, pratiques alimentaires, aménagement du littoral…). Ces enjeux sont autant d'opportunités de développer et de valoriser les savoir-faire de la recherche française ce qui se retrouvent dans les projets des Pôles Mer.

Les enjeux Des navires et des services venus des profondeurs

D'autres exemples, non exhaustifs, illustrent comment l'innovation au service des filières maritimes contribue à orienter ces activités vers le développement durable. Les deux pôles ont abouti à un programme d'éco-construction de navires économes propres et sûrs pour les cinq marines. Une proposition reprise et actée lors du Grenelle de la Mer, avec des engagements de réduction des consommations et rejets. En parallèle, on a développé l'éco-navigation des navires de plaisance, les ports économes d'espace adaptés aux navires futurs et à faible empreinte environnementale.

L'abyssal besoin de connaissance relevé par le Grenelle de la Mer est aussi une opportunité économique de développer des services aux usagers de la mer. Exemples : l'océanographie opérationnelle côtière, les services aval du GMES[1], les moyens de surveillance et d'intervention dans notre ZEE[2] et en particulier dans les Aires Marines Protégées. Il n'est pas de développement durable des activités maritimes sans assurer leur sécurité et leur sûreté. Un besoin corrélé à la

1. Global Monitoring for Environment and Security.
2. Zone d'Exclusivité Économique.

montée des enjeux internationaux liés à la défense des ressources de la ZEE et de la liberté de circulation, et à la protection des frontières de nos façades maritimes.

Pour autant, ces acteurs sont prêts à assumer cette part de risque car ils ont compris que le développement durable comme le concept de responsabilité sociétale des entreprises étaient des opportunités pour repenser l'avenir de notre société, les processus de décisions dans tous les lieux de pouvoirs, politiques, économiques et sociaux, et qu'à côté des innovations environnementales et technologiques le concept d'innovation sociétale était tout autant indispensable.

Lectures utiles

Énergies renouvelables marines : étude prospective à l'horizon 2030, Éditions Quæ.

Des énergies marines en Bretagne : à nous de jouer, Conseil économique et social de Bretagne.

À retenir

40 MTep/an (millions de tonnes équivalent pétrole) : hydrolien mondial exploitable (énergie cinétique des courants de marée, hors marémoteur à chute d'eau qui double le potentiel).

7 000 MTep/an : gradient thermique fond/surface en zone intertropicale (hélas peu accessible à court terme sauf dans les DROM).

27 MTep/an : énergie éolienne par moins de 20 m de fond et à moins de 20 km des côtes européennes (potentiel accessible par des technologies matures, largement dépassé quand on s'éloigne des côtes grâce aux éoliennes flottantes, que la force du vent augmente et que les conflits d'usage diminuent).

12 MTep/an : énergie mondiale de la houle techniquement accessible.

160 MTep/an : consommation nationale de toutes énergies et usages confondus.

Sans oublier l'énergie liée au gradient de salinité et l'énergie liée à l'exploitation de la biomasse qu'il s'agisse de micro-algues de macro-algues ou de méthanisation des déchets de la pêche.

La Méditerranée, laboratoire du développement marin durable

Au seuil du troisième millénaire, l'articulation entre la préservation de l'environnement marin et littoral et l'exploitation durable des ressources naturelles constitue l'enjeu principal des politiques maritimes. La mer n'a longtemps appartenu à personne, mais devient, selon l'expression consacrée, un bien commun, qu'il appartient donc de gérer en commun. L'exemple méditerranéen est à cet égard riche d'enseignements et de perspectives.

Julia Jordan est chargée de mission Développement durable, Mer et Agriculture au sein de la mission interministérielle Union pour la Méditerranée.

La problématique — Apprendre des solidarités méditerranéennes

À l'heure où la préoccupation d'une gestion durable, et donc globale, des océans et des mers entre enfin pleinement dans le champ politique à l'échelle de la planète, la Méditerranée fait figure de laboratoire pionnier dans le domaine du développement marin durable. Pionnier, parce que les Méditerranéens ont mis en place depuis le milieu des années 1970 les cadres d'une coopération entre États, notamment au travers de la convention de Barcelone pour la protection du milieu marin et du littoral de la Méditerranée. Or, on ne gère pas l'environnement, la mer ou sa biodiversité : on gère les activités humaines qui utilisent l'environnement. Ce défi est d'autant plus crucial et difficile en Méditerranée que cette écorégion fragile, à la biodiversité exceptionnelle, concentre les problématiques liées à l'augmentation des hommes et des activités sur le littoral et en mer.

La préoccupation précoce des Méditerranéens pour leur environnement marin a permis d'avancer sur le chemin de la gouvernance régionale de la mer Méditerranée. En 2008, le lancement de l'Union pour la Méditerranée traduit une nouvelle approche, celle du codéveloppement et de la mise en œuvre de solidarités concrètes entre les peuples riverains de la Méditerranée.

Le cœur du sujet — Le combat méditerranéen pour une mer aux mille richesses

La concurrence pour l'utilisation de l'espace littoral et marin, la dégradation de l'environnement marin par la pollution (80 % de la pollution est d'origine terrestre) ou bien encore la pêche illicite, non déclarée et non réglementée, constituent des questions majeures pour la région, dans le contexte aggravant du changement climatique, du recul du trait de côte et des risques qui pèsent sur la sécurité maritime. En mer plus qu'ailleurs, les destructions entraînées par une gestion irraisonnée des activités humaines sont d'autant plus dramatiques qu'elles sont invisibles et qu'elles touchent des mondes très largement inconnus : c'est par exemple le cas des écosystèmes qui se développent autour des montagnes et canyons sous-marins à forte biodiversité, au taux d'endémisme élevé, qui jouent un rôle clé (source de carbone, nurserie) et dont l'importance économique est incontestable (production halieutique, nodules polymétalliques, énergie fossile).

Zoom

Les chiffres noirs de la Grande bleue

Les 22 pays qui bordent la Méditerranée regroupent 460 millions d'habitants, dont un tiers vit sur la côte. Deux Méditerranéens sur trois sont des urbains. 60 % des eaux urbaines rejetées en Méditerranée le sont sans traitement préalable, la moitié des villes de plus de 100 000 habitants n'ont pas de station d'épuration, 80 % des décharges ne sont pas contrôlées. Avec 31 % du tourisme international et 275 millions de visiteurs par an, la Méditerranée est la première destination touristique au monde. 30 % du fret maritime mondial et 25 % du trafic des hydrocarbures de la planète croisent par ses eaux. La Méditerranée concentre 10 % des espèces connues de végétaux supérieurs sur seulement 1,6 % de la surface terrestre et 7 % des espèces marines sur moins de 0,8 % de la superficie des océans. 75 % des déchets trouvés au fond ou à la surface de la mer sont des plastiques. La pollution issue des dégazages (estimés à 80 par jour) représente 15 fois la marée noire du Prestige. 50 à 60 % des stocks de pêche sont en surexploitation.

Source : PNUE/PAM/Plan Bleu, 2009.

Les Méditerranéens, pionniers de la coopération maritime

La Méditerranée est la première mer pour laquelle s'est mise en place dès 1949 une organisation régionale des pêches en vertu de la constitution de l'Organisation des Nations unies pour l'alimentation et l'agriculture (FAO) : la Commission générale des pêches pour la Méditerranée (CGPM[1]). La Commission mène une action de diagnostic et de recommandation, notamment en vue de réglementer le prélèvement des ressources marines de la zone.

Par leur reconnaissance des impacts croissants des activités humaines sur l'état de leur mer, les États riverains de la Méditerranée[2] ont décidé en 1975 d'établir le Plan d'action pour la Méditerranée (PAM), et ont signé en 1976 la convention pour la protection de la mer Méditerranée contre la pollution (convention de Barcelone). La Méditerranée est ainsi également la première mer concernée par

1. Albanie, Algérie, Bulgarie, Croatie, Chypre, Égypte, Espagne, France, Grèce, Israël, Italie, Japon, Liban, Libye, Malte, Monaco, Monténégro, Maroc, Roumanie, Slovénie, Syrie, Tunisie, Turquie et Commission européenne. Pour plus d'informations, consulter : www.gfcm.org.
2. Albanie, Algérie, Bosnie-Herzégovine, Croatie, Chypre, Égypte, Espagne, France, Grèce, Israël, Italie, Liban, Libye, Malte, Monaco, Monténégro, Maroc, Slovénie, Syrie, Tunisie, Turquie et Commission européenne. Pour plus d'informations, consulter : www.unepmap.org.

une convention de mer régionale, telle que définie par le Programme des Nations unies pour l'environnement. Des protocoles spécifiques ont ensuite été adoptés. Le dernier né de ces protocoles méditerranéens, celui de 2008 sur la gestion intégrée des zones côtières, est déjà présenté comme un modèle pour les autres conventions de mer régionale, alors même qu'il n'est pas encore effectif (six pays au moins doivent le ratifier, ils étaient trois à mi-2010). Le cadre juridique ainsi constitué et partagé constitue une des valeurs ajoutées majeures de la convention de Barcelone.

On pourrait citer d'autres accords entre pays riverains (comme le Sanctuaire Pelagos, espace maritime objet d'un accord entre l'Italie, Monaco et la France pour la protection des mammifères marins[1]). Un réseau de connaissance et d'expertise important s'est développé qui a permis des progrès notables, notamment par la mise en place de politiques nationales de lutte contre les pollutions affectant le milieu marin et le littoral, ou bien la gestion des pêches, mais l'état de la Méditerranée est encore loin d'être satisfaisant (voir encadré *zoom* ci-dessus).

Les cadres de la gouvernance en Méditerranée sont en place, mais chacune de ces organisations a souvent une influence restreinte à un secteur/thème, et peine aujourd'hui à rendre concrets aux yeux de tous les Méditerranéens les efforts déployés. Étendu au développement durable en 1995, le champ d'application du PAM va au-delà d'une stricte mission de protection de l'environnement marin grâce à la création d'une Commission méditerranéenne pour le développement durable – CMDD. Cependant, les États y sont généralement représentés par leurs ministères de l'Environnement, et l'engagement politique reste trop faible pour une action transversale d'envergure.

Les enjeux Saisir le moment politique

Malgré les conflits, les Méditerranéens ont su montrer qu'ils pouvaient se fédérer autour de projets d'intérêt commun. L'action concertée et partenariale entre les États, le secteur privé, les organisations non gouvernementales et les institutions internationales est fondamentale. Les cadres onusiens ont permis de structurer la coopération en Méditerranée. L'Union pour la Méditerranée, officiellement lancée lors du sommet de Paris pour la Méditerranée le 13 juillet 2008, est une création régionale originale réunissant 43 pays de la Méditerranée et de l'Union européenne. Les États, au plus haut niveau politique, collaborent à pied d'égalité pour lancer des projets opérationnels concrets. L'Union pour la Méditerranée n'a pas vocation à se substituer aux procédures de coopération et de dialogue qui réunissent déjà les pays de la Méditerranée, mais à les compléter et à leur donner une impulsion transversale supplémentaire.

1. Pour plus d'informations, consulter : www.sanctuaire-pelagos.org

Les sujets marins, tels que le développement des autoroutes de la mer, la sécurité de l'espace maritime, la dépollution de la Méditerranée (exemple : installations de stations d'épuration en zone côtière), la protection de la biodiversité et la conservation des fonds marins ne peuvent s'envisager comme des actions exclusivement sectorielles. Elles doivent faire partie d'une stratégie maritime méditerranéenne intégrée, alliant le développement durable des activités et la préservation de l'environnement. L'Union pour la Méditerranée est ainsi l'occasion de faire se rencontrer les impulsions « descendantes » comme l'ont été les politiques menées jusqu'ici et les initiatives locales liées aux projets dont elle favorise le développement. Un véritable dialogue maritime peut désormais s'établir en Méditerranée, pour notamment saisir toutes les opportunités de développement socio-économique qui peuvent venir de la mer. Ce qui rejoint le souhait de la Commission européenne exprimé par la recommandation de la DG MARE du 11 septembre 2009.

Ce cadre régional renforce la souveraineté des États : on peut agir sur ce que l'on maîtrise. Le projet de création par la France d'une zone d'exclusivité économique (ZEE – prévue par la convention de Montego Bay qui régit le droit de la mer depuis 1982), tel que défini dans le Livre Bleu, *Stratégie nationale pour la mer et les océans,* qui fixe les grandes orientations stratégiques françaises pour la mer et le littoral, adopté en décembre 2009, va dans ce sens. Cette décision permettra à la France de réguler les activités, gérer les ressources et les habitats, mieux prévenir, contrôler et réprimer les infractions commises dans cette zone ainsi que les atteintes portées à l'environnement marin.

Ajuster ses voiles

Il est temps de comprendre combien les richesses marines, ressources renouvelables mais épuisables, conditionnent le développement économique du troisième millénaire. Il s'agit donc de tout mener de front : la sauvegarde de la biodiversité marine (sans biodiversité pas de vie, sa valeur est inestimable), et la gestion raisonnée et intégrée des activités humaines. La clé de voûte de ce bénéfice réciproque entre l'homme et la mer est bien la solidarité et le développement de la coopération entre tous. Les Méditerranéens l'ont bien compris et ont su faire leurs les paroles de William Arthur Ward : *Le pessimiste se plaint du vent, l'optimiste espère qu'il va changer, le réaliste ajuste ses voiles.*

Lectures utiles

Géographie de la Méditerranée, Du Mythe unitaire à l'espace fragmenté, Jacques Bethemont, Armand Colin, 2008.

La Méditerranée assassinée, ouvrage collectif, in *Peuples méditerranéens,* n° 62-63, janvier-juin 1993.

État de l'environnement et du développement en Méditerranée, PNUE/PAM-Plan Bleu, 2009.

Atlas historique de la Méditerranée, Odile Sassi, Mathilde Aycard, Fayard, 2009.

Partie 2

Les politiques publiques

Chapitre 10

La place et le rôle des acteurs publics

La République inadaptée au durable !

Nous, en France nous n'avons qu'une vérité. Elle vient du haut, même quand cet angle de vue est synonyme d'ignorance au regard des potentiels et des enjeux d'un territoire et de ses acteurs. Là se profile la limite. Les élites nationales récurrentes se croient dépositaires de l'imaginaire et du droit de dire ce qui est un projet juste ou non. Ces castes de la République entendent continuer d'imposer une seule vérité, la leur, puisant leur légitimité de leur naissance sociale et de leur diplôme !

Guy Hascoët est conseiller Régional Europe écologie Bretagne, il fut député du Nord de 1997 à 2000 puis secrétaire d'État à l'économie solidaire dans le gouvernement Lionel Jospin de 2000 à 2002.

La problématique — Fédéral contre centralisateur

L'ONU l'a reconnu : les initiatives les plus pertinentes, les plus innovantes en matière de mise en œuvre des accords sur le développement durable sont toujours (ou principalement) le fait des collectivités locales. Agriculture, énergie et efficacité énergétique, nouvel urbanisme, politique des transports… les échelles locales et régionales conduisent, pourtant avec des moyens parfois restreints, les stratégies innovantes.

Depuis vingt ans, l'espace régional s'est affirmé. Mais les pays européens qui, actuellement, se sont emparés avec succès des nouvelles industries en énergie, dans le secteur du bâtiment, dans les services d'intelligence des flux dans les territoires, disposent justement d'une structure fédérale. Ils ont ainsi laissé une pluralité de légitimités s'épanouir au sein de leur entité nationale. N'ont-ils pas parié sur l'hypothèse que si, ici ou là, la dynamique a laissé de côté un sujet important, il se trouvera toujours un autre espace régional pour saisir l'enjeu et l'opportunité ? Et ainsi montrer le chemin, de façon à ce que d'autres s'en emparent à leur tour.

Ce n'est pas le cas en France.

Le cœur du sujet — L'Europe des autoroutes…

Depuis vingt ans, l'Union européenne a pris sa place. Pour le meilleur quand il s'agit des règlements normatifs sur l'eau, sur les déchets, sur la protection des ressources et des milieux naturels. Pour le pire quand, cédant aux lobbys ou à l'aveuglement idéologique de la libéralisation, la Banque européenne d'investissement (BEI) et la Banque européenne pour la reconstruction et le développement (BERD) se mettent au service du déploiement du seul réseau routier et autoroutier. Cette stratégie est antinomique avec une stratégie de développement. Elle se rallie au dumping social et aux délocalisations industrielles. Et ne parlons pas de ces normes prétendues sanitaires au service des grosses structures industrielles, trop présentes dans tous les couloirs bruxellois.

Poursuivre le rêve européen suppose de clarifier le fonctionnement réel de ses institutions et de remettre en concordance stratégie de la Commission et engagements internationaux.

Colbertisme, jacobinisme, bonapartisme !

Et l'État dans tout cela ? Eh bien il est un peu perdu, et ses animateurs, produits de nos grandes filières, n'ont pas toujours accepté les césures de ces dernières années. Notre fonctionnement reste une curieuse synthèse entre colbertisme (« pour tous, partout, pareillement »), jacobinisme (« la vérité est à Paris ») et bonapartisme (« la vérité est en un chef »). Et rien ne semble devoir modifier ce système carencé. Nous ordonnons, j'ordonne… Ainsi la France est conçue comme une somme d'individus citoyens, tous égaux.

Tant pis si le nombre de médecins est trois fois plus important à Nice qu'à Roubaix, tant pis si les uns disposent d'un service quand d'autres n'en ont plus aucun. Ce qui est essentiel, c'est de discourir d'égalité… sans vérifier concrètement que les dispositifs réels la font vivre.

L'État est indispensable quand il s'agit de sécurité extérieure, de police, de protection santé, de maintien des systèmes de retraite, et évidemment pour édicter des objectifs nouveaux au travers de la loi. Il devrait être à l'écoute et partenaire des impulsions en matière de recherche-développement, d'accompagnement de toutes les filières innovantes. La loi s'impose à tous, mais les exemples sont légion où, en matière d'eau, de déchets, de Politique agricole commune, l'État agit en irrespect de la loi commune ou des traités européens qu'il a ratifiés.

Là se profile la limite. Les élites nationales récurrentes se croient dépositaires de l'imaginaire et du droit de dire ce qui est un projet juste ou non.

F… la paix aux décideurs de terrain !

L'État, toujours lui, aurait dû impulser une grande politique multimodale. Rien. Il aurait dû accompagner les nouvelles industries des énergies renouvelables. Toujours rien. Il a pendant trop longtemps tué toutes les initiatives. J'arrête la liste, elle serait trop longue.

La question centrale est de faire en sorte que notre État s'occupe valablement des dossiers dont il doit impérativement garder la charge et qu'il arrête *a contrario* de se mêler de tout. Nous savons comment développer de nouvelles industries. Nous savons s'il faut autoriser ou non des porcheries ou des élevages de poulets dans nos régions. L'agglomération de Montpellier ou la région Bretagne ne devraient pas avoir besoin de se battre des années pour créer un établissement public foncier, dans l'attente du bon vouloir du ministère de l'Intérieur !

Les enjeux Appliquer la subsidiarité, toute la subsidiarité

Voilà plus de vingt ans que le rapport Brundtland sur le développement durable était présenté devant les instances de l'ONU. L'un des principes majeurs proposés et adoptés par les chefs d'État est la subsidiarité. Deux orientations le sous-tendent : redescendre les compétences accrochées à des niveaux supérieurs sans que rien ne le justifie, se rapprocher le plus possible des acteurs et des citoyens.

La question posée sous l'angle de ce principe essentiel devient : quelles sont les échelles de compétences adéquates en France, et comment les redistribuer dans la rampe institutionnelle ?

L'Union européenne doit poursuivre son travail de convergence. Elle doit nourrir l'ambition d'une charte sociale. Laquelle doit mettre ces politiques territoriales en conformité avec ces engagements.

L'État français, comme la quasi-totalité de ses voisins européens, doit accepter que les fonds agricoles ou de développement régional soient directement attribués à l'échelon régional sans repasser par les préfectures.

Pour s'assurer d'une adéquation dans la prise en charge des dossiers, il faut diversifier les lieux d'initiatives et de légitimité. Voilà qui passe par une organisation fédérale. Dans ce schéma, la région doit peser d'un poids important, avec des compétences élargies et entières, une capacité de lever et de redistribuer 10 à 15 % des prélèvements fiscaux dans son territoire.

Adapter la République aux nouveaux rêves

Pour structurer de fait une bonne compréhension des échelons d'institutions entre eux, il faut envisager pour chaque niveau un scrutin mixte : intercommunalité faite pour moitié d'un scrutin de liste et pour moitié de la représentation des communes membres ; conseils régionaux pour moitié sur une circonscription unique régionale et pour moitié de la représentation des départements et des intercommunalités ; un Sénat pour moitié sur un scrutin France et pour moitié la représentation des régions. En outre, nos députés se consacreraient enfin à cette seule responsabilité.

Nos enfants nous le reprocheront un jour. Cette sentence trouve déjà sa traduction dans le ressenti de plus en plus répandu au sein des générations jeunes et montantes qu'une ou deux générations continuent d'empêcher la prise en charge de l'avenir. Qu'elles créent dettes budgétaires, déséquilibres de la protection sociale, cadavres industriels coûteux (500 millions à 2 milliards d'euros pour résorber la petite centrale nucléaire de Brennelis). D'autant plus insupportable que, loin de se concentrer sur les solutions d'avenir, la majorité des acteurs techniques et politiques s'entêtent à vouloir multiplier rocades, autoroutes, aéroports…

Cette génération aura tout pris. Elle prétendrait aujourd'hui nous empêcher de préparer l'avenir et d'amortir les horizons douloureux. C'est politiquement erroné ; c'est historiquement indécent.

Mon souci n'est pas ici de décourager celles et ceux qui s'impliquent dans la conduite des affaires publiques. Mais pour travailler à redonner du souffle, remobiliser les forces vives, il s'agit d'ouvrir l'espace public, de permettre qu'un nouveau rêve collectif apparaisse.

Il est urgent d'adapter notre République pour autoriser de véritables politiques ambitieuses de développement durable.

Aucun projet tournant le dos à cet impératif ne pourrait se targuer d'avoir saisi notre époque. Seule cette perspective de déblocage de la société française peut espérer rencontrer un enthousiasme dont nous avons tous tant besoin.

L'axe structurant des politiques et des stratégies

Une politique concertée de développement durable doit nécessairement s'inscrire dans la durée et conduire à son appropriation par tous les acteurs publics et privés de la nation. Au-delà des étapes largement médiatisées, tel le Grenelle Environnement, il convient d'infléchir durablement nos politiques publiques et les stratégies des entreprises et autres parties prenantes en donnant à tous un cadre structurant. C'est là tout l'enjeu de la Stratégie nationale de développement durable (SNDD) et de sa révision pour la période 2009-2013.

Michèle Pappalardo est commissaire général au développement durable au MEDDTL.

La problématique Repérage historique d'une politique d'initiateur

Le Sommet de la Terre à Rio de Janeiro avait dressé en 1992 un état alarmant de la planète[1]. Depuis, la communauté internationale a pris progressivement conscience des enjeux du développement durable et de la nécessité d'interroger nos modes de vie et nos cultures pour les relever. En 1997, l'Assemblée générale des Nations unies invitait tous les pays à se doter de stratégies nationales de développement durable d'ici à 2002.

C'est le 3 juin 2003 que la France a adopté sa *première stratégie nationale de développement durable* pour la période 2003-2008. Pour la première fois, en France, le développement durable était placé au cœur de l'action publique. Cette SNDD déclinait dix programmes d'action et près de 400 actions. Elle visait notamment une implication active des ministères, tout en mettant en valeur la mobilisation des autres acteurs.

En juin 2006, l'Union européenne fixe sa propre stratégie de développement durable (SEDD)[2]. Structurée autour de neuf défis, elle a vocation à jouer les outils de cohésion entre les multiples politiques. Elle propose une vision de long terme de la conduite des politiques publiques en Europe.

La France fut le premier pays de l'Union européenne à actualiser sa SNDD en 2006 pour la rendre cohérente avec la SEDD. Jusqu'à intégrer les recommanda-

1. À Rio, la France est l'un des 178 pays qui entérinent Action 21, le plan directeur qui comporte des mesures visant à rendre le développement durable sur les plans économique, social et environnemental pour le XXIe siècle.
2. http://ec.europa.eu/sustainable/sds2006/index_fr.htm

tions émises en 2005 par quatre pays lors d'une revue par les pairs (Belgique, Ghana, Île Maurice et Royaume-Uni) de notre SNDD réalisée dans le cadre de la Commission du développement durable des Nations unies.

Même si, cinq ans après son adoption, 87 % des actions inscrites dans la première SNDD ont été réalisées ou engagées[1], il faut admettre qu'en 2003 les marques d'intérêt des décideurs et des administrations furent modestes. Les uns découvraient avec intérêt le concept même de développement durable, les autres s'interrogeaient sur son utilité et sa traduction concrète. À tous, l'intégration effective du développement durable dans les politiques publiques semblait encore lointaine.

Six ans plus tard, le contexte a radicalement changé. La consommation d'énergie, la production de déchets, les menaces pour la santé publique, la pauvreté et l'exclusion sociale, la gestion des ressources naturelles, la perte de biodiversité, l'utilisation des sols… sont autant de défis dont l'ampleur et l'interdépendance exigent une approche transversale, au-delà de l'horizon des politiques et des actions sectorielles.

Le cœur du sujet Une stratégie en neuf objectifs

Le phénomène du changement climatique à l'échelle mondiale, le Grenelle de l'environnement en France et la crise économique et financière mondiale ont accéléré le changement des mentalités : le développement durable est devenu une priorité pour tous.

La crise économique structurelle qui a déferlé sur le monde depuis 2008 a plongé la planète dans la récession, pour la première fois depuis la Seconde Guerre mondiale. Elle a obligé les États à s'interroger sur les causes des déséquilibres qui ont fait vaciller nos systèmes économiques et financiers. Elle nous enjoint de construire un nouveau modèle qui prenne en compte sur le long terme les exigences du développement durable. Elle nous incite à nous engager sur le chemin d'une croissance profondément renouvelée.

Les objectifs ambitieux fixés par le chef de l'État dans son discours de conclusion des travaux du Grenelle de l'environnement du 25 octobre 2007, l'instauration du cadre législatif indispensable à leur concrétisation[2] ont fait basculer notre pays dans une dynamique nouvelle que la deuxième stratégie nationale 2009-2013 vient formaliser.

Le contexte dans lequel s'inscrit la révision de la SNDD 2009-2010 confère donc à l'exercice des exigences particulières. Il faut répondre rapidement à la détresse

1. www.developpement-durable.gouv.fr/article.php3id_article=5236
2. Selon l'article 1 de la loi « Grenelle 1 » du 3 août 2009, la SNDD doit être *élaborée par l'État en cohérence avec la stratégie européenne de développement durable (SEDD) et en concertation avec les représentants des élus nationaux et locaux, des employeurs, des salariés et de la société civile, notamment des associations et fondations.*

sociale et au chômage en relançant l'activité, notamment au travers de la « croissance verte », mais sans hypothéquer l'avenir par nos choix de court terme.

Pour la première fois dans un document de cette nature, les partenaires de la « gouvernance à cinq » (État, collectivités territoriales, acteurs économiques, acteurs sociaux et organisations non gouvernementales) ainsi que le grand public *via* une consultation internet ont été pleinement associés à l'élaboration de cette SNDD 2009-2013. Avant son adoption par le Comité interministériel de développement durable (CIDD) le projet de Stratégie a été soumis à l'avis du Conseil économique social et environnemental (CESE).

Les indicateurs de suivi de la SNDD ont également fait l'objet d'un travail spécifique en vue de compléter la liste des indicateurs phare d'Eurostat que nous avons en commun avec nos voisins européens[1].

Inspirée par l'architecture de la stratégie européenne de développement durable, la SNDD 2009-2013 s'articule autour de neuf défis (*cf.* figure 1).

- *Le changement climatique et l'énergie* qui exigent une rigueur et une sobriété plus grandes dans nos consommations, le développement des énergies renouvelables, l'adaptation des territoires en veillant à la situation des personnes et des activités vulnérables.
- *Les transports et la mobilité durables*, en favorisant la complémentarité et les transports les moins polluants, en s'attachant à réduire les déplacements contraints, à développer des systèmes qui répondent mieux aux besoins de performances économiques et de cohésion sociale.
- *La consommation et la production durables* en agissant tout au long du cycle de vie des produits et des services.
- *La gestion durable de la biodiversité et des ressources naturelles* en nous appuyant sur une meilleure connaissance – et reconnaissance – de leur contribution à nos besoins les plus essentiels, sur une économie, une urbanisation, des organisations plus sobres et plus éco-innovantes.
- *La santé publique, la prévention et la gestion des risques,* en prêtant une attention particulière à la qualité des milieux et aux inégalités sociales potentielles.
- *La démographie, l'immigration, la lutte contre la pauvreté et l'inclusion sociale* dont l'impact sur l'économie et l'équilibre de nos systèmes de protection sociale est déterminant, en nous attachant à lutter contre toutes les exclusions dues notamment à l'âge, à la pauvreté, à l'insuffisance d'éducation et de formation et en s'appuyant sur la dimension pluriculturelle de la société française.
- *Les défis internationaux du développement durable et de la pauvreté dans le monde* en soutenant le renforcement de la gouvernance internationale pour mieux intégrer les exigences du développement durable, en contribuant à la sécurité alimentaire et énergétique des pays les plus défavorisés.

1. www.ifen.fr/indicateurs/indicateurs-de-developpement-durable.html

- *La société de la connaissance* par le développement de l'information, de la formation et de l'éducation tout au long de la vie, par un soutien accru à la recherche et à l'innovation dont dépendent largement notre compétitivité et donc la pérennité de notre modèle économique et social.
- *La gouvernance*, enfin, qui doit faciliter notre adaptation au changement et aider notre société à évoluer en associant toutes les parties prenantes.

Au terme de ce processus d'élaboration, la nouvelle SNDD 2009-2013 est à la fois plus courte, plus pédagogique et plus stratégique que la précédente. Elle s'attache à préserver l'équilibre entre les dimensions environnementale, sociale et économique du développement durable, à concilier les droits des générations présentes et futures et à articuler de façon cohérente les enjeux nationaux et locaux. Elle intègre les engagements du Grenelle Environnement et du Grenelle de la mer.

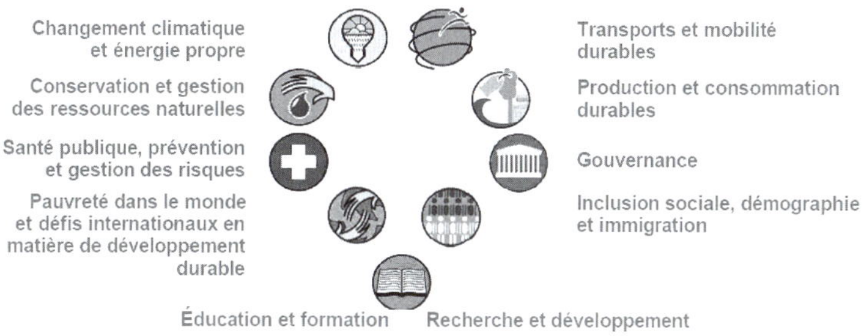

Figure 1 – Les neuf défis de la stratégie nationale de développement durable © SNDD

Les enjeux Le développement durable, un processus continu

L'objectif de la SNDD 2009-2013 est de proposer une architecture commune à tous les acteurs de la nation, qu'ils soient publics ou privés, afin de les aider à structurer leurs propres projets de développement durable autour de choix stratégiques et d'indicateurs à large consensus. La SNDD a vocation à assurer la cohérence et la complémentarité des engagements internationaux et européens de la France, et des politiques nationales, transversales ou sectorielles. Une telle démarche veut apporter une lisibilité et une cohérence entre les politiques sectorielles, développer des synergies entre les programmes existants. Objectif : mettre en mouvement l'ensemble de la société.

Le développement durable est un processus concerté d'amélioration continue dont la mise en œuvre doit bénéficier à tous. Associer de manière étroite écologie, économie, solidarité et équité sera un axe de travail central pour la période 2009-2013 afin de nous permettre de relever les défis majeurs du XXIe siècle, tant environnementaux qu'économiques ou démographiques.

Lectures utiles

La Stratégie nationale de développement durable – Comité interministériel pour le développement durable – 3 juin 2003.

Agir dans la dynamique européenne. Volume I : *Objectifs stratégiques et instruments* ; volume II : *Programmes d'action* ; volume III : *Douze indicateurs phares de développement durable.* http://lesrapports.ladocumentationfrancaise.fr/BRP/104000065/0000.pdf

Ministère de l'Écologie, ministère des Affaires étrangères, *La stratégie nationale de développement durable de la France : rapport sur la revue par les pairs et le processus d'apprentissage en commun, www.adequations.org/IMG/pdf/SNDDrevieParLesPairs.pdf*

Les indicateurs du développement durable et l'empreinte écologique, http://lesrapports.ladocumentationfrancaise.fr/BRP/094000249/0000.pdf. MEEDDM/Commissariat général au développement durable

Une expertise de l'empreinte écologique, Observation et repère statistiques n° 16 janvier 2010.

Les indicateurs de développement durable, La Revue du CGDD, janvier 2010.

MEEDDM-CESE-Cnis, Les actes de la Conférence nationale sur les indicateurs de développement durable, mercredi 20 janvier 2010.

Les politiques durables sur l'échiquier mondial

La contradiction entre le devenir commun des hommes et les intérêts particuliers des États contraint les politiques de développement durable mises en œuvre au plan international : elles manquent encore de cohérence et de force. Elles sont portées par les institutions internationales qui œuvrent à une prise de conscience mondiale, et par les États dont les citoyens sont invités à s'approprier les objectifs de l'Agenda 21.

Bruno Fulda est directeur de cabinet du secrétaire général de l'Union pour la Méditerranée,
ancien sous-directeur des échanges internationaux du MEEDDM
en charge des technologies vertes et des négociations sur le climat.

La problématique — Les politiques internationales de développement durable, un jeu d'acteurs plus ou moins concertés

Le développement durable s'est imposé comme nouveau paradigme des relations internationales avec le premier Sommet de la Terre de Stockholm en 1972. La notion en a été précisée lors du Sommet de la Terre de Rio de Janeiro en juin 1992. Enfin la communauté internationale a réaffirmé son engagement pour sa promotion lors du Sommet de Johannesburg en septembre 2002. Il est désormais un enjeu prioritaire de coopération internationale.

Les Nations unies et leurs multiples instruments

Le développement durable repose sur trois piliers à concilier : efficacité économique, équilibre écologique et solidarité intra et intergénérationnelle. Les pays en développement (PED) restent les plus durement touchés par la détérioration de l'environnement et l'absence d'accès à une énergie propre et abordable : le Programme des Nations unies pour le développement (PNUD) en a fait un de ses axes d'action, à travers les Objectifs du millénaire pour le développement (OMD), définis en 2000 et à atteindre en 2015.

Parallèlement, le PNUE, Programme des Nations unies pour l'environnement, promeut l'utilisation raisonnée des ressources naturelles mondiales. Il encourage la coopération internationale dans le domaine de l'environnement, évalue la situation et insuffle, de la part des gouvernements, les politiques appropriées. Il facilite également le transfert des connaissances et incite aux partenariats et initiatives au sein de la société civile.

En outre, la convention cadre des Nations unies sur les changements climatiques (CCNUCC), adoptée lors du Sommet de la Terre de 1992, a fixé l'objectif de limiter les concentrations de gaz à effet de serre (GES) dans l'atmosphère à un niveau qui évite toute « perturbation dangereuse du système climatique ». Il a fallu attendre le protocole de Kyoto (1997) pour chiffrer la réduction des émissions des six principaux GES et la limitation de l'augmentation de la température moyenne mondiale : elle ne doit pas dépasser de plus de 2 °C celle de 1850. La quinzième conférence des parties à la CCNUCC (Copenhague, décembre 2009) visait à renégocier un accord international sur le climat remplaçant le protocole de Kyoto, dont la première étape prend fin en 2012. Elle a abouti, on le sait, à l'adoption d'un texte non contraignant.

Les banques multilatérales de développement (BMD)

Les BMD ont enrichi leurs missions d'objectifs environnementaux et placent désormais le développement durable au cœur de leurs objectifs et de leur grille d'analyse. La Banque mondiale héberge plusieurs fonds à finalité environnementale, tel le fonds pour les technologies propres, CleanTechFund, auquel la France contribue à hauteur de 500 milliards de dollars.

Le rapport sur le Développement dans le monde 2010 de la Banque mondiale, consacré au développement durable et au changement climatique, recommande que les pays en développement optent rapidement pour des trajectoires de croissance à faible intensité de carbone et que les pays industrialisés les aident en matière de réduction d'émissions, de technologie et de financement.

Parallèlement, le Fonds pour l'environnement mondial (lié à la Banque mondiale, au PNUE et au PNUD) a vocation à financer les surcoûts – dans les programmes et projets de développement – liés à la protection de l'environnement. Il y a déjà contribué depuis sa fondation pour presque deux milliards de dollars. Enfin, les BMD régionales en Afrique, Asie, Amérique latine et Europe déclinent des politiques de même inspiration.

Une faible gouvernance

L'action de ces multiples acteurs souffre néanmoins d'un manque de cohérence. Aujourd'hui, coexistent plus de deux cents accords multilatéraux d'environnement (AME) sans coordination, sans hiérarchisation, sans financement nécessairement identifié, souvent sans régime d'observance efficace ni sanction. La déclaration de Malmö (mai 2000, Forum ministériel mondial pour l'environnement) suggère de renforcer le PNUE (augmentation et prévisibilité d'un budget renforcé) tandis que la France porte le projet de création d'une Organisation mondiale de l'environnement (OME).

Le cœur du sujet Un tour du monde en huit étapes

Pays par pays, explorons les attitudes en commençant par la responsabilité non assumée des principaux pollueurs…

Les États-Unis et leur rôle de *leadership* attendu

Les États-Unis émettent 20 % des GES de la planète (en 2007). Mais ils posent comme condition à leurs efforts l'engagement des pays émergents, principalement la Chine et l'Inde. Néanmoins, les nouvelles orientations du gouvernement Obama et l'annonce, pour la première fois, à Copenhague, d'un objectif chiffré de réduction des émissions de CO_2 (– 17 % entre 1990 et 2020) illustrent la volonté d'action du gouvernement. Si les efforts à l'échelle fédérale sont naissants, des États fédérés et des municipalités américaines sont beaucoup plus dynamiques comme en témoigne par exemple un dispositif de contrôle des émissions de gaz pour quelques secteurs industriels et énergétiques instauré en 2001 par les États du Texas, de la Californie et du New Hampshire.

La Chine, un arbitrage entre croissance et développement durable

La Chine, confrontée à une urbanisation exponentielle, des infrastructures vétustes, une faible efficacité énergétique et la dégradation de ses ressources naturelles, est désormais le premier émetteur au monde de GES, devant les États-Unis. Elle mise pour les réduire sur la recherche et des projets d'envergure, mais parfois controversés, comme le barrage des Trois Gorges. Son onzième plan quinquennal prévoit la réduction de son intensité énergétique de 20 % en cinq ans (2006-2011) et la réduction des émissions de ses principaux polluants de 10 %. Néanmoins, ses engagements internationaux restent faibles.

Son voisin, l'Inde, n'émet que 4,5 % des émissions mondiales de gaz à effet de serre en 2008. Exemptée d'engagements chiffrés dans le cadre du protocole de Kyoto, elle prend également progressivement conscience des défis qui l'attendent mais refuse de renoncer à son développement économique, qui entraînera une augmentation de cette part.

L'Europe, un acteur clé responsable et ambitieux

L'UE s'est montrée ambitieuse en adoptant le Paquet énergie climat, en décembre 2008 : il fixe trois objectifs d'ici à 2020 : – 20 % d'émissions de GES par rapport à 1990 (extensible à 30 %), + 20 % d'efficacité énergétique et 20 % d'énergies renouvelables dans la consommation énergétique de l'UE.

L'Équateur et le partage des responsabilités planétaires

L'Équateur, dont l'économie a longtemps été fondée sur ses ressources naturelles (forêt, pétrole), a lancé en 2007 une politique environnementale innovante avec le Projet ITT : le pays renoncerait à exploiter ses réserves pétrolifères (900 millions de barils) de la zone des trois forages, Ishpingo-Tambococha-Tiputini en Amazonie, si la Communauté internationale s'engageait à lui verser la moitié (350 milliards de dollars par an) de ce que rapporterait cette exploitation. Jusqu'à présent, seule l'Allemagne s'est engagée à financer ce projet à hauteur de 50 milliards d'euros par an, pendant treize ans.

Costa Rica, Maldives, îles du Pacifique : des petits États condamnés à l'exemplarité

Ces petits États, insulaires ou côtiers, très vulnérables face au réchauffement climatique, ont élaboré des stratégies de développement durable exemplaires, mais peu reproductibles à grande échelle.

Au Costa Rica, le gouvernement parie sur le secteur du tourisme pour soutenir sa croissance économique. Il a adopté en 2007 une stratégie nationale de développement durable, baptisée Initiative Paix avec la nature. Objectif, la neutralité carbone en 2021. De plus, un programme de reboisement de la forêt équatoriale, Payment for Environmental Services, est en partie financé par une taxe carbone. Le Costa Rica est le seul pays parmi les pays en voie de développement à avoir instauré une telle taxe.

De façon similaire, le 3e Plan national pour l'environnement (2009-2013) adopté par les Maldives prévoit également un bilan carbone neutre dans dix ans.

Aux Émirats arabes unis (EAU), le développement durable comme moteur de l'innovation et de l'attractivité

Zoom

La politique du cavalier seul est-elle efficace ?

Dans un tel contexte de nationalisme énergétique, les comportements de « cavalier seul » ou de « passager clandestin » *(free rider)* pourraient prendre de l'ampleur, car perçus comme source de gains. Or, la réalisation de certains projets énergétiques, principalement la création d'infrastructures d'acheminement des hydrocarbures vers les marchés de consommation, exige que plusieurs pays coopèrent. Dans ce sens, le traité sur la Charte de l'énergie, qui a fait suite en 1994 à la Charte européenne adoptée en 1991, stipule que « le commerce des matières et produits énergétiques entre les parties contractantes est régi par les règles du Gatt (devenu OMC) » même pour les pays signataires non-membres de l'OMC*. Mais ce traité, outre le Belarus et la Norvège, n'a pas été ratifié par la Russie qui maintient un monopole sur le transport des hydrocarbures.

* Texte intégral sur http://eurlex.europa.eu/smartapi/cgi/sga_doc?smartapi!celexplus!prod!DocNumber&lg=fr&type_doc=Decision&an_doc=1998&nu_doc=181 du 23 septembre 1997, europa.eu/scadplus/leg/fr.

Le projet Masdar d'écoquartier, « zéro CO_2, zéro déchets », construit en périphérie d'Abu Dhabi, illustre la volonté des EAU de devenir le leader du monde arabe en termes de développement durable.

Les enjeux À la recherche de la « voix de la Terre »

Les pays en développement sont aujourd'hui les plus menacés, économiquement et humainement, par la dégradation de leur environnement : la France, à travers un plan Justice-Climat présenté à Copenhague, a souhaité proposer aux pays industrialisés de financer le développement des énergies renouvelables dans ces pays.

La création de l'Agence internationale des énergies renouvelables – Irena – en janvier 2009, vise à accélérer la transition énergétique mondiale.

Une Organisation mondiale de l'environnement pourrait créer une dynamique autour de normes réellement contraignantes. C'est bien d'ailleurs parce qu'elle mettrait les principaux contributeurs à la dégradation de l'environnement mondial devant leurs responsabilités que cette idée est aujourd'hui peu soutenue…

Enfin, au-delà de la prochaine conférence des Parties à la CCNUCC, prévue à Cancun fin 2010, le nouveau Sommet de la Terre devra, à Rio, en 2012, apporter de réels progrès dans la coopération internationale en matière de développement durable.

Lectures utiles

Cahiers du Gemdev (groupement d'intérêt scientifique pour l'étude de la mondialisation et du développement). Voir en particulier les Cahiers, n° 3, 26 et 28.

Politique climatique : une nouvelle architecture internationale, Jean Tirole, La Documentation française, 2009.

Historique, enjeux et conditions des politiques internationales pour un développement durable, Alain Manel, SES, 2005.

Atlas des relations internationales, Étude, 2008.

IDDRI, Institut du développement durable et des relations internationales, www.iddri.org

MAEE, ministère des Affaires étrangères et européennes, www.diplomatie.gouv.fr

MEEDDM, ministère de l'Environnement, de l'Énergie, du Développement durable et de la Mer www.developpement-durable.gouv.fr

Quelles politiques européennes de développement durable ?

Le développement durable et le changement climatique sont désormais au cœur des débats relatifs aux politiques européennes de coopération et de développement vis-à-vis des pays tiers. Les progrès réalisés ces dernières années par les pays les moins avancés et les pays à revenu intermédiaire sont de plus en plus directement menacés par la dégradation continue de l'environnement qui accompagne la croissance économique mondiale.

Richard Weber est directeur général adjoint d'EuropeAid, Commission européenne.
Jean-Pierre Halkin est chef d'unité responsable des questions environnementales d'EuropeAid.
Patrice Moussy est responsable thématique commission européenne.

La problématique — Des bailleurs de fonds en réflexion

L'aide publique au développement de la communauté internationale des bailleurs est centrée sur les Objectifs du millénaire pour le développement (OMD). Elle vise en priorité à réduire la pauvreté et à diminuer de moitié le nombre de ceux qui souffrent de la faim.

C'est dans ce contexte que les pays en voie de développement, accompagnés par les bailleurs internationaux, recentrent leurs efforts sur les fonctions essentielles au bien-être des populations (sécurité alimentaire, santé, éducation, justice, démocratie), tout en cherchant à maintenir les dépenses publiques dans un cadre macroéconomique stable afin de favoriser leur intégration rapide dans l'économie de marché au plan mondial.

Les multiples crises qui ont secoué le monde ces dernières années (prix des denrées alimentaires, prix de l'énergie, crise financière et changement climatique) ont fragilisé les progrès réalisés dans le cadre des OMD et ont amené l'Union européenne à réfléchir au modèle économique et de développement que nous proposons à nos partenaires des pays tiers et sur la durabilité de ce modèle.

Repères

La dégradation actuelle de l'environnement à l'échelle planétaire représente déjà :

- 1/3 des terres menacées de désertification ;
- 14 millions d'hectares de forêt tropicale perdus chaque année ;
- 25 % des stocks de poissons surexploités et 50 % à la limite d'une exploitation durable ;
- 1,6 million de décès chaque année dus à la pollution de l'air ;
- 200 millions de réfugiés environnementaux et climatiques.

Le cœur du sujet Quel développement durable ?

La notion de développement durable vise à « satisfaire les besoins présents des populations sans compromettre les ressources et l'avenir des générations futures ». Il se compose de trois piliers : économique, social et environnemental. Les deux premiers bénéficient d'une quantification établie et mesurable (PIB, taux de scolarisation, accès aux soins de santé). Pour le troisième, des travaux ont été entrepris ces dernières années pour quantifier la valeur économique de l'écosystème.

Quelle durabilité pour le développement ?

Au plan économique, la durabilité est, entre autres, assurée par l'ouverture des marchés et la libre concurrence. Du point de vue social, l'introduction des OMD a permis un progrès majeur au sein de la cohérence des politiques de développement des bailleurs de fonds. Ancrés sur le pilier social, les OMD concentrent les efforts de développement sur la fourniture des services essentiels dont les populations ont besoin, et contribuent à assurer la durabilité sociale des politiques élaborées par les pays en voie de développement (PED).

En revanche, la durabilité environnementale est le parent pauvre du système. Bien que les activités humaines provoquent une dégradation continue de l'écosystème, les « externalités », les coûts économiques et sociaux qui en résultent sont souvent négligés ou ignorés. La mondialisation, marquée par l'expansion rapide de la circulation des marchandises, des services, des capitaux et des technologies, a été essentiellement perçue comme un stimulant puissant de la croissance économique et de la productivité, et un facteur systématique de l'amélioration des niveaux de vie. Les coûts engendrés par cette mondialisation sur l'environnement et sur le pilier social ont été, quant à eux, en grande partie, sous-estimés.

Zoom

Santé et écosystème

- Nutrition : la dégradation des écosystèmes est un facteur de malnutrition pour 800 millions d'individus. 3,5 millions d'enfants meurent chaque année à cause de la dégradation de l'environnement.
- Eau potable : les maladies infectieuses associées à l'eau coûtent la vie à 3,3 millions de personnes par an. Plus d'1 milliard de personnes n'ont pas d'accès à l'eau potable et l'eau devient de plus en plus rare. En cause, des écosystèmes dégradés et contaminés.

Les PED dépendent fortement de leurs écosystèmes

Globalement, la part des ressources naturelles dans le « bien-être » des pays les moins avancés représente 26 %, alors que dans les pays les plus développés ce ratio ne dépasse pas 2 %.

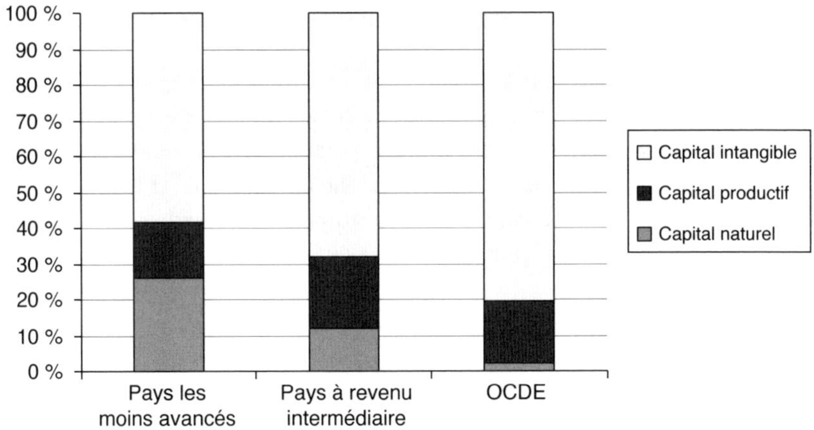

Source : Banque mondiale, 2006.

Figure 1 – Composition du bien-être par catégorie de pays

> **Zoom**
>
> La pêche en Mauritanie
>
> L'exemple reflète bien ce constat. L'effort de pêche a été multiplié par cinq entre 1980 et 1987. Il a permis d'assurer une croissance de 7,5 % par an des exportations. Malheureusement, la surpêche a obéré la durabilité de cette croissance et le déclin des stocks a entraîné une chute de 2,3 % par an des exportations entre 1987 et 2000. Les exportations actuelles ont été ramenées à leurs valeurs de 1980.

La mondialisation, fondée sur l'obtention de bénéfices immédiats, a puisé sans égard dans le capital écologique de notre planète sans tenir compte des limites physiques des ressources naturelles.

Le recentrage des bailleurs de fonds

Face à ce bilan contrasté, les bailleurs de fonds ont repensé leur support aux PED. L'Union européenne a quant à elle rendu obligatoire l'intégration de l'environnement dans tous les secteurs de la politique de coopération et de développement européenne, et inscrit désormais au cœur du dialogue politique conduit avec les PED l'importance majeure de la durabilité environnementale.

> **Zoom**
>
> Les engagements de l'Union européenne
>
> - 1997 : le traité d'Amsterdam introduit le concept de développement durable, et un nouvel article 6 appelle à intégrer les questions environnementales dans les différentes politiques.
> - 2000 : la politique de développement de la CE établit l'environnement comme une question transversale clé.
> - 2001 : mise en place d'une stratégie pour intégrer l'environnement dans la coopération économique et de développement de la CE.
> - 2002 : le Partenariat mondial pour le développement durable considère la préservation des ressources naturelles comme un facteur essentiel de développement durable.
> - 2005 : le Consensus européen pour le développement appelle au renforcement de l'intégration de l'environnement dans toutes les activités de développement.

Dans ce cadre, des objectifs ambitieux ont été établis suite aux accords de Monterrey. Les pays de l'OCDE prévoient ainsi de consacrer 0,7 % de leur PIB aux PED. Mais cette augmentation ne suffira pas à couvrir l'ensemble des besoins. En matière d'environnement, si les gouvernements ont une responsabilité première et régalienne à assumer, le secteur privé et la société civile ont également un rôle crucial à jouer. Seule une participation active de ces acteurs non étatiques suscitera la levée des fonds additionnels indispensables à la mise en place d'une aide publique au développement durable à l'échelle des défis posés.

Zoom

Le programme SWITCH-Asie

Doté d'un montant de 90 millions d'euros, il vise à stimuler l'adoption par les PME de modes de consommation et de production durables et à réconcilier une demande croissante de biens et de services avec une nécessaire rationalisation des ressources naturelles.

En Chine, le programme donnera aux administrations urbaines les moyens d'installer des équipements publics économisant plus de 18 millions de KWH, capables de réduire de plus de 49 millions de tonnes le volume d'eaux usées, et de plus de 8 millions de tonnes par an le volume des déchets solides. http://ec.europa.eu/europeaid/where/asia/regional-cooperation/environment/switch_en.htm.

La Commission européenne et le principe de responsabilité partagée

Pour pallier leur manque de compétitivité sur la scène mondiale, nombre de pays ont eu tendance à diminuer leurs exigences environnementales et sociales. Face à ce phénomène, l'UE a adopté une série de règlements qui incitent à la production et au commerce durables (réglementation du travail des enfants, du commerce des déchets toxiques, lutte contre le trafic de bois illégal, lutte contre la pêche illégale).

La Commission européenne occupe, dans ce contexte, une position névralgique. D'une part, elle dispose d'un pouvoir de proposition législatif dans l'établissement des normes, notamment, pour son marché intérieur, d'autre part, elle exerce une forte influence bénéfique sur les PED, dans le cadre de son mandat de coopération. C'est également le cas pour les négociations sur le climat.

Zoom

Une initiative de l'UE, le FLEGT

Ce Forest Law Enforcement, Governance and Trade propose une série de politiques et de mesures visant à améliorer la gouvernance dans le secteur forestier et à réduire la coupe illégale. Le principe repose sur des accords de partenariat stratégiques qui assurent que le bois d'œuvre qui entre sur le marché européen a été coupé de manière légale. Une dizaine de pays représentant 60 % de la couverture forestière mondiale sont intéressés par ce partenariat volontaire.

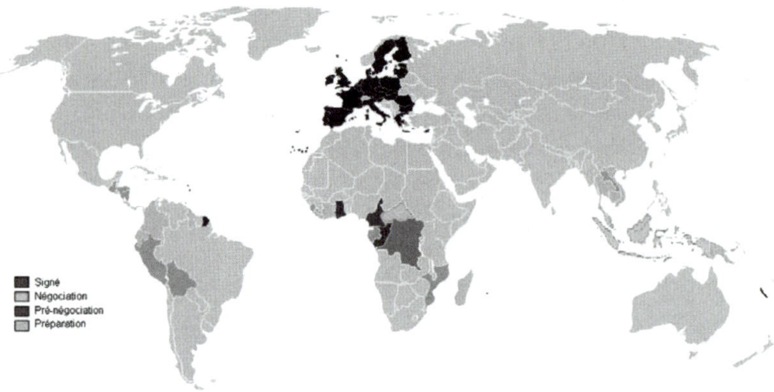

Figure 2 – Accords de partenariat volontaire © FLEGT

Les enjeux Après Copenhague...

Afin d'assurer la durabilité du développement mondial, il convient donc d'instaurer un équilibre satisfaisant entre les mécanismes qui soutiennent la croissance économique indispensable à la prospérité et ceux qui visent à protéger les ressources naturelles et l'environnement.

La conférence sur le changement climatique organisé à Copenhague en décembre 2009 a offert l'opportunité majeure de trouver les termes d'un accord général sur les émissions de gaz à effet de serre (GES) et d'établir un concept partagé de développement durable à échelle planétaire. D'une façon ou d'une autre, il faudra à la fois tenir compte des responsabilités historiques des pays industrialisés et corriger la croissance des émissions de GES des économies émergentes, tout en tenant compte des besoins des PED (estimés par l'UE à 100 milliards d'euros par an à partir de 2020) pour lutter contre le changement climatique.

Cette réflexion devra être soigneusement prise en compte lors de la revue à mi-parcours des OMD prévue en 2010.

Lectures utiles

Les Objectifs du Millénaire pour le Développement : www.un.org/french/millenniumgoals

Atlas des développements durables, Autrement, 2008.

Millenium Ecosystems Assessment : www.millenniumassessment.org

Conférence de Copenhague sur le changement climatique : http://en.cop15.dk

L'UEcontrelacoupeillégaledubois :http://ec.europa.eu/development/policies/9interventionareas/environment/forest/forestry_intro_fr.cfm

Intégration de l'environnement dans la politique de développement de l'UE : http://ec.europa.eu/development/policies/9interventionareas/environment_fr.cfm

Rapport annuel 2009 sur les politiques communautaires en matière de développement et d'aide extérieure et sur leur mise en œuvre en 2008 : http://bookshop.europa.eu/is-bin/INTERSHOP.enfinity/WFS/EU-Bookshop-Site/fr_FR/-/EUR/ViewStandardCatalog-Browse?CatalogCategoryID=aLoKABstP1sAAAEjGIkY4e5K *The Economics of Ecosystems and Biodiversity*, Pavan Sukhdev, 2009, www.teebweb.org

Changement climatique : la révolution des Régions dans le monde

Les pays en développement doivent faire face aux enjeux vitaux du climat. Mais les espoirs déçus de Copenhague les forcent à scénariser d'autres perspectives : les Régions – gouvernements sous-nationaux – ont d'ores et déjà lancé un « Plan B » peu connu...

Christophe Nuttall est directeur de la plate-forme pour les partenariats innovants, bureau du PNUD (Programme des Nations unies pour le développement) à Genève, Leslie Ouarzazi est chargée de programme pour le PNUD.

La problématique — Des plans nationaux faibles : quels modes d'intervention ?

La probabilité d'atteindre la réduction visée de 5,2 % des émissions de gaz à effet de serre est faible, c'est un euphémisme. Le régime post-Kyoto devrait donc définir des objectifs plus ambitieux afin de contenir la hausse de la température à 2 °C, jugée comme le seuil de danger. Mais les objectifs de réduction des émissions ne seront jamais atteints si nous continuons à travailler selon une même logique d'action, avec des acteurs similaires et des outils identiques.

Certes, l'État détient un rôle majeur dans l'élaboration de politiques capables d'anticiper les variations climatiques, mais l'expérience atteste des difficultés réelles à la mise en œuvre : l'illustre le faible taux d'exécution des Plans d'action nationaux d'adaptation (Pana).

Les collectivités territoriales, sous la responsabilité desquelles résident la majorité des projets d'adaptation et d'atténuation, doivent se voir associées étroitement à ces efforts. C'est à l'échelle d'un territoire que la planification prendra tout son sens.

L'échelon infra-étatique (régions, provinces, villes), offre un cadre d'exploration de nouvelles modalités stratégiques d'intervention. Elles impliquent l'ensemble des acteurs et des secteurs concernés au travers d'une politique d'aménagement du territoire intégrant les contraintes climatiques.

Des moyens financiers abondants auxquels n'accèdent pas les pays en développement

De nombreux fonds multilatéraux et bilatéraux (FEM, UN REDD, SCDF, etc.) sont mis en place, et la finance carbone se développe à un rythme exponentiel. Pourtant, les PED demeurent dans l'incapacité d'y accéder, même lorsque ces mécanismes financiers leur sont spécifiquement dédiés ! L'une des illustrations les plus criantes réside dans le déséquilibre géographique de l'affectation des projets du Mécanisme de développement propre (MDP), instauré par le protocole de Kyoto. En octobre 2008, l'Afrique ne bénéficiait que de 1,4 % des projets enregistrés et la majorité de ces projets (14 sur 17) ont été alloués à l'Afrique du Sud.

Le manque de capacité de l'échelle infra-étatique à formuler des projets constitue l'une des causes majeures de cet accès atrophié aux financements existants. Il convient dès lors de renforcer les capacités des porteurs de projets afin de faciliter l'accès aux nouveaux mécanismes financiers dans le domaine des changements climatiques.

Le cœur du sujet | Les espoirs déçus de Copenhague

L'année 2009 a soufflé le chaud et le froid sur la négociation climat, en passant de l'optimisme au pessimisme puis à l'espoir insufflé par le sommet des Nations unies sur le Climat lors de l'ouverture de l'assemblée générale de l'ONU en septembre 2009 à New York. Espoir déçu à l'issue de la Conférence des parties de décembre à Copenhague. Les chefs d'État et de gouvernement des pays qui représentent aujourd'hui plus de 80 % des émissions de gaz à effet de serre (GES) ont rédigé en fin de négociation, c'est désormais notoire, l'accord destiné à « sauver » la COP 15 (dénomination technique du Sommet de Copenhague). Cet accord a été soumis à la dernière séance plénière aux autres chefs d'État afin d'obtenir leur assentiment. Sans unanimité, la Conférence des parties n'a pu que « prendre note » de l'ouverture de trois chantiers de négociation : l'accord lui-même, les nouveaux engagements pour les parties visées à l'Annexe 1 au protocole de Kyoto, et l'action de coopération à long terme au titre de la Convention. La Conférence des parties ne pouvait que remettre aux prochaines négociations, dans le cadre de la COP 16, une quelconque décision relative à la définition d'un nouvel instrument juridique.

Repères

L'actuel accord, non contraignant juridiquement et comprenant une série de mesures volontaires, a été confirmé et signé par 42 pays de l'Annexe 1 dont les 27 de l'Union européenne et 31 pays émergeants et en développement. Ces engagements sont d'ordre très divers. Si les 27 pays de l'Union se sont engagés de manière volontaire à réduire de 25 % (fourchette comprise entre 20 à 30 %) leurs émissions à l'horizon 2020 sur une base 1990, l'effort agrégé des 42 pays de l'Annexe 1, y compris le Japon, les États-Unis et le Canada, fait chuter l'engagement. Il n'est alors plus que de 12 à 18 %.

En attendant, le groupe BASIC (Brésil, Afrique du Sud, Inde et Chine) qui a tenu l'une de ses dernières réunions de travail en avril en Afrique du Sud, réaffirme son soutien à l'accord mais conteste que la négociation puisse se tenir en dehors des Nations unies. Et appelle notamment la Communauté internationale à ne pas attendre une hypothétique décision législative américaine sur la question (qui a décidé d'un report de la discussion au Sénat en fin d'année 2010 quand elle était prévue au cours de l'été).

Compte tenu des séquelles diplomatiques nées de la frustration d'un large nombre de chefs d'État qui n'ont pas été en mesure d'influencer les décisions, il est à craindre qu'un traité n'émerge à court et moyen terme : il réservera au traité de Kyoto 2 le même sort que les accords de Doha, sans cesse prolongés.

Les enjeux Le plan B

Malgré l'extrême nécessité/obligation de poursuivre la négociation, des acteurs commencent d'ores et déjà à se mobiliser afin d'envisager un plan B. Son objectif : poursuivre la mise en place de mesures ambitieuses faute d'accord et d'objectifs clairs définis au plan international.

De telles réflexions ont cours en ce moment au sein de certaines organisations intergouvernementales, telle l'Agence internationale des énergies, ou de coalitions d'entreprises privées comme le Conseil mondial des énergies ou les chambres de commerce internationales. Mais surtout au sein des collectivités territoriales, qu'elles soient locales ou régionales, avec, par exemple, ICLEI, NRG4SD, le Climate Group.

Afin de répondre à ces enjeux, le PNUD s'est donc engagé à renforcer les capacités des autorités infra-étatiques à intégrer de façon transversale les changements climatiques dans leur processus de planification. En partenariat avec le PNUE et huit associations de régions, au nombre desquelles The Climate Group, l'AER, le FOGAR et NRG4SD, le PNUD a lancé en octobre 2008 un programme dénommé Approche territoriale des changements climatiques. Il vise l'abandon de l'approche sectorielle au profit d'une logique de programmation stratégique menée à l'échelon infra-étatique.

Le levier des régions des PED

Le PNUD et ses partenaires entendent donc appuyer les collectivités territoriales pour qu'elles intègrent les contraintes climat et carbone dans leurs schémas directeurs régionaux. En jeu : le développement économique et la transformation du territoire.

Plusieurs étapes guideront l'établissement par les régions des pays en développement d'un Plan climat territorial intégré :

- mise en place d'un cadre de gouvernance et de partenariats assurant une coordination renforcée entre échelons de décision (international, national, local) et entre acteurs intervenant sur un même territoire ;

- établissement d'un diagnostic climat (identification des points d'émission, des zones de vulnérabilité, etc.) et des scénarios climatiques (scénarios de variations climatiques, scénarios des vulnérabilités, scénarios de l'évolution des émissions de gaz à effet de serre) ;
- identification des options prioritaires en termes d'adaptation et d'atténuation ;
- évaluation des besoins prioritaires en termes de changements climatiques requérant des financements (évaluation des options existantes en matière de finance locale, analyse coût-avantage des options prioritaires, identification des financements requis, identification des instruments de politiques publiques et financiers adéquats) ;
- élaboration d'une stratégie intégrée pour un développement sobre en carbone et moins vulnérable aux changements climatiques ;
- établissement et mise en œuvre d'un portefeuille cohérent de projets d'adaptation et d'atténuation au travers d'un renforcement des capacités des acteurs régionaux à accéder aux divers mécanismes financiers, et développement des instruments de politique publique pour ce faire.

Avec un investissement d'un million de dollars, la région serait en mesure de lever 50 millions de dollars (aide publique, investissements directs, finance carbone, etc.) vers des projets dotés d'un véritable impact en termes de développement.

Vers un « R20 » des régions avec le secteur privé et les Nations unies ?

Un multilatéralisme de type nouveau émerge donc. Il veut apporter des réponses concrètes aux défis posés par les changements climatiques.

Les gouvernements sous-nationaux (États fédérés, provinces, Länder, régions, etc.) n'ont pas attendu avant d'agir que leurs États centraux respectifs s'accordent sur leurs objectifs de réduction d'émissions, sur les financements et transferts technologiques à affecter à la lutte contre les changements climatiques.

Les réglementations promulguées par la Californie sur les pots d'échappement et les carburants afin de traiter les effluents gazeux automobiles ont fait école aux États-Unis : l'administration américaine s'est alignée après moult tergiversations ! L'Écosse s'est fixée à son tour dans sa constitution l'objectif ambitieux de générer 50 % de son électricité à l'horizon 2010 à partir de sources énergétiques renouvelables (et 31 % à l'horizon 2011). Le Québec, lui, a déjà atteint une réduction des émissions de 34 % par rapport à 1990 de ses biens immobiliers. Les exemples se multiplient.

Mais ces gouvernements sous-nationaux ont pris conscience d'une perspective essentielle : ils veulent agir sur la scène internationale en parlant d'une seule voix. Ils veulent renforcer leurs activités de coopération. Certes, ils sont mus par le sentiment d'une solidarité. Mais ils savent aussi que la capacité des pays en développement de définir des stratégies sobres en carbone servira leurs propres intérêts.

Un sommet de Saint-Malo passé inaperçu...

Ils ont dans le monde entier multiplié les opportunités de se rencontrer, établi des cadres de concertation, échangé des idées et bonnes pratiques. Le premier sommet mondial des Régions sur le climat s'est tenu en octobre 2008 à Saint-Malo. Lors de la plénière de la Quinzième conférence des parties de la CCNUCC à Copenhague en décembre 2009[1], le gouverneur Schwarzenegger (Californie), aux côtés du gouverneur Serra de Sao Paolo, a appelé les Nations unies à l'appuyer pour organiser une conférence des Régions sur le climat en amont de la COP 16. Il a appelé à lancer le R20, assemblée de gouvernements sous-nationaux dont l'ambition est de démontrer aux parties négociatrices qu'il faut financer les projets des régions en développement en lançant une banque d'investissement verte. Bien sûr, Arnold Schwarzenegger a cité l'exemple de l'État de Californie : n'a-t-il pas acheté auprès de la Banque mondiale pour 300 millions de dollars d'obligations carbone municipales !

Une nouvelle ère est ouverte : un multilatéralisme de type nouveau est en train de pousser les autorités centrales, les acteurs territoriaux, le secteur privé, la société civile et les bailleurs de fonds à agir de concert vers des modes de développement sobres en carbone.

Lectures utiles

Charting a new Low-Carbon Route To Development : A primer on Integrated Climate change Planning for Regional Governments, Yannick Glemarec, Christophe Nuttall § al., UNDP 2009.

Green New Deal : Regional Solutions, Financial Times Special Report, September 21, 2009.

Green New Deal : Financing regional solutions, Financial Times Special Report, Monday December 14, 2009.

« Énergie-climat : sur la route de Copenhague », *Régions Magazines*, 4e trimestre 2009.

« Réchauffement climatique : les régions veulent avancer sans attendre les États, une mutation en profondeur », Michèle Sabban in *Le Monde*, mercredi 30 décembre 2009.

www.nrg4sd.org/

www.theclimategroup.org/

http://gov.ca.gov/press-release/14032/

www.aer.eu/fr/presse/2010/sur-la-route-de-copenhague-a-cancun.html

1. Convention-Cadre des Nations Unies sur le Changement Climatique.

À retenir

Selon les Nations unies, 70 % des mesures à prendre dans le domaine de l'atténuation (efficacité énergétique, transport urbain, énergies renouvelables…) et 90 % des mesures dans le domaine de l'adaptation (reforestation, résilience des sols, agriculture durable, mesures contre l'érosion des côtes…) sont entre les mains des collectivités territoriales.

Chapitre 11

La gouvernance environnementale

Quelle gouvernance internationale du développement durable ?

La gouvernance internationale du développement durable répond à une définition simple : c'est l'ensemble des processus de décision qui conduisent au développement durable. À ne pas confondre avec deux autres modes de coordination : l'approche hiérarchique et le marché. Les institutions internationales n'ont pas d'autorité hors celles qui leur sont déléguées de façon volontaire par les États qui ratifient ou non les accords. La gouvernance ne vient pas se substituer aux deux autres modes de coordination mais s'y ajoute pour les faire fonctionner plus efficacement.

Christian Brodhag est directeur de recherche à l'École nationale supérieure des mines de Saint-Étienne, président du conseil d'orientation de l'Institut de l'énergie et de l'environnement de la francophonie (IEPF) et ancien délégué interministériel au Développement durable.

La problématique — La gouvernance, un processus relationnel

Le cadre international est le siège de quatre processus en interaction, quatre régimes aux légitimités différenciées : la négociation institutionnelle entre États, les administrations internationales qui mettent en œuvre les décisions et les politiques, les réseaux d'influence des entreprises et des ONG (les grands groupes), enfin les processus d'expertise scientifique. Les deux premiers fondent l'approche institutionnelle hiérarchique. La gouvernance internationale consiste à organiser plus globalement les relations politiques entre les acteurs de ces quatre régimes : les impliquer dans les décisions et la mise en œuvre des politiques.

Du rez-de-chaussée du quotidien au second étage du capitalisme international

Mais comme l'objectif du développement durable est de changer concrètement le mode de développement des peuples, cette gouvernance doit toucher tous les étages, pour reprendre l'image de Fernand Braudel, publiée en 1979 : le rez-de-chaussée, étage de la vie quotidienne et de la « vie matérielle », à forte diversité culturelle et sociale. Le premier étage de l'économie de marché, régulée par les droits nationaux dans le champ d'influence des conventions internationales. Enfin le second étage, celui du capitalisme international. La gouvernance internationale ne peut rester bloquée à ce dernier étage, mais doit considérer concrètement comment le changement sera conduit du bas en haut de la « maison », c'est-à-dire considérer non seulement l'élaboration des normes et conventions internationales, mais en outre l'effectivité de leur mise en œuvre à travers la diversité des capacités institutionnelles nationales et des diversités culturelles concrètes des peuples. Les modes de régulation sont fondamentalement différents dans ces trois étages. Il ne s'agit donc pas uniquement d'une coordination des organisations opérant à l'échelle mondiale pour en tirer, par un processus descendant, des décisions internationales s'appliquant aux niveaux inférieurs. Mais bien d'une interaction entre ces différents étages. Il faudrait peut-être à cet égard parler de « gouvernance globale », plutôt qu'internationale.

Enfin la dimension systémique et holistique du développement durable, les trois piliers environnemental, social et économique, exige des processus de coordination et de coopération qui relèvent plus de la gouvernance que d'une approche hiérarchique.

Les cadres institutionnels issus des sommets de Rio (1992) et de Johannesbourg (2002), plus quelques initiatives, visent à résoudre ces questions. Mais leur faible reconnaissance politique handicape largement leur portée.

Le cœur du sujet Les institutions du développement durable

Alors que la conférence de Rio était plutôt axée sur les activités des pays et le cadre de coopération multilatéral, et donc relevait plus de l'approche institutionnelle hiérarchique, la conférence de Johannesburg a consacré la nécessité d'impliquer directement les acteurs économiques mondiaux. Elle a lancé, à côté des engagements gouvernementaux, des « initiatives de partenariat » visant à mobiliser les parties prenantes : organisations internationales, pays, acteurs économiques, ONG... Il s'agit d'un véritable outil de gouvernance puisqu'il ouvre à la combinaison d'acteurs de différents « régimes ».

Les limites de la Commission du développement durable

La conférence Rio + 20, en 2012, aura à son ordre du jour « l'économie verte dans le cadre du développement durable et de l'élimination de la pauvreté, et le cadre institutionnel de développement durable » (AG ONU, 3 décembre 2009[1]). Les Nations unies, comme la plupart des pays, considèrent que la Commission du développement durable (CDD) doit rester l'organe de la gouvernance du développement durable. Cette commission a été instituée par l'Agenda 21 de Rio (Cnued, 1992, § 38.13) pour contrôler les progrès réalisés dans la propre application de l'Agenda, et travailler à l'intégration des objectifs relatifs à l'environnement et au développement dans l'ensemble du système des Nations unies[2].

1. Le prochain sommet de la Terre, prévu en 2012, devrait se tenir à Rio de Janeiro au Brésil, vingt ans après le sommet de Rio de 1992.
2. Tout comme examiner les rapports nationaux communiqués par les gouvernements sur les activités qu'ils entreprennent pour appliquer les dispositions de l'Agenda 21, examiner les progrès accomplis, recevoir et analyser les informations fournies par les organisations non gouvernementales compétentes, les milieux scientifiques et le secteur privé concernant l'application globale de l'Agenda 21.

Malheureusement, cette commission et son secrétariat n'ont pas une autorité à la hauteur de l'importance politique des sommets de chefs d'État (Rio, Johannesburg) ni le niveau de représentation politique suffisante dans le suivi[1].

Le débat de Rio + 20 sur les institutions du développement durable devrait identifier les faiblesses politiques de la Commission du développement durable, en considérant la nature particulière de la gouvernance du développement durable, en évitant les effets de tribunes et les réformes institutionnelles supposés tout résoudre comme à partir d'une table rase.

Vers une Organisation mondiale de l'environnement, modèle hiérarchique ?

Certains pays, dont la France, voient dans le débat sur la gouvernance du développement durable l'occasion de relancer la proposition d'Organisation mondiale de l'environnement (OMUE ou OME) qui vise à appliquer le modèle hiérarchique dans le domaine de l'environnement. En termes de sociologie des organisations internationales, la concentration du mandat environnement risque de conduire à un désengagement des autres organisations onusiennes et donc à diminuer la capacité d'intégration. Le pilotage de cette intégration relève autant de la gouvernance du développement durable et du mandat de la Commission du développement durable des Nations unies (CDD ONU) que de la hiérarchie de pouvoir entre une OMUE et les autres agences (Organisation mondiale du commerce, Banque mondiale, etc.).

Il convient certes de réfléchir au cadre institutionnel, mais il faut aussi considérer le mode de faire spécifique au développement durable, comme l'illustrent deux initiatives françaises.

Les enjeux Deux initiatives françaises

Le GTI tourisme durable, un processus global de régulation

Dans le cadre du processus de Marrakech sur les modes de production et de consommation, le groupe de travail international sur le tourisme durable a été réuni, sous

1. Les ordres du jour thématiques font intervenir des représentants des secteurs débattus (au mieux ministres en charge), renouvelant à chaque session les participants, lesquels ne sont pas imprégnés du processus du développement durable, marginalisant les débats sur les questions transversales. Se manifeste en outre une réticence des pays à voir une commission des Nations unies traiter de questions jugées stratégiques. Puis le secrétariat de la Commission, assuré par « UN DESA » (le DESA est un des secrétariats des Nations unies rattachés au Conseil économique et social), ne dispose pas du poids suffisant pour coordonner réellement les activités des agences des Nations unies. Le cycle CDD 18 (2010) et CDD 19 (2011) porte sur les transports, les produits chimiques, la gestion des déchets (dangereux et déchets solides), les mines et les modes de consommation production durables.

présidence de la France, pour le compte du département économique et social des Nations unies (UN DESA) et du PNUE (Programme des Nations unies pour l'environnement), avec les organisations internationales (OMC, Unesco, Cnuced, OCDE…), dix-huit pays et des ONG. Il ambitionnait d'identifier les bonnes pratiques, de partager la vision, de mobiliser les politiques du tourisme pour le développement durable, de rapprocher les outils de certification et les labels, de mobiliser l'investissement dans le tourisme durable, enfin de créer et de diffuser une variété d'outils visant tous les maillons de la chaîne de valeur du tourisme : les opérateurs, les sociétés d'hébergement et les touristes… en incluant la relation aux communautés d'accueil. Une initiative de partenariat des Nations unies vise à prolonger et étendre ces activités. Cette initiative présente la caractéristique de ce que nous pouvons définir comme un « processus global de régulation », un mélange entre des engagements publics et privés. Il pourrait être mis en œuvre pour toutes les questions sectorielles, pour chacun des types de consommation : alimentation, habitat et mobilité… La réflexion internationale (CDD 18 et 19) sur les modes de consommations et production pourrait constituer une opportunité d'avancer dans ce sens.

Revue par les pairs des stratégies nationales de développement durable

L'intégration du développement durable à l'échelle nationale s'appuie sur les Stratégies nationales de développement durable (suivies par la CDD, Cnued, 1992, § 37.4a). Elles sont en compétition dans les pays en développement avec les stratégies de lutte contre la pauvreté qui sont soutenues par la Banque mondiale. Une façon de diffuser ces approches et de coordonner les activités des organisations internationales est la « revue par les pairs ». Une première initiative a été lancée par la France en 2004 (Brodhag & Talière, 2006), suivie en 2007 par d'autres pays, notamment au Burkina Faso sous l'impulsion de la francophonie (IEPF), aux Pays-Bas dans le cadre européen, et la Corée au plan international[1].

La gouvernance du développement durable est donc un processus qui ne s'appuie pas uniquement sur une vision hiérarchique institutionnelle mais sur des processus complexes multi-acteurs suscités par la nature particulière des enjeux du développement durable. Elle serait renforcée par une Organisation mondiale de l'environnement, mais il ne peut y avoir confusion des deux questions.

1. Ce processus, qui a été valorisé par la CDD (événements parallèles) et par UN DESA (séminaire d'experts en octobre 2005), n'a pas pu rendre compte devant la CDD et prendre un véritable essor en s'y voyant reconnaître un mandat politique. Or il se donne pour but de faire progresser les pays dans l'intégration du développement durable. Les pairs jouent le rôle de médiateurs pour réunir les acteurs autour de la table, ils apportent leur expérience à partager. Pour la gouvernance internationale, ce processus pourrait susciter la coordination des activités dans les pays des agences des Nations unies (Pnud, PNUE, BM…) dans une logique centrée sur les pays dans l'esprit de la déclaration de Paris sur l'efficacité de l'aide.

Lectures utiles

Développement durable : mise en œuvre d'Action 21, du Programme relatif à la poursuite de la mise en œuvre d'Action 21 et des textes issus du Sommet mondial. 64e session, 2e commission, point 53a, A/C.2/64/L.59, (p. 8), AG ONU (3 décembre 2009), New York.

Civilisation matérielle et capitalisme, XVe-XVIIIe siècle (vol. 1 : *Les structures du quotidien*, vol. 2 : *Civilisation matérielle et capitalisme*, vol. 3 : *Le temps du monde*), Braudel, F. (1979), Armand Colin, coll. « Destins du monde ».

Sustainable development strategies : Tools for policy coherence, Natural Resources Forum, 30 (2), pp. 136-145, Brodhag, C., & Talière, S. (2006).

Programme Action 21 (Agenda 21), Cnued (1992), Conférence des Nations unies sur l'environnement et le développement, Rio.

État et développement durable : un couple mal assorti

La relation entre État et développement durable est paradoxale. L'État semble avoir toutes les cartes en main : la monnaie, la fiscalité, l'investissement public, l'établissement des normes, la recherche et développement, la politique industrielle, la capacité de convocation des acteurs. Pourtant, il est autant du côté du problème que de la solution. Pour jouer un rôle utile, il doit contribuer à la naissance d'institutions mieux adaptées que lui.

Pierre Calame est président du conseil de la Fondation Charles Léopold Mayer pour le progrès de l'homme. Ancien haut fonctionnaire, il dut directeur général de la Fondation de 1988 à 2009.

La problématique — Développement durable : un exemple de pensée magique

Le concept de développement durable est né d'un tour de passe-passe : on a besoin du développement pour assurer la paix sociale. Comme la bicyclette, notre système social ne trouve d'équilibre que dans le mouvement. Mais d'un autre côté, il faut préserver la biosphère. Qu'à cela ne tienne, on accole « durable » à « développement » et la contradiction est résolue. Typiquement de la pensée magique ! Il n'est guère étonnant que chacun se soit mis à « faire » du développement durable. Frisson délicieux de la bonne conscience, tout en continuant à estimer que notre mode de vie n'est pas négociable. « Emplois verts », « responsabilité sociale et environnementale des entreprises » (en respectant la valeur d'actionnaire !), on forge des oxymores à tour de bras. Mais rien n'est résolu.

L'État et les grandes entreprises, acteurs pivot du xxe siècle

Chaque époque a ses acteurs pivot. Ce ne sont pas nécessairement les plus puissants, ce sont ceux qui organisent l'ensemble du système économique et social autour d'eux. Au XIXe et plus encore au XXe siècle, l'État et les grandes entreprises se sont imposés comme acteurs pivots : l'État en fixant le cadre du système de production, en organisant la redistribution, en créant les infrastructures, en assurant la formation ; les grandes entreprises, en réorganisant à partir d'elles le système de production, voire le système social. Depuis la Seconde Guerre mondiale, la très grande entreprise multinationale a pris l'avantage, profitant de sa mobilité potentielle pour renforcer son pouvoir de négociation, mais le jeu entre grands États et grandes entreprises reste relativement équilibré. Par un effet d'optique, ils donnent l'impression d'être là pour toujours.

Le retard des systèmes de pensée et des institutions sur les réalités économiques et sociales

Les prémices, voire les méthodes, de notre pensée économique remontent au XVIIIe siècle, notre conception de l'État souverain au XVIIe, notre université au XIXe. Entreprise et État fonctionnent sur le mode de la séparation. Avec l'entreprise, le monde économique s'est désencastré de la société, et les filières de production sont éclatées entre de multiples acteurs. L'État est découpé en administrations sectorielles qui ont bien des difficultés à connecter les problèmes et à combiner leurs efforts. Le climat, l'eau, la biodiversité, les sols s'en contenteront-ils ? On peut en douter.

À la recherche de l'économie et de ses agencements institutionnels

L'économie de papa est morte, vive l'économie ! Ce n'est qu'un retour aux sources. L'économie de la connaissance présente des analogies frappantes avec l'économie préindustrielle. L'économie, le terme que l'on utilisait jusqu'au XVIIIe siècle, dit bien ce qu'elle veut dire : l'art de la gestion *(nomos)* de la maison commune *(oikos)*. Comme le disait le botaniste Carl von Linné (ou toute bonne ménagère !) c'est l'art de tirer au mieux parti des ressources rares, de bien accommoder les restes, de gérer la maisonnée dans le souci des lendemains et des surlendemains. C'est une branche de la gouvernance. Il faut lui appliquer les principes généraux de la gouvernance. Aller vers des sociétés durables c'est engager une mutation systémique en forgeant de nouveaux concepts, de nouveaux outils et de nouveaux agencements institutionnels.

Le cœur du sujet — Le « Facteur 4 » implique des politiques territoriales

Le gouvernement Raffarin avait commandé il y a quelques années à un groupe de travail un rapport sur le fameux « Facteur 4 » : comment, tout en maintenant notre niveau de bien-être actuel, diviser par quatre nos consommations énergétiques et matérielles ? Des conclusions, se dégagent deux idées : aucune transition énergétique n'est possible sans une forte prévisibilité des stratégies publiques à long terme (ce serait bien le rôle de l'État si la tradition du long terme, qui implique une patiente construction de consensus, n'avait été évincée par la régulation à court terme et la politique spectacle). Et revenir à la primauté des politiques territoriales, car les trois quarts de l'efficacité énergétique se jouent dans l'organisation des villes, du territoire et de l'espace bâti.

Ce que sait faire l'État, ce sont des politiques sectorielles

L'État est congénitalement conçu pour appliquer des politiques sectorielles. On s'est parfois moqué de l'État gaullien et de ses « plans » en tout genre. Avec la crise, les rires sont rentrés dans les gorges. On regarde avec envie, de l'étranger, nos grands réseaux de transport, nos politiques énergétiques. Malheureusement, l'État ne sait bien faire que cela. Il est mal à l'aise pour relier les questions entre elles et les acteurs entre eux.

L'illusion d'une approche des petits pas

La scène publique bruissait, il y a peu, des débats sur la taxe carbone. Une fois décidée d'une taxe cosmétique, on change le spectacle à l'affiche. Comme si un acte sans grande portée et plutôt bien intentionné était une solution. C'est l'illusion de mener une transition systémique par une politique des petits pas. Il aurait fallu au moins se demander si, compte tenu de sa nature très spécifique, l'énergie relève bien des mécanismes classiques du marché. On aurait alors compris que la taxation n'est pas une bonne réponse mais le rationnement oui, et les quotas négociables à l'échelle territoriale. Une taxe carbone nationale dans une Europe économiquement unifiée et une concurrence mondiale n'est qu'une légère augmentation de la taxe intérieure sur les produits pétroliers. On n'a fait que délocaliser notre consommation d'énergie et de matières premières. Sans traçabilité des consommations énergétiques et taxation des consommations aux frontières, une taxation intérieure ne fait qu'accélérer la délocalisation de nos prédations. Nous avançons au pas et dans la bonne direction mais à l'intérieur d'un train qui roule dix fois plus vite, en sens inverse.

L'impasse monétaire et fiscale

La schizophrénie est la maladie du siècle. Le hiatus est profond, il est monétaire et fiscal.

- Monétaire : nous utilisons une monnaie à une seule dimension, l'euro, pour payer, dans des proportions que nous ignorons, des biens dont il faudrait être économe, l'énergie et les matières premières. Et d'autres qui fondent la relation sociale, le travail humain : la politique économique a une seule pédale pour le frein et l'accélérateur. Même impossibilité de distinguer ce qui relève de la mobilisation des ressources locales, en particulier du travail, et ce qui relève de l'importation depuis l'autre bout du monde.
- Fiscal : nous taxons ce dont il faudrait être prodigue, le travail humain, la valeur ajoutée, et ne taxons pas, voire subventionnons, ce dont il faudrait se montrer parcimonieux. Une réforme radicale est possible : une monnaie à plusieurs dimensions est techniquement à portée et une remise à plat globale de la fiscalité est inévitable.

L'État et la grande entreprise ne seront pas les acteurs pivot du XXIe siècle. Ce sera d'un côté le territoire (l'agglomération, la région), espace d'organisation des cohérences entre l'économique, le social et l'écologique. Et, de l'autre, les filières, car c'est l'ensemble de la chaîne de production et d'échange qui doit être durable.

Les enjeux Aller vers l'Europe

C'est à l'échelle européenne que l'on cherchera à définir puis à négocier à l'international des filières durables, de nouveaux fondements de l'économie, un droit international de la responsabilité des entreprises, un partage des ressources équitable avec les autres régions du monde, une fiscalité cohérente.

Engager une réforme d'ensemble de la fiscalité et repenser la monnaie

L'énergie elle-même a les caractéristiques d'une monnaie à part entière : unité de compte, moyen de paiement et réserve de valeur. Elle est d'une autre nature que le travail. Il est aussi absurde de gérer sa consommation avec une monnaie à une seule dimension qu'il serait absurde de concevoir un régime alimentaire équilibré en ne mesurant chaque aliment qu'en termes de calories. Internet et les porte-monnaie électroniques autorisent, comme le montre l'essor des monnaies régionales, de gérer avec des unités de compte différentes le travail « local » et le travail « importé ». L'État doit renoncer à ce qu'il considérait depuis des lustres comme les symboles de sa souveraineté et les instruments de son pouvoir, la monnaie et la fiscalité, et les redistribuer vers d'autres échelles et d'autres niveaux de pouvoir pour devenir un acteur majeur du développement durable.

La réforme de l'OMC

La France et l'Union européenne sont en capacité d'initiative. D'abord en démontrant qu'on ne peut gérer avec les mêmes règles des biens qui se divisent en se partageant et sont en quantité indéterminée (comme les biens industriels), des biens en quantité limitée (comme les ressources naturelles) et des biens qui se multiplient en se partageant, comme la connaissance et l'expérience. Ensuite en réorganisant les règles du commerce international autour de filières durables. Ce sera lent et difficile. L'introduction de critères de durabilité des filières fera hurler au néoprotectionnisme, mais cette évolution se fera car il n'y a pas d'autre issue. En juin 2009, les experts de l'OMC ont déjà reconnu que la taxation du carbone aux frontières n'était pas incompatible avec les règles de l'organisation.

> **Zoom**
>
> **Mettre en place une gouvernance multiniveau**
>
> En juin 2009, le Comité des Régions européennes lançait son Livre blanc sur la gouvernance multiniveau montrant que ce concept devait structurer la gouvernance européenne. En même temps, le comité Balladur recommandait, dans la bonne vieille tradition française, une séparation aussi étanche que possible des compétences au sein de notre millefeuilles institutionnel. Il faut se réveiller.

L'appui de l'État et de la Caisse des dépôts à la création d'agences économiques territoriales

Une grande ville moderne connaît infiniment moins bien son métabolisme qu'un village chinois il y a 3 000 ans. Pour la première, cette connaissance était un luxe puisqu'on pouvait aller puiser des ressources non renouvelables à l'autre bout de la terre, remplacer la fertilité des sols par des engrais chimiques, tandis que la connaissance intime de son métabolisme était, pour le village chinois, vitale. Le territoire, pour devenir l'acteur pivot du XXIe siècle, doit se doter des moyens de devenir acteur, de se connaître, de s'organiser et d'agir. C'est ce que recouvre le concept d'agence économique territoriale. Au début des années cinquante, face à la crise du logement, François Bloch-Lainé, le directeur, a su mettre les ressources et le caractère hybride public-privé de la Caisse des dépôts au service d'une politique du logement. C'est d'un nouveau Bloch-Lainé dont nous avons besoin aujourd'hui pour mobiliser les ressources de la Caisse des dépôts, au côté de celles des collectivités territoriales, pour la création de telles agences.

Lectures utiles

Essai sur l'économie, Pierre Calame, ECLM, mars 2009.

Vers une écologie industrielle, Erkman Suren, ECLM, 2e édition, 2004.

La démocratie en miettes, Pierre Calame, Descartes et Cie, 2003.

Conférence SCORE (Sustainable Consumption Research Exchange), Bruxelles, mars 2008.

Prospective et enjeux énergétiques mondiaux, Bernard Laponche, AFD, document de travail n° 59, janvier 2008.

Materializing policies force sustainable use and economy-wild management of ressources, 2006, Wuppertal Institute (www.wupperinst.org).

Les nouvelles règles d'un débat enfin public

La généralisation des débats publics et des concertations en amont des décisions publiques, des plans et projets nationaux et territoriaux porteurs d'une incidence sur l'environnement – sous la houlette d'un tiers impartial garantissant la transparence et l'indépendance du débat – est indispensable à l'exercice de la démocratie participative : c'est le moyen pour les citoyens de retrouver confiance dans leurs institutions et décideurs publics et, par là même, de s'impliquer davantage dans la vie de la cité.

Philippe Marzolf est vice-président de la Commission nationale du débat public (CNDP) depuis 2002, diplômé de l'Institut européen éco-Conseil de Strasbourg.

La problématique

La France est dotée d'une longue tradition d'administration consultative se contentant, juste avant la réalisation d'un projet, d'informer et de consulter les habitants par une enquête publique. Ces projets sont décrétés au nom de l'intérêt général défini par l'État.

Sous la pression de nombreuses contestations – l'implantation de la ligne TGV Sud-Est dans les années 1990 en est l'un des meilleurs exemples –, il n'est pas rare que de nombreux projets d'infrastructures (ouvrages autoroutiers ou ferroviaires, lignes électriques, aérodromes, aménagements urbains) soient ralentis par des recours juridiques – voire carrément stoppés. Certains doivent même se voir modifier à des stades d'élaboration très avancés, d'où un net renchérissement des coûts liés à des aménagements ajoutés non prévus lors de la conception initiale. Sur quoi portent les critiques ? Essentiellement sur les caractéristiques des ouvrages, la sous-estimation des impacts environnementaux humains ou naturels, mais aussi sur leur opportunité et la façon de prendre les décisions.

Pour faciliter la mise en œuvre de ces chantiers, et y associer les acteurs concernés, plusieurs législations relatives à la participation du public ont été adoptées (voir encadré *Zoom* ci-après).

Le cœur du sujet — De l'information à la concertation

Il existe plusieurs manières de solliciter les citoyens sur les sujets qui les préoccupent. Mais leurs avis n'auront pas toujours, selon le type de démarche utilisé, le même impact sur la décision finale. Quelques éléments de terminologie sont nécessaires pour mieux comprendre les enjeux de ces démarches.

- L'information consiste à donner des éléments clairs, complets et compréhensibles aux habitants/usagers. Leur avis n'est pas sollicité et ils restent absents des réflexions et de l'élaboration des projets.

- La consultation vise à demander l'avis des citoyens afin de connaître leurs opinions. Sans aucune garantie que leurs remarques soient retenues.
- La concertation associe de manière active les habitants. Leur avis doit être pris en compte afin de pouvoir modifier le projet.

Le débat public CNDP est une démarche plus développée, avec l'intervention d'un tiers garant indépendant et neutre, garant, justement, de l'expression libre de toute opinion et de toute question sur un projet ou une politique générale à partir d'informations complètes, compréhensibles et transparentes. Il est chargé d'apporter un éclairage de l'opinion du public.

Ce sont toujours les porteurs des projets qui prennent les décisions finales.

L'échec des uns, le refus des autres et le triomphe de l'intelligence

Forte de l'expérience d'une quarantaine de débats publics organisés depuis 2002 (voir encadré *Repères* ci-après), la CNDP tend à penser que le débat public est d'autant plus réussi que l'on retrouve dans la décision finale la plupart des éléments présents dans le compte rendu des échanges. À l'inverse, on peut estimer qu'il y a échec lorsque le porteur du projet maintient sa position en dépit des arguments avancés par les citoyens usagers, comme pour l'aérodrome de Notre-Dame des Landes. Conséquence : les participants ont eu le sentiment de n'avoir pas été entendus et ont bien sûr manifesté leur désaccord.

Mais il peut arriver que ce soit le maître d'ouvrage qui doive annuler son projet, à son grand mécontentement, tandis que les participants, eux, chantent victoire, comme pour le projet d'extension du port de Nice.

Évidemment, l'issue des débats n'est pas toujours aussi tranchée, avec toutes les nuances possibles : décisions qui prennent en compte les craintes avancées par les participants (risques de nuisances, par exemple), sans pour autant entériner toutes leurs demandes. Décisions qui reprennent des solutions alternatives issues du débat : dans le projet CDG Express (liaison ferroviaire entre la gare de l'Est et l'aéroport Roissy-Charles de Gaulle), le porteur de projet a suivi l'idée proposée par une association, complètement différente, qui réduisait, de plus, considérablement les coûts. Un bel exemple d'intelligence collective et de concertation réussie !

L'ouverture d'esprit et la pratique du dialogue sont les conditions préalables à un débat fructueux, mais elles ne sont pas les seules. La démarche sera en outre transparente et équitable. Et elle suivra certains principes.

Le moment du débat public

Le débat doit avant tout se situer nécessairement assez *en amont de sa réalisation*, comme le précise la convention d'Aarhus (voir encadré *Zoom* ci-contre).

Le public perçoit d'autant mieux l'utilité de son implication dans le débat que sa participation est sollicitée en amont d'une décision, bien entendu, non arrêtée avant la fin du débat, ni formellement ni de fait.

Zoom

Les législations

- La convention internationale d'Aarhus sur l'accès à l'information, la participation du public au processus décisionnel et l'accès à la justice en matière d'environnement. Ratifiée par la France en 2002, elle précise que « le public concerné est informé comme il convient, de manière efficace et en temps voulu, lorsque toutes les options et solutions sont encore possibles et que le public peut exercer une réelle influence par sa participation au processus décisionnel dans un cadre transparent et équitable ».
- La Charte de l'environnement de 2005, adossée à la Constitution française. L'article 7 instaure que « toute personne a le droit, dans les conditions et les limites définies par la loi, d'accéder aux informations relatives à l'environnement détenues par les autorités publiques et de participer à l'élaboration des décisions publiques ayant une incidence sur l'environnement ». La loi relative à la démocratie de proximité du 27 février 2002 érige la Commission nationale du débat public (CNDP) en autorité administrative indépendante et la charge de « veiller au respect de la participation du public au processus d'élaboration des projets d'aménagement ou d'équipement d'intérêt national ». La CNDP garantit notamment « la participation du public pendant toute la phase d'élaboration d'un projet, depuis l'engagement des études préliminaires jusqu'à la clôture de l'enquête publique. »

Un garant de la démarche, indépendant et neutre

Les discussions seront menées sous la responsabilité d'un *tiers impartial*. C'est la condition indispensable pour que le public s'exprime en toute confiance et que le décideur accepte d'être à son écoute. Ce « médiateur » doit se révéler indépendant, libre d'intérêt personnel dans le projet. Il ne prendra jamais parti sur le fond du dossier et ne donnera pas son avis. Sa mission consiste, à la fin des échanges, à élaborer un compte rendu complet des débats, sans l'infléchir dans un sens ou dans un autre par ses propres convictions.

Un débat le plus large possible

Le débat public doit associer tous ceux qui veulent y participer : élus, associations, particuliers… Il ne se limite donc pas aux riverains concernés mais s'étend à l'ensemble des populations touchées par ses impacts. Une information diffusée très largement, par exemple dans toutes les boîtes aux lettres, doit assurer une large participation. Les participants s'exprimeront lors de réunions publiques ouvertes à tous, mais aussi sur Internet ou par courrier.

Le débat exige la transparence

Les informations versées au débat public seront complètes, accessibles aux non-spécialistes, réactualisées en permanence, plurielles – par exemple avec la diffusion de cahiers d'acteurs : elles refléteront plusieurs avis, notamment ceux du maître d'ouvrage, des associations et des experts indépendants. Les documents plus pointus qui ne font pas l'objet d'une large diffusion seront mis à la disposition des intéressés pour consultation afin que chacun les utilise.

Les enjeux Des améliorations indispensables...

Quelques pistes à creuser.

- Il faut débattre des politiques relatives à l'environnement et au développement durable : on observe dans toutes les réunions que le public n'est pas seulement intéressé par les projets d'équipement mais demande également à débattre sur les *politiques* qui les ont initiés : politiques d'aménagement du territoire, des transports, d'énergie... Et de fait, un projet est d'autant mieux accepté qu'il répond aux objectifs d'une politique partagée.

- Rendre le public actif tout au long de l'élaboration du projet : sa participation ne doit pas se limiter au débat proprement dit (qui ne dure que quelques mois). Il est nécessaire que tous les acteurs et citoyens concernés de près ou de loin soient tenus informés durant toutes les étapes de son élaboration – qui peut durer plusieurs années – jusqu'à sa réalisation. Il convient d'indiquer clairement les étapes du processus décisionnel afin que le public sache à quel moment il va pouvoir s'exprimer et par qui les décisions sont prises.

- Répondre à la demande récurrente d'expertises indépendantes : le public met souvent en doute les résultats des études commanditées par le maître d'ouvrage, notamment pour les perspectives d'évolution des besoins futurs (trafic, consommation énergétique, production de déchets...). Certes, la CNDP dispose des moyens d'une expertise complémentaire indépendante, mais le temps lui est limité : 4 mois, pendant la durée du débat. Aussi, les maîtres d'ouvrage devraient-ils pouvoir faire réaliser de leur côté des contre-expertises *avant* les débats publics, expertises menées par des professionnels choisis en concertation avec les acteurs de la problématique. L'intérêt ? Construits autour de scé-

Repères

Quelques débats significatifs de la CNDP depuis 2002

- **Des lignes ferroviaires à grande vitesse** en Paca, Bordeaux-Toulouse-Espagne, Poitiers-Limoges, et la liaison CDG Express, l'extension du tramway à Paris.
- **Des liaisons autoroutières** Amiens-Lille-Belgique, Grenoble-Sisteron, A12 à Trappes, la Francilienne à Cergy-Pontoise, A16 dans le Val d'Oise, Castres-Toulouse, Chartres-Alaines, des contournements de Bordeaux, de Rouen, de Nice et de Toulouse, l'enfouissement de la N13 à Neuilly sur Seine.
- **Des projets divers** dont l'aéroport Notre-Dame des Landes, des extensions de port à Fos, à Calais et au Havre, la centrale électronucléaire EPR à Flamanville, ITER en Provence, des terminaux méthaniers à Dunkerque, au Havre et à Bordeaux, la refonte de la station d'épuration d'Achères (78), la reconstruction de l'usine de traitement des déchets ménagers à Ivry-sur-Seine (94).
- **Trois débats publics de portée générale** comme la gestion des déchets radioactifs, la politique des transports dans la vallée du Rhône et l'arc languedocien et les nanotechnologies.

Toutes les informations relatives à ces débats publics sont disponibles sur le site de la CNDP, *www.debatpublic.fr*

narios aux alternatives étudiées, les projets proposés seraient plus ouverts, ils disposeraient donc davantage de chance de remporter une plus large adhésion.

Lectures utiles

Agir dans un monde incertain, Michel Callon, Pierre Lascoumes, Yannick Barthes, coll. « La Couleur des idées », Seuil, 2001.

La contre-démocratie, Pierre Rosanvallon, Seuil, 2006.

Le débat public : une expérience française de démocratie participative, Recherches, La Découverte, 2007.

www.debatpublic.fr

À retenir

Depuis 2002, la CNDP a reçu plus d'une centaine de saisines de projets, elle a décidé d'organiser elle-même plus de soixante débats publics et a recommandé une trentaine de concertations.

Chapitre 12

La finance et le développement durable

Pour financer les investissements de long terme

Neuf milliards d'individus, tous en quête d'un juste accès aux matières premières, aux ressources et au développement peupleront à l'horizon 2050 le monde fini qui est le nôtre. Cette perspective place l'humanité devant des choix fondamentaux qu'elle ne pourra relever que par une vision et une action de long terme.

Augustin de Romanet est directeur général de la Caisse des dépôts et consignations.

La problématique — Court-termisme et crise écologique

La crise globale que le monde affronte n'est pas un accident. Elle révèle une crise plus profonde de notre civilisation qui s'exacerbe dans le rapport de l'homme à la nature, inaugurant une nouvelle phase de la mondialisation qui place nos sociétés devant des choix fondamentaux et appelle de leur part une véritable refondation. La vision libérale, telle qu'exprimée en 1705 par le philosophe anglais Bernard de Mandeville dans *La Fable des abeilles,* envisageait les vices privés comme des contributions au bien public en revanche desservi par les actions altruistes. Il semble aujourd'hui au contraire qu'un lien profond s'établisse entre les excès de la spéculation et du court-termisme et l'accélération de la crise écologique.

Le cœur du sujet — Face aux excès du court-termisme, restaurer la vision à long terme

Selon l'économiste Nicholas Stern, la transition vers une économie pauvre en carbone va exiger des investissements annuels équivalents à 2 % du PIB mondial. La croissance démographique et sa concentration dans les villes, dont le peuplement devrait doubler en quarante ans pour atteindre six milliards d'habitants en 2050, appelleront, elles, la construction non seulement de logements mais d'infrastructures durables de diverses natures (transport, assainissement...), auxquelles s'ajouteront des investissements lourds dans les projets d'efficacité énergétique, notamment des bâtiments, comme dans les énergies renouvelables en raison de la pression sur les ressources énergétiques et des enjeux de sécurité d'approvisionnement.

Ces immenses enjeux de financement se présentent dans un contexte de crise structurelle et de raréfaction consécutive des moyens. Alors que l'endettement privé a montré ses limites et que les marges de manœuvre des États en matière de déficit public se sont réduites, l'investissement de long terme apparaît de plus en plus comme l'indispensable relais des finances publiques contraintes et d'un système bancaire fragilisé dans sa capacité à financer une relance durable.

Deux ans après la mise à mal du système financier international, il apparaît clairement que la crise globale qui a traversé le monde en 2008 n'est pas le résultat d'un simple cycle, mais le produit de profonds déséquilibres parmi lesquels figurent en premier lieu les comportements mimétiques et les excès du court-termisme. De l'avis de l'ensemble des économistes qui ont fait le diagnostic de la crise, et notamment des experts européens du Groupe Larosière, ces mécanismes ont été favorisés et amplifiés par des réglementations profondément procycliques, en particulier le principe de la valeur de marché imposé par les normes comptables internationales et par des incitations court-termistes, telles que les bonus et les notations à un an.

Concrètement, en matière d'investissement, ces incitations court-termistes se traduisent par un décalage très important, accentué ces dernières années, entre les montants gérés par l'ensemble des investisseurs présentant des caractéristiques de long terme – soit près de 30 000 milliards d'euros – et le montant effectif des investissements de long terme réalisés dans le monde.

Si les vertus du long terme et de la finance patiente imprègnent aujourd'hui les schémas de relance et de réforme du système économique mondial, c'est parce qu'existe un besoin évident de faire prévaloir la vision de long terme sur le court-termisme, d'encourager les investisseurs à se projeter davantage dans le temps. Qu'il s'agisse des conclusions du G20, des prises de position franco-allemandes, du plan de relance américain ou des recommandations des experts européens, tous pointent les excès du court-termisme et de la déconnexion entre économie réelle et système financier, interrogent la relation public/privé, en appellent à l'investissement durable au service des grandes mutations. Ce qui suppose que soit engagée une réforme en profondeur des politiques de rémunération ainsi que des règles prudentielles et comptables basées sur le principe du *mark-to-market* (juste valeur).

Les enjeux — Les investisseurs de long terme, acteurs essentiels d'une économie durable

À la faveur de ce contexte, la question du rôle des investisseurs de long terme – ceux qui n'ont pas ou très peu d'engagements de passif – au service d'une économie durable se pose ainsi avec une acuité nouvelle. Et cela tout d'abord parce que cette catégorie d'acteurs est à même de jouer un rôle stabilisateur sur les marchés en contrebalançant les effets des actions court-termistes. Leurs passifs n'étant pas exigibles à court ou moyen terme, ils sont en mesure de lisser leurs ressources, de conserver en portefeuille leurs actifs en période de crise et de jouer ainsi un rôle contracyclique sur les marchés financiers. À ce titre, ils ont en outre la capacité de mutualiser les risques entre générations : sans investisseurs de long terme, chaque classe d'âge supporterait le risque des marchés durant sa propre existence.

Cette faculté à se projeter dans la durée permet également à ces acteurs d'agir sur les déterminants de la croissance potentielle, notamment par le financement de l'innovation, de la recherche et des grands projets aux revenus différés dans le temps et à fort effet levier sur l'investissement, essentiels à la création de nouveaux emplois. Les investisseurs de long terme peuvent en effet s'impliquer dans la gouvernance des entreprises et soutenir leurs dirigeants dans les projets créateurs de valeur réelle. C'est particulièrement important pour les PME et l'investissement en R&D qui ne porte ses fruits qu'au bout de plusieurs années.

C'est ainsi que cette catégorie d'acteurs est appelée à jouer un rôle essentiel dans les stratégies de sortie de crise, au-delà des plans de relance auxquels elle a déjà largement contribué.

Un besoin de coopération entre investisseurs de long terme

Compte tenu de la globalisation de certains des grands enjeux de notre temps, l'expression du rôle des investisseurs de long terme au service du financement des besoins passe par de nouvelles formes de coopération. Du moins est-ce cette analyse qui a conduit la Caisse des dépôts à fonder, avec trois autres grandes institutions financières publiques européennes – Cassa depositi e prestiti, KfW Bankengruppe et Banque européenne d'investissement –, le Club des investisseurs de long terme. Ce club réunit des institutions financières d'Europe, d'Asie, du Golfe et d'Amérique, représentant déjà un total de bilan de 3 000 milliards de dollars. Il poursuit un triple objectif :

- l'échange d'informations sur les meilleures pratiques, la gestion des risques et les pièges à éviter en période de turbulences des marchés ;
- la coordination de certaines de leurs interventions pour favoriser des investissements qui soient en concordance avec les enjeux du XXIe siècle et qui ne peuvent, compte tenu de leur ampleur ou de leur nouveauté, être envisagés que de manière coopérative : infrastructures, nouvelles technologies ou environnement… Le fonds InfraMed (fonds d'investissement dans les infrastructures urbaines, énergétiques et de transport des régions Sud et Est de la Méditerranée) et le fonds Marguerite (fonds 2020 pour l'énergie, la lutte contre le changement climatique et les infrastructures dans l'Union européenne, *lire encadré*) sont les premiers objets concrets de cette nouvelle forme de coopération ;
- la promotion des valeurs de long terme. Les membres du Club nouent des partenariats avec des centres de recherche et des organisations internationales pour sensibiliser les acteurs financiers aux vertus de la « finance patiente ».

Zoom

Le fonds Marguerite

Initiative des principales institutions financières européennes[1], le fonds Marguerite vise à financer des infrastructures « greenfield » dans le domaine du transport, du changement climatique et des énergies renouvelables en Europe, selon un horizon de long terme, une gouvernance conforme aux orientations du G20 et une stratégie d'investissement correspondant aux priorités de l'Union européenne. Prototype d'un véhicule financier adapté aux caractéristiques des investisseurs de long terme, Marguerite a réalisé une première levée de fonds de 710 millions d'euros, l'une des principales au monde en 2009 avec près de 10 % du total des montants levés par l'ensemble des fonds d'infrastructures cette année pour un objectif de collecte fixé à 1,5 milliard d'euros.

À la recherche d'une finance responsable

En rendant explicite le niveau d'interdépendance de nos sociétés et la diversification des canaux de transmission des chocs, le séisme de 2008 a placé la question de la coopération internationale au centre des débats. Au moment où, sous l'impulsion du G20, la réflexion est engagée sur la refondation du capitalisme et l'indispensable réforme du système financier international, le développement de nouvelles formes de coopération entre investisseurs de long terme constitue une traduction dans les faits de ce que serait une finance responsable au service du développement durable.

Lectures utiles

Politique internationale n° 126 – dossier spécial, *Pour une finance durable*, février 2010.

www.ltic.org

www.caissedesdepots.fr

1. Caisse des dépôts, Cassa depositi e prestiti, Banque européenne d'investissement, Kreditanstalt für Wiederaufbau (kfW), Instituto de Credito Oficial (ICO), banque polonaise PKO.

Comment financer le développement durable ?

Combinées, la crise financière et économique et l'accélération de la prise de conscience environnementale ont favorisé l'émergence de nouveaux outils – et la rénovation des anciens. Alors que leur légitimité avait été mise en cause de façon parfois caricaturale en particulier durant les années 1990, les institutions multilatérales sont ainsi brutalement revenues en grâce. La Banque mondiale comme la Banque européenne d'investissement ou les banques multilatérales régionales, ont toutes pu réagir et intervenir de manière rapide pour atténuer, autant que faire se pouvait, les effets de la crise.

Philippe de Fontaine Vive est vice-président de la Banque européenne d'investissement.

La problématique — Le premier Rapport sur l'état de l'environnement date de 1950...

La crise économique qui secoue le monde entier depuis 2008 est entrée en résonance avec une préoccupation de plus en plus nette à l'égard de l'environnement, du respect de la planète et de ses ressources. Entamée dès les années 1950 (avec notamment, en 1951, le premier Rapport sur l'état de l'environnement dans le monde de l'Union internationale pour la conservation de la nature), cette réflexion a ensuite nourri les travaux de la commission Brundtland (rapport de 1987) et a conduit à la consécration progressive du concept de « développement durable » (conférence de Rio, 1992). Le public s'est petit à petit approprié cette réflexion et a compris l'impact que le changement climatique et l'épuisement des ressources naturelles pouvaient avoir sur sa vie quotidienne et sur celle de ses enfants. L'idée de développement durable *(qui répond aux besoins du présent sans compromettre la capacité des générations futures de satisfaire leurs propres besoins)* s'est aujourd'hui imposée comme une évidence et non plus comme un luxe.

Il appartient aujourd'hui aux institutions multilatérales que sont la Banque mondiale et la Banque européenne d'investissement, tout comme aux acteurs du financement du développement, de bâtir de manière solide un projet d'avenir sur cette légitimité retrouvée. Les besoins significatifs en matière de financement du développement durable constituent à l'évidence un axe d'action privilégié – et singulièrement consensuel.

Le cœur du sujet L'Europe doit coordonner son aide publique au développement

Dans les pays développés, des plans de relance « verte » ont été adoptés dans une vingtaine d'États à travers le monde. Ils représentent 430 milliards de dollars d'investissements « verts » (dont, en France, les bases ont été posées par le Grenelle de l'environnement de 2007).

Dans les pays en développement, beaucoup reste à faire et l'Europe garde une carte à jouer. Il lui revient, à travers sa politique d'aide au développement, de promouvoir un lien très fort et de manière équilibrée entre la croissance économique, la cohésion sociale et la protection de l'environnement.

L'affirmation progressive de la dimension européenne dans le financement du développement durable doit s'imposer car les Européens sont les principaux acteurs – tant sur le plan des idées que des volumes – de l'aide publique au développement. L'Union européenne (États membres et communauté confondus) fournit 55 % du total mondial de l'aide publique au développement, ce qui en fait de loin le premier bailleur de fonds aux pays en développement. Les organismes qui véhiculent ce soutien des contribuables européens à la solidarité internationale doivent pouvoir travailler davantage ensemble et de manière plus efficace pour créer dans les faits, voire peut-être ultérieurement en droit, un système européen de financement du développement durable. Dans ce domaine au moins, compte tenu des enjeux, l'aide européenne, dont les moyens d'intervention sont dispersés entre des acteurs nombreux (budget européen, Banque européenne d'investissement, BERD, Banque de développement du Conseil de l'Europe, agences bilatérales nationales...) doit intervenir de manière coordonnée et harmonisée. Les modalités de ce que serait ce système européen de l'aide pourraient utilement être définies avant la programmation des moyens des années 2013 à 2020.

Cet appel a d'ores et déjà été entendu par l'Agence française de développement, la KfW allemande et la Banque européenne d'investissement. Lesquelles ont pris des initiatives en faveur d'une coopération renforcée (délégation mutuelle des compétences sur certains projets, par exemple), mais d'autres bailleurs doivent également s'y associer, au premier rang desquels la Commission européenne et les autres agences bilatérales.

Imaginer de nouveaux dispositifs

Les Européens ont également un devoir d'innovation. Le respect de la planète et l'élévation du niveau de vie des pays les plus pauvres exigent que nous soyons particulièrement innovants, y compris sur les mécanismes financiers. Aujourd'hui, raisonner selon la frontière traditionnelle tracée entre les dons et les prêts n'est plus d'actualité. Le financement des projets requiert des dispositifs imaginatifs, ils doivent associer le secteur privé et le secteur public des prêts et des dons, mais aussi, dans certains cas, des prises de participation sous forme d'apport au capital de fonds d'investissement. Pléthore d'instruments existent déjà et l'Europe doit veiller à en préserver la cohérence et la complémentarité, mais aussi à les renouveler.

Aujourd'hui, la régulation publique permet une délégation aux acteurs privés souvent plus efficiente qu'un financement direct par des structures publiques. De nouveaux mécanismes sont mobilisables, à l'instar de ce qui a été accompli avec les crédits carbone, pour être mis à la disposition des acteurs du financement du développement durable – et peut-être même du grand public, qui pourrait choisir de mobiliser une partie de son épargne à de nouveaux outils dont le produit serait dédié à des projets réalisés selon des critères déterminés.

Les enjeux Un avenir solidaire

La voix européenne doit se faire plus forte. Il n'est pas davantage acceptable que face au défi du financement du développement durable dans le monde, l'Europe continue d'avancer en ordre dispersé. Les bailleurs de fonds européens doivent s'efforcer de devenir davantage audibles et, ensemble, plus influents. Il ne reste que peu de temps pour débattre de ces orientations avant que les chefs d'État et de gouvernement ne décident, au Conseil européen, des ambitions à y consacrer pour les sept années qui suivront 2013. Je forme le vœu que l'esprit de solidarité finira par l'emporter.

Zoom

Ce que finance la Banque européenne d'investissement

En Europe, la Banque européenne d'investissement, qui est la Banque de l'Union européenne, a intégré le développement durable à sa stratégie d'ensemble. Cette préoccupation intervient non seulement au stade de l'identification des projets à financer (exigences environnementales), mais aussi à travers un accompagnement de leur mise en œuvre (suivi attentif, assistance technique, si nécessaire décaissements par tranches successives conditionnées au respect de critères préalablement définis, évaluation *ex post*).
Les projets revêtent des formes d'une grande variété : amélioration de la qualité de vie en milieu urbain (rénovation urbaine, transports viables), solutions apportées à la protection de l'environnement et à la santé (réduction de la pollution industrielle, approvisionnement en eau et traitement des eaux usées), lutte contre les changements climatiques (notamment par la promotion de l'efficacité énergétique et des énergies renouvelables), préservation des ressources naturelles et gestion des déchets (minimisation, recyclage, réutilisation et élimination des ordures ménagères et des déchets commerciaux et industriels)... La Banque européenne d'investissement rend compte de ses actions non seulement à ses actionnaires (les États de l'Union) mais aussi aux citoyens.

Lectures utiles

L'Atlas européen de l'aide au développement : *http://development.donoratlas.eu*

À retenir

48,2 milliards d'euros : montant de l'aide au développement en 2009 de l'Union européenne (les 27 États membres et la Commission européenne). À elle seule, la Commission a engagé 12 milliards d'euros et a déboursé 10 milliards.

Les 15 membres européens de l'Organisation de coopération et de développement économique du Comité d'aide au développement (OCDE/CAD) représentent 56 % de toute l'Aide publique au développement (APD) du CAD.

Source : Commission européenne, juin 2010, *Rapport annuel sur les politiques de l'Union européenne en matière de développement et d'aide extérieure.*

Après la crise financière, le temps des grands projets du développement durable

Est-il bien raisonnable de lancer des projets pharaoniques en période de restrictions budgétaire et financière ? Pour répondre à la morosité économique ambiante il faut mobiliser, proposer des perspectives pour reconstruire l'avenir. C'est au milieu de la Grande Dépression que l'Amérique du New Deal inventa les grands travaux : Roosevelt lança la Tennessee Valley et le projet Manhattan ; Mussolini, l'assèchement des marais pontins et les autostrades ; Staline Don-Volga et Novosibirsk.

Christian Stoffaës est président du Conseil économique franco-allemand.

La problématique — La financiarisation en procès

Au tribunal pénal international de la crise économique, comparaissent les banquiers : mais les économistes sont eux aussi sur le banc des accusés. Car si des erreurs ont été commises, c'est parce que notre vision était erronée. Et la vision de l'économie est façonnée par ceux qui la pensent. La financiarisation des économistes aura fourni l'argumentaire scientifique à l'hystérie spéculative.

La production réduite à une abstraction

L'« hypothèse des marchés efficients » est le principe qui veut que les marchés financiers contiendraient toute l'information économique disponible ; que les prix des actifs mesureraient à tout instant l'étalon de la valeur ; que l'interaction libre des acteurs financiers conduirait à la meilleure allocation des ressources et assurerait la croissance la plus élevée ; que toute réglementation ou intervention de l'État dans le fonctionnement des marchés serait par nature nuisible.

Pour les marchés financiers, les entreprises ne sont que des titres : des actifs financiers, générateurs de *cash-flow,* dont la valeur se mesure par le cours en Bourse. La réalité physique et humaine du monde de la production est désormais réduite à des abstractions.

L'entreprise virtuelle

Dès lors, les entreprises ont privilégié la rentabilité immédiate, pénalisé l'investissement de long terme, négligé la technologie et la recherche-développement. Les ingénieurs ont disparu des étages de direction pour se voir cantonnés dans les ateliers. Les financiers et les communicants ont pris leurs places. Le rêve suprême de l'« entreprise virtuelle » n'eût-il pas été de se débarrasser complètement des encombrantes usines ? Dans l'économie financiarisée, oubliés les ingénieurs et les machines, les ouvriers et les usines, les produits et les vendeurs ; disparus des écrans-radar l'investissement productif, la recherche scientifique et technique.

Cette belle construction intellectuelle a engendré la spéculation la plus massive de l'histoire, sous le prétexte de la dérégulation financière. Depuis le krach, le monde a changé. Le paradigme des marchés financiers s'est effondré, comme hier le paradigme macroéconomique et le paradigme marxiste, comme jadis le paradigme mercantiliste.

Demain, notre représentation de l'économie est appelée à changer profondément. Après le crépuscule des économistes financiers, le XXIe siècle sera-t-il le siècle des scientifiques autour des deux principes qui motivent aujourd'hui les peuples – le principe de précaution et le développement durable ? On voit déjà se profiler les économistes de l'environnement, des externalités, la compréhension des mécanismes complexes de l'innovation, de la créativité, de l'Internet, les ingénieurs économistes, calculateurs d'investissements d'infrastructures, hier entraînés dans le discrédit du Gosplan…

Le cœur du sujet Un laboratoire mondial pour l'énergie solaire

Le Plan solaire méditerranéen constitue un projet dont l'enjeu est le développement de l'énergie solaire en masse en Afrique du Nord et au Moyen-Orient, pour alimenter les besoins locaux et l'Europe par un réseau de transport d'électricité à travers la Méditerranée.

Il vise à faire décoller la technologie solaire, aujourd'hui encore coûteuse et éloignée de la compétitivité économique. Toute innovation fondamentale commence par une phase d'apprentissage, où les découvertes scientifiques sortent des laboratoires, où les technologies concurrentes prolifèrent et s'affrontent, où les coûts sont prohibitifs.

La zone Méditerranée dispose des meilleurs atouts pour une initiative à grande échelle de portée mondiale : les meilleures conditions planétaires d'ensoleillement à 2 500 et 3 000 heures annuelles ; un espace foncier sans limites, à coût et à nuisances d'occupation nuls ; des emplois en masse ; le potentiel technologique de l'industrie européenne et des coopérations avec les entreprises locales, etc.

Un relais vital aux ressources géologiques absentes

Si cet ambitieux pari réussit, l'humanité aura résolu le problème de l'énergie : les pays du Sud, assoiffés d'énergie pour le développement, pourront s'appuyer sur une source infinie et bon marché. Si les ambitions se réalisent, un pas décisif aura été accompli, de portée historique. Les technologies solaires pourront être répliquées et assureront l'avenir énergétique.

Le monde est à la veille d'une grande transition énergétique, d'une ampleur analogue à la révolution industrielle de la machine à vapeur et du charbon, ou à la deuxième révolution industrielle fondée sur les hydrocarbures et les moteurs.

L'énergie solaire de la mer du Sud est comparable à celle visée par les projets d'énergie éolienne *offshore* en mer du Nord. Dans cette perspective ambitieuse, vers le milieu du XXIe siècle, l'Europe, gravement dépourvue de ressources géologiques, pourrait ainsi bénéficier, dans son pourtour géographique proche, de sources de production d'énergie renouvelable à grande échelle et acquérir, conjointement avec les pays de la zone, un atout compétitif sur la maîtrise industrielle des technologies.

Zoom

Courant continu, vecteur de transport indispensable

Les investissements d'énergie solaire dans la zone Méditerranée ne pourront éclore et se développer que s'ils s'accompagnent simultanément de nouvelles infrastructures de transport et d'interconnexion reliant les sites entre eux et vers l'Europe. Les réseaux transméditerranéens pourront être prolongés vers une *supergrid* transeuropéenne. Le transport sous courant continu à haute ou très haute tension autorise en effet le transport à grande distance sans pertes en ligne rédhibitoires ; il tient mieux les surcharges et améliore la sécurité du système électrique. En outre, le courant continu permet l'enfouissement des lignes pour le franchissement des sites sensibles à la pollution visuelle et des paysages. Enfin, il requiert moins d'emprise au sol et génère moins de radiations électromagnétiques. Triple dividende écologique : le retour du courant continu, après un siècle d'effacement derrière le courant alternatif, est le marqueur historique de l'entrée des réseaux électriques dans l'âge du développement durable.

Les enjeux

Le plan solaire méditerranée incarne la portée historique de l'Union pour la Méditerranée.

L'espace méditerranéen est aujourd'hui la tache noire de la planète : des États qui se déchirent, parfois en guerre ; des régimes politiques loin de la démocratie ; le sous-développement économique, sauf pour ceux qui disposent de la rente du pétrole et du gaz, en réalité peut-être la malédiction de l'or espagnol ; une jeunesse prolifique à employer ; le souvenir lancinant de l'humiliation colonialiste ; la mémoire lointaine de la grandeur de la civilisation arabe du temps où l'Orient donnait des leçons à l'Occident.

Pour répondre à la morosité économique ambiante, il faut mobiliser, offrir des perspectives, faire rêver. Technologies, intégration régionale, sécurité énergétique : les grands projets mobilisateurs sont l'occasion de réunir les parties prenantes autour d'objectifs ambitieux, technologiques, industriels et sociétaux. La vertu des crises, c'est qu'elles obligent à inventer, pour renouveler les perspectives.

Lectures utiles

Le développement durable dans l'espace méditerranéen : une gouvernance à inventer, enjeux et propositions, Yvette Lazzeri et Emmanuelle Moustier, L'Harmattan, 2010.

À retenir

100 GWe de capacité de production solaire à construire à l'horizon 2050.

15 % de la puissance électrique de l'Europe.

400 milliards d'euros d'investissements.

Pour bâtir une « finance carbone »

Nos économies vivent une sorte de rareté relative : la valeur actuelle ou d'anticipation de tout bien, de tout capital se mesure en première dérivée à l'aune des quantités de carbone marchand qu'il a fallu accumuler pour le produire et dont il faudra disposer pour le reproduire. L'économie globale est donc passée de la valeur travail à la valeur carbone. En voici le mécanisme.

Patrice Hernu est administrateur de l'INSEE, président de France Bleu
et conseiller risques environnementaux INHESJ-Premier Ministre.

La problématique Carbone : comment le réguler

Le carbone offre une nature multiple qui complique sa régulation.

Carbone = facteur critique du développement

Le carbone demeure un des facteurs du développement au sens classique du terme dès lors qu'il constitue sous sa forme fossile (pétrole, gaz et charbon) ou sous sa forme biologique (forêt, tourbe et biomasse primaire) la première source d'énergie de substitution au travail humain. Ces marchés, lorsqu'ils existent sous leur forme classique, ne sont pas totalement interconnectés. Le carbone n'est pas un bien totalement fongible. Ses différentes formes fossiles possèdent pourtant une caractéristique commune : aucune n'est suffisamment renouvelable pour *satisfaire durablement l'explosion prévisible de la demande mondiale à un coût socialement acceptable d'exploitation*. Le carbone « vivant » issu du cycle court de la photosynthèse, ne l'est pas non plus.

Le carbone sous toutes ses formes est donc devenu une ressource globalement rare. L'efficience énergétique et les économies d'énergie pour les pays développés d'une part, et la recherche d'énergies alternatives d'autre part, n'ont pas gagné la course. Le carbone reste « vainqueur ». Même si les ressources semblent limitées à terme, il n'est de mois où de nouveaux gisements ne soient découverts repoussant l'horizon de la pénurie totale.

Carbone = facteur « standard » ou « indicateur notionnel » de la régulation

Le régulateur doit donc organiser les marchés de manière à pousser les acteurs vers l'économie des biens rares sans étouffer le développement, en rattachant les diverses formes de carbone à une sorte de *carbon exchange standard*. D'où l'exigence d'une régulation par les prix. Cette régulation concerne en outre le carbone considéré comme capital de reproduction du vivant. Les destructions de la biosphère représentent sans doute une part très importante des désordres climatiques. Ce carbone vivant pose des défis d'évaluation et de prix de référence qui sont un des enjeux des formes futures de la finance carbone.

Enfin il est admis que le carbone, réémis sous la forme du dioxyde de carbone (CO_2), constitue un facteur anthropique direct du réchauffement climatique. Le Groupe d'experts intergouvernemental sur l'évolution du climat (Giec) propose des objectifs quantitatifs globaux de limitation. Ce nouvel étalon or du climat et des émissions repose sur une régulation par les quantités.

Le cœur du sujet Pourquoi le signal prix du marché des quotas a échoué

Fournir un signal prix tendant à l'universalité, réguler les quantités de carbone émis sous forme de CO_2 constituent des objectifs *a priori* incompatibles sur un même marché. Concilier les termes de cette double régulation, voilà une exigence pour les outils de prévention des désordres climatiques (1), de la crise de l'énergie (2) ou des ressources et de la préservation réelle de la biosphère (3). Trois volets, dont la compatibilité sous l'angle de la finance carbone constituera demain une condition du développement.

La finance carbone s'est développée de manière chahutée à partir du système européen

À l'échelon européen, il ne fut pas possible de mettre en place la régulation par les prix (taxe) que les économistes jugeaient pourtant préférable. L'électricité assez largement d'origine nucléaire donne à la France un avantage que ses autres partenaires n'ont pas accepté. L'Europe décida donc d'opter pour le *système des quotas*, régulation par les quantités, lequel n'exigeait qu'un accord scellé dans le cadre de la Commission. Le système européen, dit ETS *(Emission Trading Scheme)* déclencha l'ouverture de places d'échange un peu partout dans le monde. Les *traders* et *brokers* y déployèrent leur savoir-faire grâce à des produits dérivés de tout ordre : *futures, forwards*, options, obligations et certificats indexés sur des panels de plus en plus sophistiqués et éloignés de la réalité des échanges.

Ce système a fait la preuve de ses limites. L'analyse des progrès en matière de réduction montre assez clairement que les efforts réalisés dans les divers pays en matière de réduction ont été totalement indépendants de la mise en place de tels marchés. L'échec du marché des quotas UE-ETS réside dans son incapacité à produire un prix du carbone éligible comme une référence (voir encadré *Zoom* ci-dessous). Il aurait fallu y relier d'autres outils destinés à inciter les opérateurs et les consommateurs à adopter des choix de consommation ou d'investissement plus conformes aux objectifs partagés de soutenabilité carbone et énergétique. La crise l'a fait dérailler : incapacité de réagir en temps réel aux erreurs d'allocation, scandale des *windfall profits*[1], dérives hors contrôle véritable des crédits carbones dégagés par des projets *offset*, fraude « carrousel » à la TVA ... Aucun des dispositifs prévus par le protocole de Kyoto (MDP, mécanismes de flexibilité, etc.) n'a en outre permis d'envisager qu'ils puissent être utiles à la convergence vers une valeur du carbone.

Zoom

Banque carbone : États-Unis pour, Europe contre

Faut-il purement et simplement ajourner l'UE-ETS ?

- Pour mieux réguler la masse monétaire carbone, l'administration fédérale américaine envisage un contrôle plus contractuel des quotas, de manière à faire converger les cours d'échange du CO_2. Toutefois, ce dispositif exige la création d'une banque centrale de compensation du carbone. Il aboutit à faire payer l'équivalent d'une taxe à ceux qui ne respectent pas les quotas négociés.
- La Commission européenne, laquelle tente de regrouper sous son seul contrôle les émissions et permis de quelque 16 000 acteurs, voit d'un mauvais œil un dispositif indépendant, à l'instar de la Banque centrale européenne. Cet organe, dans chaque région du monde, administrerait la régulation d'une monnaie carbone en formation, une sorte de pseudo- *carbon standard*, de la même manière que la Banque centrale arbitre à la fois la quantité de monnaie et le prix de la liquidité, c'est-à-dire le taux d'intérêt.

Critique : aller au bout de la réforme du marché du carbone en intégrant ces dispositifs dans la clé de voûte du système monétaire international.

Réguler le prix et la quantité ne peut normalement se réaliser que dans le cadre de la monnaie et de ses contreparties. Par conséquent, plutôt que de créer cette pseudo-monnaie carbone en parallèle et, à terme, concurrente des monnaies de réserve, pourquoi ne pas réformer le système monétaire international ?

Les enjeux — Demain, de nouvelles pistes pour la finance carbone

Il va falloir faire évoluer les marchés du carbone vers des dispositifs plus compatibles avec les objectifs et les politiques locales ou régionales. Devant l'ampleur du défi, peut-être faut-il passer par une étape intermédiaire dérivée du dispositif décrit ci-dessus ?

À terme, la proposition de notre réseau France-Europe-Planète Bleue consiste à transformer les gisements de carbone en *certificats monétaires*. Ceux-ci, sous certaines conditions, pourraient être annexés aux contreparties que représentent les monnaies de réserve. Cette proposition, dans son principe, avait été discutée entre John Maynard Keynes et Pierre Mendès France en... 1945 ! L'entrée dans

1. Cette fraude aurait concerné jusqu'à deux tiers des transactions en 2008-2009 : des titres achetés hors TVA étaient revendus TVA comprise en se jouant des différences fiscales entre les États.

un tel dispositif pourrait se montrer progressive, par exemple d'abord en gelant les ressources carbone des fonds marins profonds, puis en y intégrant les ressources dont les objectifs négociables de type « post Kyoto » voudraient limiter l'usage en permettant aux pays signataires de mobiliser ces ressources sous la forme des contreparties monétaires correspondantes. Tel pourrait être l'objectif d'une conférence de type G20, une sorte de « Bretton Woods du carbone ».

Comme pour les systèmes de régulation avancée de « quotas carbone standard », la priorité première est la création d'une *banque de compensation* des ressources à la fois « critiques pour la soutenabilité » et utiles au développement. La seconde priorité est dans l'assurance que *la valeur de ces certificats échangeables sur le marché monétaire puisse vraiment fixer une valeur*, un prix « équitable » pour ces ressources, stabilisé par l'intervention de cet organisme sur les marchés. Ceci implique que le recueil, le monitoring et la traçabilité des ressources carbones (fossile et vivant) soient réalisés dans des conditions incontestables, ce qui risque d'être contraire au principe de souveraineté nationale tel que l'exprime l'accord de Copenhague.

Une finance carbone élargie

Comme pour les monnaies, des parités seront utiles entre les formes de source, d'usage et de transformation du carbone. L'objectif de préservation de la biosphère est inclus dans le champ d'un tel type d'outil. À côté de la réduction des émissions de CO_2, biodiversité, humus, forêts, tourbes, nappes phréatiques sont autant d'éléments déterminants dans la préservation de ce qui est englobé sous le terme parfois un peu flou de « climat ». La définition d'une finance carbone élargie, c'est-à-dire non seulement d'un standard carbone mais également d'un *exchange standard carbon* est une nécessité pour que l'édifice de la préservation de nos environnements ait une clé de voûte.

Repères

Prix des quotas européens

	Prix moyens mensuels en €	**Prix au 25 janvier 2010 en €**
Quotas européens EEX *(European Energy Exchange)* Marché spot	12,83	12,94
Livraison décembre 2009 Livraison décembre 2011 Livraison décembre 2012	13,17 13,69 14,48	13,36 13,83 14,59
Crédits ONU (MDP) Unités de réduction certifiées d'émissions	11,61	11,91

Lectures utiles

Crise et Finance durable, lire notamment l'article de Patrice Hernu et de Yann Emilian (Affinion International) : « En quoi la régulation du développement durable permet-il de réguler la finance ? », *Banque & Stratégie*, n° 267, février 2009.

Trop de pétrole, Henri Prévot, Le Seuil.

« La Finance carbone », *Revue d'économie financière*, n° 83 (2006).

Le climat, otage de la finance, Aurélien Bernier – un point de vue hostile à la finance carbone, *Mille et une nuits*, 2008.

À retenir

En 2009, 12 569 installations industrielles appartenant à l'UE sont soumises au système des quotas de carbone (CO_2).

Elles ont envoyé 11,2 % de CO_2 en moins dans l'atmosphère : 1 694 millions de tonnes contre 1 927 millions de tonnes dans le cadre de l'ETS (European Trading Scheme).

Quotas en surplus issus de 2009 pour 2010 :

- sidérurgie (secteur minier compris) : 93 millions de tonnes de CO_2 (soit plus d'un 1 milliard d'euros de trésor) ;
- cimenteries : 53 millions de quotas en surplus (670 millions d'euros) ;
- électricité : dépassement de 100 millions de tonnes de carbone à acheter sur le marché.

La place de marché française est en avance sur ses concurrents, avec 61 % de parts de marché sur les quotas négociés au comptant.

Pourquoi le gaz à effet de serre doit-il valoir quelque chose ?

La réduction des émissions de gaz à effet de serre est un enjeu majeur de ce siècle. Elle exige des investissements planétaires massifs. La mise en place d'un marché de permis d'émission répond au besoin de donner un prix à la tonne de gaz à effet de serre, prix indispensable à une prise de décision rationnelle et responsable pour une économie sans carbone.

Philippe Germa est directeur général de NATIXIS Environnement & Infrastructures,
gérant des fonds FIDEME et European Carbon Fund.

La problématique — Le marché : outil économique au service de la lutte contre le changement climatique

L'exclusion du carbone de nos économies requiert un investissement annuel d'environ 1 % du PIB mondial jusqu'en 2050 selon le rapport Stern publié en 2006. Les investissements dans des projets de réduction de gaz à effet de serre (GES) sont à considérer aujourd'hui au regard du prix des émissions afin d'en évaluer la rentabilité économique et l'impact environnemental. Le marché, au-delà d'une réglementation ou d'une taxe, fonctionne en outil global de rationalisation, agit comme un processus démocratique d'où émerge le prix de la « tonne de carbone ». De quoi encourager la réduction d'émissions là où son *coût marginal est le plus faible*.

Le cœur du sujet — Les réponses politiques au changement climatique

La Convention-cadre des Nations unies sur les changements climatiques (CCNUCC) constitue le socle de la réponse internationale à la menace climatique. Signée à Rio de Janeiro en 1992, elle a pour objectif de *stabiliser les concentrations de GES à un niveau qui éviterait de dangereuses interférences anthropogéniques avec le système climatique*.

Le protocole de Kyoto

Préparé par la CCNUCC en 1997 à Kyoto et ratifié par 190 pays (à l'exception notable des États-Unis), ce protocole fixe comme objectif la réduction des émissions de GES des pays développés à un niveau inférieur de 5 % à leur niveau de 1990, sur la période 2008-2012.

Parallèlement, le protocole incite les investissements dans les pays en développement qui ne peuvent s'engager à réduire leurs émissions au regard de leur situation économique et de leur besoin de développement mais qui représentent néanmoins un très fort gisement de réduction de GES. Cette incitation prend la forme du Mécanisme de développement propre (MDP) basé sur un investissement des pays développés dans des projets de réduction de GES dans les pays en développement en contrepartie d'un crédit carbone valorisable au regard des contraintes de réduction du pays investisseur.

Le MDP, strictement contrôlé et administré par la CCNUCC, génère des réductions d'émissions calculées par rapport à un scénario de référence (correspondant aux émissions en l'absence de projet « propre »). Mesurées sur une période de temps déterminée, et contrôlées par des organismes d'audit indépendants, elles prennent la forme de crédits carbone. Pour entrer dans le cadre du MDP, les projets doivent en particulier prouver leur « additionnalité », c'est-à-dire leur non-viabilité en l'absence des retombées financières liées à la vente de crédits carbone.

Depuis sa création, le MDP a donné naissance à 5 513 demandes d'approbation de projets, dont quelque 1 870 projets enregistrés à ce jour. Il est estimé que l'ensemble aura généré 1,2 milliard de crédits carbone à l'horizon 2012, soit l'équivalent des émissions annuelles combinées de la France et de l'Allemagne.

Le système européen d'échange de quotas

Tandis que le protocole de Kyoto impose une limite d'émission par État, l'Union européenne, afin d'optimiser le coût de mise en conformité de ses États membres, s'est dotée d'un cadre de régulation et d'échange de quotas à destination des entreprises émettrices de GES : le Système communautaire d'échange de quotas d'émissions. Ce cadre couvre environ la moitié des émissions totales européennes et inclut en particulier le secteur énergétique ainsi que l'industrie. Il alloue à chaque entreprise des Quotas européens d'émission (QEA). Les entreprises doivent ainsi mettre annuellement en conformité leurs installations en détenant en fin d'année un nombre de quotas égal à leurs émissions effectives, soit en investissant localement dans des moyens de réduction d'émission, soit en

Zoom

Marchés primaire et secondaire

Le marché du carbone est scindé entre marché primaire couvrant le financement des projets locaux visant à réduire les GES, et marché secondaire couvrant les transactions sur actifs carbone issus des projets.

- Le marché primaire repose sur un engagement de rachat des crédits générés et validés par le CCNUCC de la part d'acteurs de pays développés. Il comporte un risque industriel et réglementaire naturel.
- Le marché secondaire regroupe les échanges de crédits et quotas déjà générés. Ils peuvent notamment se négocier sur les plates-formes boursières spécialisées BlueNext et ECX.

achetant des quotas aux entreprises disposant d'un excédent. Elles peuvent enfin, dans la limite d'une certaine portion de leurs objectifs, avoir recours à des crédits carbone issus du MDP (un crédit équivaut à un quota pour la conformité).

Les acteurs du marché du carbone

Un nombre croissant d'acteurs prennent part à ce marché en pleine expansion : gouvernements, industriels, producteurs d'énergie, institutions financières, sociétés de conseil ou encore courtiers. Ils se divisent en deux groupes distincts :

- les acteurs de la conformité : ce sont les entités qui achètent des actifs (crédits ou quotas) carbone pour des raisons de mise en conformité avec les objectifs fixés par le protocole de Kyoto ou par un système local. Ces acteurs seront soit des gouvernements de pays développés qui achètent des crédits issus de projets dans des pays en développement, soit des acteurs privés (industriels, producteurs d'énergie) achetant des quotas et des crédits. Ce sont eux qui sont à l'origine de la majorité des transactions d'actifs carbone ;
- les fournisseurs de services « carbone » : ce sont des entités spécialisées dans la facilitation de l'accès au marché du carbone aux acteurs de la conformité. On y trouve des consultants, dédiés à la délivrance de permis d'émission et à la gestion des processus d'enregistrement administratifs auprès de la CCNUCC. Se joignent à eux diverses institutions financières (banques, courtiers ou plates-formes boursières). Elles facilitent les échanges et introduisent des instruments financiers de couvertures.

À la frontière de ces deux groupes, les Fonds carbone jouent un rôle important dans le développement des technologies propres grâce à leur implication dans le financement des réductions d'émissions. Ils représenteront environ 10 milliards d'euros d'investissement à l'horizon 2012. Ces Fonds carbone sont créés pour mutualiser les demandes des acteurs qui souhaitent obtenir des actifs carbone pour leur conformité ou pour rémunérer des acteurs recherchant une rentabilité financière liée au prix de ces actifs.

Les enjeux L'avenir du protocole de Kyoto

Suivant l'exemple pionnier de l'Union européenne, plusieurs pays ont déjà annoncé leur volonté de mettre en place des systèmes d'échange de permis d'émission locaux (dont certains existent déjà). Les États-Unis agissent en ce sens qu'ils pourraient rapidement devenir le plus grand marché mondial d'actifs carbone et ouvrir la voie à une globalisation sans précédent de la lutte contre la menace climatique.

L'évolution de la politique climatique internationale

La poursuite mondiale de la dynamique du protocole de Kyoto (qui expire fin 2012) a poussé la communauté internationale à entreprendre, depuis la Conférence des Parties de Bali en 2007, une action coordonnée, appelée « Feuille de route de Bali ». Après une phase préparatoire à Poznan en 2008, son dernier acte s'est tenu à Copenhague en décembre 2009. Il vise la mise en place d'une politique climatique mondiale durable. Parmi les enjeux majeurs de ce sommet figuraient la participation des États-Unis à un nouvel accord, ainsi que le rôle des pays en développement « avancé ». On sait qu'ils n'ont pas été atteints.

Le MDP, quoique décrié en particulier pour sa financiarisation et pour le transfert de responsabilité qu'il induit des gouvernements des pays en développement vers les investisseurs, reste un sérieux atout. Bien encadré, notamment pour son intégrité environnementale, il a de quoi mobiliser l'investissement privé aux côtés de l'investissement public pour la lutte contre l'effet de serre. L'enjeu reste de pouvoir donner à ces capitaux une juste rentabilité assise sur un environnement institutionnel fiable sans profil de risque élevé afin de conserver au MDP sa vocation de long terme et de ne pas le transformer en instrument de spéculation financière.

Lectures utiles

Intergovernmental Panel on Climate Change – Fourth Assessment Report (www.ipcc.ch).

The Stern Review on the Economics of Climate Change (webarchive.nationalarchives.gov.uk).

Ernst&Young – Ministère de l'Écologie, de l'Énergie, du Développement durable et de la Mer : *Réaliser un projet MDP ou MOC* (www.exporter.gouv.fr).

Banque mondiale : *States and Trends of the Carbon Market 2008* (siteresources.worldbank.org).

Christian de Perthuis : *Et pour quelques degrés de plus…*, Pearson.

Les nouvelles conditions de la prospérité

La réorientation nécessaire de nos modes de production et de consommation, pour tenir compte des enjeux environnementaux, s'inscrit dans un contexte économique particulier : il tend à faire passer l'urgence écologique au deuxième, voire au troisième plan, derrière l'urgence sociale liée à la montée du chômage et à l'urgence financière liée à l'augmentation du niveau global d'endettement et notamment de la dette publique. Il est donc essentiel de comprendre que la crise économique actuelle trouve son origine en partie dans la crise environnementale et énergétique. Et que la conversion écologique de nos économies constitue une matrice capable de refonder les conditions de la prospérité.

Pascal Canfin est député Europe écologie au Parlement européen.

La problématique Crise financière, crise énergétique

Ce n'est pas un hasard si le déclenchement et l'explosion de la crise financière (été 2007/été 2008) correspondent exactement à la période de prix élevés du pétrole (de 77 dollars à l'été 2007 à 147 dollars en juillet 2008) : les ménages américains les moins favorisés qui avaient souscrit des crédits dits *subprimes* ne pouvaient simultanément faire face à l'augmentation de leur facture énergétique et de carburants, et rembourser leurs prêts immobiliers. Résultat, de plus en plus de foyers ont cessé d'honorer leurs traites, entraînant la faillite des établissements bancaires spécialisés et, *via* la titrisation, sa contagion à toute la sphère bancaire et financière. Bien entendu, l'ampleur du séisme financier de 2008 est d'abord le résultat de trente ans de dérégulation. Mais c'est bien les tensions sur les prix des matières premières qui ont mis le feu aux poudres.

Cette augmentation rapide du prix du pétrole a également produit en 2008 un effet macroéconomique classique sur l'économie européenne. Ainsi, elle a ponctionné l'équivalent de 2,9 points de PIB sur l'économie française pendant la période. Avant la faillite de Lehman Brothers en septembre 2008, la zone euro était d'ailleurs déjà entrée en récession. Et malgré la récession mondiale enregistrée en 2009, le prix du pétrole a oscillé entre 70 et 80 dollars le baril, soit à un niveau historiquement élevé. Selon l'Agence internationale de l'énergie, une reprise de l'économie mondiale conduirait à une augmentation rapide du prix du pétrole qui plafonnerait immédiatement la croissance des pays consommateurs.

Le cœur du sujet Spirale alarmante

Aujourd'hui, la crise économique a fait entrer l'Europe dans une crise de la dette publique. La décision prise par le Conseil européen en mai 2010 de créer une garantie collective des risques liés aux dettes publiques des États membres à hauteur de 750 milliards d'euros a pour conséquence logique de renforcer le contrôle mutuel des politiques budgétaires. L'Allemagne qui a accepté, pour la première fois, d'apporter sa garantie à d'autres pays européens, va exercer une pression forte pour que le pacte de stabilité soit respecté par les pays de la zone euro. Une pression politique qui viendra renforcer celle exercée par les agences de notation et par les « marchés », c'est-à-dire par les grands investisseurs institutionnels (fonds de pension, fonds souverains, banques, compagnies d'assurance…), dont il n'est pas infondé de penser qu'ils ont la mémoire courte puisque l'explosion de la dette publique depuis 2009 est largement la conséquence de leurs propres plans de sauvetage.

Mais si l'ensemble des États européens réduisent simultanément leurs déficits publics, ils vont mécaniquement conduire à une nouvelle récession. Car il n'y a aucune raison spontanée pour que les dépenses des ménages et les investissements des entreprises prennent le relais. Face à la montée du chômage, à la nécessité de se désendetter et en raison des évolutions démographiques, les ménages ont plutôt tendance à privilégier leur épargne, et notamment une épargne longue. En outre, les entreprises connaissent aujourd'hui une surcapacité importante, et elles n'ont donc aucune raison de s'engager dans de lourds investissements.

C'est alors tout l'intérêt de la matrice de l'économie verte pour sortir de la crise.

Les enjeux Mobiliser l'épargne, réflexe de crise

Réduire massivement notre empreinte écologique implique une nouvelle vague d'investissements dans l'efficacité énergétique, les énergies renouvelables, les transports collectifs, la rénovation des villes, etc. S'engager dans cette voie est utile et donne un sens aux investissements des entreprises. Deux questions se posent désormais : comment mobiliser les entreprises et comment financer les investissements nécessaires ? La première réponse, on le sait, est fiscale et réglementaire. Faire émerger progressivement le vrai prix du carbone, mettre en place de nouvelles règles d'accès au marché (marché immobilier, marché automobile, marché agroalimentaire…) en fixant des normes plus strictes sur le plan environnemental, aura pour effet d'encourager, voire d'obliger, les entreprises à réaliser des investissements verts. Ce type de décisions peut tout à fait se prendre dans un contexte tendu de finances publiques puisqu'il n'implique pas de dépenses supplémentaires. Mais qu'en est-il du financement ? Il est bien sûr nécessaire de procéder à une analyse écologique des subventions publiques au regard de quelques critères clés comme l'impact carbone, l'impact sur l'eau, sur la biodiversité, etc., de façon à « écologiser » les dépenses publiques actuelles. Mais il est très probable que les marges de manœuvre ainsi dégagées ne seront pas suffisantes pour financer les investissements nécessaires. Or, si les États européens se désendettent et si les ménages épargnent, il est déterminant de pouvoir mobiliser cette épargne vers les investissements utiles et créateurs d'emplois que sont les investissements nécessaires à la conversion de nos modes de développement.

Zoom

Modèles d'orientation

Le fléchage de l'épargne longue vers des fonds ayant vocation à financer la réhabilitation énergétique du parc immobilier (logements, bureaux, établissements publics…) trouve son modèle économique en 25 ans dans les économies d'énergie réalisées. Pour les transports, il sera sans doute nécessaire d'adosser le modèle économique à la perception d'une partie des enchères liées au marché européen du carbone.

Diriger l'épargne longue vers les investissements de croissance verte

L'enjeu est donc de créer le cadre réglementaire qui dirige l'épargne longue vers les investissements écologiques et les outils financiers qui offrent une rentabilité faible mais garantie à cette épargne, sur le mode de celle des emprunts d'État. Rentabilité principalement assise sur les économies d'énergies fossiles réalisées.

Environnement et énergie : causes de crise, réponses de prospérité

Ces nouveaux outils financiers procurent des investissements nécessaires à la conversion écologique de notre économie sans avoir recours à un endettement public supplémentaire. De plus, leur impact sur l'emploi est particulièrement positif car l'intensité en emplois français et européens des secteurs qu'ils vont faire croître (énergies renouvelables, efficacité énergétique, transports en commun…) est supérieure à l'intensité des modes de production actuels qu'ils vont être amenés à remplacer. Résultat, ces investissements utiles ont de quoi prendre le relais de la dépense publique actuelle, et, en moyenne, mieux contribuer que tout autre investissement à la baisse du chômage.

Le rôle des questions environnementales et énergétiques dans le déclenchement de la crise est souvent sous-évalué. Comme l'est également le rôle que pourraient (devraient) jouer ces mêmes questions dans la sortie de crise. Il est plus que temps de sortir de cette situation si l'on veut retrouver le chemin de la prospérité.

Lectures utiles

L'économie verte expliquée à ceux qui n'y croient pas, Pascal Canfin et Dominique Voynet, Les Petits Matins, 2007.

Le contrat écologique pour l'Europe, Pascal Canfin et Daniel Cohn-Bendit, Les Petits Matins, 2009.

À retenir

500 000 emplois détruits, et une prévision de perte de 100 000 emplois de plus pour le premier semestre 2010.

4 milliards d'euros par an : coût des heures supplémentaires subventionnées. 80 à 100 000 emplois verts auraient pu être créés avec la même somme.

1 million d'euros de CA dans le raffinage du pétrole = trois emplois. Il en faut 16 dans l'isolation des bâtiments.

59 milliards d'euros de gaz et de pétrole importés en 2008.

Chapitre 13

Les territoires durables

L'aménagement durable des territoires français

L'aménagement du territoire, c'est la capacité à développer en synergie les diversités et les atouts de notre pays tout en maintenant une exigence d'équité et de solidarité. L'État est là pour aider les territoires qui, à un moment donné, sont plus fragiles. Bien sûr, et conformément à son rôle d'ensemblier, dans une république décentralisée, il ne peut le faire qu'avec les collectivités locales et l'ensemble des acteurs du territoire. En parlant d'aménagement durable des territoires français, on souligne, d'emblée, la globalité de l'approche et le dépassement d'une opposition entre territoires urbains et territoires ruraux. La prise de conscience du rôle de l'environnement est plus récente, et c'est bien désormais une composante fondamentale de toute la stratégie d'aménagement des territoires inspirée des principales décisions du Grenelle de l'environnement.

Michel Mercier est garde des sceaux, ministre de la Justice et des Libertés ;
il fut ministre de l'Espace rural et de l'Aménagement du territoire.

La problématique — Aménager durablement les territoires, c'est d'abord développer leur excellence

La France peut s'enorgueillir d'une diversité géographique enviée qui explique notre « attractivité » touristique et notre potentiel économique. Les territoires sont un patrimoine commun et un investissement, si l'on veut un aménagement du territoire cohérent, efficace et durable, il doit prendre en compte l'ensemble des espaces de vie, de production, de transports, de vie intellectuelle, culturelle et de recherche.

La région parisienne, les métropoles et les villes sont aujourd'hui le moteur de la croissance nationale et leur performance conditionne l'existence même des politiques nationales de redistribution et de cohésion territoriale. Les métropoles doivent être intégrées dans une logique de fonctionnement global des territoires. Elles ont vocation à être les fers de lance de la croissance, des lieux de prospérité et de progrès, des lieux de partage et de cohésion sociale, des lieux de citoyenneté et de solidarité, des lieux de création, d'innovation et de rayonnement international.

La création du Grand Paris, engagée par le président de la République, a pour objet de répondre à cette ambition au plan international et national. Elle vise à conforter la place de la région capitale dans la compétition des « villes-monde » au travers de cinq enjeux cruciaux : le développement économique et l'emploi, la recherche-innovation, les transports, le logement et le respect des principes du développement durable.

L'espace rural et l'aménagement du territoire sont aussi intimement liés, ce qui permet de mettre en œuvre des actions qui conjuguent tous les territoires, et même les rapprochent sous un même dénominateur : la recherche d'excellence.

Tels sont les objectifs des divers outils d'aménagement du territoire que nous développons.

Le cœur du sujet Des outils d'initiative locale valorisent la diversité des atouts français

La politique d'aménagement du territoire s'appuie d'abord sur des outils innovants – pôles de compétitivité, grappes d'entreprises, pôles d'excellence rurale – fruits de l'initiative locale, qui tous concourent à la valorisation des atouts français.

Pôles de compétitivité : la réponse territoriale

Les pôles de compétitivité sont une réponse territoriale aux évolutions économiques et technologiques, un outil décisif au carrefour du local et du global. Cette recherche d'excellence repose sur la synergie des acteurs privés et publics : entreprises, organismes financeurs, laboratoires de recherche, universités, services de l'État et collectivités territoriales. Car, au-delà de la méthode, la vraie vocation de la politique des pôles de compétitivité est de conforter l'industrie par et sur les territoires. Il n'y a pas de richesse durable sans production de biens réels, matériels ou immatériels, physiques ou numériques.

Les pôles ne sont pas des opérations marginales : en 2008, 1 897 projets ont été labellisés par les pôles de compétitivité. C'est pourquoi le gouvernement poursuit et renforce cette politique, en l'adaptant aux nouveaux enjeux du développement durable, comme les écotechnologies. Le Comité interministériel d'aménagement et de développement du territoire et d'attractivité régionale (CIADT) du 11 mai 2010 a permis de labelliser six nouveaux pôles de compétitivité dans le domaine des écotechnologies, et de renouveler les labels de sept pôles de compétitivité, qui ont bien démontré qu'ils avaient passé la barre et répondaient aux critères d'excellence requis.

De plus, le gouvernement a également prolongé d'un an la phase 2 de la politique des pôles de compétitivité, ce qui va conforter ce dispositif au moment où les pôles doivent apporter une contribution majeure à la réussite des investissements stratégiques de l'emprunt national.

Meilleure complémentarité entre pôles et grappes d'entreprises

Les grappes d'entreprises, qui rassemblent des PME avec le plus souvent une logique de filière locale, sont le complément naturel et idéal des pôles de compétitivité pour transformer leur R&D en produits commercialisés. Le couplage pôle-grappe est donc une source de développement vers laquelle nous devons nous orienter.

Le 4 mai 2010, 42 grappes d'entreprises exemplaires ont été sélectionnées sur les 112 dossiers de candidature reçus dans le cadre de l'appel à projets pour le soutien à la dynamique des grappes d'entreprises mis en œuvre par la Datar (Délégation à l'aménagement du territoire et à l'attractivité régionale). Un appel à projets pour une seconde vague a été ouvert le 1er juillet et clôturé le 14 octobre 2010.

Autre outil incontournable, les pôles d'excellence rurale

Tous les territoires sont capables d'excellence et de modernité, les territoires ruraux le prouvent. Encore faut-il s'y intéresser, en comprendre les évolutions, être attentifs à leur spécificité, favoriser toutes leurs initiatives. Telle est l'idée fondatrice des Pôles d'excellence rurale (PER), initiés en 2005, créés en 2006, et dont la première vague est arrivée à terme en 2009.

Le nouvel appel à projets, dont la première vague de sélection a été rendue le 7 juillet 2010, met l'accent sur les services et le potentiel économique.

La véritable image du monde rural, moderne, tourné vers l'avenir, dynamique. Comme l'a bien formulé le rapport du sénateur Rémy Pointereau, les Pôles d'excellence rurale sont des *accélérateurs de projets issus des territoires*.

En un an, l'action du ministère de l'Espace rural et de l'Aménagement du territoire (Merat) en faveur du monde rural a ouvert de nouvelles perspectives et porté une ambition forte.

Le développement durable des territoires passe aussi par l'innovation

Favoriser les entreprises les plus innovantes, qui existent aussi bien dans les métropoles qu'en Haute-Provence, c'est non seulement favoriser la recherche et l'innovation, mais aussi le maintien d'activités diversifiées sur les territoires, porteuses de richesses et d'emplois.

Ainsi, c'est en s'inscrivant dans les traditions d'un territoire, d'un terroir, que l'on peut atteindre des publics étrangers et nouveaux. Un aménagement durable du territoire permet à chaque territoire dans sa spécificité, historique, économique, démographique, d'avoir accès aux moyens de développement. C'est aussi faire participer toutes les forces vives de la société aux défis de la mondialisation. Cependant, cette diversité est aussi tissée de nombreuses inégalités. L'un des rôles majeurs de l'état est d'assurer une équité et une cohésion territoriales, dans le respect des décisions et des initiatives locales.

Les enjeux Renforcer la cohésion territoriale, limiter les écarts de développement

La définition d'un socle minimum de services, nécessairement présents sur l'ensemble du territoire, est un enjeu majeur de qualité de vie des Français et de traitement équitable du monde rural. L'équité est ainsi une priorité de l'action du ministère de l'Espace rural et de l'Aménagement du territoire. Équité entre les territoires dans l'accès aux services publics, dans la communication, dans les transports. Ainsi, les 17 000 points de présence de La Poste participent à la qualité globale de vie des Français, notamment en milieu rural. Assurer aux habitants des territoires ruraux les mêmes standards de vie que les urbains, mais aussi donner aux urbains des moyens de cette qualité de vie propre au monde rural.

Éviter les fractures

Aménager le territoire en 2010 ne peut se concevoir dans les mêmes termes qu'en 1960 : la France est déjà très bien équipée, la décentralisation a permis aux collectivités de déployer de nombreuses et heureuses initiatives, et, enfin, nous nous situons clairement dans un contexte européen, très attentif aux politiques régionales et donc à la valeur des territoires. Si nous pouvons nous appuyer sur des décennies de développement, nous devons aussi être attentifs aux inégalités et aux difficultés qui peuvent surgir.

Tout d'abord, les technologies ont transformé le cadre général – temps, espace – de nos relations, et si les distances tendent à s'abolir, les fractures territoriales et technologiques se renforcent. Certes, le TGV a rapproché Paris de Lyon, mais bien des villes moyennes, hors « grandes lignes TGV » sont désormais plus isolées que jadis. Nous devons d'abord être attentifs à ces dysfonctionnements de l'aménagement et développer des projets centrés sur l'équité. Cela concerne en particulier les transports et l'accès au numérique et au réseau très haut débit (THD).

Transports et réseau THD deviennent structurants car ils offrent de nouvelles formes d'accès à d'autres services : services au public, démarches administratives, information sur le covoiturage, consommation individuelle d'énergie, etc.

Favoriser une meilleure gouvernance des territoires

L'accent doit donc être mis sur l'aspect qualitatif des projets engagés, ainsi que sur leur fonctionnement qui doit être soucieux d'associer l'ensemble des acteurs locaux et leurs initiatives.

La prise en compte des exigences environnementales doit irriguer l'ensemble des projets. C'est le cas en Lorraine où l'État, avec les collectivités, développe un ensemble de projets économiquement ambitieux, socialement utiles et écocompatibles. Ils concernent à la fois le site d'Esch Belval, qui comprend des projets diversifiés, et l'accompagnement des restructurations militaires autour de Metz. Ainsi, le développement d'une plate-forme de transport multimodale sur la Moselle correspond aux exigences de diversification des modes de transport.

Mais le développement durable n'est pas seulement une manière de concevoir et de piloter les projets c'est aussi une autre gouvernance. Avec l'organisation récente des Assises des territoires ruraux, nous avons donné l'exemple d'une méthode qui associe – dès la préparation – l'ensemble des acteurs concernés pour mieux connaître et comprendre leurs besoins et accueillir leurs propositions. Les résultats de ces Assises ont permis d'engager de nombreuses initiatives pour assurer une meilleure accessibilité géographique et numérique des territoires ruraux, améliorer la vie quotidienne de leurs habitants, aider au montage de projets et favoriser une meilleure gouvernance de ces territoires par les acteurs locaux.

En matière de santé et de lutte contre la désertification médicale, des mesures cruciales seront prises prochainement. Dès 2010, des maisons pluridisciplinaires de santé s'ouvriront. En tout, et sur trois ans, ce sont 250 maisons de santé qui vont être financées et 400 contrats d'engagement de service public signés pour inciter les jeunes professionnels de santé à venir exercer dans les territoires ruraux.

Aménagement du territoire et développement durable ont partie liée au service d'une politique, fondée sur une plus grande convergence des actions de l'État et des collectivités visant à mieux favoriser et valoriser les initiatives, promouvoir la compétitivité, corriger les inégalités et réduire déséquilibres et fractures territoriales. Cette politique, avant tout interministérielle, sera porteuse d'une plus grande cohésion sociale et territoriale.

Une ville souhaitable, soutenable et... désirable

Les études menées sur le Grand Paris montrent que la métropole de demain est déjà là, du moins l'essentiel des éléments qui la composent car la ville va se développer en priorité par transformation de ses sites déjà habités. Pourtant, un autre développement urbain est nécessaire, qui sera durable à trois conditions : être souhaitable, c'est-à-dire répondre aux besoins de la planète et à ce qu'en attendent les populations. Être soutenable, donc raisonnable dans son respect des nécessités économiques, sociales ou écologiques. Être désirable, entraîner l'adhésion, pour que les projets ne naissent pas seulement de la nécessité.

Antoine Grumbach est architecte et professeur
à l'école nationale supérieur d'architecture de Paris-Belleville (ENSAPB).
Jean-Robert Mazaud est architecte.

La problématique Une ville durable, pour quoi faire ?

Le projet doit garder en mémoire ses objectifs :

- garantir l'intégrité physique et mentale de tous – en répondant aux questions de modes de vie, de pollution, de santé… ;
- encourager une approche multiculturelle – sans laquelle il n'y a pas de vivre ensemble durable ;
- participer à une croissance économique maîtrisée qui tende vers le plein-emploi et prenne en compte les exclus du développement.

Une ville durable va renforcer la citoyenneté : les solidarités, les mutualisations, la gouvernance… Elle doit préserver les ressources, à commencer par le foncier et les matières non renouvelables. Et bien sûr respecter et promouvoir la biodiversité.

Seule la grande échelle permettra d'atteindre les objectifs de l'après-Kyoto

Question préalable : quel est le périmètre du métabolisme d'une métropole telle que le Grand Paris ? Réponse : il n'existe pas *un*, mais *des* périmètres, chacun pertinent en fonction de diverses thématiques : de quelles ressources et de quelles énergies cette ville a-t-elle besoin ? Quelle agriculture l'alimente ? Sur quelles distances s'exercent les mobilités ? Où et comment traite-t-elle ses déchets ? La notion même de périphérie s'efface dès lors que la ville est étudiée selon une approche écosystémique (à l'image des écosystèmes biologiques), c'est-à-dire dans une vision globale qui prenne en compte les échanges, les flux de matières entrants et sortants.

Une telle approche entraîne à élargir le regard pour appréhender les problématiques environnementales à la bonne échelle et abandonner une vision duelle qui oppose ville et nature, développement économique et protection des ressources… Une ville durable fonctionne de manière circulaire – lorsque les déchets d'une activité deviennent les matières premières d'une autre. D'où l'intérêt d'une métropole dont l'échelle autorise ces échanges – récupérer les rafles de maïs et la sciure de bois pour le chauffage urbain, transformer les déchets ménagers en engrais, recycler…

Améliorer la qualité de vie et réduire les émissions de gaz à effets de serre tout en développant une économie raisonnée suppose la reconnaissance d'une valeur territoriale : le territoire et son histoire deviennent des valeurs ajoutées (richesses produites par un bel environnement, par exemple) et des régulateurs du développement. Cette démarche est évidemment applicable à toutes sortes de territoires – elle inspire la majorité des contributions des dix équipes consultées sur l'avenir du Grand Paris. Cependant, nous avons montré, lors de la consultation pour le Grand Paris, que Seine Métropole – entre Paris, Rouen et Le Havre – pourrait devenir le laboratoire où expérimenter le bien-fondé de cette approche. Grâce à quelques stratégies fondatrices : relier la capitale à son port, structurer la métropole par sa géographie (la Seine, paysage et axe économique), reconstruire sur elle-même la ville telle qu'elle s'est diffusée, en y inventant de nouvelles relations à la campagne…

Le cœur du sujet La mobilité doit être voulue et non subie

La mobilité reste l'un des principaux moteurs de transformation urbaine, surtout dans un monde de circulation généralisée qui valorise la flexibilité et la « liquidité ». Être exclue de ce mouvement signifie pour une métropole s'exclure de la croissance mondiale, et, pour ses habitants, rester à l'écart de la prospérité. L'accessibilité est une condition de l'efficacité économique autant qu'une question d'équité : ainsi que l'écrit l'urbaniste Philippe Panerai, *la carte d'un Grand Paris plus juste et solidaire sera celle de ses transports en commun.*

> **Zoom**
>
> **Transports « tressés »**
>
> La mobilité d'un Grand Paris durable et polycentrique repose d'abord sur un tressage des modes de déplacement, une complémentarité intelligente. Un réseau dense doit assurer les besoins de la vie quotidienne dans la proximité (la ville à 20 minutes). Les infrastructures – fer, route, fleuve – doivent se combiner pour assurer des liaisons faciles, fiables et rapides.

L'avenir, c'est aussi concevoir les réseaux pour rendre collectif le transport individuel (implantation de système de transports collectifs sur les autoroutes) et « individualiser » le transport collectif (desserte à la demande nécessaire pour la ville diffuse).

Penser en termes de flux, c'est enfin concevoir le mouvement des marchandises en même temps que celui des personnes, tous deux devant être pensés à l'échelle européenne. Il s'agit évidemment de placer les infrastructures de la mobilité au service du projet de territoire – une évidence partagée par les dix équipes de la consultation mais toujours menacée par la puissance des logiques sectorielles.

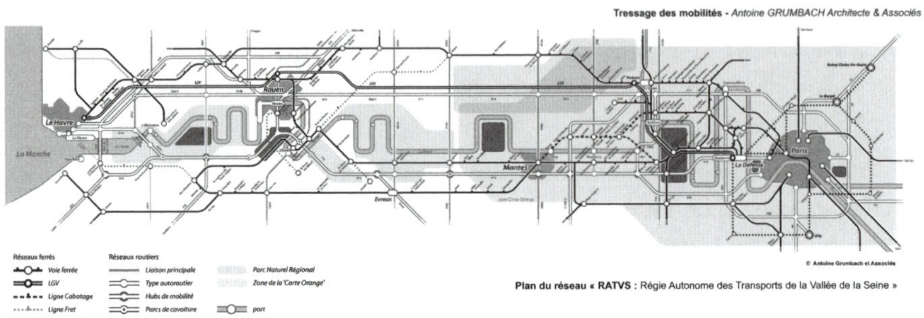

Figure 1 – Plan du réseau RATVS
(Régie autonome des transports de la vallée de la Seine)

Les enjeux Empreinte carbone maîtrisée et économie verte

Réduire l'empreinte carbone implique de rapprocher l'industrie de ses consommateurs comme de chercher les synergies de proximité – autant la valorisation des déchets que les échanges avec les universités et les laboratoires de recherche. L'industrie a donc toute sa place au cœur du Grand Paris, à condition de ne plus être source de pollution, de devenir moins vorace en énergie et en espace, d'innover pour imaginer les développements de l'économie verte.

De la même manière qu'Haussmann apportait la chlorophylle aux Parisiens en concevant des parcs et en plantant les boulevards, demain le Grand Paris devra accueillir les nouvelles usines de la troisième révolution industrielle – autour de la production et du stockage des énergies renouvelables.

Prendre appui sur ces énergies renouvelables encourage à s'inspirer de la photosynthèse du monde végétal pour l'inscrire dans le monde bâti et imaginer une « électrogénéité » par laquelle les constructions produisent de l'énergie (photovoltaïque, photocatalytique, photochromiques, photoréacteurs…).

Une nouvelle alliance ville et nature

L'alliance entre la ville et le vivant fonde de nouvelles pratiques qui s'appuient sur le climat, les cours d'eau, le relief… Il s'agit de concevoir une nouvelle nature de la ville, fondée sur la complémentarité de la campagne et de l'urbain, de l'intensité et du diffus – puisque cette ville étalée existe, occupant des territoires considérables qui ont besoin d'être structurés.

La ville nature associe la compacité urbaine à la présence d'espaces libres. Elle doit composer des limites avec la campagne, penser son développement à partir des lignes de force de son paysage, négocier avec l'activité agricole, organiser des liens entre lointains et proximités, préserver des corridors écologiques... Tout un tissage complexe dont la mission première est d'organiser les relations entre des usages souvent conflictuels.

Enjeu majeur pour le plaisir urbain, la campagne en ville est nécessaire pour éviter la fuite des citadins aux périphéries (50 000 Parisiens la quittent chaque année). De nouveaux modes d'habiter peuvent s'imaginer autour de trames vertes et bleues, déclinées à toutes les échelles, depuis le grand paysage jusqu'aux cœurs d'îlots en passant par les espaces publics et l'intégration des infrastructures. Dans ce travail, la relation à l'eau est essentielle – autant la proximité des cours d'eau que la gestion des pluies, des zones humides et des nappes phréatiques...

Invitée inattendue de la consultation du Grand Paris, l'agriculture prend une place majeure dans la métropole durable pour nourrir les citadins, construire les paysages, améliorer l'équilibre écologique... Cette agriculture urbaine devient un enjeu en soi et non plus un « vide » : pour être habitable, la ville doit redevenir dépendante de son arrière-pays. Elle s'inscrit dans un projet paysage, structuré par la géographie et source d'un modèle d'urbanisation discontinue et multipolaire qui reste à concrétiser.

Lectures utiles

Regard sur la ville durable : vers de nouveaux modes de vie, Alain Maugard et Jean-Pierre Cuisinier, CSTB, 2010.

Les pionniers de la ville durable, Cyria Emelianoff *et al.*, Autrement, 2010.

À retenir

80 % du CO_2 européen est émis dans les zones urbaines.

372 villes européennes se sont engagées en 2009 à réduire leurs émissions de CO_2 au-delà de l'objectif européen de – 20 % en 2020 (Pacte des maires).

25 % de réduction des émissions du territoire des villes, 25 % de réduction de leur consommation énergétique et 25 % d'énergies renouvelables : objectifs du Pacte des maires.

Repenser les stratégies des collectivités territoriales

Les collectivités occupent une place centrale dans les politiques liées au changement climatique. En tant qu'acteurs de la politique locale, elles contribuent directement pour environ 12 % des émissions nationales de gaz à effet de serre. Mais, à travers leurs politiques d'aménagement du territoire et d'urbanisme, d'habitat, de transport, d'approvisionnement énergétique du territoire... elles agissent indirectement sur plus de 50 % des émissions.

Philippe van de Maele est président de l'Agence de l'environnement et de la maîtrise de l'énergie (Ademe).

La problématique Une place centrale dans les politiques liées au changement climatique

Des politiques environnementales des collectivités locales dépendent la moitié des émissions des gaz à effet de serre, pourquoi ? Parce que c'est à elles que revient la responsabilité directe sur des investissements qui comptent parmi ceux à la plus longue durée de vie : les bâtiments et les infrastructures de transport. Or ces deux secteurs des bâtiments et des transports sont à l'origine de plus de la moitié des émissions de gaz à effet de serre. CQFD.

Ce sont elles aussi qui répartissent et organisent les activités sur le territoire à travers les décisions d'urbanisme et d'aménagement qu'elles prennent. Or ce sont là des décisions structurantes et peu réversibles. De plus, les actions d'adaptation à conduire pour répondre au changement climatique déjà enclenché sont essentiellement d'ordre local : protection des populations contre les canicules, les inondations ou encore les incendies de forêt. Enfin, les collectivités locales détiennent le contact direct avec le citoyen dont l'information et l'adhésion sont indispensables à une politique efficace.

Réussir la lutte contre le changement climatique exige l'implication et la mise en mouvement de tous les acteurs : de la plus petite collectivité aux diverses instances de l'État, des différents services administratifs à chaque acteur social ou associatif, de chaque entreprise à chaque citoyen. La lutte contre le changement climatique doit émerger d'un processus collectif orchestré au plan local.

Le cœur du sujet Un outil indispensable : le Plan climat-énergie territorial

Le Grenelle de l'environnement a reconnu aux collectivités ce rôle majeur puisque la loi de programme relatif à la mise en œuvre du Grenelle de l'environnement adoptée le 23 juillet 2009 stipule que *les régions, les départements et les communes et leurs groupements de plus de 50 000 habitants établiront, en cohérence avec les documents d'urbanisme et après concertation avec les autres autorités compétentes en matière d'énergie, de transport et de déchets, des plans climat-énergie territoriaux avant 2012. (Article 7.)*

Un Plan climat-énergie territorial (PCET) est, au même titre qu'un Agenda 21[1], un projet territorial de développement durable, mais sa finalité première est la lutte contre le changement climatique. Il vise deux objectifs :

- limiter l'impact du territoire sur le climat en réduisant ses émissions de gaz à effet de serre (GES) dans la perspective du facteur 4. C'est le but de la *politique d'atténuation.* Elle passe notamment par une meilleure efficacité de l'utilisation de l'énergie, le développement des ressources renouvelables, un recyclage attentif des déchets et une transformation profonde des politiques de transport. La poursuite de ces objectifs vise aussi à réduire les coûts de fonctionnement compte tenu d'une tendance à la hausse des prix des énergies et des matières premières. Dans ce contexte, cette politique aidera la collectivité à assurer la continuité du service public ;
- et parallèlement, devant le constat que des changements climatiques sont réellement enclenchés et que leurs impacts ne pourront plus être intégralement évités fût-ce au nom d'objectifs d'atténuation ambitieux, il s'agit ici de réduire la vulnérabilité du territoire face à cette nouvelle donne. C'est le but de la *politique d'adaptation.* Elle passera par la prise en compte des évolutions climatiques dans les décisions de long terme (urbanisme, conception et exploitation d'infrastructures, reconversion d'activités étroitement liées aux conditions climatiques) et par l'acceptation de conditions de vie différentes. Ce qui relève également de la gestion des risques (naturels, sanitaires et économiques).

Une exigence de cohérence des politiques des niveaux territoriaux

Le PCET constitue le cadre d'engagement d'un territoire. Il structure et rend visible l'action de la collectivité et des acteurs associés face au défi du changement climatique. Il fixe les objectifs du territoire et définit un programme d'actions pour les atteindre. Il regroupe notamment l'ensemble des mesures à prendre en vue de réduire les émissions de Ges dans tous les domaines de l'économie et de la

1. L'Agenda 21, issu de la conférence de Rio (1992), est un projet politique global pour le XXIe siècle par lequel les collectivités locales mènent un programme d'actions de nature à préserver les intérêts des générations futures.

vie quotidienne des habitants. Il suivra la réalité des actions mises en œuvre et de la diminution des émissions de gaz à effet de serre.

L'objectif de généralisation des PCET inscrit dans la loi Grenelle concerne près de 500 collectivités. Pour faciliter cette dynamique de généralisation des Plans, l'Ademe se constitue, en liaison avec ses partenaires, en centre de ressources pour apporter le soutien méthodologique et opérationnel essentiel aux collectivités.

D'un point de vue opérationnel, les collectivités territoriales agissent au travers de :

- leurs compétences directes : gestion des bâtiments et équipements publics, politiques gérées en régie ou déléguées concernant les déchets, les transports collectifs, la distribution de l'énergie ou de l'eau ;
- leur responsabilité légale d'organisation et de planification du territoire (Scot, PLU, PDU, PLH, PADD[1], agenda 21 local…) ;
- leur capacité à générer et à animer, sur leurs territoires, les politiques des différents acteurs.

Zoom

Le centre de ressources de l'Ademe pour les Plans climat-énergie territoriaux

Objectif : accompagner au mieux les collectivités et territoires dans la construction et la mise en œuvre de leur Plan climat. Il rassemble sur un portail Web plusieurs contenus :

- une méthode pour l'élaboration des PCET et les thématiques dans lesquelles agir ;
- le dispositif de formation à destination les élus et décideurs, des chefs de projets et bureaux d'études ;
- les outils et démarches mobilisables ;
- les partenaires de l'Ademe sur les PCET ;
- une rubrique dédiée aux questions des élus ;
- l'Observatoire des PCET.

www.pcet-ademe.fr

La mobilisation des collectivités n'est pas seulement sectorielle. Ainsi les collectivités locales se retrouvent-elles en première ligne pour faire face aux impacts sanitaires et sociaux du changement climatique. Dans la part des impacts d'ores et déjà inévitables, les populations les plus affectées sont aussi les plus vulnérables : les plus pauvres, les plus âgées ou les plus jeunes.

La politique de lutte contre le changement climatique doit relier les collectivités proches à la fois du terrain et du citoyen et les niveaux qui prennent les engagements internationaux, fixent le cadre légal, décident des instruments financiers et organisent les politiques publiques – dont la politique énergétique (autrement dit l'Europe et l'État).

La politique climatique devra donc associer tous les niveaux institutionnels : les communes, les intercommunalités, les départements, les régions, l'État et l'Union européenne. Auxquels peuvent s'ajouter d'autres structures de projet comme les pays, les parcs naturels régionaux… La politique climatique consistera de ce fait à articuler chacune de ces instances aux compétences qui, bien que distinctes, sont imbriquées les unes dans les autres.

1. Scot : Schéma de cohérence territoriale à l'échelle de plusieurs communes, PLU : Plan local d'urbanisme, PDU : Plan de déplacement urbain, PLH : Programme local de l'habitat, PADD : Projet d'aménagement et de développement durable.

Les enjeux Mobilisation citoyenne...

La mobilisation des citoyens est indispensable pour la mise en mouvement de tous les acteurs. Les collectivités locales en sont les premiers interlocuteurs : elles constituent le premier niveau de l'autorité publique, car le plus accessible à la population. Elles sont donc les plus à même de mobiliser les multiples acteurs de la vie locale : économiques (les entreprises et les syndicats), les divers organismes publics intervenant, les réseaux d'associations, les médias de proximité...

Les choix de chacun sont déterminants : le mode de chauffage, la qualité thermique du logement, les moyens de transport, les pratiques alimentaires et de consommation courante s'avèrent décisifs. Ce sont autant de décisions prises dans la sphère citoyenne et pour lesquelles les collectivités, de par leur relation de proximité, savent apporter une amélioration dans les pratiques.

L'appropriation de la question du changement climatique par les populations conditionne la réussite d'une stratégie territoriale de lutte contre le changement climatique. Elle doit déboucher sur des engagements partagés entre les entreprises, les collectivités publiques et les citoyens, dans les changements à opérer. L'enjeu est tel qu'il ne peut trouver solution que dans un processus démocratique solidaire.

Lectures utiles

Le guide méthodologique, Ademe, 2009, www.pcet-ademe.fr.

Un Plan climat à l'échelle de mon territoire, Guide Ademe, Énergie-Cités, MIES, MEDD, AMF, 2005. Guide téléchargeable depuis www2.ademe.fr.

L'élu, l'énergie et le climat – L'essentiel de ce que les collectivités territoriales doivent savoir, Amorce, 2008. Commander le guide : www.amorce.asso.fr/-Politique-.html

Kit d'information sur les Plans climat-énergie territoriaux, Réseau Action Climat France, 2008.

À retenir

200 PCET identifiés par l'Ademe au 1er trimestre 2010.

500 collectivités concernées par l'obligation fixée au Grenelle 2, dont :

- 90 communes ou groupements de communes de plus de 50 000 habitants ;
- 19 départements ;
- 15 régions déjà engagées dans un PCET.

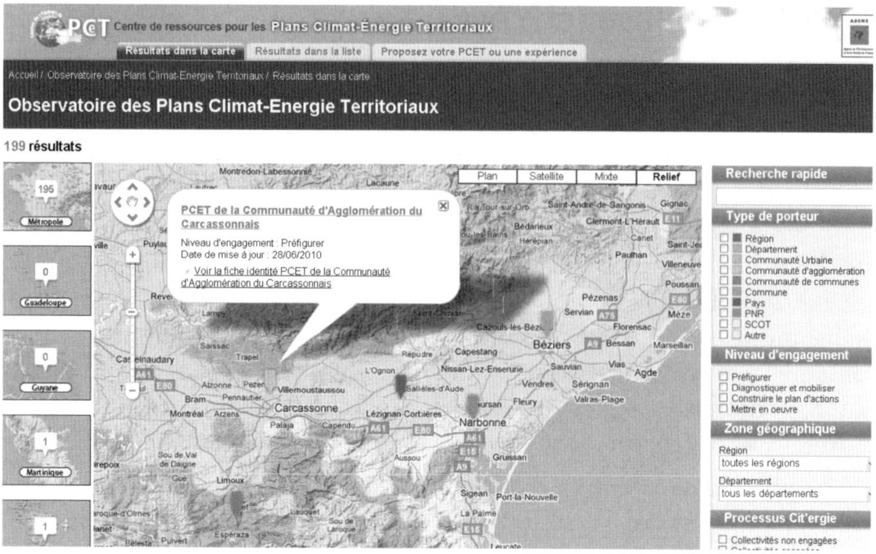
Centre de ressources pour les Plans Climat-Énergie Territoriaux
Résultats dans la carte
Résultats dans la liste
Proposez votre PCET ou une expérience
Accueil / Observatoire des Plans Climat-Energie Territoriaux / Résultats dans la carte
Observatoire des Plans Climat-Energie Territoriaux
199 résultats
PCET de la Communauté d'Agglomération du Carcassonnais
Niveau d'engagement : Préfigurer
Date de mise à jour : 28/06/2010
Voir la fiche identité PCET de la Communauté d'Agglomération du Carcassonnais
Plan
Satellite
Mixte
Relief
Recherche rapide
Type de porteur
Région
Département
Communauté Urbaine
Communauté d'agglomération
Communauté de communes
Commune
Pays
PNR
SCOT
Autre
Niveau d'engagement
Préfigurer
Diagnostiquer et mobiliser
Construire le plan d'actions
Mettre en oeuvre
Zone géographique
Région
toutes les régions
Département
tous les départements
Processus Cit'ergie
Collectivités non engagées
Métropole
Guadeloupe
Guyane
Martinique
Carcassonne
Narbonne
Béziers

Chapitre 14

La mobilité durable

Route, ville, fer, aérien, fluvial : les plans transports de tout un pays

Avec le Grenelle de l'environnement, en 2007, nos concitoyens ont pris conscience que le secteur des transports doit accomplir sa révolution. La loi Grenelle 1 a gravé dans le marbre des objectifs ambitieux : réduire de 20 % les émissions de CO_2 d'ici à 2020, diviser par quatre d'ici à 2050 les émissions de gaz à effet de serre du secteur.

Thierry Mariani est secrétaire d'État auprès de la ministre de l'Écologie, du Développement durable, des Transports et du Logement, en charge des Transports.

La problématique — Sur tous les fronts, sur tous les modes

Pour répondre aux enjeux et induire les comportements des Français dans la perspective durable du respect de l'environnement, il faut agir dans tous les domaines, du transport de voyageurs au fret, des transports urbains à la technologie des véhicules. Notre approche, transversale, pense de front développement économique, déploiement des transports, préservation de l'environnement et équité sociale. Elle permet ainsi de prendre en compte des critères variés : temps gagné, réduction des congestions routières, sécurité routière, diminution des pollutions de toutes sortes, santé, mais aussi aménagement du territoire.

Le cœur du sujet — Coup de foudre pour le tout électrique

Notre premier défi consiste à faire évoluer le mode routier qui restera le mode dominant pendant un certain nombre d'années.

D'abord par la recherche sur les véhicules électriques et hybrides : à cette fin, nous soutenons les plates-formes technologiques, notamment la mise en place d'une filière de batteries. Ensuite en préparant le terrain : nous allons développer d'ici à 2015 un million de points de recharge afin de voir circuler deux millions de véhicules électriques d'ici à 2020. Nous amorçons le mouvement : 50 000 véhicules électriques vont être achetés par de grandes entreprises, par les services de l'État et des collectivités. Nous aidons les particuliers à acquérir des véhicules plus propres par des bonus jusqu'à 5 000 euros.

À chaque mode sa réponse durable

Ce souci d'économie d'énergie s'est étendu à tous les modes. Notamment à l'aérien grâce aux programmes Sesar et Clean Sky. Ils travaillent respectivement sur la modernisation du système de gestion du trafic aérien européen et sur les technologies de rupture. Objectif : améliorer l'efficacité énergétique et les performances environnementales des avions.

Économiser l'énergie, c'est capital. Mais il nous faut aussi proposer des alternatives concrètes et efficaces à la route. Aussi nous sommes-nous engagés dans un programme ferroviaire de grande envergure : la réalisation de 2 000 kilomètres de lignes à grande vitesse d'ici à 2020 et, à plus long terme, des études pour 2 500 autres kilomètres de lignes à grande vitesse. Nous étoffons également le réseau en poursuivant les connexions entre les capitales régionales et Paris ainsi qu'entre notre réseau et ceux de nos voisins.

Les zones urbaines et périurbaines ont particulièrement besoin de transports collectifs et de réseaux alternatifs à la route : en octobre 2008, nous avons lancé un premier appel à projets pour la réalisation de 1 500 kilomètres de tramways et de bus en site propre hors Île-de-France. Nous le prolongerons par un second appel en Île-de-France qui se couplera aux projets du Grand Paris. Toutes ces offres constitueront à terme une véritable alternative à la voiture et pourront s'associer à d'autres pratiques, comme le covoiturage, l'autopartage et l'usage du vélo.

Le transport collectif, c'est aussi du lien social, car il offre à tous, même aux plus fragiles et aux plus démunis, de voyager. C'est pourquoi le gouvernement a mis l'accent sur l'accessibilité. Il doit aussi rapprocher les quartiers périphériques des centres-villes d'où la large place qu'occupent les transports collectifs dans le plan Espoir banlieues.

Mais développer un seul mode ne suffit pas : il faut rechercher une intermodalité globale, harmonieuse et efficace pour faciliter les déplacements quotidiens. Ce nouvel équilibre, où l'on peut passer aisément du vélo au tramway, au métro, au bus, est une des clés du développement durable dans les zones urbaines.

Le transport de marchandises constitue également un grand enjeu des transports. Pour porter la part du fret alternatif à la route de 14 % à 25 % à l'horizon 2022, nous nous sommes lancés dans un programme d'une ampleur inédite où le fret ferroviaire prend l'allure d'une solution majeure. Par notre engagement du 16 septembre 2009, nous voulons en faire un outil fondamental du développement durable. Création d'un réseau d'autoroutes ferroviaires cadencées, développement massif du transport combiné et de la desserte des grands ports français, fret ferroviaire à grande vitesse, aide à la création d'opérateurs ferroviaires de proximité, modernisation de la gestion des sillons… : toutes ces mesures visent à moderniser profondément le secteur. Effet attendu : un colossal report modal.

Le transport fluvial va lui aussi connaître un véritable renouveau, avec un réseau à grand gabarit et connecté au réseau européen : le grand projet du canal Seine-Nord Europe en sera une étape clé.

Les enjeux Écologie + économie + social

Nos actions s'inscrivent dans une palette large, ambitieuse et cohérente qui va révolutionner notre façon de concevoir nos déplacements et, plus largement, de vivre.

L'ensemble de nos projets sont écologiquement responsables : ils réduiront considérablement les émissions du secteur et notre dépendance aux énergies fossiles. Ils sont économiquement profitables : ils assureront des économies substantielles et créeront un grand nombre d'emplois. Ils sont enfin socialement avantageux : ils amélioreront nos conditions et notre cadre de vie. En cela, ils répondent à la finalité même du développement.

Du droit à la mobilité au devoir d'immobilité ?

En 1995, l'ambition d'une desserte du territoire quasi égalitaire s'était traduite par un objectif politique : aucun point du territoire français métropolitain continental ne devait se situer à plus de cinquante kilomètres ou de quarante-cinq minutes d'automobile, soit d'une autoroute ou d'une voie express à deux fois deux voies en continuité avec le réseau national, soit d'une gare desservie par le réseau ferroviaire à grande vitesse. Même si, aujourd'hui, cet objectif a disparu de la loi, le maillage routier dense du territoire français constitue toujours le témoignage géographique d'un volontarisme républicain cherchant à égaliser les chances entre ses composantes. Cet accès égalitaire des territoires aux transports passait commodément par le transport routier, il doit à présent se penser autrement pour des raisons de coûts externes sociaux et environnementaux que génère l'utilisation croissante du transport par voitures et poids lourds.

Gilles Pennequin est haut fonctionnaire spécialisé dans la territorialisation de politiques de développement durable, ancien conseiller régional écologiste du Nord-Pas-de-Calais et ancien conseiller technique auprès du ministre du Logement.

La problématique — Repenser la mobilité des hommes et des marchandises en diversifiant la stratégie du « tout routier »

La mobilité des hommes et des marchandises constitue aux yeux de chacun une valeur essentielle de nos sociétés modernes, au point de former un véritable « droit à la mobilité » qui s'est développé en même temps que l'usage de l'automobile, son plus clair symbole.

La France s'est engagée à faciliter autant que possible l'accès à la mobilité des hommes et des marchandises et à garantir la fluidité et la vitesse du flux de transport par la multiplication d'infrastructures. Politique de transport rendue possible, jusqu'à ce jour, par une énergie abondante et peu chère, et parce que, dans une économie de flux, l'importance des réseaux de transport reflète, pour partie, la puissance d'une nation.

C'est par le mode routier que l'accroissement de la mobilité a été assuré en France depuis le milieu des années 1970, porté par la création d'infrastructures de plus en plus sûres et rapides. Le développement, notamment, de l'habitat pavillonnaire d'une part, et la gestion des stocks en flux tendus et l'éclatement géographique des sites de production et de distribution des entreprises d'autre part, constituent les deux causes et conséquences du développement rapide du transport par mode routier, favorisé par sa souplesse et également par une baisse continue de ses prix.

Quelle mobilité proposer pour préserver l'environnement et lutter contre le réchauffement climatique ?

On ne peut plus désormais concevoir un système de transport à long terme en ignorant les enjeux de développement durable. La question du réchauffement climatique est aujourd'hui, par les risques qu'il est susceptible de générer et par les coûts exorbitants qu'il pourrait entraîner, appelée à s'imposer aux politiques publiques.

Le secteur des transports (principalement le secteur routier) produit aujourd'hui 27 % des émissions françaises de gaz à effet de serre (Ges). L'ambition prise par la France de diviser par quatre ces émissions d'ici à 2050 signifie un gain d'efficacité énergétique d'environ 3 % par an. Pour les transports, c'est une division par trois que les experts proposent, ce qui correspond à un défi d'une énorme ampleur puisque nous ne disposons pas de solutions aptes à réaliser une économie de près de 100 MteqCO_2 (millions de tonnes équivalent CO_2) !

Atteindre facteur 3 ou 4 dans les transports : est-ce réaliste ?

Le secteur des transports est celui du temps long : 15 ans pour construire une infrastructure nouvelle ou pour qu'une technologie nouvelle touche 60 % du parc automobile. Et en dépit des investissements lourds réalisés pour maîtriser, fluidifier et réorienter le transport routier vers des modes moins nocifs pour l'environnement, force est de constater que ces solutions ne répondent que partiellement aux objectifs de facteur 4 assignés au secteur du transport français.

Zoom

Port 2000, un investissement lourd pour une économie portuaire relais de la route

Depuis vingt ans, la route gagne des parts de marché dans le transport terrestre de marchandises : elles sont passées de 58 % à 80 %. Ce secteur rassemble 40 000 entreprises et près de 400 000 emplois.

Aujourd'hui, seuls 36 % du trafic de conteneurs nécessaire à notre économie arrive dans des ports français. Mais infléchir le transport de marchandise a un coût : ainsi Port 2000 dont l'objectif est de tripler le trafic actuel de conteneurs du port du Havre d'ici à 2012, a exigé un investissement de 700 milliards d'euros, dont 180 milliards pour les accès ferroviaires, par la puissance publique. L'objectif est d'atteindre dans les cinq ans 30 % des acheminements de et vers Port 2000 par le rail ou la voie d'eau.

Le cœur du sujet — Cinq objectifs pour des transports durables

La société française n'atteindra le facteur 3 ou 4 dans les transports qu'à certaines conditions.

Découpler croissance économique et croissance de la demande de transport grâce en partie à une révision structurelle du lien entre aménagement des territoires et gestion des flux

Pour atteindre cet objectif complexe, deux priorités d'action doivent être engagées : organiser le report modal des trafics et renforcer le secteur de la logistique en s'appuyant sur des places portuaires. Cependant, le découplage entre croissance économique et transport ne s'est pas produit parce que le transport est si bon marché que les industriels n'en intègrent pas le coût dans leurs projets d'implantation. Ils admettent qu'ils n'en tiendraient même pas compte si ce coût était multiplié par quatre ! La faiblesse de ce coût de transport entretient le gaspillage et constitue une incitation à délocaliser.

Mieux utiliser les infrastructures existantes

Il reste d'importantes marges de progrès à attendre d'une meilleure utilisation des réseaux existants en combinant un meilleur remplissage des moyens de transport et une gestion plus efficace de leur circulation. Elles supposent d'agir à la fois sur l'aménagement des infrastructures, la gestion des réseaux, la technologie et la demande de mobilité en utilisant des infrastructures capables de mieux orienter les comportements.

Développer fortement le report modal

Il convient d'apprécier le niveau potentiel réel des gains que le report modal génère, en accord avec la réalité économique. Dans le registre du transport de marchandises : 40 % des émissions de Ges en milieu urbain trouvent leur origine dans le transport de marchandises, indispensables à la vie économique de la cité. Le transport de fret éligible à l'intermodalité (transport par camion sur longue distance) représente 9 % des émissions de Ges du transport global. L'impact environnemental sera confidentiel. Dans le seul couloir rhodanien, on compte un ou deux trains par jour, soit 40 à 80 camions, ce qui est très peu si l'on considère que 6 000 camions roulent chaque jour dans ce couloir.

Développer les technologies propres et les nouveaux carburants

La technologie est aujourd'hui le principal facteur qui limite la hausse des émissions de transport. Or les nouveaux carburants que nous maîtrisons aujourd'hui ne présentent pas un écobilan global satisfaisant : pour atteindre l'objectif qui était fixé en France d'un taux d'incorporation de biocarburants dans l'essence de 5,75 % en 2008, soit une économie de 7 $MteqCO_2$, il est nécessaire que lui soient dédiés 2 200 000 hectares de culture, soit un million d'hectares en plus des

1 200 000 hectares de jachère que compte la France, si l'on cherche à utiliser des biocarburants exclusivement nationaux. Il faudra attendre les biocarburants de seconde génération pour aboutir probablement à des résultats plus pertinents.

Impliquer les utilisateurs de transports dans une stratégie de modération dans l'utilisation des mobiles émetteurs de Ges

Tous les progrès techniques relatifs à la consommation unitaire des véhicules sont effacés par l'augmentation du kilométrage parcouru. Un Français sur quatre utilise sa voiture pour un déplacement égal à 1 kilomètre, et un Français sur trois l'utilise pour parcourir moins de 3 kilomètres, déplacements que pourraient assurer des modes doux. Le changement de comportement passe donc par un changement dans leur pratique de mobilité.

Les enjeux Réduire structurellement la mobilité

Au-delà des démarches volontaires, c'est vers une forme de « devoir d'immobilité » (relatif bien sûr) que le secteur des transports doit s'engager à présent. Plusieurs idées sont ainsi avancées et instaurées progressivement. Par exemple, favoriser la mobilité des véhicules propres et contraindre fortement les autres, favoriser le covoiturage, notamment entre domicile et lieu de travail, ou encore instaurer un péage urbain dissuasif pour les véhicules des non-résidents. La réduction de la vitesse sur autoroute ou en ville aboutirait également à une réduction significative des émissions de Ges.

Repenser la ville

Mais la principale stratégie à engager consiste à repenser le lien entre urbanisme et déplacements, en particulier dans les régions ou les États (à l'échelle internationale) qui connaissent une forte croissance démographique et urbaine. La question porte en particulier sur la forme urbaine souhaitable que l'on imagine compacte, à l'opposé de la ville étalée ou diffuse qui favorise l'utilisation des transports individuels. Ce lien transport/urbanisme est désormais de la responsabilité des autorités décentralisées depuis la loi d'orientation des transports intérieurs de 1982, et surtout depuis les lois Grenelle sur l'environnement. Les principales villes étaient tenues d'élaborer des plans de déplacements urbains. Elles sont dans l'obligation de réaliser à présent des Plans climats territoriaux qui pourraient inclure en particulier la question foncière : elle constitue une clé essentielle pour gérer la question urbaine reliée à l'augmentation des déplacements.

Développer les boucles économiques locales et le télétravail pour réduire la mobilité

Désormais, le développement économique territorial qui met l'accent sur l'offre productive couplée à une accessibilité rapide et peu coûteuse aux flux d'échanges mondiaux doit s'enrichir d'une approche basée sur la valorisation de *boucles économiques locales*, dans l'utilisation des technologies de l'information et de la communication (TIC) pour le télétravail, dans la traçabilité carbone des transports et dans le développement des taxes ou permis d'émissions adossés aux transports.

L'efficience environnementale comme gage de croissance et de paix

Il est essentiel d'amplifier la rupture engagée dans nos politiques d'aménagement des territoires et de transports en regard des enjeux nouveaux liés à la mobilité. Pour laisser aux générations futures un monde vivable, bien sûr, mais aussi parce que la création d'emplois sur nos territoires dépendra de plus en plus fortement de notre efficience énergétique, en particulier de notre capacité à maîtriser la question des transports. Lesquels resteront cependant essentiels à la croissance économique de nos territoires, et indispensables aux échanges féconds entre les peuples, gage de paix et de fraternité.

Lectures utiles

Transports et environnement : comparaisons européennes, Études et documents, Commissariat général au développement durable, MEEDDM, avril 2009.

Transport durable et développement économique, Corinne Meunier et Thomas Zeroual, *in Développement Durable et Territoires*, Dossier 8 http://developpementdurable.revue.org

Analyse économique et développement durable dans le secteur des transports : le rapport Boiteux II, Annales des Mines, octobre 2001, 55.

Site du MEEDDM : www.developpement-durable.gouv.fr/Grenelle-2-un-changement-essentiel.html sur le thème du Grenelle 2 : un changement essentiel dans le domaine des transports

De l'auto au tramway, une révolution citadine

Vingt pour cent des habitants de la planète possèdent 90 % des véhicules motorisés. 25 % des habitants de cette même planète consomment 75 % de l'énergie disponible. Environ 50 % des Terriens subsistent avec moins de 2 dollars par jour et 70 % de ces mêmes Terriens sont illettrés alors que 80 % vivent dans un logement précaire. Existe-t-il un rapport avec les transports ? À l'évidence oui. Car l'accès à la mobilité devient petit à petit un privilège et donc une ségrégation sociale. L'accès à l'éducation, à la santé est directement lié à la mobilité.

Jean-Noël Debroise est président de GénérationÉcologie
et directeur général d'Alstom Transport.

La problématique Le transport individuel, une impasse

Le secteur des transports sera de plus en plus un acteur significatif pour l'emploi local, et, mieux encore, pour l'emploi « vert ». Les entreprises industrielles ou de services ont une carte majeure à jouer dans ce secteur de l'économie mondiale. Elles gardent aussi un devoir d'exemplarité.

Créer une mobilité qui participe à la qualité de vie

Les menaces à traiter sont nombreuses. Il s'agit à la fois de venir à bout de la congestion des centres-villes et de créer des liaisons entre quartiers ou banlieues. Il s'agit en même temps de résoudre les contraintes d'aujourd'hui tout en projetant une vision urbanistique de demain et d'après-demain (quand une partie des zones bâties aujourd'hui sera inondée, une partie du réseau de transport inutilisable parce qu'aujourd'hui dans des plaines ou des zones côtières bientôt inondables). Il s'agit enfin de prendre en compte la nécessité d'une mobilité intervilles au sein d'une même région, mais aussi entre grandes villes d'un même pays ou d'un ensemble de provinces ou de pays.

Imaginer une solution unique, telle une politique anti-automobile dogmatique, serait contre-productif. Il faut penser autrement la mobilité, innover technologiquement, mais surtout réformer les comportements. Une bonne formule : créer une mobilité qui participe à la qualité de vie.

Réformer l'usage de l'auto…

La part de marché de l'automobile est en recul depuis 2005 en Europe. Des modes de transport comme la marche ou le vélo sont remis au goût du jour. Des concepts nouveaux comme l'autopartage se développent très rapidement. Le covoiturage n'apparaît plus seulement les jours de grève !

Les pouvoirs publics commencent à prendre la mesure jusqu'à développer une nouvelle culture de la mobilité urbaine : rendre attractifs des modes de transport capables de se substituer à l'automobile. D'où la mise en œuvre d'infrastructures efficaces à travers lesquelles l'intermodalité ne soit pas un mot mais une pratique facile d'emploi, quotidiennement. Ces connexions entre modes de transport exigent une accessibilité à tous réelle et une gestion du trafic régulée par systèmes intelligents, qui existent.

Le système de satellites Galileo – plus précis que le GPS – aidera bientôt à la localisation du positionnement des véhicules, donc à la gestion des flottes et à l'optimisation des énergies, c'est-à-dire la diminution des gaspillages. Il sera possible d'optimiser les parcours, de développer des péages pensés en fonction des horaires, de favoriser le taux de remplissage des véhicules.

Les idées sont là. Il reste à confirmer que les citoyens auront envie de changer de comportement. Sont-ils décidés à recourir réellement à l'autopartage ? Sommes-nous prêts à ne plus être propriétaires de notre automobile, encore puissamment un symbole de liberté et de réussite sociale ? Quant aux performances de puissance et de vitesse, n'est pas loin le jour où elles seront complètement dépassées malgré le matraquage publicitaire !

… et changer l'auto tout court

L'industrie automobile se réveille aujourd'hui dans la douleur. Mais elle connaît le menu sous forme de trois plats – sans dessert !

- Tendre au « zéro émission » de particules et à la diminution radicale du « CO_2 par kilomètre », autrement dit le recours aux carburants « bas carbone » (gaz naturel par exemple).
- Développer les véhicules hybrides qui combinent un moteur à explosion et une technologie électrique (batterie, pile à combustible).
- Ou passer très vite au tout-électrique avec ses infrastructures de recharge.

Or les marges de progrès sont encore grandes pour les véhicules à essence et les motoristes au pied du mur ne manqueront pas de créativité pour défendre leur technologie.

Dans le domaine des hybrides, des études prospectives de plus en plus nombreuses laissent penser qu'une part de marché de 25 % est accessible en 2020 environ. Le tout-électrique exige une refonte technique et industrielle à court terme de la conception de batteries à supercapacité.

Il est certain que des acteurs industriels nouveaux émergeront de cette crise brutale bien que prévisible.

Zoom

Transports : à l'aube d'un rendez-vous société-technologie

La France offre, dans le domaine du transport, des atouts. La dynamique est là, des expériences naissent puis se généralisent. La mue du transport est en route. L'écomobilité prend aujourd'hui un sens au-delà des mots à la mode. Nous sommes simplement à l'aube d'un nouveau rapport entre la société et la technologie. Les transformations considérables et inévitables de demain seront autant technologiques que comportementales, autant individuelles que collectives. La course à la vitesse laissera place à la course à la sobriété, par la force des choses, durablement et structurellement. Les grandes rencontres planétaires y aideront et seront quelquefois dépassées par le bon sens des peuples !

Le cœur du sujet — L'entreprise de transport, acteur significatif

L'industrie de l'autobus ne sera pas en reste. Les concepts de récupération d'énergie au freinage vont se généraliser, tout comme les systèmes de *stop & start*, inspirés de l'automobile. De nombreux essais de véhicules hybrides démontrent l'amélioration des performances, étape intermédiaire avant le tout-électrique. Les agrocarburants constituent une autre option intéressante à suivre. La normalisation européenne est une aide précieuse à cette mutation. Le résultat est spectaculaire puisque les émissions de particules (oxydes d'azote) ont été réduites de 90 % depuis les premières réglementations d'il y a deux décennies environ.

Le transport par bus offre une solution efficace dans la mise en œuvre d'une politique de mobilité durable. L'intégration dans les villes sera améliorée, la gestion des flux sera rendue transparente pour l'utilisateur. Les temps d'attente et les durées de parcours seront connus, de quoi choisir en connaissance de cause son mode de transport.

Les transports pensés en « colonnes vertébrales »

Une vision globale indispensable aux décideurs politiques sera non seulement définie mais imposée en coordination avec les autres entités administratives. Il en résultera rapidement la définition de plusieurs axes structurants, dits « colonne vertébrale », souvent réalisés sur la base de technologie ferroviaire, tramway principalement, garantissant débit et rapidité. Ce sont les lignes à grande vitesse et à fréquence élevée du transport urbain. Ces colonnes vertébrales seront interfacées avec des lignes traditionnelles principales et des lignes secondaires de dessertes locales. Des services de transport à la demande s'y ajouteront, en cohérence avec des accès faciles et rapides aux parkings automobiles ou aux centres d'autopartage. C'est une politique de transfert modal qui s'imposera en douceur.

Tramways : pourquoi ils « reviennent »

Pourquoi, alors que toutes les villes étaient équipées de tramways au début du siècle dernier, toutes sauf trois les ont abandonnés entre 1945 et 1955 ? Parce qu'il leur fallait très vite s'adapter à la voiture. Ce n'est qu'avec le premier choc pétrolier de 1973 que cette « évidence » a pris du super sans plomb dans l'aile. Mais il a fallu attendre le début des années 1980 à Nantes puis à Grenoble pour voir se concrétiser cette nouvelle aventure : le tramway moderne. Devant la nécessité de mobilité urbaine, la généralisation s'est accélérée à la fin des années 1990 grâce aux exemples de Montpellier, Lyon et Orléans. La reconquête du tramway ne s'essouffle pas, comme en témoignent une dizaine d'années plus tard les dernières décisions de Brest, Dijon.

La première qualité de la colonne vertébrale tramway est certainement son efficacité en termes de capacité et de fréquence, c'est-à-dire de flux de passagers par heure et par direction (de 4 000 à 10 000 environ). Le véhicule lui-même est deux ou trois fois plus capacitif qu'un autobus. Les temps d'attente en heure de pointe sont de l'ordre de trois ou quatre minutes. La vitesse moyenne de déplacement supérieure à 20 km/h. Atteindre cette vitesse moyenne n'est possible que par une proportion du parcours en « site propre », c'est-à-dire séparé de la circulation automobile et donc indépendante des embouteillages, ainsi que par l'utilisation d'un système d'aide à la conduite, d'une mise en priorité automatique du tramway à chaque carrefour. De quoi obtenir un trafic sur une ligne de 100 000 voyageurs par jour, chiffre important qui justifie le coût de l'investissement.

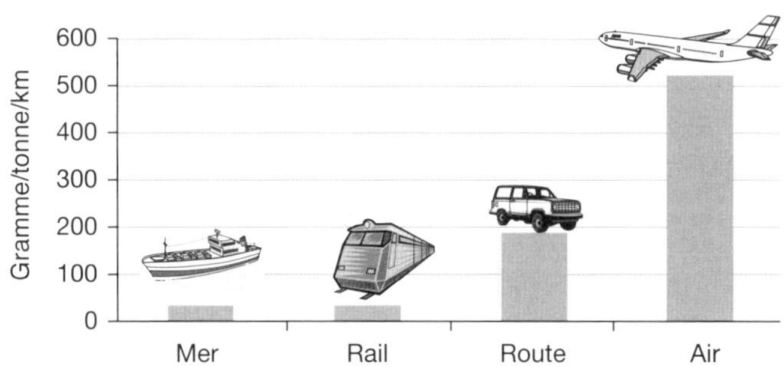

Source : Commission européenne.

Figure 1 – Comparaison des émissions de CO_2 entre les différents modes de transport

Zoom

Avantages tramway

- Les tramways modernes offrent tous un plancher bas (Grenoble a été, en la matière, une première mondiale). Ce « dispositif pour les personnes a mobilité réduite » selon les termes de la loi qui le rend obligatoire a non seulement permis effectivement de répondre à cette demande, mais a rapproché, physiquement et affectivement, le citoyen de « son » tramway.
- Quant à l'emprise au sol, victoire au tramway. Le mode routier automobile en demande 5 à 10 fois plus pour la même efficacité transport. Autre avantage : le mode de roulement sur fer, malgré les critiques justifiées de quelques crissements en courbe, est beaucoup moins bruyant que le mode routier. Il est même silencieux, donc... en or !

Les enjeux Changer de modèle

Nous savons pourtant ce qu'est un mauvais modèle : un modèle non durable. Nous savons qu'il nous faut refondre totalement nos schémas de pensée. Pour le domaine spécifique du transport, cette refonte est partie prenante de toute urbanisation.

À retenir

25 % du total des émissions de CO_2 : impact du transport, tous les modes confondus.

5 à 10 % d'économie de carburant : bilan de l'écoconduite.

L'avion est-il durable ?

En à peine plus d'un siècle, le transport aérien est passé d'une activité de pionniers à un moyen de transport sûr et accessible à une élite pour devenir aujourd'hui un mode international de transport de masse. Sa croissance régulière, génératrice de bénéfices économiques, sociaux et culturels, se heurte néanmoins à son impact environnemental, exacerbé par sa grande visibilité. Le secteur, fondé sur l'innovation technologique, ne parviendra à assurer sa pérennité et son acceptabilité future par la société civile que s'il parvient à découpler sa croissance de son empreinte environnementale.

Philippe Fonta est directeur de l'Environnement au sein d'Airbus,
il y fut directeur du dévelopement durable de 2007 à 2010.

La problématique — Dans la haute atmosphère du développement durable

La définition du développement durable, donnée par le rapport Brundtland en 1987, parle d'un modèle stratégique systémique visant à *répondre aux besoins des générations présentes sans compromettre la capacité des générations futures à répondre des leurs*. L'avion répond dès lors au besoin mondial de mobilité et d'échanges que nous connaissons aujourd'hui. Sa croissance future sera en grande partie tirée par les pays en voie de développement. De plus, l'avion connaît un cycle de vie long, ce qui implique que les choix technologiques du présent doivent aussi anticiper les attentes de demain.

Un mode de transport de masse

Environ 2,5 milliards de passagers prenaient l'avion tous les ans, en tout cas hors années de crise[1]. Aujourd'hui, le monde est devenu un grand village aux familles souvent dispersées. Au-delà du lien maintenu par les communications modernes et Internet, seul l'avion réunit à nouveau ces familles le temps souhaité.

En 2007, 35 % du commerce en produits manufacturés (en valeur) ont transité par les airs. Le fret aérien est même devenu un bon indicateur de l'état de santé de l'économie mondiale et procure un accès à de nouveaux marchés pour les pays en voie de développement[1] leur offrant ainsi une perspective additionnelle de progrès économique et social.

L'avion en exploitation n'a pas de frontières : il va très certainement changer plusieurs fois d'exploitant au cours de sa vie et devra donc répondre à des attentes

1. Source : *Aviation, the real World Wide Web*, un rapport realisé par Oxford Economics.

différentes, en fonction de la région ou du pays d'exploitation. En outre, depuis les premières ébauches qui vont conduire à la conception d'un nouvel avion, jusqu'à ce que le dernier exemplaire de ce type soit retiré de la flotte et démantelé, près de 70 ans vont peut-être s'écouler. Son impact environnemental devra donc être continuellement réduit, au travers d'améliorations permanentes sur les produits existants et de ruptures technologiques lors de la mise en service de nouveaux produits. Ce processus d'amélioration continue n'est hélas pas suffisant, tout seul, pour compenser par exemple l'augmentation prévue des émissions de CO_2 du secteur, en raison de la croissance soutenue du trafic aérien.

Le cœur du sujet Réussir à découpler la croissance du trafic de l'impact environnemental

Les bénéfices socio-économiques générés par le transport aérien sont indéniables et ne sauraient se voir sacrifiés sur l'autel de la lutte contre le changement climatique. Il faut donc parvenir à découpler la croissance de notre activité de son impact environnemental.

Le volet bruit

Au-delà de l'aspect purement local, la mise en place de couvre-feux sur le sol européen par exemple a des conséquences non négligeables sur l'horaire de planification des vols au départ de l'Asie, et sur les correspondances amont et aval qui lui sont associées. C'est la raison pour laquelle les règlements en matière acoustique se fondent sur des standards internationaux. À charge pour le régulateur local de les décliner au gré de ses contraintes. C'est l'Organisation de l'aviation civile internationale (OACI) qui définit les standards environnementaux. En cas d'inadéquation, l'avion n'obtient pas son certificat de type et ne peut donc voler. C'est un des rares moyens de transports soumis à des règles aussi sévères. Le standard de certification actuel, dit chapitre IV car défini dans le chapitre IV de l'Annexe 16 de la convention de Chicago, est en vigueur depuis le 1er janvier 2006. Il a accru la sévérité de la certification acoustique de dix décibels par rapport au standard précédent.

L'empreinte sonore à 85 dB (A)[1] des avions bimoteurs modernes est confinée à l'intérieur des servitudes aéroportuaires. Un A380, à la capacité d'emport deux fois plus importante qu'un A340 (autre quadrimoteur), émet un bruit au décollage plus faible. Pour réduire la gêne sonore aux abords des aéroports, l'OACI préconise une approche équilibrée, basée sur la réduction du bruit à la source, une optimisation des procédures opérationnelles à moindre bruit, des restrictions d'opérations pour

1. Unité sonore mesurant un bruit maximal mesuré, pondéré par un filtre en fréquence caractéristique de la sensibilité de l'oreille humaine.

les avions les plus bruyants et une gestion rationnelle de l'occupation des sols autour des aéroports. Chaque aéroport, après une analyse coûts/bénéfices de chaque élément, adaptera cette méthodologie à ses contraintes locales spécifiques.

Le volet émissions

Sans négliger les émissions qui montrent un impact sur la qualité de l'air locale, une attention particulière sera apportée aux émissions de gaz à effet de serre. Le seul des six gaz répertoriés par le protocole de Kyoto qui soit émis par l'aviation est le CO_2. L'aviation internationale est en effet responsable de 2 % des émissions de CO_2 d'origine humaine[1]. Ce chiffre devrait atteindre 3 % en 2050 en raison de la croissance du trafic. Il est de notre devoir, en tant qu'acteur du secteur aérien, d'inverser cette tendance. En octobre 2009, l'industrie aéronautique dans son ensemble (compagnies aériennes, constructeurs d'avions et de moteurs, aéroports et prestataires de services de la navigation aérienne) a présenté une position commune ambitieuse : amélioration continue moyenne de l'efficacité énergétique du secteur de 1,5 % par an jusqu'en 2020. Croissance du trafic neutre en carbone à partir de 2020. Objectif « inspirationnel » de réduire de 50 % les émissions nettes de CO_2 du secteur en 2050, par rapport à la valeur de 2005.

Le découplage croissance impact environnemental pour le CO_2 devrait sur ces bases être atteint dès 2020.

L'approche sur quatre piliers

Pour atteindre cet objectif ambitieux, le secteur préconise une approche sectorielle globale, fondée sur quatre piliers.

- Le pilier technologique : il passe par un renouvellement de flotte au moyen d'avions de plus en plus performants. L'initiative technologique conjointe à échelle européenne – dite Cleansky – vise, à l'horizon 2020, à obtenir une réduction du bruit perçu de 50 %, de la consommation et des émissions de CO_2 de 50 %, de la réduction des émissions de NOx de 80 %[2] (par la réduction de la masse des avions au moyen de matériaux avancés, l'amélioration aérodynamique et une meilleure intégration et simulation intégrée des performances globales de l'avion). Le secteur envisage très sérieusement l'introduction progressive de carburants alternatifs pour l'aviation, dont le bilan carbone sur l'ensemble du cycle de vie du carburant serait bénéfique en termes de CO_2, mais aussi sur le plan de la qualité de l'air. Une feuille de route globale a été définie par l'OACI en novembre 2009 sur le sujet.

1. Source : Giec.
2. Objectifs dits ACARE pour Advisory Council for Aeronautics Research in Europe.

- Le pilier opérationnel, principalement de la responsabilité des compagnies aériennes, vise l'exploitation des avions (meilleur taux de remplissage, rotation accentuée, optimisation systémique des réseaux des compagnies – synergies avec les compagnies aériennes partenaires) et la maintenance. Cette approche environnementale va de pair avec un intérêt économique de réduction des coûts : c'est une solution gagnant-gagnant.
- Le pilier infrastructure – et notamment les services de navigation au sol – travaille à faire sauter les goulots d'étranglement des aéroports (attentes et temps de roulage). De plus, de nouvelles routes, plus directes, doivent libérer des zones militaires réservées qui datent du temps de la guerre froide. La perspective de nouveaux aéroports, tant décriés par l'opinion, démontre pourtant son impact bénéfique par la libération de l'espace et la réduction des attentes (au sol ou en l'air), émettrices d'émissions inutiles.
- Les piliers des incitations économiques positives, enfin, avec l'usage de crédits carbone plus systématiques et plus ambitieux. Ouvrir l'accès aux marchés carbone et aux mécanismes flexibles du protocole de Kyoto (et de son successeur) au secteur de l'aviation se traduit par des programmes de compensation carbone et par l'intégration des compagnies aériennes dans un système global, mondial, de gestion de permis d'émissions, préconisés par l'OACI en 2004 (toute mesure locale ou régionale doit être évitée car elle ferait courir le risque de fuite d'émissions – transferts de trafic – et de distorsion de concurrence)[1].

Les enjeux Une approche globale pour résoudre un problème global

Le secteur aérien préconise une approche globale, sectorielle, car, par essence, il ne connaît aucune frontière. Il doit accentuer sa collaboration et son approche en partenariat pour fédérer les synergies et les initiatives susceptibles de générer le meilleur bénéfice, le plus rapidement possible. Au regard de l'histoire, finalement assez courte, du transport aérien, on s'aperçoit que le secteur a toujours repoussé les limites qui se présentaient à lui : limites de faisabilité technique, de distance, de vitesse, de fiabilité et sécurité, de capacité. La limite environnementale est clairement celle qui nous préoccupe grandement actuellement. L'avion ne sera durable que si la croissance de l'activité du secteur s'accomplit sans une augmentation de son impact environnemental. Au vu des bénéfices socio-économiques générés par le secteur, la réussite n'est nullement une « option ».

1. De plus, une multiplication de systèmes locaux ou régionaux ferait courir le risque de double comptage et de double peine pour un secteur déjà fortement taxé fiscalement. Source : *La fiscalité du transport aérien*. Journée parlementaire française, 2006.

Lectures utiles

Aviation and Environmental Pollution, Karan Singh, LAP Lambert Academic Publishing AG & Co KG, 2010.

"Aviation, the real World Wide Web", par Oxford Economics – http://www.oxfordeconomics.com/free/pdfs/ox_econ_aviation_report/main.html

"Aviation and the Global atmosphere", un rapport special du GIEC – http://www.grida.no/publications/other/ipcc_sr/?src=/climate/ipcc/aviation/125.htm#img84

"Plane simple truth", par Geoffrey Thomas

"The beginner's guide to aviation biofuels" par ATAG – http://www.enviro.aero/Biofuels.aspx

"The beginner's guide to aviation efficiency" par ATAG – http://www.enviro.aero/Content/Upload/File/ATAG_BeginnersGuidetoAviationEfficiency_WEBRESO.pdf

Zoom

Le secteur de l'aviation

Éléments économiques :

- L'activité transport aérien génère 32 millions d'emplois (directs, indirects, induits).
- L'impact économique global du secteur a été évalué en 2008 à 3 560 milliards de dollars, soit 7,5 % du PIB mondial.
- Le transport aérien finance les coûts de ses infrastructures (aéroports, terminaux) contrairement à d'autres modes, tel le transport routier.

Éléments environnementaux :

- Les avions entrant en service sont, par rapport à des avions comparables des années 1970 :

- 20 décibels plus silencieux (réduction du bruit perçu de 75 %).
- 70 % plus économes en consommation de carburant et 70 % moins émetteurs de CO_2.

- Par passager, un A380 consomme moins de 3 litres/100 km et émet moins de 75 g de CO_2/km.
- Un A380 transporte deux fois plus de passagers qu'un A340 en émettant un bruit moindre.

Source : ATAG, Airbus

Chapitre 15

Des villes et des bâtiments plus écologiques

Changer d'habitat, changer de comportement

Il faut le redire : nous sommes aujourd'hui à un tournant. Nous ne pouvons plus conserver les mêmes comportements. L'enjeu est simple : consommer moins, améliorer notre confort de vie et le rendre accessible à tous.

Benoist Apparu est secrétaire d'État auprès de la ministre de l'Écologie, du Développement durable, des Transports et du Logement, chargé du Logement.

Problématique Les entreprises en reconstruction

Nous faisons tous partie d'une génération qui sait prendre en compte les implications des évolutions environnementales. En témoigne la sensibilité des Français aux problématiques de développement durable, qu'elles soient environnementales, sociales ou économiques. Mais il y a plus important : nous revient la mission d'être la première génération à mettre en œuvre un *véritable modèle de croissance durable.*

Les métiers du bâtiment relais de croissance

Tout le monde est en train de s'approprier cette nouvelle façon de penser et de travailler. Et le bâtiment est un élément incontournable du défi que nous souhaitons relever.

Le bâtiment, c'est en effet 42 % de notre consommation d'énergie finale et le quart de nos émissions de gaz à effet de serre. C'est là que se situent les principales marges de manœuvre pour proposer à nos concitoyens un habitat durable : la consommation annuelle moyenne d'un logement en France est de 240 kWh/m^2. Or, les technologies actuelles nous rendent accessibles du 50 kWh/m^2 dans le neuf et du 80 kWh/m^2 dans l'ancien. L'habitat durable ? Un logement sobre en carbone, aux dépenses énergétiques maîtrisées et au confort de vie renouvelé, construit autour de nouvelles méthodes et de nouveaux procédés.

Ce souci de l'innovation, c'est un vrai défi pour nos entreprises, avec le développement de nouveaux savoir-faire et de nouveaux métiers, donc de nouveaux emplois. C'est pourquoi le bâtiment est devenu, avec la rénovation thermique et dans un contexte de ralentissement économique mondial, un des principaux relais de croissance de demain.

Le gouvernement s'est engagé fermement dans la voie de l'habitat durable avec le Grenelle de l'environnement. Nous avons souhaité avec Jean-Louis Borloo initier une démarche particulière : nous sommes allés chercher sur le terrain des idées, des orientations, des contributions et avons réuni les principaux acteurs de la construction pour en discuter.

Le cœur du sujet Basse consommation : les Français adhèrent

Le résultat, c'est que le Grenelle de l'environnement se traduit par une nouvelle ère pour la construction : l'objectif n'est pas d'améliorer les choses à la marge, d'essayer de corriger quelques déséquilibres, mais de tout repenser, tout réorganiser et tout reconstruire.

Un premier objectif ambitieux se dégage avec la généralisation des normes dites « basse consommation » en 2013 : en quatre ans, nous allons réaliser un saut énergétique aussi important que celui réalisé ces trente dernières années ! Pour accompagner cette rupture thermique, une nouvelle réglementation est en cours de préparation, dite RT 2012. Il y a là un exemple de la concertation fondamentale pour définir une réglementation à la fois audacieuse et réaliste. Nous irons même plus vite pour le parc tertiaire, puisque la généralisation de ces normes interviendra en 2011.

Dans le Grenelle de l'environnement, le Plan Bâtiment est l'expression sur le terrain de cette volonté d'aller vite : y prend place un programme ambitieux de rénovation de 800 000 logements parmi les plus énergivores dans le parc social, ou bien encore tous les leviers fiscaux que nous proposons pour favoriser une transition en douceur vers les normes basse consommation.

En écho à nos efforts, les Français ont déposé 20 000 demandes de certifications « BBC » (Bâtiment de basse consommation). Nous en attendions dix fois moins, preuve que nous avons un temps d'avance dans le domaine de la construction ! Cet élan a besoin d'encadrement, notamment avec la nécessité en amont de réorganiser et de mieux coordonner les métiers du bâtiment. La diffusion des bonnes pratiques, le développement des compétences en dépend : c'est une condition fondamentale de la réussite du Grenelle de l'environnement.

Des mises aux normes peu coûteuses

Somme toute, l'habitat durable que nous souhaitons promouvoir est celui de la qualité de vie, mais aussi du pouvoir d'achat. Ainsi, le coût d'une mise aux normes basse consommation ne dépasse pas en moyenne 12 % de l'investissement initial. C'est certes un effort sur le court terme que nous avons souhaité alléger avec des dispositifs de financement avantageux. Mais sur le long terme, c'est un niveau qui assure une rentabilisation rapide de cet investissement.

Zoom

Plus-value de l'isolation

Un logement mieux isolé est un logement moins dépensier : c'est l'assurance de diminuer sa facture énergétique. De plus, un logement bien isolé prend un peu plus de valeur. Puisque la généralisation des normes est en marche, il y aura bientôt un avantage immédiat à acheter un bien durable, plus attractif sur le marché.

Les enjeux Le développement urbain regroupe l'énergie, les transports, le logement

Beaucoup de choses sont à améliorer pour que l'habitat durable s'impose comme la norme. Les progrès technologiques entraînent toujours une baisse des coûts : c'est une question d'avancées dans l'offre de matériaux et de technologies, mais aussi dans le développement des échanges entre les architectes et le bureau d'études énergétiques. Le développement durable doit être accessible à tous ! Et pour toucher tous les foyers, il suffit parfois simplement d'améliorer l'information pour que chacun prenne conscience de la nécessité de changer. C'est le sens de la généralisation des compteurs individuels. Ils offrent enfin la connaissance aux particuliers de leur propre consommation. Une idée simple adoptée en Allemagne et qui a prouvé son efficacité.

Changer de comportement présent pour imaginer le futur

Évidemment, notre désir de mieux construire doit se conjuguer avec l'impératif de la prise en compte de la santé de nos concitoyens. Nous passons en effet 90 % de notre temps entre quatre murs. Il est essentiel que le bâtiment du Grenelle soit un lieu sain, confortable et facile à vivre. C'est pourquoi un bâtiment basse consommation sera aussi celui de la qualité de l'air, des températures douces quelle que soit la saison. La ventilation, par exemple, est un enjeu fondamental de cette adéquation entre bâtiment sobre et bâtiment sain. Une vraie réflexion sur la surveillance de la qualité de l'air intérieur est engagée. Un habitat durable est aussi et surtout un habitat sain.

Enfin, cet habitat durable s'inscrit dans un cadre renouvelé, celui de la ville durable. L'habitat durable, c'est par exemple un logement sobre en foncier, qui ne contribue pas à l'étalement urbain, mais qui profite par exemple de réaménagement d'une friche au cœur de la ville. C'est aussi un logement mieux desservi en transports collectifs, dans une ville où les déplacements sont choisis et non imposés. C'est un logement inséré dans un quartier qui offre de nombreux services et opportunités, dans une ville de la proximité. Cet habitat s'inscrit dans un environnement préservé, de vrais centres de vie qui sont autant de poches vertes et de poumons dans la ville. Et pour réaliser cet équilibre, il faut prendre conscience que le développement urbain du XXIe siècle regroupe l'énergie, les transports, le logement… et adopte une approche transversale et des démarches globales et humanistes. L'urbanisme, par définition, dispose de la capacité d'organiser l'ensemble des secteurs et nous donne à imaginer la ville durable de demain.

Nous sommes à un tournant, un moment charnière dans l'évolution de nos logements, dans un processus d'innovation soutenu. Mais ces innovations n'auront d'utilité que si elles sont fonctionnelles et non contraignantes. C'est un point que je crois essentiel : nous changeons de comportements pour l'environnement. Mais nous devons pour cela adapter la technologie à notre quotidien. À nous d'inventer des bâtiments performants et fonctionnels, de penser à la qualité d'usage, de créer des logements qui concilient efficacité, sobriété, beauté et art de vivre. L'habitat durable est un logement du présent, et un présent que nous ferons à nos enfants.

Des villes et des hommes aux carrefours de l'avenir

Le modèle économique, social et environnemental des villes et des mégapoles doit impérativement changer dès à présent pour s'adapter aux nouveaux défis du développement durable.

Vincent Fouchier est directeur général adjoint de l'Institut d'aménagement et d'urbanisme de la région Île-de-France (IAU-IDF).

La problématique Les villes sont à la fois le problème et la solution

En 2008, pour la première fois dans l'histoire, plus de la moitié de la population mondiale vit en ville, soit 3,3 milliards de personnes... alors que la population rurale mondiale commence à diminuer. La population urbaine mondiale atteindra 4,9 milliards en 2030. La quasi-totalité de cette croissance interviendra dans les pays en développement (la population urbaine d'Afrique et d'Asie va doubler entre 2000 et 2030) : la population urbaine du monde développé devrait augmenter relativement peu (de 0,87 à 1,01 milliard d'habitants).

À l'horizon 2050, 70 % de la population mondiale sera urbaine (86 % de la population des pays de l'OCDE). L'avenir des villes est donc crucial pour l'avenir de la planète et les choix qui y seront décidés pour le développement durable vont peser lourd.

La croissance démographique mondiale sera urbaine

L'échelle des changements actuels et à venir est sans précédent, même en comparaison de la vague précédente d'urbanisation mondiale (au début du XVIIIe siècle en Europe et en Amérique du Nord). Les villes vont accueillir la même croissance démographique que durant le siècle dernier, mais en quarante ans. Les mégapoles, ces villes de plus de 10 millions d'habitants, représentent 4 % de la population mondiale et 9 % de la population urbaine. Mais elles ne devraient pas nécessairement voir ce poids augmenter beaucoup à l'avenir.

L'accroissement *naturel* est le principal moteur de la croissance des mégapoles alors que l'on s'imagine volontiers qu'il s'agit de l'immigration depuis les zones rurales. Dans les pays développés, les métropoles les plus grandes sont d'ailleurs plutôt touchées par des soldes migratoires négatifs en raison des populations qui fuient leurs conditions de vie parfois difficiles par rapport à des villes de taille inférieure (même si elles captent une grande part de l'immigration internationale).

Réduire les consommations d'énergie et les émissions de CO_2

Les villes, et notamment les plus grandes, sont les territoires les plus émetteurs de CO_2 et les plus consommateurs d'énergie. Les territoires urbains contribuent pour plus des deux tiers à la consommation mondiale d'énergie et pour plus de 70 % aux émissions globales de carbone (selon l'Agence internationale de l'énergie). Leur responsabilité est donc grande dans cet enjeu planétaire.

La croissance démographique et l'évolution des modes de vie et de consommation expliquent que l'on s'attend à ce que 89 % des émissions nouvelles de CO_2 dans le monde, entre 2006 et 2030, proviennent des villes des pays non développés (non OCDE). Il faut donc trouver des réponses nouvelles à la hauteur des masses en cause.

Les villes côtières seront très exposées au changement climatique

Les zones côtières de basse altitude exposées à l'élévation du niveau des mers représentent 2 % des terres émergées du monde mais 13 % de la population urbaine : 65 % des villes de plus de 5 millions d'habitants entrent dans cette catégorie. Aux États-Unis, elles sont 85 %. En Asie, 70 %[1]. Les mégapoles sont bel et bien exposées aux risques liés à l'élévation du niveau de la mer. Certaines s'y préparent déjà activement, comme aux Pays-Bas, à Hambourg ou à Londres, pour éviter des inondations aux conséquences potentiellement dramatiques. Les villes qui se croyaient à l'abri derrière des digues savent qu'elles sont en danger (La Nouvelle-Orléans et bien sûr les villes et villages envahis par l'océan sous l'effet de la tempête Xynthia en ont fait récemment la douloureuse expérience).

Mais le réchauffement climatique produira un impact différent selon le contexte de chaque ville : inondations, manque d'eau (Barcelone ou Los Angeles), températures rendues peu supportables par l'îlot de chaleur (Tokyo), typhons ou ouragan (Taï-Peï), etc.

Lien social, modes de vie, qualité de vie

Les populations urbaines sont certes mieux loties que les populations rurales, mais une partie importante de la population urbaine mondiale vit dans des conditions de précarité extrême, sans accès aux services, à la santé, à l'éducation... notamment dans les mégapoles. Près d'un milliard de personnes vivent en bidonville. Elles étaient 715 millions en 1990 et devraient atteindre 1,4 milliard en 2020, si les tendances se poursuivent (selon Onu Habitat). L'intégration sociale et, plus « basiquement », les conditions de vie des populations modestes dans les grandes villes sont un des défis majeurs auxquels les sociétés doivent s'attaquer dès

1. Source : Mc Granahan et Anderson, in *Environment and Urbanization*, vol.19, 2007.

maintenant, pour le court terme (assainissement, gestion des déchets, alimentation en eau et en électricité) et pour le long terme (biodiversité, consommation de ressources non renouvelables...).

La maîtrise de la fécondité, le développement social, la culture, l'identité, le patrimoine, l'éducation et la santé figurent parmi les principaux leviers du développement durable.

La planète entière subit l'empreinte des villes. La mondialisation induit elle-même un mode de vie « urbain » pratiquement généralisé. Éviter la banalisation, retrouver une identité, refonder la proximité dans tous les domaines (alimentation, mobilité, commerce...) invitent à innover dans les politiques urbaines.

Innovation, classes créatives et effet d'entraînement économique

Historiquement, les mutations économiques appellent à chaque étape significative une réponse urbaine spécifique. Lorsque les pays s'engagent dans la voie du développement, les populations se concentrent dans les villes et les agglomérations urbaines. Ainsi, plus un pays est riche, plus sa masse économique est concentrée, constatent les Nations unies comme la Banque mondiale. Les populations déménagent alors pour trouver un emploi et améliorer leurs conditions de vie.

La mondialisation, par l'intégration des systèmes économiques de la planète, profite d'abord à l'emploi dans les villes. L'industrialisation, qui a entraîné une part de la vague précédente d'urbanisation, fait place à la tertiarisation puis à la montée en puissance de la technologie et de l'innovation. Laquelle motive une concurrence actuellement forte pour attirer les « classes créatives ». Un modèle économique plus diversifié semble cependant mieux répondre à ces cycles de plus en plus courts, inscrits dans un jeu de dominos financiers que la crise mondiale de 2009 a pu mettre en évidence.

Le cœur du sujet Adapter les villes et limiter l'étalement

L'espace urbanisé augmente plus vite que la population. De 2000 à 2030, alors que la population mondiale devrait croître de 75 %, il est possible que les terres urbanisées des villes de plus de 100 000 habitants s'étendent de 175 %. De fait, la tendance lourde est à la baisse de la densité urbaine et à la consommation importante de terres agricoles ou naturelles en périphérie. Les systèmes agricoles, alimentaires et biologiques sont menacés, de même que l'environnement local et le bien-être.

L'urbanisation s'étend avec les réseaux de transport qui se prolongent indéfiniment en périphérie et rompent le « couple fondateur » de la ville : densité et proximité. La lutte contre l'étalement urbain est impérative pour les équilibres tant globaux que locaux.

Viser la ville sobre et sans carbone

Les villes, et notamment les plus grandes, doivent revoir leur modèle de croissance urbaine. Moins extensives, elles doivent miser sur la compacité, la densité et l'intensité. C'est ainsi qu'elles consommeront moins d'espaces naturels tout en offrant des modes de vie moins dépendants d'une mobilité dispendieuse en énergie carbonée. La densité est en effet un excellent vecteur de proximité et de mixité des fonctions urbaines, apte à encourager les déplacements à pied, à vélo ou en transports collectifs. Un simple exemple : on sait qu'un habitant d'une zone dense en Île-de-France parcourt trois fois moins de kilométrage chaque jour qu'un habitant d'une zone peu dense.

Maîtriser le développement urbain à toutes les échelles

De nombreux naufrages environnementaux des grandes villes pourraient se voir réduits par une meilleure *gestion urbaine*. Les villes et mégapoles ont besoin d'une gouvernance organisée pour correctement répondre aux enjeux du développement durable. Les zones urbaines ont un impact sur de vastes territoires autour d'elles. Or, le plus souvent, elles agissent sans en tenir compte, faute de gouvernance à la juste échelle. La zone urbaine fonctionnelle, la métropole, la méga-région sont de grandes échelles de plus en plus importantes à prendre en compte pour le développement urbain durable, qui ne viendra pas uniquement de la somme de quartiers mêmes durables.

Des stratégies intégrées, transversales, combinant les échelles spatiales, tout en répondant au court terme et en visant un horizon plus lointain sont essentielles pour bien traiter tous les enjeux du développement durable urbain. Une planification efficace et accompagnée de politiques sectorielles adaptées aux territoires est de plus en plus sollicitée dans ce but.

Les enjeux Une grande diversité de situations urbaines

Il ne faudrait pas concevoir une réponse homogène au développement durable des villes et des mégapoles dans le monde. L'histoire, la géographie et, donc, les problématiques et les solutions doivent se concevoir au cas par cas. Par commodité, on peut néanmoins distinguer deux grandes familles de villes et mégapoles.

Les « villes développées » : gérer l'existant

Face à une croissance démographique et économique plutôt lente, voire déclinante (en témoignent les *shrinking cities* japonaises, américaines ou allemandes), ces villes typiques d'Europe, du Japon ou d'Amérique du Nord doivent enrayer l'étalement urbain et se densifier. Elles doivent s'adapter aux défis climatiques et réduire leur empreinte écologique sur la planète. Un enjeu majeur pour elles est de mieux organiser les espaces périurbains et de maintenir l'attractivité de leurs centres-villes. Le vieillissement de la population doit susciter une offre urbaine repensée (logement, services, emplois, équipements, transports). Avec le renouvellement du parc de constructions existantes, pour l'adapter aux nouvelles normes énergétiques, c'est bien par la mutation de la ville ordinaire que les « villes développées » vont évoluer.

Les « villes en développement » : organiser la croissance

En 2030, 81 % de la population urbaine mondiale vivra dans les pays en développement (dont près de 70 % en Afrique et en Asie). Quantitativement, les « villes en développement » représentent une des clés du développement durable mondial. Comment y accueillir les populations nouvelles dans de bonnes conditions pour les habitants et pour l'environnement ? Comment faire disparaître les bidonvilles actuels ? La question de créer des villes nouvelles se pose avec acuité. D'importants investissements sont nécessaires pour les villes en forte croissance, hélas pour la plupart localisées dans des pays pauvres. La solidarité internationale pour le développement durable devra passer par ces villes.

La croissance des « villes en développement » n'est cependant pas totalement inéluctable et des politiques adaptées aux secteurs ruraux pourraient soulager une part de cette croissance.

Lectures utiles

Rapport sur le développement dans le monde : repenser la géographie économique, Banque mondiale, De Boeck, 2009.

Stratégies métropolitaines, Institut d'aménagement et d'urbanisme d'Île-de-France, Paris, Cahiers n° 151, 2009.

The world energy outlook, International Energy Agency, 2008.

"Competitive Cities and Climate Change", Kamal-Chaoui, Lamia and Alexis Robert, 2009, *OECD Regional Development Working Papers n° 2*, 2009, OECD publishing.

Rapport mondial sur le développement humain, Programme des Nations unies pour le développement, La Découverte, 2009.

À retenir

3,3 milliards de personnes, plus de la moitié de la population mondiale vit en ville en 2008 alors que la population rurale mondiale commence à diminuer.

70 % de la population mondiale sera urbaine à l'horizon 2050 : les territoires urbains contribuent pour plus des deux tiers à la consommation mondiale d'énergie et pour plus de 70 % aux émissions globales de carbone *(source : Agence internationale de l'énergie).*

Le siècle des écoconstructions

Force est de reconnaître qu'en France le secteur du bâtiment est à l'origine de 46 % de la consommation d'énergie fossile (42,5 % de l'énergie finale totale, soit 68 millions de Tep) et de 23 % des rejets de CO_2 dans l'atmosphère (123 millions de tonnes de CO_2). Sur la durée de vie d'un bâtiment, l'énergie produit 70 à 80 % des impacts environnementaux. Ce secteur contribue donc grandement aux émissions de gaz à effet de serre dans l'atmosphère. Quelles évolutions ?

Brigitte Vu est ingénieur management du Territoire vers un développement durable.

La problématique — Plus de construction standard partout…

La science la plus récente révise à la hausse les projections faites en 2007 par le Groupe d'experts intergouvernemental sur le climat (Giec). Elle démontre une accélération imprévue du processus de réchauffement, soit environ 0,2 °C par décennie pour les prochaines années. La France, jusqu'à présent, a plus que tenu ses engagements fixés par Kyoto puisqu'elle avait comme objectif la stabilité de ses émissions de gaz à effet de serre en 2010 par rapport à 1990, et qu'elle devrait arriver à une baisse de 5,8 %. Dès 2007, avec un ratio de 0,25 tonne équivalent CO_2 d'émission par point de PIB, la France faisait partie des pays les moins carbonés au plan européen. Si la nation diminue ses émissions de 1,5 % par an, de 2007 jusqu'en 2010, nous devrions atteindre une baisse de 24,6 % des émissions. Or l'objectif était de 20 %.

Pourtant, si nous voulons envisager l'avenir avec plus de sérénité, beaucoup reste à faire pour atteindre le fameux facteur 4, c'est-à-dire une division par 4 des émissions des gaz à effet de serre d'ici à 2050. Le secteur du bâtiment a de quoi contribuer grandement à ce résultat. Il dispose aujourd'hui d'une pléiade de technologies matures tant en construction neuve qu'en rénovation, ce qui n'est pas encore le cas du secteur des transports, responsable de 20 % des émissions de gaz à effet de serre (GES) derrière le bâtiment (près de 25 %).

La construction d'un bâtiment neuf ne doit plus s'aborder comme auparavant. Elle fera l'objet d'une réflexion globale, intégrant très en amont du projet le climat local, l'architecture, l'enveloppe et les équipements. On ne construit pas avec les mêmes matériaux à Marseille, Rennes, Lille ou Strasbourg car les besoins énergétiques n'y sont pas identiques et varient de l'hiver à l'été.

Zoom

Le courant passe…

Si, dans les logements, on a assisté, depuis 1975, à une réduction unitaire de 50 % du chauffage, les autres usages spécifiques de l'électricité, pendant cette période, ont pratiquement doublé en consommation.

Le cœur du sujet Construire le neuf autrement

Priorité numéro 1 : l'orientation des bâtiments selon la course du soleil. Il s'agit d'optimiser l'utilisation passive des rayons du soleil aux intersaisons et durant l'hiver, et de limiter la surchauffe estivale. Puis de tenir compte des vents en limitant les ouvertures dans la direction des courants dominants. L'aménageur plantera des essences persistantes au nord, caduques au sud et favorisera au maximum l'éclairage naturel.

Le traitement des espaces verts impacte du reste l'hygrothermie du bâtiment. Il est capable de remettre en cause l'installation systématique d'un système de climatisation, gros consommateur d'énergie non renouvelable. On veillera aussi à préserver la perméabilité des sols en privilégiant les emprises végétales et en favorisant la récupération des eaux de pluie de manière à limiter l'utilisation de l'assainissement communal ou urbain.

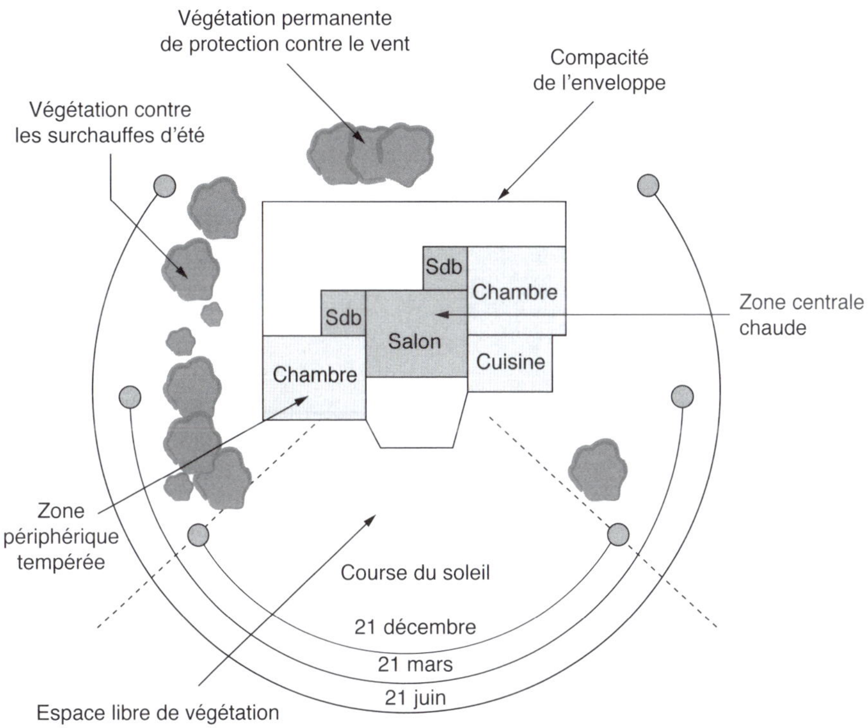

Figure 1 – L'implantation bioclimatique © B. Vu

Techniques adaptées

Une structure de construction se compose du gros œuvre, des menuiseries extérieures et de la toiture : c'est l'« enveloppe ». La prise en compte du développement durable l'a « révolutionnée ».

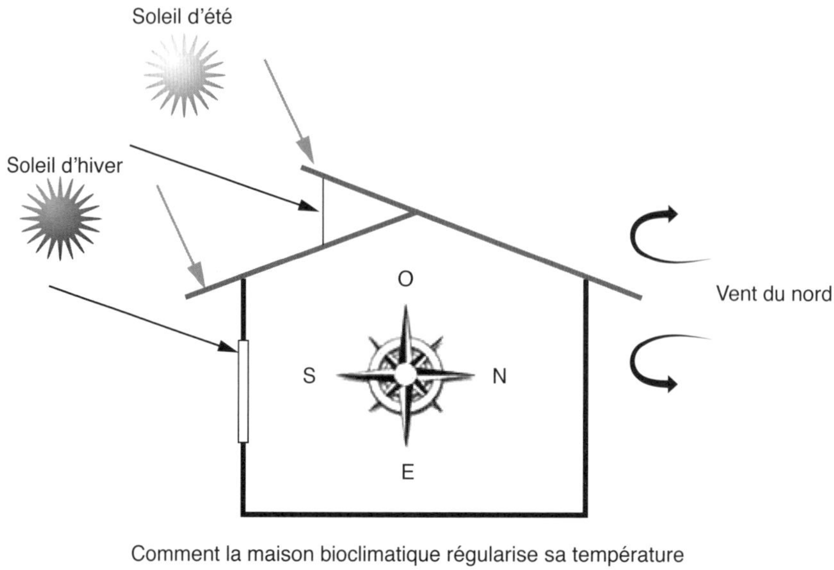

Figure 2 – L'orientation solaire © B. Vu

Objet d'une étude approfondie, elle tient compte désormais de la gestion thermique d'été et d'hiver. Les architectes vont privilégier des matériaux à forte, voire très forte inertie thermique telle que la brique Monomur dans certaines régions en quête d'une fraîcheur l'été (d'autres choisiront le Monomur thermopierre plus connu sous le nom de béton cellulaire). Dans les régions aux hivers froids, on choisira les nouvelles briques possédant une meilleure résistance thermique, avec isolation par l'extérieur en laine haute densité : on joue alors sur le déphasage du produit et ses qualités hygrothermiques importantes.

- Les constructions ossature bois connaissent un engouement grandissant surtout chez les particuliers. Il faudra porter un soin particulier au choix des essences, au traitement des bois et à l'étanchéité à l'air de la maison. Les bâtiments tertiaires, agricoles voire collectifs s'orientent vers les structures en lamellés collés à la résistance mécanique plus grande.
- Les systèmes autocoffrants vont connaître une grande expansion. Constitués de deux panneaux polystyrène graphité reliés par des entretoises plastiques, ils facilitent l'assemblage des panneaux entre eux tout en laissant libre le choix de l'épaisseur du voile de béton (de 10 à 19 cm).

Grands et petits gestes contre les Ges

Tout aussi déterminant, le choix des menuiseries extérieures (fenêtres, portes) et celui des vitrages (double vitrage lame d'argon ou triple vitrage au nord). Il sera fonction des objectifs – dans tous les cas, on veillera à choisir des fenêtres étanches à l'air.

Chaque détail compte : un triple vitrage au sud, à l'est ou à l'ouest sera nécessairement de dernière génération. On pense généralement, et à juste titre, à isoler la toiture : elle est cause de 25 à 30 % des déperditions. Place aux laines de roche ou de bois dont les deux densités laissent l'option d'un confort d'été ou d'hiver. De plus, les laines favorisent les échanges hygrothermiques. Jouer sur deux densités autorise aujourd'hui l'avènement de bâtiments faiblement « déperditifs » et confortables, donc peu demandeurs en chauffage. À la climatisation, on préférera un système de rafraîchissement actif tel que le puits canadien[1].

La production d'eau chaude sanitaire sera assurée soit par des panneaux solaires thermiques, soit par un ballon thermodynamique en fonction de la zone géographique dans laquelle vous vous situez. En tout état de cause, le chauffage par énergie renouvelable est devenu une priorité dans la construction neuve (avec calcul des déperditions du bâtiment préalable).

Parmi les nouvelles attitudes individuelles qu'exige l'impératif de confort, celle de la ventilation est essentielle : Renouveler l'air limite le développement de moisissures, élimine les polluants intérieurs et maintient un taux d'humidité de 40 à 60 % dans l'atmosphère intérieure. L'étanchéité à l'air du bâtiment sera l'enjeu majeur en construction neuve comme en rénovation.

Production d'électricité : le photovoltaïque connaît un engouement majeur pour la production d'électricité chez les particuliers comme les professionnels. L'objectif de bâtiments énergie zéro voire à énergie positive en dépend.

Rénover autrement

Dans le cadre d'une rénovation partielle, un test d'étanchéité s'impose comme le préalable à toute intervention. Les travaux seront alors appropriés.

Ensuite, il est nécessaire d'identifier les pathologies éventuelles du bâtiment et surtout de réfléchir aux impacts possibles de la rénovation. En effet, une meilleure isolation pourrait engendrer des pathologies si l'on ne lui associe pas une ventilation performante.

> **Zoom**
>
> **L'eau, un enjeu majeur**
>
> Un consommateur français moyen utilise 150 à 200 litres d'eau par jour. Des efforts ont été accomplis par les fabricants d'économiseurs : réduire le débit d'un robinet à 6 ou 8 litres par minute s'impose face aux 12 litres par minute des robinets standard. De même, le réflexe citoyen devrait viser à passer de 18 litres par minute à 10 pour une douche équipée d'économiseur.

Il n'est pas toujours facile d'opter pour une énergie renouvelable compte tenu des contraintes. On optera pour une chaudière granulé de bois si possible, à défaut pour

1. Le puits canadien, ou puits provençal, est un système géothermique dit de surface. Il joue sur le différentiel de température à 1,60 m, ou plus, de profondeur : plus élevée que la température ambiante en hiver, et plus basse en été.

une chaudière condensation gaz pour le chauffage comme la production d'eau chaude sanitaire.

Zoom

Label étanche

La bonne étanchéité à l'air d'un bâtiment limite de manière importante les déperditions, donc la consommation d'énergie. La labellisation BBC-Effinergie exige un test d'étanchéité à l'air ; il est révélateur de la qualité du bâti et devrait être obligatoire pour toute construction neuve (la valeur exigée est de 0,6 m^3/m^2h sous 4 Pa pour une maison individuelle et 1,0 m^3/m^2h sous 4 Pa en collectif).

Les enjeux L'ancien reste le maillon faible

Zoom

Les mesures d'aide privilégient le neuf

- Le neuf : prêt à taux zéro sous conditions de ressources et en faveur des primo-accédants, doublé jusqu'au 1er juillet 2010, auquel s'ajoutent 15 000 € ou 20 000 € pour les constructions labellisées BBC-Effinergie et suivant la composition de la famille.
- Crédit d'impôt majoré pour les logements basse énergie sans conditions de ressources : les acheteurs déduisent davantage d'intérêts d'emprunt de leurs impôts lorsqu'ils achètent un logement à basse consommation d'énergie (BBC, classe A sur le diagnostic de performance énergétique). La déduction est portée à 40 % des intérêts d'emprunt par an pendant sept ans. Le propriétaire doit pouvoir attester que son logement est bien au standard BBC *via* un document remis par un organisme agréé. Possibilité d'exonération de la taxe foncière sur les propriétés bâties pour la construction ou l'acquisition d'un logement neuf basse consommation.
- L'ancien : Éco-PTZ mis en place le 1er janvier 2009.

Si les technologies d'écoconstruction se généralisent au sein des constructions neuves, le défi porte sur l'ancien. La France compte 31,3 millions de logements, dont 19,1 millions (61 % du parc) ont été construits avant 1975. Les logements construits avant 1975 sont relativement peu, isolés voire pas du tout. D'où fortes déperditions thermiques, fortes consommations d'énergie. Chauffés par énergies fossiles, ils restent fortement pourvoyeurs de gaz à effet de serre, responsable en partie des changements climatiques.

Avec un taux annuel de renouvellement du parc de 1 %, il restera en 2050 entre 30 et 40 % de logements antérieurs à 1975. L'accent doit donc être porté sur la rénovation si nous voulons atteindre les objectifs d'une division par 4 des émissions de Ges d'ici à 2050. Mais quels que soient les travaux réalisés sur le bâti ancien (meilleure isolation, remplacement des menuiseries extérieures, mise en place d'un nouveau mode de chauffage[1]), l'impact restera limité. Toutes ces mesures s'accompagnent d'aides de l'État, tant en construction neuve qu'en rénovation (Voir encadré *Zoom*).

1. On parlera de « relève de chaudière » au profit d'un système de pompe à chaleur relayée à partir d'une température négative de 5 °C à l'extérieur par une chaudière fioul ou gaz.

Lectures utiles

La conception bioclimatique, Samuel Courgey et Jean-Pierre Oliva, Terre Vivante.

Le guide de l'habitat passif et *Construire une maison basse consommation*, Brigitte Vu, Eyrolles.

Concevoir des bâtiments bioclimatiques : fondements et méthodes, P. Fernandez et P. Lavigne, Le Moniteur.

Construire une maison bioclimatique, F. Tanguay, L'Inédite.

À retenir

+ 10,1 % par rapport à 1990 : augmentation des émissions de GES dans le secteur du bâtiment (résidentiel et tertiaire) en 2008.

Demandes de labellisation BBC-Effinergie : 853 en 2007, 2 582 en 2008, et 21 197 en 2009 répartis en 2 537 maisons et 18 660 appartements en projet de construction.

75 000 éco-prêts à taux zéro (ou Éco-PTZ) pour l'amélioration de l'efficacité énergétique des logements à la fin avril 2010 (source, Fédération bancaire française). Montant moyen : 16 800 € par logement.

107 400 créations d'emploi équivalent temps plein en 2008 (soit + 12 % par rapport à 2007) dans l'amélioration de l'efficacité énergétique pour le secteur résidentiel.

9 % de la facture d'électricité des ménages pour l'éclairage dans le secteur résidentiel en France. Le remplacement des ampoules à incandescence par des lampes basse consommation vise à économiser 8 TWh de consommation d'électricité, en particulier en période de pointe.

Comment faire émerger une offre urbaine durable ?

Aujourd'hui, plus une ville, plus un quartier, plus un bâtiment qui n'affiche l'ambition d'être « durable ». Devant cette « ardente obligation », pour agir efficacement, l'enjeu est de traduire en termes opérationnels et pragmatiques des concepts novateurs et à en perfectionner les outils. C'est bien le sens de la mise en œuvre du Grenelle, des lois qui s'y attachent, du Plan ville durable et du Plan bâtiment.

Yves-Laurent Sapoval est architecte-urbaniste en chef de l'État.

La problématique Des plans et des cités

Le développement urbain est désormais reconnu comme un enjeu majeur pour le développement durable de notre planète. Dans le monde, les villes continuent de croître. Depuis 2007, 50 % de la population mondiale est urbaine et, en 2030, les villes accueilleront six humains sur dix, soit une population de 5 milliards de citadins (sur plus de 8 milliards) contre 3,3 aujourd'hui.

En France, chaque année, 60 000 hectares de sols sont « artificialisés ». Ces surfaces ont augmenté de 42 % entre 1982 et 2003, alors que la population n'augmentait que d'environ 10 %. La longueur des navettes domicile-travail a doublé entre 1975 et 1990.

L'objectif du « durable », dorénavant largement partagé par l'opinion publique, est aussi identifié à l'échelle européenne et mondiale. Cette problématique qualitative n'est plus perçue comme soumise aux impératifs de développement (objectifs du millénaire, par exemple), mais comme objet de la même préoccupation, d'une mise en œuvre conjointe.

La ville, objet complexe

Au plan national, dans le cadre des discussions du Grenelle de l'environnement, les ministres, les élus, les associations, les acteurs économiques, les professionnels se sont largement mobilisés. Lutte contre l'étalement urbain, transports en commun, mixité des fonctions, place de la nature en ville, question sociale, solidarité écologique, action sur le tissu existant… Les enjeux et thématiques prioritaires ont été clairement identifiés. Du Plan ville durable au Plan bâtiment dont les dynamiques opérationnelles sont lancées, les grandes manœuvres commencent.

C'est, sur le fond, un exercice difficile. L'immense diversité des situations urbaines s'oppose à des raisonnements trop généraux. La ville est, par nature, un objet d'une extrême complexité et qui se refuse à une approche strictement scientifique ou réglementaire. Il est possible d'évaluer les caractéristiques des éléments de construction ou, avec plus de difficulté, les performances d'un bâtiment. Que dire, objectivement, des qualités environnementales d'un quartier ou d'une ville ? Il a toujours fallu, en matière urbaine, concilier le rationnel et le sensible. Le référentiel sur la ville durable initié lors de la présidence française de l'Union européenne fournira, à cet égard, une avancée importante.

Nouveaux modèles

La ville durable ouvre la question d'un nouveau modèle économique. Avec les évolutions nécessaires des infrastructures urbaines, nous nous trouvons devant une question économique majeure (un exemple : 19 millions de logements datent d'avant 1975, sur les 31 millions recensés aujourd'hui en France). Pour tenir compte des coûts d'adaptation, comment prendre en compte l'équilibre des charges et bénéfices environnementaux et sociaux sur le temps long ? Quel équilibre entre les contributions du contribuable, de l'usager, des entreprises, du secteur privé et de la puissance publique ? Il faut aussi, pour se préoccuper des équilibres environnementaux à l'échelle convenable, interroger la répartition des financements nationaux et internationaux. Questions qui alimentent des débats prometteurs à l'heure de Copenhague et de la finance carbone naissante. Mais la complexité du sujet n'épuise pas la volonté d'agir et, pour cela, dans notre pays, de très importants efforts budgétaires sont d'ores et déjà consentis.

Deux objectifs semblent aujourd'hui prioritaires.

Le cœur du sujet Remettre en question temps et intégration

Articuler urgence et temps long

La ville doit accueillir de nouveaux arrivants, changer, s'adapter. Il s'agit donc, en premier lieu, de ne pas cesser le mouvement. Il faut produire en France environ 400 000 nouveaux logements par an, construire de nouvelles routes, de nouveaux équipements, ouvrir de nouveaux terrains à l'urbanisation… L'Égypte accueillera 36 millions d'urbains supplémentaires entre 2005 et 2025, alors que Le Caire compte déjà environ 17 millions d'habitants ! La pression est quotidienne sur l'ensemble des décideurs et le calendrier de la rentabilité n'est pas forcément celui de la durabilité.

Pourtant, la production d'une ville est un processus nécessairement long. Long de conception, long de mise en œuvre mais aussi long de conséquences. Comme en témoignent les grands ensembles ou certaines mornes étendues pavillonnaires, la ville quelle qu'elle soit est forcément durable ! Le temps n'épargne pas ce qui se fait sans lui.

Accorder les logiques du temps long et du temps court est plus que jamais nécessaire. On a dorénavant une pleine conscience de se confronter directement à des enjeux environnementaux, sociaux ou économiques qui dépassent le temps de la rentabilité immédiate : réchauffement climatique, rareté de l'énergie ou de l'eau potable, vieillissement des populations, préservation des espèces... L'exercice prospectif est une obligation dès lors que l'on a conscience de la lourde responsabilité qui nous incombe de créer aujourd'hui le patrimoine urbain de demain.

Privilégier les logiques antagonistes

En second lieu, *quitter les logiques sectorielles pour favoriser une logique résolument intégratrice.* Les logiques sectorielles et institutionnelles restent fortes. D'autant plus rigides qu'elles se superposent partout aux strates de collectivités locales et aux logiques d'acteurs techniques ou économiques, chacun de plus en plus spécialiste de son champ, dans sa propre notion de performance et son propre mode d'évaluation. Chacun sa logique : transports, logements, commerces, bureaux et activités, édifices publics et équipements sportifs, partout l'on paie cher la spécialisation fonctionnaliste. Or la ville est le lieu par excellence de la confrontation, celui où les logiques antagonistes peuvent le mieux se contredire... ou s'enrichir mutuellement. C'est évidemment dans ce sens qu'il faut aller, vers le décloisonnement et la synergie des projets. L'indispensable efficacité sectorielle amène parfois à des projets coûteux parce qu'antagonistes ou mal coordonnés. À l'inverse, le coût apparent, en temps et en ingénierie, d'une approche transversale par la cohérence urbaine des projets est souvent, en réalité, une économie sensible. Les collectivités locales sont bien entendu les principaux acteurs de ces évolutions. Deux principaux axes d'action aideront à poursuivre ces objectifs.

La méthode française

Premier axe : *s'attacher à la logique du territoire pour travailler sur la gouvernance et les méthodes.* La ville, en effet, est inscrite dans un territoire dont il ne faut omettre aucune des échelles : le bâtiment, le quartier, la ville, sa banlieue ou ses faubourgs, sa campagne. Dans le contexte du développement de la démocratie locale et de la prise en compte de l'ensemble des acteurs, toute action sur le territoire est conjointe, tout projet induit une vision partagée. Projet de territoire, environnement et démocratie locale posent de fait les limites des logiques sectorielles et de la notion de planification urbaine classique. Quelle gouvernance, quelles méthodes appliquer pour parvenir à des projets respectueux du temps long de l'environnement, partagés et néanmoins adaptables ?

Plusieurs dispositifs concourent à cet objectif (Schémas d'aménagement durable, Plans climat territoriaux, Agendas 21...). Deux approches méritent d'être soulignées parce qu'elles ont montré leur pertinence et qu'elles témoignent dans notre pays d'un savoir-faire éprouvé qui mériterait d'être développé.

Ces deux approches sont bien connues des acteurs locaux et disposent de méthodologies testées, elles doivent favoriser une approche locale, partenariale et pragmatique.

Second axe, *miser résolument sur l'intelligence et le savoir-faire* car les questions urbaines soulevées sont riches et complexes. À tous les stades de la « chaîne de production de l'espace urbain », des évolutions sont à l'œuvre. Il faut en mesurer l'importance, les appuyer et les amplifier.

Zoom

Deux approches à la française

- Premier exemple, les méthodes de « planification stratégique » appliquées avec succès dans quelques villes françaises qui associent à l'élaboration d'une stratégie globale sur le territoire l'ensemble des « forces vives » en présence. Les documents réglementaires deviennent alors la traduction opérationnelle d'un projet partagé dont chacun se sent responsable.
- Second exemple, les dispositifs contractuels, dont nous possédons une expérience dans le cadre de la politique de la ville. Ils associent l'ensemble des partenaires concernés par un projet sur le territoire dans une logique de coopération et d'action conjointe.

Les responsables locaux, les agents économiques et la société civile apprennent à travailler ensemble et démontrent leur capacité à mener des projets innovants, ambitieux, et à se saisir des problématiques territoriales au plus près de leurs nécessités. Pour les maîtres d'ouvrage, publics et privés, responsables de la formalisation de la commande et du devenir des espaces urbains, évolutions et professionnalisme nécessaire sont à la hauteur de la part de responsabilité qui leur revient. Les maîtres d'œuvre, architectes et urbanistes, premiers concepteurs de projets intégrateurs, partagent avec les bureaux d'études la nécessité de se former constamment pour répondre à l'évolution des exigences et des méthodes. Les entreprises, enfin, vivent en temps réel des adaptations colossales de leurs modes de production et leur savoir-faire.

Les enjeux Vers une « intelligence urbaine »

On voit bien que la synergie entre le secteur privé et le secteur public est essentielle, chacun dans son rôle, tant dans les investissements que dans les adaptations législatives ou réglementaires. Ces évolutions sont en cours dans notre pays ; elles le sont aussi dans l'ensemble du monde où, souvent, les réformes à entreprendre, de la gouvernance locale aux modes de production, sont bien plus importantes.

Le succès des démarches « écoquartiers » et « écocités » montre qu'il est plus que jamais utile de développer les opérations expérimentales ou exemplaires, de proposer d'inventer et de tester de nouveaux modèles, de favoriser les débats pour permettre la constitution de *corpus* cohérents et l'échange d'expériences, de développer les programmes de recherche, d'investir dans la formation de tous les acteurs, des concepteurs aux cadres territoriaux… Faire la ville pour les hommes, avec et non contre la nature, est un véritable savoir.

Grâce à la mobilisation et à la prise de conscience de l'ensemble des acteurs, face aux défis de la complexité, de la diversité, des logiques économiques et institutionnelles concurrentes, des pistes existent pour inventer cette ville durable répondant à la demande impatiente de nos contemporains. Dans la dynamique du Grenelle de l'environnement et de l'action déterminée des collectivités locales, des solutions concrètes et opérationnelles sont à l'œuvre. Elles le sont par un investissement décisif, politique, financier et industriel, mais aussi technique, dans de nouvelles méthodes de travail et dans « l'intelligence urbaine » des acteurs. Investissement, certainement, car au moment où la planète est confrontée à de pareils enjeux, les méthodes et les solutions constitueront, à n'en pas douter, un savoir-faire stratégique pour le futur.

Lectures utiles

Les pionniers de la ville durable, Cyria Emelianoff et Ruth Stegassy, Autrement, 2010.

À retenir

60 à 70 % de la mise en œuvre des politiques de développement durable dépendent des collectivités territoriales, dont les villes.

1,9 %, taux très bonifié de l'enveloppe dégagée par la Caisse des dépôts en appui du Grenelle de l'environnement, pour la période 2009-2010, pour financer la rénovation thermique des 100 000 logements sociaux les plus énergivores (supérieure à 230 kWh/m^2).

Chapitre 16

Les TIC (Technologies de l'Information et de la Communication) au service du développement durable

Les TIC sont-elles compatibles avec le développement durable ?

Vaut-il mieux utiliser des kilos de papier ou bien fabriquer des supports numériques sophistiqués pour stocker des documents dématérialisés ? À travers cette question apparaît l'ambivalence du numérique. Les TIC peuvent-elles devenir les alliées du développement durable, d'abord en rendant vertueux leur mode de production, leur fonctionnement et la gestion de leurs déchets ? Peuvent-elles contribuer à améliorer l'efficacité durable des autres activités ? Enfin, quel est l'impact environnemental des changements de comportements induits par la société numérique ?

Éric Besson est ministre auprès de la ministre de l'Économie, des Finances et de l'Industrie, chargé de l'Industrie, de l'Énergie et de l'Économie numérique.

La problématique — Pour un développement durable des TIC

Les technologies de l'information de la communication ont longtemps constitué une composante bienvenue, mais cachée, de la modernisation des modes de vie et de travail. La question de leur rapport au développement durable est récente. Devenues omniprésentes, elles ne sauraient voir leur coût environnemental ignoré.

Métaux stratégiques : ils portent bien leur nom

La production de produits numériques (écrans plats, disques durs, téléphones mobiles, appareils photo numériques, aimants, lasers, batteries, etc.) exige l'emploi d'un certain nombre de minerais caractérisés par leur rareté et par la faiblesse de leur production : indium, néodyme, gallium, sélénium, tantale, molybdène, terbium, lithium. L'effet conjugué de la hausse de la demande, de la raréfaction des ressources, et éventuellement de la spéculation, conduit à une envolée des prix, multipliés par dix en quelques années, à des difficultés d'approvisionnement, et à l'apparition de stratégies nationales pour sécuriser les filières. Cette situation profite à court terme aux pays producteurs (Chine, Bolivie, Australie, République démocratique du Congo). Ils peuvent désormais poser leurs conditions aux pays acheteurs. Mais à moyen terme, le risque de pénurie menace la production mondiale. La solution réside entre autres dans l'optimisation des processus de fabrication, pour économiser les ressources, et dans le recyclage des produits usagés, pour lequel un plan d'actions spécifique est mis en œuvre en France, sous l'autorité de l'Ademe, l'Agence de la maîtrise de l'énergie. L'allongement de la durée d'utilisation des matériels ne doit pas être négligé : le reconditionnement des ordinateurs, comme nous le promouvons en France dans le programme Ordi 2.0, doit aussi se voir encourager.

Consommation électrique : peut mieux faire

Les TIC représentent en France 13,5 % de la consommation d'électricité, chiffre en croissance de 10 % par an. Afin d'inciter les fabricants de matériel grand public à créer des produits plus économes, il serait souhaitable de leur imposer l'obligation d'affichage des performances énergétiques, qui a fait la preuve de son efficacité pour l'électroménager. Les gros consommateurs que sont les centres de données doivent également optimiser leur mode de fonctionnement. Une réduction de 50 % de leur consommation est possible, comme le montre le projet Entropy de l'École des Mines de Nantes, récompensé par le Prix de la croissance verte numérique en 2009.

Les déchets, enfin, font l'objet d'un constat peu enthousiaste : la filière française de récupération et de traitement des déchets serait deux à quatre fois moins efficace que chez nos grands voisins européens. Il est nécessaire de repenser l'ensemble de notre organisation, au regard notamment du futur cadre réglementaire européen relatif au recyclage et à l'utilisation de matières dangereuses dans les matériels électriques et électroniques (directives ROHS et D3E en cours de révision).

Le cœur du sujet L'impact des TIC sur les autres secteurs

L'usage des technologies pousse tous les secteurs économiques à optimiser leur consommation de ressources. Les TIC deviennent ainsi un facteur de conversion au développement durable pour toutes les activités. Des gains importants sont espérés, en particulier dans le transport et dans le bâtiment. On peut estimer que leur usage économisera jusqu'à quatre fois leurs propres émissions de gaz à effet de serre.

Zoom

Commerce électronique : l'économie des déplacements

24 millions de Français ont procédé à des achats en ligne en 2009 et le commerce électronique a progressé de 26 % en volume cette année-là. Or, remplacer les déplacements individuels de chaque client par une unique tournée de livraison divise en moyenne par 4 la consommation de carburant ou d'énergie, et les rejets de gaz à effet de serre. Près d'un million de tonnes de CO_2 sont ainsi économisées chaque année.

Compteurs intelligents pour gestion intelligente

Des compteurs numériques intelligents gèrent bien mieux les flux d'eau et d'énergie (gaz, électricité, chaleur). Ils donnent au consommateur, pour la première fois, la possibilité de suivre sa consommation en temps réel et de mesurer l'impact de l'adoption de mesures simples d'économie et de rationalisation. Aux bailleurs et aux distributeurs, ils fournissent un pilotage du réseau en fonction de l'offre et de la demande. Convaincus de l'intérêt de cette technologie, les bailleurs sociaux sont en train d'équiper leur parc immobilier. Le gouvernement a en outre décidé de consacrer une partie du programme des investissements d'avenir au développement des réseaux électriques intelligents (les *smart grids*), avec pour objectif d'augmenter la part des énergies renouvelables dans le réseau électrique et d'améliorer l'efficacité et la maîtrise de la consommation d'énergie. Ce programme vient en parallèle de la modernisation des compteurs actuellement en place pour une information meilleure du client. Certains produits grand public sont déjà disponibles[1].

Administration électronique

La dématérialisation des démarches administratives, des formulaires, des bulletins de paie ou des factures représente à son tour un gisement important d'économies de papier et de gain de productivité pour les organisations qui l'adoptent. Les entreprises privées comme les administrations se réorganisent autour de cet objectif. Par exemple, la dématérialisation des feuilles de soin, généralisée depuis dix ans par l'assurance-maladie, va supprimer un milliard de feuilles de papier par an. Soit un milliard de traitements manuels économisés chaque année, avec réaffectation des agents à la gestion plus fine des dossiers de leurs assurés. Impacts corollaires : l'économie annuelle de cinq mille tonnes de papier, et celle de l'essence du transport postal de ce milliard de feuilles papier. La même démarche s'applique à la déclaration de revenus, avec près de 10 millions de déclarations électroniques en 2009, à la déclaration de TVA des entreprises ou encore aux déclarations sociales des entreprises, lesquelles se convertissent aussi aux factures électroniques. Le bulletin de paie dématérialisé, rendu possible par la loi du 12 mai 2009, représente la prochaine étape.

Les enjeux La société numérique durable

De manière plus fondamentale, le recours généralisé aux technologies de l'information et de la communication dans la vie quotidienne a un impact sur les comportements de chacun. Pour le développement durable, cet impact est positif.

Ainsi, je suis favorable au développement du télétravail. Moins courante en France que chez nos voisins, cette pratique recouvre aussi bien le travail à domicile que dans des télécentres, ou encore le travail nomade. Les progrès réalisés dans les infrastructures haut débit et dans la visioconférence le rendent encore plus ergonomique. Les télétravailleurs en tirent plusieurs avantages : un choix plus diversifié de leur lieu d'habitation, des loyers moins élevés, une diminution

1. Entre autres ceux qu'a distingués le Prix de la croissance verte numérique en 2009.

du stress et du temps passé dans les transports. Le télétravail procure également une amélioration de la productivité et de la qualité du travail. Du point de vue de l'intérêt général, cette pratique décongestionne les transports, réduit les émissions de gaz à effet de serre et la pollution.

Les TIC contribuent ainsi très largement à faire émerger une société numérique plus vertueuse et plus durable. On ne peut que souhaiter la poursuite de leur démocratisation, pour améliorer la vie de tous.

Lectures utiles

Rapport *TIC et développement durable*, CGTI-CGEDD, décembre 2008.

Rapport Développement éco-responsable et TIC, CGIET, septembre 2009.

Fevad, Étude de l'impact environnemental des achats sur Internet et dans le commerce traditionnel, juin 2009.

www.prixdelacroissancevertenumerique.eu

www.modernisation.gouv.fr

www.greenconnected.eu

Technologies de l'information et de la communication, levier de dizaines de millions d'emplois !

Se dessinent de nouveaux usages des Technologies de l'information et de la communication (TIC) liés à la nouvelle façon de « penser et agir durable ». Grâce aux compteurs intelligents, par exemple, certains consommateurs ont pu réduire leur consommation d'énergie de 10 à 30 %. Le couplage des TIC et du développement durable devient essentiel pour conjuguer croissance économique et approche durable.

Najat Rochdi est directrice adjointe du Bureau du Programme des Nations unies pour le Développement, à Genève.

La problématique Mutations et gains technologiques

Comment les TIC, l'un des secteurs les plus dynamiques de l'économie mondiale, vont-elles contribuer à l'économie mondiale, à l'emploi et ainsi au développement durable ?

Pour le comprendre, encore faut-il mesurer leur impact : les technologies de l'information et de la communication surfent naturellement sur l'engouement des consommateurs pour les produits et services finaux des entreprises (GPS, *smartphones*, jeux vidéo, Internet…). Mais surtout se diffusent à travers les composants électroniques d'un grand nombre de produits industriels, sous forme de systèmes embarqués, notamment, dans les réseaux « traditionnels » : l'énergie, le transport, etc. Ce dynamisme du secteur des TIC se nourrit d'une évolution technologique très rapide au cœur de mutations structurelles à leur tour accélérées par des évolutions majeures : mise en réseau de l'économie liée à la généralisation de l'Internet, convergence industrie/services, convergence fixe/mobile, émergence de nouveaux modes de consommation des contenus, *cloud computing*[1], etc.

Les TIC d'une société « décarbonée »

Autre effet considérable des TIC : elles ont un impact sur les activités utilisatrices de ces technologies qu'elles contribuent à transformer en profondeur et où une grande partie des gains de productivité est liée à leur utilisation.

1. Fonctions TIC massivement évolutives et flexibles fournies *as a service* à travers les technologies internet *via* un « nuage » de serveurs vers une multitude d'utilisateurs externes.

Enfin les TIC sont amenées à jouer un rôle crucial dans l'émergence d'une économie durable. Depuis trente ans, le coût de la production et de la consommation des composants électroniques n'a pas cessé de diminuer. Ces progrès ont abouti à une réduction de 50 % en dix ans de l'électricité nécessaire à la fabrication des composants, et à une réduction annuelle de 60 % de la consommation des composants ramenée au transistor. Les TIC sont déterminantes pour l'amélioration de l'efficacité énergétique de notre économie et la transition vers une société « décarbonée ».

Le cœur du sujet Les TIC, levier pour la création d'emplois

Les technologies « IC » fondent l'émergence d'une économie verte et de nouveaux emplois.

L'énergie propre en fournit le premier exemple. À l'échelle du globe, le secteur des technologies des énergies renouvelables emploie déjà 2,3 millions de travailleurs. D'ici à 2030, l'investissement prévu en faveur de ces technologies est susceptible de créer 20 millions d'emplois dans le monde, dont 2,1 millions dans le secteur de l'énergie éolienne et 6,3 millions dans celui des systèmes photovoltaïques solaires. Les chiffres parlent d'eux-mêmes. Dans le secteur des énergies renouvelables, le marché de l'éolien connaît une très forte croissance. Il est notamment tiré par le marché américain et celui des pays émergents, tout comme par la consolidation des marchés déjà matures en Allemagne ou au Danemark. Dans le secteur de la construction automobile, ce sont les nouvelles technologies des batteries et les voitures hybrides ou électriques qui illustrent l'évolution.

Les efforts induits face au changement climatique, établit un rapport du Programme des Nations unies pour l'Environnement (UNEP), pourraient générer des millions de nouveaux « emplois verts » dans les décennies à venir. Le rapport indique que le marché mondial des produits et services liés à l'environnement devrait doubler pour passer de 1 370 milliards de dollars par an actuellement à 2 740 milliards de dollars vers 2020. En Allemagne par exemple, la technologie environnementale devrait quadrupler pour atteindre 16 % de la production industrielle vers 2030. Aux États-Unis, le flux investi dans les technologies propres constitue déjà le troisième secteur d'investissement en capital-risque après l'information et les biotechnologies. En Chine, le capital-risque investi dans les technologies propres a plus que doublé ces dernières années pour atteindre 19 % du total des investissements. Ces dernières années, 2,3 millions de personnes ont trouvé du travail dans le seul secteur des énergies renouvelables. Le nombre d'emplois dans les énergies alternatives se chiffrerait à 2,1 millions dans l'éolien et à 6,3 millions dans le solaire thermique d'ici à 2030. Une transition mondiale vers des bâtiments économes en énergie créerait des millions d'emplois. Les investissements réalisés pour améliorer l'efficacité énergétique des bâtiments créeraient de 2 à 3,5 millions d'emplois verts supplémentaires en Europe et aux États-Unis, avec un potentiel bien plus élevé dans les pays en développement.

Enfin, selon le rapport de CleanTech Group, les secteurs porteurs de création d'emplois (qui restent également les plus importants pour les stratégies de développement durable), concernent principalement les réseaux intelligents de production, de stockage et de distribution de l'énergie *(Smart grid)*, les systèmes intelligents de filtration, mesures, contrôles, gestion et capture de l'eau, le secteur du bâtiment vert, le transport (réseaux intelligents des transports, véhicules électriques et hybrides, batteries, etc.), la protection de la biodiversité, la réduction de la pollution, le recyclage des équipements…

Les enjeux Grandes puissances et petits pays au diapason de la recherche

Dès lors, comment accéder à un développement durable dans sa géométrie tridimensionnelle, l'économique, le social et l'environnemental ? Beaucoup considèrent que la réponse passe par la généralisation des applications vertes aux technologies de l'information et de la communication. Des avancées telles que le *cloud computing* (externalisation des ressources numériques des entreprises) améliorent considérablement l'évolution des TIC *via* Internet et leur capacité à soutenir une croissance verte. Le domaine de l'énergie connaît d'intenses développements technologiques. Ces nouvelles technologies vertes pourront se diffuser dans toute l'économie, pour une multitude d'applications, notamment à travers les connexions à très haut débit.

Zoom

L'énergie des pays en développement

On ne verra pas disparaître dans les prochaines décennies le fossé entre pays riches et pays pauvres. Néanmoins, si les gouvernements et les autres acteurs économiques conçoivent et mettent en œuvre des stratégies efficaces en matière de TIC, les nouvelles technologies et les nouveaux services aideront sans aucun doute à réduire ce fossé. Ces stratégies doivent mettre l'accent sur les capacités requises pour utiliser les TIC de manière à promouvoir les priorités de développement. De ce fait, la R&D, l'innovation et l'acquisition de nouvelles compétences sont des actions clés pour stimuler l'économie verte et apporter une réponse à la récession économique et au développement durable plus généralement.

Il convient de s'attacher en particulier à fournir aux pays les moins développés, en particulier l'Afrique subsaharienne et les régions rurales des pays à faible revenu, les ressources financières, l'infrastructure matérielle et la base de connaissances nécessaires pour tenir les objectifs de développement durable : transfert des technologies, partage des connaissances et du savoir-faire *via* une coopération triangulaire Nord/Sud/Sud avec des pays leaders dans ces domaines dont la France, l'Allemagne, les États-Unis, la Chine, etc.

Ainsi, la capacité des pays à innover constitue un facteur déterminant de la compétitivité économique. La croissance observée ces dernières années corrobore ce constat, notamment aux États-Unis (Figure 1) où elle a été largement stimulée par des innovations qui se sont transformées en succès mondiaux, dans des secteurs stratégiques à forte valeur ajoutée. En outre, le dynamisme économique de certains « petits » pays, industrialisés ou nouvellement industrialisés, suggère que l'efficacité des systèmes de recherche et développement (R&D) et d'innovation ne dépend pas seulement du potentiel de recherche dont dispose un pays, mais aussi, dans une large mesure, de leur mode de « gestion » et de la qualité des partenariats qui s'établissent entre les acteurs qui le composent : l'amélioration de l'efficacité globale des systèmes nationaux d'innovation et de recherche devient une priorité des pouvoirs publics, tant les enjeux pour la croissance et pour l'emploi sont considérables.

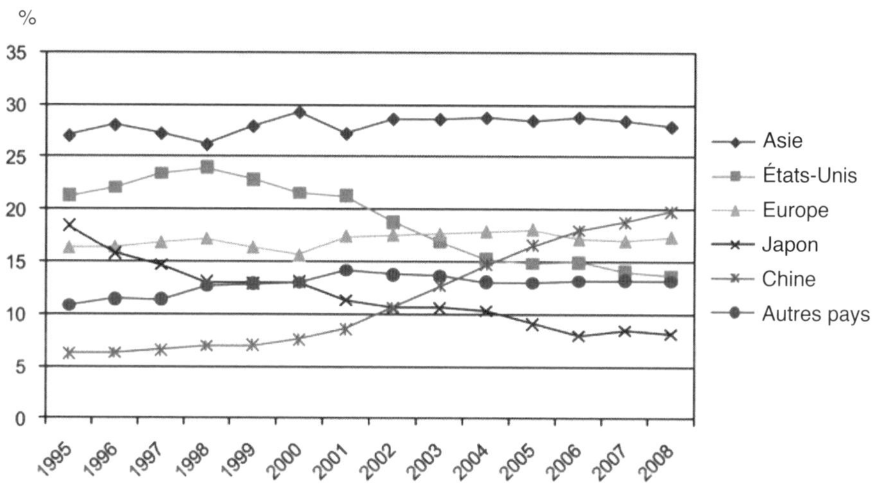

SEI 2010 Chapter 6

Source : www.nsf.gov

Figure 1 – Répartition des parts d'export et de transfert de haute technologie par pays/région, en corrélation avec l'investissement en R&D, 1995-2008

Une ressource redécouverte : la compétence…

Un engagement politique de haut niveau et un *leadership* fort sont nécessaires. S'il reste que les entreprises ont un rôle crucial à jouer dans ce domaine, les pouvoirs publics doivent, eux, mettre en place le cadre sur lequel s'appuieront la R&D et la commercialisation de technologies prometteuses. Elles stimuleront l'innovation, à la fois technologique et non technologique, susceptible de conduire à une croissance verte de l'économie en général. Il devient donc primordial d'intensifier la coopération internationale et de créer le cadre adéquat pour que les entreprises puissent investir.

L'émergence d'une économie verte fondée sur l'utilisation des TIC est un processus de longue haleine qui imposera aux milieux d'affaires et aux gouvernements des investissements massifs sur la durée, notamment dans l'éducation et la formation. L'une et l'autre sont en effet essentielles pour que les individus comme les entreprises s'adaptent et se positionnent dans les secteurs de croissance nouveaux et innovants. Quant à l'impact sur l'emploi, il se fait déjà sentir sur les métiers par le besoin de compétences spécifiques qui constituent un facteur incontournable pour les industriels ainsi que pour certaines sociétés de services s'ils veulent se développer sur ce secteur. La compétence va devenir un élément de compétitivité indéniable.

Que les applications vertes des TIC soient porteuses de plusieurs nouveaux emplois n'est plus une question, c'est une certitude. Le monde d'aujourd'hui a besoin d'un nouvel engagement solidaire, celui qui réalisera un développement durable et équitable pour tous.

Lectures utiles

Stratégie post-i2010 – vers une société de la connaissance ouverte, compétitive et verte, rapport de la Commission Transports et Télécom, Commission européenne.

Rapport du PNUE sur l'économie verte, www.unep.org/greeneconomy

Étude sur les technologies vertes du Fonds mondial pour la nature (WWF), www.wwf.org.

Industrie des TIC, rapport d'étape du groupe de travail, www.medef.com

Développement éco-responsable et TIC (Detic), rapport du Conseil général de l'industrie, de l'énergie et des technologies.

La révolution de l'économie verte, La Documentation française, coll. « Problèmes économiques », n° 2966, mars 2009.

High road or low road ? Job quality in the new green economy, A report by Good Jobs First, Commissioned by Change to Win, Sierra Club, the Laborers International Union of North America, and the International Brotherhood of Teamsters February 2009, DC-USA.

Carbon Free Prosperity 2025, Clean Edge, Inc. and Climate Solutions, 2008.

La croissance verte : quels impacts sur l'emploi et les métiers ? www.strategie.gouv.fr

Globalization of Science and Engineering Research, Arlington, VA (NSB 10-03), USA, January 2010, www.nsf.gov

CleanTech Jobs trends 2009, Clean Edge, Inc., www.cleanedge.com

À retenir

20 millions d'emplois dans le monde d'ici à 2030 : c'est ce que l'investissement prévu en faveur des technologies vertes est susceptible de créer.

2 740 milliards de dollars vers 2020 : le rapport du PNUE sur l'économie verte indique que le marché mondial des produits et services liés à l'environnement devrait ainsi doubler par rapport à l'estimation de 1 370 milliards de dollars par an actuelle.

Les TIC et les CITés : les technologies de l'information pour une ville durable ?

La ville se pose de plus en plus les questions de la durabilité et de la qualité de vie. C'est dans les villes que vont se concentrer les questions sanitaires, environnementales, sociales, démographiques... Et sur la ville que reposent les espoirs de solutions pour des modes de vie plus responsables et pérennes. Les technologies de l'information et de la communication n'en sont ni directement une solution ni le contraire : simplement une extraordinaire boîte à outils, des outils qui amplifient les impacts de toute intervention humaine et accélèrent le temps.

Gilles Berhault est président du Comité 21, président d'Association communication et information pour le développement durable, délégué développement durable de l'Institut Télécom.

La problématique Construire... intelligent

Les questions posées sont celles de la mutualisation, de la participation à la vie de la cité, de l'efficacité énergétique, des pollutions, de la solidarité, de la biodiversité, de l'énergie et des ressources, de l'alimentation.

La domotique a beaucoup fait rêver à des habitats et des lieux d'activités tout automatisés pour un meilleur confort de vie. Les technologies savent depuis longtemps fermer des volets, baisser automatiquement la lumière, bien gérer le chauffage ou ouvrir en temps voulu les fenêtres pour créer une ventilation naturelle dans les bureaux, la nuit. L'analyse sur des critères de développement durable des bâtiments démontre clairement que tous ces outils sont efficaces pour l'économie d'énergie, qu'ils abaissent donc l'émission de carbone des bâtiments. Mais ils se montrent aussi très rentables sur le plan financier (même à court ou moyen termes).

Une autre dimension est apparue plus récemment, celle des comportements des usagers et donc leur information. Évidemment. Pour accompagner un régime alimentaire, une balance est indispensable. Il n'en existe pas pour maîtriser la gestion énergétique d'un bâtiment. D'autant que la France tarde à implanter des compteurs électriques intelligents aux domiciles. Des entreprises proposent maintenant des boîtiers d'information en temps réel et en unités de mesure compréhensibles. De quoi prendre conscience directement des gains, certes, mais aussi de savoir que, selon les heures, les émissions de carbone changent du tout au tout. On sait que le nucléaire, globalement moins producteur de carbone que le charbon, couvre une bonne partie des besoins électriques en France. Mais à certaines heures, l'électricité importée est produite avec du charbon. L'impact n'est plus le même ! Dûment informé, on pourra programmer avec un décalage le démarrage de la machine à laver le linge ou la vaisselle.

L'information est une clé, fondement de toute démarche de développement durable.

La mobilité aussi est durable

La mobilité en ville est fortement émettrice de carbone, surtout liée aux véhicules individuels qui utilisent les hydrocarbures, mais c'est aussi une liberté acquise, revendiquée… Le développement de la ville a éjecté les habitations très loin des lieux de travail. La moyenne consacrée aux transports pendulaires en France est de quatre-vingt-dix minutes quotidiennes. Pour lutter contre cette situation, les élus et techniciens des villes ont besoin d'un outil global de pilotage constitué de technologies numériques. Londres a réduit considérablement ses émissions de carbone avec le péage urbain – des caméras lisent les plaques des voitures et le système contrôle si le péage a été acquitté. Mais ce même réseau quantifie et analyse la situation. La ville a en outre mis en place, parallèlement, une vraie démarche d'amélioration des transports publics et d'information des citadins.

Pourquoi ne pas afficher directement la consommation en temps réel en euros, ainsi que les gains cumulés ? Les voitures récentes, archinumérisées, sont-elles encore des voitures ou une nouvelle forme de terminal ? Doit-on réellement encore posséder un véhicule ou passer à une logique de mutualisation et de partage (économie de la fonction)[1] ?

Cette logique d'influence sur les comportements joue sur tous les autres modes de transport collectifs et individuels : les vélos en autopartage des grandes villes n'ont été plébiscités que parce que les parkings sont connectés, que chaque vélo est géolocalisé… Même le piéton est incité à prendre les transports en commun quand une pression sur son iPhone l'informe qu'il se trouve en toute proximité d'une station de bus, et que l'un d'eux va partir dans quelques minutes…

L'accès à Internet change considérablement la gestion du temps dans les transports. Aujourd'hui avec un *smartphone*, demain avec

Zoom

L'information, baguette magique du comportement

Les utilisateurs de GPS consomment 8 % de carburant en moins selon une étude suédoise. Pourtant, ces petits engins n'ont pas été conçus à cette fin et ils n'échangent pas d'information avec la voiture sur ses spécificités ni avec le conducteur sur son type de conduite. La Poste, premier parc automobile en France, a réussi d'importantes économies en formant à la conduite écoresponsable. D'une façon générale, la plupart des conducteurs, quand ils sont informés en temps réel, relâchent la pression sur l'accélérateur.

1. Dans une économie de la fonction, on n'est plus propriétaire, on ne paie plus qu'un service, en fonction de l'usage que l'on en fait. Le premier avantage est évidemment que celui qui loue une voiture ou un ordinateur a un intérêt direct à prolonger la durée de vie des véhicules ou appareils, plutôt qu'a les renouveler souvent.

un écran implanté dans le siège ou dans une vitre, on lira son courrier tout en se déplaçant. Amsterdam expérimente ainsi des outils d'information des voyageurs dans les bus, interfacés avec des réseaux sociaux pour favoriser les rencontres pendant les temps de transport !

Le cœur du sujet Les activités à distance et les nouveaux espaces intermédiaires urbains

Télétravailler et connecter son activité diminue le nombre et la durée des transports. Et améliore l'efficacité des actions collectives, c'est peut-être le plus important. Nous voilà face à une réelle opportunité de changer l'organisation sociale, penser différemment les activités, la création et la répartition des richesses. Nous devons pour y parvenir faire évoluer la structure même des organisations. Il ne suffit pas de disposer d'un ordinateur connecté pour gagner plus d'autonomie et améliorer son niveau d'expertise individuelle. C'est une question principalement d'éducation et de formation, de style de management plus orienté en « mode projet ». Une telle attitude laisse plus de place au talent individuel qu'aux hiérarchies traditionnelles fondées sur la rareté de l'information. L'Internet ? Un amplificateur. Le réseau planétaire favorise les libertés et améliore la qualité de vie au travail. Il a son revers : augmenter le stress et concourir à réduire les libertés ! Dans bon nombre d'organisations, les conditions de travail se sont détériorées, d'où une pression sur les salariés qui ne trouvent plus, même dans leur vie la plus intime, des temps de déconnexion, au sens propre comme figuré.

Or nous avons l'opportunité technologique exceptionnelle d'offrir au plus grand nombre une richesse d'activités, une création de valeur individuelle, une autonomie… si, évidemment, chacun est *formé* dès le plus jeune âge au travail en réseau, à une vision critique des médias numériques et à une relation à l'autre *via* les écrans. Alors viendra un temps de collaboration, qui diminuera drastiquement les impacts des activités humaines sur l'environnement, tout en créant des emplois et en augmentant les rémunérations.

Comportements et participation

L'usage des technologies de l'information et de la communication change fondamentalement la *gouvernance des territoires*. Le premier aspect appelle la transparence. Toutes les prises de parole, tous les textes, tous les comptes rendus et évaluations d'action sont accessibles sur Internet *via* des ordinateurs connectés, des téléphones de dernière génération (généralisation des *smartphones* connectés même en déplacement). C'est ainsi que le sénateur américain Allen a perdu les élections sénatoriales de Virginie en tenant des propos racistes devant quelques dizaines de personnes, mais filmées et diffusées sur YouTube. Un exemple similaire a concerné un ministre français.

Pour les élus, les TIC créent en outre un lien permanent entre leurs homologues et les citoyens à travers des boîtes à outils sans intermédiaires (blogs ou groupes Facebook, microblogging de type Twitter). Les Agendas 21 territoriaux se nourrissent de gouvernance et utilisent de plus en plus les outils de la participation sur Internet. Le développement de la photographie, de la vidéo par l'intermédiaire de terminaux communicants, téléphones, appareils photographiques de poche ou minicaméras aident puissamment à vous réapproprier votre environnement par la prise de conscience de vos impacts et influences. Cette systématisation de l'image n'est pas sans conséquence sur les consommations électriques (évidemment, les photographies et les vidéos génèrent plus de consommation des réseaux et des serveurs que les e-mails réduits au texte).

Les perspectives sont très intéressantes. Elles laissent entrevoir la mise en place d'une *réelle démocratie participative* fondée sur une interaction permanente, quotidiennement évolutive entre ceux qui pilotent les territoires et ceux qui les habitent et en sont les usagers. Mais ce grand espoir de capacité à coopérer pour les territoires et la planète repose sur la capacité de l'enseignement à faire évoluer très vite les processus pédagogiques vers un apprentissage de la collaboration. Et à développer une éducation critique aux médias traditionnels et actuels.

Les fonctions sociales changent, c'est une revendication du plus grand nombre, notamment des plus jeunes.

Les technologies de l'information encouragent et facilitent l'émergence de nouvelles économies de développement plus localisées, socialement plus responsables. Un exemple parmi bien d'autres : les imprimantes 3D, aujourd'hui, donnent les moyens de fabriquer des objets en petites séries. Demain, ces appareils seront capables de produire sur place toutes sortes d'objets que l'on importe/exporte à l'heure actuelle à travers la planète.

Les enjeux La clé : l'École

Les technologies de l'information offrent de vraies solutions environnementales et sociales, ouvrent de grandes perspectives de développement économiques responsables, sous réserve que soient bien pris en compte les impacts générés sur les plans sociaux, culturels et environnementaux. Il s'agit de faire entrer massivement les technologies dans des démarches d'éco-conception, mais aussi de régler les fractures sociétales particulièrement importantes. Il ne s'agit plus de *posséder* ou non un ordinateur et un accès internet. Il s'agit de maîtriser les outils professionnels du Web 2.0, de bien connaître les nouveaux dispositifs économiques, de bien s'intégrer dans la société de la communication du XXIe siècle.

C'est aussi une question territoriale. Les politiques publiques essaient de rattraper leur retard face aux infrastructures de très haut débit : celles qui donneront à chacun le moyen de contribuer à la société d'aujourd'hui.

Il reste à maîtriser des enjeux majeurs de consommation énergétique et de risques sanitaires. Il n'existe pas encore en France une agence de développement et de gestion des réseaux comme il en existe pour l'électricité ou les voies ferrées.

C'est encore une fois une question de mutualisation, de recherche d'efficacité partagée.

Les TIC, ou plutôt, devrait-on dire aujourd'hui, les technologies innovantes durables… Même les prothèses médicales utilisent des technologies de l'information, parfois des biotechnologies. Sommes-nous prêts à entrer dans ce monde durable et connecté ? Sommes-nous formés ? Nous posons-nous les bonnes questions sur le développement des nanotechnologies, des technologies cognitives ?

Le chantier est énorme et passionnant, la ville durable est connectée est en route. Il est temps de se concentrer sur l'École pour développer confiance et esprit critique vis-à-vis de tous les médias, anciens ou plus récents.

Lectures utiles

Pour une mobilité plus libre et plus durable, Daniel Kaplan et Bruno Marzloff, FYP éditions, 2009.

Il y aura l'âge des choses légères, Thierry Kazazian, Victoires éditions, 2003.

We the media, Dan Gillmor, O'Reilly Media, 2004.

La nouvelle origine, Philippe Lemoine, Nouveaux débats publics, 2007.

Pour en finir avec la mécroissance, Bernard Stiegler, Flammarion Lettres, 2009.

Richesse révolutionnaire. Alvin Toffler, Heidi Toffler, Bernard Blanc et Dominique Brotot, Plon, 2007.

Rapports et études récentes sur les TIC et le développement durable : www.gillesberhault.com/ressources

www.acidd.com

www.greenandconnectedcities.eu

www.e-activites-durables.eu

www.fing.org

www.villes-internet.net

Chapitre 17

Les nouvelles menaces environnementales

La gestion de la crise : de la grippe aviaire à la pandémie H1N1

Qu'ils soient d'origine naturelle, accidentelle, criminelle ou terroriste, les risques qui pèsent sur nos sociétés constituent autant de facteurs encadrants de nos développements. Ils vont avoir une incidence directe sur notre évolution. L'une des conditions du développement durable est en effet la capacité des sociétés à surmonter les chocs issus de ces risques, qu'ils soient intentionnels ou non intentionnels.

Yann Jounot est haut fonctionnaire de défense adjoint, directeur de la planification de sécurité nationale au Ministère de l'Intérieur, de l'Outre-mer et des Collectivités Territoriales.

La problématique — Ce qui a changé : l'immédiateté des crises

Face à des risques anthropiques, une communauté cherchera à en réduire la cause et en limiter les effets. Face à des risques naturels, l'accent sera mis sur la gestion des effets immédiats et des conséquences à long terme. En tout état de cause, les responsables politiques de tout niveau (État, collectivités territoriales) s'efforceront d'atteindre un certain degré de résilience sociétale – acceptation de l'événement traumatique – face aux risques et aux menaces, qui passe par la planification, c'est-à-dire la préparation aux crises.

Ces dernières années ont vu s'accroître la fréquence et la gravité des crises de tout ordre. Les causes en sont multiples : tout d'abord, les facteurs de développement (industrialisation…) sont de potentiels facteurs de crise. Ensuite, la dépendance vis-à-vis de l'électricité et des moyens de communication, un individualisme croissant, augmentent notre vulnérabilité lorsque les conditions du confort disparaissent brutalement. Enfin la mondialisation de l'économie a fait apparaître la notion de *risques systémiques*, dans lesquels l'intégration des systèmes provoque des effets domino cumulatifs capables de paralyser instantanément de vastes zones urbaines, comme lors du *black-out* aux États-Unis et au Canada en août 2003.

Dans un monde où les espaces publics sont toujours mieux interconnectés, que ce soit à l'échelle d'un quartier, d'une ville, d'un pays ou d'un continent, les menaces émergentes que sont les crises sanitaires, devenues plus fréquentes et plus graves, prennent un nouveau relief. Le cas de la nouvelle grippe A (H1N1) 2009 est révélateur : il s'est écoulé moins de deux mois, de mi-avril à mi-juin 2009, entre l'identification de la menace au Mexique et la déclaration de l'état de pandémie par l'Organisation mondiale de la santé. Le temps et l'espace ne constituent plus des protections.

Plus que jamais, les nouvelles menaces environnementales placent la maîtrise des risques, condition essentielle de la protection des populations et, par conséquent, du développement durable, au centre de l'action publique.

La protection des populations, au cœur des politiques publiques

En France, la prise de conscience de la vulnérabilité de la population, sortie du contexte de la guerre froide, s'est cristallisée assez récemment autour de la publication en mai 2008 du Livre blanc sur la défense et la sécurité nationale. Le Livre blanc prend acte de nouveaux paradigmes de la sécurité : l'effacement de la distinction entre risques et menaces, la continuité entre sécurité intérieure et sécurité extérieure. Si la France n'a plus de menaces à ses frontières, il n'existe plus non plus de frontières aux menaces qui pèsent sur elle…

Privée d'ennemi désigné, lequel est remplacé par des menaces aussi diffuses que permanentes, la France a changé de perspective et a mis l'accent sur la protection de son capital essentiel : sa population. Le Livre blanc fait ainsi de la protection des populations sa priorité. Il introduit la notion de résilience, c'est-à-dire la capacité d'un système, en l'espèce la société française, à absorber et surmonter un choc, fût-ce une « surprise stratégique ».

Le cœur du sujet Une nouvelle architecture de gestion de crise

La mise en œuvre de cette nouvelle priorité impliquait des changements substantiels dans l'organisation de la gestion de crise en France, tant en termes de structures qu'en termes de processus.

Tandis que le président de la République et le Premier ministre sont bien évidemment responsables de la conduite politique et stratégique, trois ministères se voient reconnaître dans la Loi de programmation militaire de 2009 des responsabilités particulières en termes de gestion de crise : le ministère de la Défense assume la conduite des opérations extérieures. Le ministère des Affaires étrangères joue un rôle primordial quand la France est impliquée dans des crises hors du territoire national. Le ministère de l'Intérieur devient pilote de la conduite opérationnelle de la gestion interministérielle des crises dès lors qu'elles apparaissent sur le territoire national, y compris outre-mer.

Afin de mieux assumer cette responsabilité, le ministère de l'Intérieur a créé un nouveau centre interministériel de crise, le CIC Beauvau, pour coordonner l'action de tous les autres centres opérationnels ministériels et de l'Intérieur. Il a aussi initié un renforcement de la chaîne territoriale de gestion de crise en mettant l'accent sur le rôle des zones de défense et de sécurité en appui des départements.

Toutefois, les efforts les plus significatifs ne sont pas les plus visibles. Partant du constat que les crises sont de plus en plus intersectorielles, que la multitude des risques imposait une approche par les effets et non plus par les causes, et que la sécurité du citoyen devait être globale, c'est tout le système de préparation aux crises qui a été repensé.

De l'organisation à la planification

Le cycle théorique de la gestion des crises identifie quatre phases successives : prévention, préparation, intervention et rétablissement. Cette approche séquencée rend, toutefois, mal compte du lien qui unit les deux phases préévénementielles : l'analyse des risques, qui sous-tend à la fois les actions relevant de la prévention et de la préparation.

En liaison étroite avec le Secrétariat général pour la Défense nationale, la direction de la planification de sécurité nationale du ministère de l'Intérieur identifie maintenant trois étapes dans le processus global de gestion de crise : l'analyse des risques et des menaces ; la planification ; la gestion de crise à proprement parler.

L'analyse des risques et des menaces est la première étape du processus intégré de gestion de la crise. À une échelle microscopique, ou tactique, la réussite dans l'analyse des risques est une condition d'évitement et de résolution des crises. À une échelle macroscopique, ou stratégique, la maîtrise de ce processus est l'une des conditions du développement durable pour une société.

L'analyse des risques au cœur du Livre blanc et de la stratégie de sécurité nationale

La principale innovation du Livre blanc est de poser les bases d'une stratégie intégrée de sécurité nationale. Elle s'articule sur des politiques diplomatique, économique, de défense, de sécurité intérieure et de sécurité civile. À y regarder de près, cette stratégie de sécurité nationale repose essentiellement sur une analyse permanente des risques intentionnels et non intentionnels qui découle du constat que les risques et les crises sont transnationaux.

Ainsi, l'anticipation-connaissance est une fonction stratégique identifiée pour la première fois en tant que telle. Les quatre autres se nomment prévention, protection, dissuasion et intervention. L'ensemble de l'analyse géostratégique adopte résolument une approche multirisque fondée sur l'objectif de protection des populations, et donc une approche par les *effets des crises* plutôt que les *facteurs déclenchants*.

Aussi important, le Livre blanc inscrit la France dans le club assez restreint des pays qui ont développé un peu avant elle une stratégie de sécurité nationale, notamment le Royaume-Uni, les Pays-Bas et l'Allemagne. Ce positionnement offre de nouvelles perspectives pour la construction d'une Europe de la sécurité.

Zoom

Le retour d'expérience

- Si la place de l'analyse intégrée des risques est prépondérante dans la planification et donc la résilience sociétale, la conduite et l'exploitation du retour d'expérience (Retex) après un incident ou une crise sont aussi des facteurs majeurs de l'amélioration de la planification.
- Le Retex conduit après une crise n'est pas une recherche des responsabilités mais l'examen objectif des événements, l'analyse du processus décisionnel à tous les niveaux de gouvernance impliqués pour répondre à ces questions fondamentales : quelle stratégie de sortie de crise a été suivie ? La planification a-t-elle été utile à la mise en œuvre de la stratégie, et sinon pourquoi ?
- La finalité du Retex est de tirer les enseignements qui permettront de renforcer la pertinence de la planification en vue des prochaines crises.

Ces pays sont également, et ce n'est pas un hasard, ceux qui sont pionniers dans le domaine de l'analyse multirisque, avec le Canada pour la plaque nord-américaine. En 2009, le Royaume-Uni a publié sa quatrième analyse nationale des risques. Les Pays-Bas travaillent sur leur troisième version. Ainsi, dès 2008, le Royaume-Uni avait identifié le risque pandémique comme le plus probable. Il en fut de même pour les Pays-Bas, à la grande surprise des autorités plutôt habituées à entendre parler des risques liés aux inondations. Dans le modèle du Royaume-Uni existe une analyse nationale des risques largement communiquée au grand public, et une autre plus confidentielle, car plus précise, à l'usage interne des planificateurs et des décideurs.

Ces documents revêtent une importance capitale : ils obligent à opérer la synthèse des risques intentionnels et non intentionnels et à les prioriser. Partant, ils peuvent non seulement constituer la base de la planification de sécurité nationale, mais également alimenter une approche capacitaire de l'organisation des services de sécurité publique et civile, et au final poser le cadre des arbitrages budgétaires dans le domaine de la protection globale de la population.

Les enjeux L'analyse des risques à l'aune de la pandémie de nouvelle grippe A (H1N1)

L'analyse des risques doit donc être considérée comme le premier maillon de la chaîne fonctionnelle de la gestion de crise, et à cet égard les débuts de la gestion de la crise de la grippe A sont éclairants. Lorsque la France passe en situation 4, à la suite de l'Organisation mondiale de la santé, fin avril 2009, le plan qui sert de référence vient tout juste d'être révisé, sanctionné par un exercice gouvernemental qui s'est déroulé mi-mars. Toutefois, ce plan avait été conçu dans la perspective d'une pandémie de grippe A (H5N1) avec un taux de mortalité proche de 50 %. Il rendait par exemple recommandable la fermeture de nos frontières.

Or, en avril 2009, la situation n'est évidemment pas aussi critique et la France ne fermera pas ses frontières, pas plus qu'elle n'interrompra ses liaisons avec le Mexique ni avec les États-Unis. Au contraire, la posture de vigilance et de traçabilité aux frontières sera sans cesse réévaluée à l'aune de l'analyse des informations en provenance des zones les plus atteintes par la pandémie. Mais alors, la préoccupation première n'est pas simplement sanitaire, elle est également multisectorielle et porte avant tout à ce stade sur les transports et la communication. C'est encore la réactualisation permanente de la connaissance du virus qui donne lieu à une vraie manœuvre de renseignement épidémiologique. Elle guidera les décisions prises par la cellule interministérielle de crise, dont bien évidemment le classement des catégories prioritaires pour la vaccination.

Cette crise illustre de façon claire le rôle que joue l'analyse des risques, dans une approche multirisque et multisectorielle. L'analyse des risques est à la base de la planification de sécurité nationale. Mettre en place la chaîne fonctionnelle analyse des risques-planification-gestion de crise requiert un effort de méthodologie. À cet égard, il est regrettable que l'enseignement de la science des risques ne soit pas plus développé. Il n'existe pas de formation universitaire d'analystes multirisques correspondant à l'approche intégrée de la planification. Pourtant, les besoins sont avérés et la demande existe. Le développement durable a autant besoin d'ingénieurs agronomes pour bâtir l'avenir que d'experts des risques pour le préserver.

Lectures utiles

Risques collectifs et structures de crises – Apports de la recherche en sciences humaines et sociales, Claude Gilbert (collectif), L'Harmattan, 2003.

Le cygne noir : la puissance de l'imprévisible, Nassim Nicholas Taleb, Les Belles Lettres, 2008.

La gestion de crise, Patrick Lagadec, McGraw-Hill, 1991, et avec Xavier Guilhou, *La fin du risque zéro*, Eyrolles – Les Échos éditions, 2002.

Gérer les grandes crises sanitaires, écologiques, politiques et économiques, Louis Crocq, Sophie Huberson, Benoît Vraie, Odile Jacob, 2009.

À retenir

Trois niveaux de gestion interministérielle des crises : local (départemental), zonal, central (gouvernemental).

Trois ministères particulièrement responsables de la gestion interministérielle des crises en France : Intérieur, Affaires étrangères, Défense.

Trois phases de gestion des crises : analyse des risques et menaces, planification intersectorielle, gestion de crise.

Les écomafias, ennemis redoutables et silencieux de l'environnement

Le terme « éco-mafia » n'a pas de définition dans la langue française. Il a été utilisé pour la première fois, en 1994, par l'association environnementale italienne Legambiente qui entendait dénoncer les agissements de groupes criminels mafieux ayant une incidence directe sur l'environnement. Ce néologisme symbolise désormais, dans nombre de pays, une nouvelle forme de délinquance dont les activités s'avèrent lourdes de conséquences, parfois irréversibles, pour l'environnement et la santé publique.

Thierry Bourret est colonel, directeur de l'Office central de lutte contre les atteintes à l'environnement et à la santé publique au ministère de l'Intérieur, de l'Outre-mer et des Collectivités Territoriales.

La problématique Les « écomafias », une réalité en France

Cette menace émergente, au caractère international souvent avéré, reste difficilement évaluable à ce jour. C'est progressivement que les activités criminelles qui se cachent derrière cette nouvelle dénomination se sont fait jour. L'écomafia semble manifestement appelée à perdurer car particulièrement attractive. De fait, il convient de s'interroger sur la réalité que recouvre en France le concept d'« écomafias » et d'en présenter les principales caractéristiques. Il paraît également pertinent de s'intéresser à la réponse juridique apportée à ce nouveau type de délinquance dans la perspective d'initier une réflexion sur les évolutions souhaitables.

Trafics de déchets et d'espèces menacées

Si la France ne connaît pas sur son territoire l'implantation d'organisations mafieuses comme en Italie, il n'en demeure pas moins qu'elle risque d'en subir les conséquences. Les exemples, régulièrement rapportés par la presse, sont nombreux : trafic de beurre frelaté, lait à la mélanine, boutons d'ascenseurs radioactifs, transferts illégaux de déchets toxiques…

L'existence d'une délinquance environnementale nationale, parfois structurée et récurrente, risque d'aggraver le bilan. L'engagement des forces de police et de gendarmerie au profit de l'environnement et de la santé publique le souligne un peu plus chaque jour.

Une évidence, il s'agit souvent d'une criminalité astucieuse en « col blanc ». Ces « écomafieux » sont souvent parfaitement au fait des évolutions de la société et de sa législation. Ils savent tirer le plus grand bénéfice des opportunités offertes par l'ouverture des frontières européennes et la mondialisation, en dissimulant parfois leurs activités derrière des montages financiers complexes censés les mettre à l'abri de toute sanction pénale.

Les activités illégales ainsi engendrées couvrent un large domaine de situations. Pour les faits les plus caractéristiques, des trafics de déchets toxiques et d'espèces menacées, des atteintes plus générales portées à la faune et la flore.

Les trafics des déchets toxiques, tout aussi lucratifs que ceux de la drogue, sont devenus une source de revenus importante pour les trafiquants et une bombe à retardement pour l'environnement. Ils matérialisent le refus d'assumer les coûts de traitement proportionnels à la dangerosité des produits traités, et le détournement des déchets de la chaîne légalement prévue. Dans tous les cas, cette situation entraînera des pollutions en lien avec le procédé choisi pour faire disparaître les produits détournés : enfouissement, immersion, incinération ou mélange avec des produits légaux.

Les trafics d'espèces menacées constituent un autre volet aussi important et rémunérateur. Ils portent atteinte à la biodiversité, en violation de plusieurs textes dont la convention de Washington. Ils touchent tant la faune que la flore, et constituent parfois pour les écomafieux des activités à temps plein.

Enfin, les trafics de produits phytosanitaires et de médicaments vétérinaires, aux conséquences graves sur la faune et la flore, compliquées de répercussions possibles sur la santé publique, complètent ce tableau. Ils signent l'existence de nouvelles formes de délinquance au détriment de l'environnement et de la santé.

Leurs auteurs seront tout aussi bien des auteurs déviants par négligence ou inconscience, voire opportunistes, tout comme des groupes structurés dont les organisations mafieuses constituent l'aspect le plus abouti.

Toutes ces formes ont pour dénominateur commun la recherche de nouvelles niches d'activités lucratives. Leur apparente honorabilité se renforce de faibles risques de détection et de sanction.

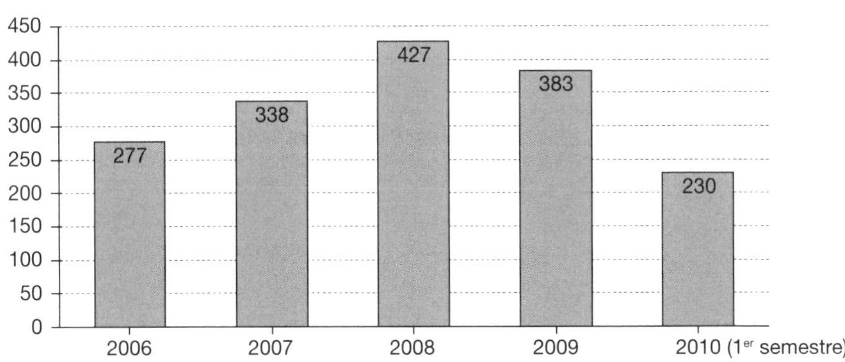

Source : Infocentre XI.

Figure 1 – Évolution du nombre d'infractions relevées par la gendarmerie nationale, en matière de déchets dangereux, depuis 2006

Le cœur du sujet Réponse juridique et évolutions souhaitables

Pourquoi de telles faiblesses dans la détection des activités illégales ? Plusieurs causes.

Tout d'abord, la protection de l'environnement et de la santé publique s'inscrit en France dans un cadre juridique et institutionnel diversifié à l'extrême. Cette diversification a pour conséquence directe de transformer ces domaines d'action en véritable « maquis juridiques » difficilement accessibles aux non-initiés.

Puis, paradoxalement, compte tenu de la multiplication des normes, les outils juridiques mis à la disposition des enquêteurs mais aussi des magistrats se révèlent souvent insuffisants ou inadaptés, ce qui ne facilite pas la mise en œuvre de l'action répressive.

De plus, l'application des qualifications juridiques retenues se heurte souvent à des conditions techniques très restrictives qui les rendent parfois inapplicables au domaine de la protection de l'environnement et de la santé publique.

Il en va encore de même dans le domaine des prescriptions de l'action publique qui posent parfois de sérieux problèmes juridiques par les délais écoulés entre l'origine de la pollution, sa constatation et la déclaration de la maladie.

Enfin, lorsque des infractions finissent par être relevées, dans nombre de cas les sanctions encourues s'avèrent en inadéquation par rapport à la gravité des faits commis, aux enjeux environnementaux et de santé publique, ainsi qu'au regard des gains retirés par les délinquants.

Au bilan, cette situation ne peut qu'accentuer l'attractivité de ces domaines d'activités pour les écomafias, lesquelles recherchent toujours le meilleur rapport entre risques encourus et bénéfices retirés. À l'image des utilisateurs des transports publics qui circulent toute l'année sans carte d'abonnement ni ticket, en sachant que, selon toutes les probabilités, le montant des amendes qu'ils pourraient subir leur coûtera moins cher qu'un abonnement annuel…

Dès lors, il convient de rechercher de nouvelles pistes pour briser cette spirale criminogène et dissuader les passages à l'acte menaçant l'environnement et la santé publique.

Zoom

Amiante sauvage…

Fin 2009, les enquêteurs de la gendarmerie nationale ont interpellé les responsables d'une entreprise de démolition et de désamiantage impliquée depuis une dizaine d'années dans un vaste trafic de déchets amiantés portant sur plusieurs milliers de mètres cubes enfouis ou abandonnés illégalement dans des sites sauvages au sein de 17 départements français. Un dépôt qui constituait ainsi de graves menaces pour l'environnement et la santé publique des personnes susceptibles d'être accidentellement au contact de ces déchets toxiques.

Supprimer les mailles du filet

Deux directions semblent s'imposer : celle de la simplification du cadre juridique, d'une part, et celle d'un durcissement de la réponse judiciaire, d'autre part.

La simplification pourrait passer par la création, dans le Code pénal, d'un « délit d'atteinte à l'environnement ». Un levier pour réprimer de manière globale la faute écologique. Cette idée, qui n'est pas nouvelle, est en cohérence avec la directive 2008/99/CE du 19 novembre 2008 relative à la protection de l'environnement par le droit pénal. Le délit spécifique ainsi créé devrait viser tant la responsabilité des personnes physiques que morales, en prévoyant un panel de sanctions gradué en fonction du niveau de dommage atteint.

Contribuant ainsi au durcissement souhaité, il pourrait aussi faire entrer la délinquance environnementale structurée (l'exemple fréquent d'entreprises commerciales déviantes) dans la catégorie de la « criminalité organisée », conformément aux définitions de l'Onu, d'Interpol ou d'Europol. Se faisant, il ouvrirait la possibilité de démanteler les réseaux structurés par un recours aux techniques spécifiques d'enquêtes offertes en matière de criminalité et de délinquance organisée.

Ainsi, loin d'être une gageure, le « délit d'atteinte à l'environnement » donnerait tout son sens à l'expression « écomafias » et la mettrait en parfaite adéquation avec les réalités constatées au quotidien.

Les enjeux Nouveaux moyens

La protection de l'environnement est désormais un enjeu majeur au plan mondial. Elle s'inscrit aujourd'hui dans les priorités de nos pouvoirs publics, en considération des dommages causés par la pollution sur les milieux naturels et leurs répercussions sur la santé publique.

Lourde de conséquences, l'activité des écomafias, qui profite du contexte de la mondialisation, de la liberté de circulation des hommes et des marchandises, d'Internet, ne doit plus être considérée comme un épiphénomène. Au contraire, ce nouveau bond évolutif de la délinquance exige une réplique d'autant plus ferme qu'elle est appelée à se développer.

Dès lors, face à l'urgence du constat qui vient d'être dressé, il convient de se donner de nouveaux moyens de lutte, situant ainsi la réponse judiciaire dans le cadre du développement durable.

Lectures utiles

Les empoisonneurs, Vincent Nouzille, Fayard.

Les aliments trafiqués, Brewster Kneen, Écosociété.

La pollution sauvage, Elvire Van Staëvel, PUF.

Aux risques d'innover, François Ewald, Autrement.

www.legambiente.com publie annuellement, en collaboration avec la police italienne, le rapport *Écomafias* qui fait chaque année le point sur les liens entre la criminalité organisée et les dommages subis par l'environnement.

Partie 3

L'entreprise responsable

Chapitre 18

Vers un modèle d'économie durable

Acheter le service plutôt que le bien

L'économie de fonctionnalité est une des stratégies disponibles censées conduire nos économies vers une forme de dématérialisation, voire une consommation de ressources drastiquement réduite. Nous considérons en effet d'emblée la nature – les autres êtres vivants et leur milieu – comme un stock de ressources maîtrisable et indéfiniment exploitable, grâce aux sciences et techniques, et ce dans le cadre du marché conçu comme le médium de la satisfaction de désirs individuels réputés infinis. Or cette conception est dangereuse. La notion de propriété d'un objet peut-elle laisser la place à celle d'achat d'un service ?

Dominique Bourg est professeur à l'Université de Lausanne,
directeur de l'Institut des Politiques Territoriales et de l'Environnement Humain (IPTEH),
faculté des géosciences et de l'environnement.

La problématique La vision occidentale d'un monde clivé

Cette économie de fonctionnalité n'a de sens qu'en fonction d'une connaissance au moins approximative de l'état des lieux planétaire et environnemental où nous ont conduits les six dernières décennies. Durant cette période, la population a plus que doublé et le PIB, à l'échelle mondiale également, a quasiment décuplé. Les activités humaines et leurs conséquences en termes de flux de matières et d'énergie, et donc de pression sur les ressources vivantes et minérales, de pollution et de perturbation de l'écosystème planétaire, ont connu et connaissent encore une croissance exponentielle. Les informations sur cet état de choses sont multiples, de plus en plus fines et nombreuses, largement accessibles (voir tableaux). Mais elles n'ont encore qu'un faible impact sur le cours de nos activités et de nos habitudes de consommation, inchangées pour l'essentiel.

Cette situation est la suite obligée de l'extension peu ou prou planétaire, au moins sur un plan fonctionnel, d'une civilisation particulière, la nôtre, caractérisée par l'*a priori* de perception suivant : la puissance des sciences et techniques est censée faire indéfiniment reculer les bornes de la nature d'un côté, et d'inventer de l'autre, tout aussi indéfiniment, des modalités d'expression matérielle et commerciale à l'infinité de nos désirs[1].

1. Pour approfondir voir D. Bourg & Ph. Roch, *Crise écologique, crise des valeurs ?*, Genève, Labor et Fides, 2010.

Cet *a priori* repose plus précisément sur des traits absolument originaux. En premier lieu, la civilisation occidentale moderne est la seule parmi toutes les autres à avoir radicalement séparé les êtres humains de tous les autres êtres naturels, et à avoir pour cette raison « naturalisé », selon l'expression de Philippe Descola dans *Par-delà nature et culture*, le monde. En second lieu, les sociétés occidentales modernes sont les premières à s'être organisées en vue de satisfaire les besoins relatifs des individus[1].

L'économie de fonctionnalité constitue l'une des stratégies possibles pour nous conduire vers un monde plus durable.

Repères

L'état du monde

- À consommation constante, état des stocks (connus) des métaux les plus sous tension : or : 17 ans ; argent : 13 ans ; cuivre : 31 ans ; zinc : 17 ans ; plomb : 22 ans ; palladium : 15 ans.
- 60 % des grands services écologiques sont dégradés.
- Fourchette de sensibilité climatique : 2 - 4,5°.
- Une élévation du niveau des mers qui devrait se situer entre 1 et 2 mètres.
- L'acidité des océans a augmenté de 30 %.

Le cœur du sujet Pour revoir la notion de propriété de l'objet

Nous entendons par économie de fonctionnalité la substitution de *la vente de la fonction d'usage d'un bien* à la vente du bien lui-même.

B to C : maximiser l'usage d'un même objet

Dans le cadre du *B to C*, le gain environnemental est lié à la forte augmentation du taux d'utilisation des objets supports du service. Tel par exemple le *carsharing* qu'il convient de ne pas confondre avec la location classique d'automobiles où les voitures sont louées au minimum à la journée, voire à l'année. Le *carsharing* est une location *facturée à l'heure* d'automobiles disséminées dans la ville, à proximité de leurs utilisateurs potentiels. Dans une même journée, la même voiture sera utilisée par plusieurs usagers. La rentabilité du système est associée à la maximisation du taux d'usage des véhicules : une société comme Mobility en Suisse renvoie ses clients vers un loueur classique pour une location de durée moyenne ou longue. La rentabilité est attachée au nombre d'unités fonctionnelles vendues, et non bien sûr au nombre d'objets vendus. Ziloc, qui gère la location de matériels d'outillage comme les perceuses de particulier à particulier, repose sur un principe équivalent. Une étude de l'Office fédéral de l'énergie (Ofen) a montré qu'en 2005 Mobility a économisé 4,84 millions de litres d'essence et 6 000 véhicules, et que 11 000 tonnes de CO_2 n'ont pas été rejetées dans l'atmosphère.

1. Je reprends ici la distinction keynésienne entre les « besoins absolus », limités, ceux que nous ressentirions quand bien même nous serions seuls sur Terre, et les besoins relatifs, ceux que l'on ressent en raison de la présence d'autrui, qui sont en revanche infinis. J. M. Keynes, *Essais sur la monnaie et l'économie*, Paris, Payot, 1971, pp. 133-134.

B to B : objets grandement durables

> **Zoom**
>
> **Michelin vend un service et une économie**
>
> Il s'agit d'une offre de service pneumatique aux grandes flottes de poids lourds, facturée au kilomètre. Une étude d'Ernst & Young commanditée dans le cadre d'un des groupes d'études du Grenelle de l'environnement (Comop 31) a comparé la vente de pneus à l'unité et MFS pour une flotte de 2 520 véhicules. Le nombre de pneus utilisés avec MFS s'élève à 37 200 au lieu de 41 248 pour une moyenne de 128 700 kilomètres par an et par véhicule pendant six ans. L'offre de service par Michelin implique six à huit visites par an avec des machines sur site au cours desquelles on procède au recreusage et au rechapage, des opérations impossibles si l'usure des pneumatiques dépasse un certain seuil. Le gonflage optimal régulier des pneus minimise les flexions, causes d'usure accélérée et de surconsommation. Pour la même flotte durant la même durée, les gains en termes de consommation des véhicules s'élèvent à 4 086 litres de gazole.

Il en va autrement avec le *B to B*. Ce qui conditionne alors les gains environnementaux est l'optimisation d'une fonction marginale au sein d'une entreprise par une autre, dont c'est au contraire le savoir-faire principal. Le cas de la vente d'un service pneumatique par Michelin avec l'offre *Michelin Fleet Solution (MFS)*, est à cet égard exemplaire *(voir encadré Zoom)* : l'optimisation de la *fonction pneumatique* débouche donc sur des gains tant en termes de flux de matière que d'énergie.

La même étude d'Ernst & Young a mis en lumière des résultats plus probants encore avec Elis, société de location et de blanchissage de linge. L'optimisation de la *fonction lavage* conduit à des résultats remarquables sur la consommation d'intrants et d'énergie par rapport au lavage domestique : une réduction de la consommation d'eau de 73 % et de détergents de 85 %. La réduction de la consommation d'énergie est de 52 %, celle des émissions de CO_2 de 33 % et de 36 % pour les émissions d'oxyde d'azote. Les effets sur la durée des vêtements supports du service sont spectaculaires. Le lavage avec une machine domestique « consomme » 32 tenues ; seulement 17,6 en recourant à Elis.

Enfin c'est l'offre de la fonction bureautique de Xerox Office Services qui a été analysée dans le cadre de la même étude d'une fonction autrement marginale dans une entreprise. Le gain s'obtient par la rationalisation du nombre de copieurs et d'imprimantes – le matériel même trouvé sur place par Xerox – en fonction des besoins réels du client, une incitation à des impressions moins dispendieuses et la mise à disposition de services de dématérialisation (archivage électronique, scan, etc.).

Les enjeux Scénarios pour un changement de paradigme

Quels seraient les changements induits par l'adoption de ce modèle économique et par son extension ?

- Dans le cadre du *B to C* notamment, il est impossible de développer la fonctionnalité sans une gestion informatisée des unités fonctionnelles vendues ni sans un équipement technologique et notamment électronique des objets eux-mêmes (Mobility est en l'occurrence un cas d'école). Plus généralement, du côté du vendeur, la connaissance et l'encadrement des modalités possibles d'usage d'un ou des objets supports d'un service s'imposent, surtout si ce service est associé à la garantie d'une performance. Dans le cas du *B to B*, une fonction particulière, jusqu'alors non investie par l'entreprise, devient un objet de recherche systématique, appuyée sur une remontée permanente de l'information grâce au contact direct d'une entreprise tierce avec les usagers de la fonction en question. L'objet support du service n'est plus perçu pour lui-même, mais seulement comme un moyen subordonné à une fin déterminée. Raisonner en termes de fonction, c'est chercher à satisfaire un besoin préalablement identifié. Christian du Tertre discerne dans la centralité en question l'opportunité d'une mobilisation forte des sciences sociales par les entreprises[1].

- Le rapport au temps change tout aussi profondément. Le problème n'est plus même d'optimiser la durée du support du service, mais de la maximiser. La rentabilité de la vente de service augmente avec la durée de son support, alors qu'il n'est dans le modèle standard d'autre possibilité d'accroître le chiffre d'affaires et généralement les bénéfices que d'augmenter le nombre d'unités vendues, et par conséquent les flux de matière et d'énergie sous-jacents. De manière générale, l'économie de fonctionnalité lève la contrainte du court terme. L'un des obstacles à son extension est d'ailleurs d'exiger un investissement initial important.

Un concept auto-adaptable

Qu'en serait-il si les producteurs d'automobiles se convertissaient à la fonctionnalité sous la pression du coût des matières et de l'énergie et sous celle de la saturation du marché ? Ils n'exerceraient plus le même métier. Les économies d'échelle devraient également perdre de leur importance stratégique. Avec une extension de la fonctionnalité, l'accès au marché des particuliers deviendrait par ailleurs hautement stratégique. Une entreprise qui passe à la fonctionnalité, et donc à une consommation de ressources plus faible, soumet à rude épreuve ses fournisseurs. Elle peut aussi avoir tendance à absorber et à intégrer les activités situées à l'amont ou l'aval de la sienne propre, comme Elis rachetant des entreprises de confection de tenues techniques.

Il reste le problème des relations de l'économie de fonctionnalité à l'effet rebond. Livrée à elle-même, l'économie de fonctionnalité ne fournit aucune réponse. Le fait de louer par exemple certains outils à l'usage plutôt rare peut au contraire libérer une manne financière qui pourrait s'investir dans des consommations

1. Ch. du Tertre, conférence dans le cadre d'un séminaire coorganisé à Lausanne par l'Unil et la Haute école valaisanne de gestion, le 2 avril 2009.

énergétivores. En revanche, elle pourrait offrir des débouchés plus immatériels à ladite manne. Mais là encore, l'efficacité ne viendra pas du marché mais d'un encadrement fiscal notamment.

Un surcroît de pression pourrait naître de l'économie de fonctionnalité : un encadrement de l'usage (des contrats décrivent le bon usage d'un objet ou d'un dispositif et incluent des procédures de contrôle *ad hoc*) ou des supports austères et peu variés (le monde trop uniforme des démocraties populaires).

L'économie de fonctionnalité pourrait se développer dans des contextes économiques et organisationnels très différents. Celui du contexte classique et concurrentiel de l'économie de marché comme celui de l'économie solidaire[1]. Les services aux personnes pourraient également devenir une terre d'élection pour l'économie de fonctionnalité. L'Agence nationale française des services à la personne promeut par exemple un service d'aide informatique aux personnes âgées qui inclut la fourniture d'un accès au Web et du matériel *ad hoc*. Enfin, la typologie proposée par Christian du Tertre classe les modèles économiques au sein de l'offre durable en partant du « moins » pour aller vers le « plus » durable. Au bas de la hiérarchie se situe la production propre, suivie par l'éco-conception, puis l'écologie industrielle réduite aux symbioses industrielles, ensuite l'économie circulaire, plus englobante, qui obéit au principe des trois « R » : réduire, réutiliser-refabriquer et recycler. Ces modèles ne dérogent toutefois en rien à la logique industrielle. Suit l'économie « servicielle », du type *Michelin Fleet Solution*, qui bouscule le schéma industriel de production en série d'objets destinés au marché. Il situe en dernier l'économie de fonctionnalité à proprement parler, le *B to C*, parce qu'elle rompt plus franchement avec la logique industrielle. Avec la fonctionnalité, la durabilité du support matériel du service (et plus largement la réduction des flux matériels sous-jacents) conditionne la rentabilité de la vente dudit service. Considérons un ultime exemple. Une industrie chimique qui vendrait un *service d'épuration des fumées* (dénitrification, désulfuration, désacidification) à l'aide de composés sodiques ; plutôt que lesdits composés, elle aurait intérêt à la mise au point de procédés d'épuration utilisant une moindre quantité de ces composés.

Imaginer un monde économe plus qu'économique

L'époque de confrontation à la finitude des ressources dans laquelle nous entrons est trop complexe, incertaine et nouvelle pour voir dans un instrument, quel qu'il soit, une clé d'introduction ou d'adaptation. Il est même difficile de savoir si les expériences d'économie de fonctionnalité, en dépit de leur vertu environnementale, se

1. Johan van Niel achève une thèse où il étudie les relations entre l'économie de fonctionnalité et les trois possibilités du triangle de Kolm, avec la domination de l'État, du marché ou de la sphère autonome.

développeront ou non dans un avenir proche. Pourtant, les activités économiques devront, *volens nolens*, chercher à redevenir économes en ressources, ce qui ne saurait se faire sans approfondir les connaissances quant à leur impact environnemental et social, et plus généralement sans recherche et imagination sociales.

Lectures utiles

« L'économie de fonctionnalité. Changer la consommation dans le sens du développement durable », D. Bourg et N. Buclet, *Futuribles*, n° 313, novembre 2005.

« Économie de fonctionnalité et intelligence économique dans un contexte de finitude des ressources », D. Bourg, in P. Veltz et Th. Paris (éd.), *L'Économie de la connaissance et ses territoires*, Paris, Hermann, 2010.

Entreprises et environnement. En finir avec les discours, D. Bourg, A. Grandjean et Th. Libaert, Village mondial, 2006, pp. 150-157.

Profiting from negawatts : Reducing absolute consumption and emissions through a performance-based energy economy, J. Steinberger, J. van Niel & D. Bourg, Energy Policy, 37 (2009), pp. 361-370.

« Économie de la fonctionnalité, développement durable et innovations institutionnelles », Ch. du Tertre, in *L'économie des services pour un développement durable. Nouvelles richesses, nouvelles solidarités*, Éd. Heurgon et J. Landrieu (coord.), L'Harmattan, Paris, 2007.

Étude prospective sur l'économie de fonctionnalité en France, mémoire dans le cadre du mastère spécialisé management du développement durable de HEC Paris, sous la direction d'Alan Fustec, et sous l'impulsion de la FNH par V. Combe, S. Perrier, B. Pireyn et C. Richard.

Évaluation CarSharing (pdf), étude de l'Office fédéral de l'environnement en allemand avec un résumé en français et en anglais :

www.bfe.admin.ch/php/modules/publikationen/stream.php?extlang=de&name=de_606183202.pdf (13 août 2008).

L'économie fonctionnelle, vers un nouveau modèle économique, rapport remis dans le cadre du Grenelle de l'environnement par Ch. Gobin (Vinci Construction France).

Pour un pacte écologique, Paris, Calmann-Lévy, 2006, N. Hulot et le comité de veille écologique, pp. 71-78.

Rapport final au ministre d'État, ministre de l'Énergie, de l'Écologie, du Développement durable et de l'Aménagement du territoire présenté par J.-M. Folz, Grenelle de l'environnement, Chantier n° 31, Groupe d'étude « Économie de fonctionnalité », rapport comportant en annexe une étude d'Ernst & Young.

L'Économie positive : pour réconcilier croissance économique et environnement[1]

Pourquoi le développement durable a-t-il échoué à révolutionner les rapports entre l'entreprise et son environnement ? Comment mettre en œuvre une nouvelle voie qui permette de réconcilier économie et écologie ? Réponses opérationnelles dans les pas des pionniers de cette nouvelle économie, l'Économie positive, qui fait de la restauration de l'environnement le moteur d'une nouvelle croissance.[1]

Maximilien Rouer est président-directeur général de BeCitizen,
administrateur des fonds d'investissement BeCapital et Ginkgo,
expert du Conseil général de l'environnement et du développement durable.

La problématique — Répondre aux défis stratégiques du XXIe siècle

Vingt ans après sa première mention dans un rapport destiné aux Nations unies, le développement durable s'est imposé dans la communication des entreprises et des collectivités. Obligatoires en France depuis 2002 pour les sociétés cotées, les rapports de responsabilité sociale et environnementale des entreprises s'empilent, tandis que l'économie mondiale continue de consommer à un rythme accéléré son capital écologique. Et si les pays industrialisés ont initié quelques progrès, les pays émergents reproduisent, faute d'alternatives crédibles, des modèles fortement négatifs pour l'environnement. Pourquoi le développement durable a-t-il échoué à révolutionner les rapports entre l'entreprise et son environnement ?

L'Économie positive revient aux fondamentaux de l'entreprise : la création de valeur et de bénéfices – en démontrant que l'environnement se gère comme un enjeu stratégique, sur lequel reposent les leviers de croissance de demain.

Un seul bilan, le « financier »

Le développement durable et son corollaire, la RSE (Responsabilité sociale des entreprises), reposent sur une illusion, celle du « triple bilan » des entreprises. Chaque entreprise devrait ainsi rendre compte de trois bilans : son bilan financier pour ses actionnaires et ses bilans sociaux et environnementaux pour ses parties prenantes. Pourtant, à court terme, c'est bien le bilan financier qui conditionne la survie et la croissance de l'entreprise. Les bilans sociaux et environnementaux, eux, se manifestent classiquement de deux manières : par le biais de la réglemen-

1. Ce texte est une adaptation de l'article publié en mai 2008 dans *Business Digest*.

tation – le législateur peut pénaliser des pratiques nocives pour l'environnement – ou par une dégradation de l'image publique de l'entreprise.

Présenté ainsi, le développement durable reste une affaire de mise aux normes et de communication, perçu comme un poste de coût, loin des grandes orientations stratégiques. C'est le cas lorsque les démarches de développement durable prennent la forme de mécénat associatif ou de mesures symboliques : recycler 1 tonne d'emballages alors que l'entreprise en produit plus de 100 000 sans les valoriser, par exemple. Dans tous les cas, ces démarches à la marge ne sauraient résoudre les défis auxquels l'économie mondiale et l'entreprise sont confrontées.

Anticiper un changement de contexte économique

Pour une entreprise ou pour une collectivité, l'Économie positive répond à un impératif stratégique, anticiper l'évolution du contexte macroéconomique : coût croissant des émissions de carbone, du prix de l'énergie, de l'eau et des matières premières, contraintes croissantes sur la gestion des déchets, des produits toxiques et de la biodiversité, etc. Ainsi, plutôt que de se cantonner aux responsables de la communication et du développement durable, c'est bien à la direction générale que s'adresse l'Économie positive, en proposant des méthodes concrètes pour transformer ces contraintes en autant de leviers de croissance.

Le cœur du sujet Les cinq grandes étapes de l'Économie positive

L'énergie, les matières premières, l'eau propre, les sols, etc., autant de ressources de plus en plus rares et donc chères, et pour lesquelles il faut apprendre à faire plus avec moins, puis à les remplacer ou les produire autrement.

Réduire, réutiliser, recycler : augmenter la productivité des ressources

La première étape d'une démarche Économie positive consiste à identifier les flux entrants dans une unité de production : énergie, eau, matières, etc., pour les réduire au moyen de nouvelles technologies ou d'une nouvelle organisation. L'entreprise réalise alors de premières économies en réduisant ses coûts d'approvisionnement, avec des temps et des taux de retour sur investissements attractifs. De la même manière, identifier et réduire les flux sortants (émissions de gaz à effet de serre, effluents, déchets, etc.) abaisseront les coûts de mise en décharge ou les pénalités d'émissions.

Les principes de l'écologie industrielle ou de l'économie circulaire – transformer les déchets en ressources – visent alors à réutiliser ou recycler des produits en « fin de vie ». Cette valorisation sera « interne » – par exemple lorsque PSA réutilise les pièces détachées de ses véhicules – ou « externe » – lorsque Patagonia fabrique des pulls en laine polaire à partir de bouteilles plastiques. L'entreprise réduit ainsi les frais de fin de vie des produits et crée de nouveaux postes de revenus à partir de déchets devenus des coproduits.

Substituer, produire : valoriser de nouvelles ressources

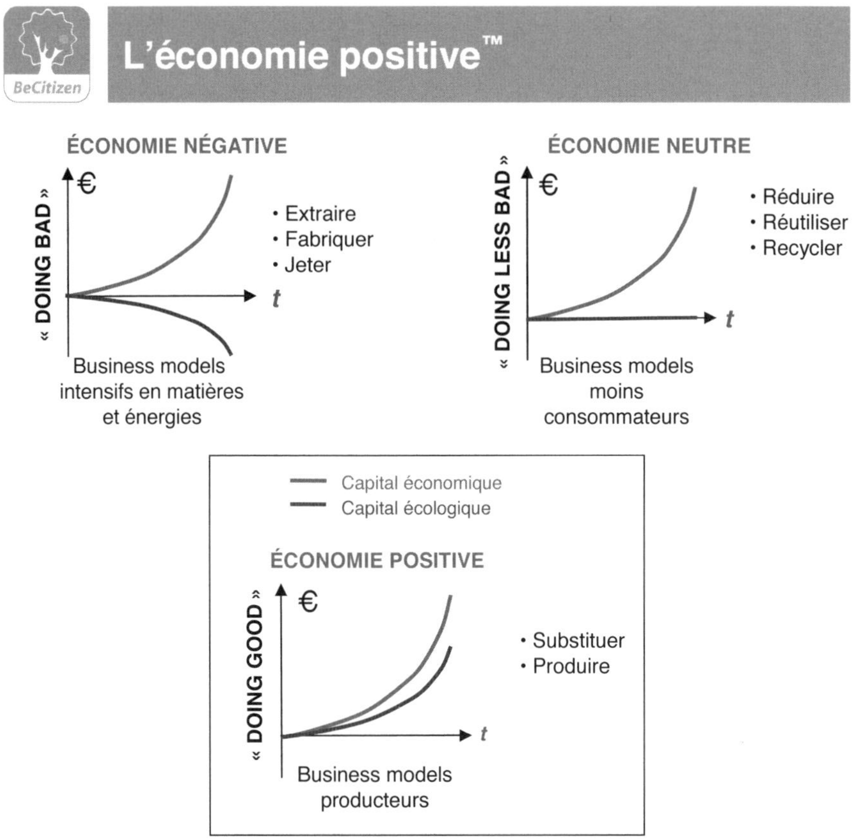

• Doing bad : mauvaise pratique • Doing less bad : pratique moins mauvaise • Doing good : bonne pratique

Figure 1 – Le développement durable s'applique indifféremment aux trois états de l'économie © BeCitizen

Pour se développer, l'entreprise a besoin de nouvelles ressources. Aller les chercher sur le marché des ressources fossiles est une stratégie de plus en plus coûteuse, condamnée à terme. D'où le principe de substitution : remplacer des ressources fossiles par des ressources renouvelables, des matériaux toxiques par des matériaux non nocifs, etc. Cette démarche s'accompagne d'une nécessaire diversité. Sur le plan de l'énergie, aucune des sources renouvelables disponibles aujourd'hui ne pourra remplacer à elle seule le gaz, le pétrole ou le charbon.

Zoom

Élargir, enrichir, valoriser son métier

Elyo, fournisseur de solutions de chauffage et froid industriel, se redéfinit maintenant comme « gestionnaire de diversité énergétique ». Sur les matières premières, des entreprises comme Rhodia, Mercedes ou Toyota réalisent des économies et améliorent les performances de leurs produits grâce à des bioplastiques ou des fibres d'origine agricole.

Avec solaire, éolien, géothermie, biomasse, hydraulique, à chacun d'inventer le *mix* énergétique qui lui convient pour optimiser ses approvisionnements, stabiliser et réduire sa facture énergétique. Les entreprises possédant de grandes surfaces de toitures, par exemple, cherchent de plus en plus à valoriser ces mètres carrés en les couvrant de panneaux solaires. À terme, une entreprise produira plus de ressources qu'elle n'en consomme, et créera de nouveaux postes de revenus en valorisant des actifs considérés jusque-là comme inutiles (voir encadré *Zoom* ci-dessus).

Les fondamentaux d'une entreprise positive

Bâtiment, industrie, agriculture, transports, etc. : tous les secteurs économiques sont susceptibles de passer en « mode Économie positive », c'est-à-dire d'atteindre des bilans positifs sur les enjeux climat, énergie, ressources, toxicité et biodiversité.

Au départ était la maison positive

Il est possible aujourd'hui de construire des bâtiments à énergie positive, consommant moins de 50 kWhep/m^3/an (contre 230 pour la moyenne française actuelle), et qui couvrent leurs besoins par des énergies renouvelables intégrées aux bâtiments (biomasse, géothermie, solaire, etc.). Ils se montrent capables ainsi de générer un surplus énergétique et de le revendre au réseau. Ces bâtiments stockent du carbone s'ils sont construits en bois, et leur impact sur le climat est ainsi positif. Ils seront positifs en eau par la récupération des eaux de pluie et le recyclage des eaux usées. Ils contribuent à dépolluer l'air et à restaurer la biodiversité grâce à des murs et toitures végétalisés.

Repères

Le logement en France

- 278 kWh/m^2/an : moyenne des consommations de logements en France en 2008.
- +12,5 kWh/m^2/an : production d'un logement neuf en France en 2010.
- +0,2 kWh/m^2/an : moyenne des productions *espérées* de logements en France en 2019.

Aujourd'hui, l'usine positive...

La même méthode s'applique à l'industrie : BeCitizen travaille à la mise en place d'« Usines positives » avec ses clients, notamment dans l'agroalimentaire et la papeterie. Cette approche passe d'abord par la réduction de leurs besoins énergétiques, par exemple en récupérant la chaleur perdue lors des processus, et de leurs besoins en eau. Les énergies fossiles sont ensuite remplacées par des carburants issus de leurs propres déchets, de filières biomasses locales ou encore d'énergies renouvelables. Il est alors possible de passer à la production nette d'énergie ou de crédits carbone, valorisables sur le marché.

... et aussi l'agriculture et les transports positifs

La démarche s'applique aussi à l'agriculture et à la « foresterie » : les exploitants réduisent leurs consommations d'énergie, d'eau et d'engrais grâce à des techniques de cultures simplifiées, et créent de nouveaux revenus *via* la méthanisation des matières organiques ou autres technologies. Quant aux transports, des solutions savent transformer les infrastructures en centrales de production d'énergie, principalement d'électricité. Sous réserve que la réglementation l'autorise, voire le soutienne avec une fiscalité incitatrice. En combinant ces mesures de production d'énergie avec des mesures d'efficience des véhicules, l'Europe pourrait ainsi produire la totalité de ses besoins de carburant, sans sacrifier sa production alimentaire.

Les enjeux Demain : adapter la finance... et les politiques publiques

Reste à accélérer la mise en œuvre de cette Économie positive. Les technologies sont disponibles. La finance en revanche doit adapter ses produits. On voit ainsi arriver de nouveaux fonds de placement spécialisés sur les *greentechs* ou les *cleantechs*. Parfois, ce sont des nouveaux véhicules financiers qu'il faut créer pour permettre aux industriels de déployer les solutions de l'Économie positive en maximisant leurs retours sur investissement (par exemple, les fonds de *private equity* en *cleantechs*). Cette accélération dépendra aussi de la volonté des politiques de fournir des signaux clairs, à travers des politiques publiques pensées de façon à ce que les ressources naturelles soient payées à leur juste prix, c'est-à-dire à leur coût de renouvellement – ce qui implique que l'énergie solaire ne devrait pas coûter plus cher que le pétrole. L'enjeu est d'anticiper les changements à venir et de transformer la restauration de l'environnement en une opportunité d'améliorer la compétitivité des entreprises et de créer des emplois verts.

Lectures utiles

The natural Capitalism, Amory Lovins, Paul Hawken, 2003.

Capitalism at the crossroads : The Unlimited Business Opportunities in Solving the World's Most Difficult Problems, Stuart L. Hart, 2004.

Réparer la planète, la révolution de l'économie positive, A. Gouyon, M. Rouer, 2007.

L'éco-management : les nouvelles règles

Le développement durable peut-il devenir un mode de management d'une entreprise, se substituer aux pratiques financières sans remettre en cause le concept même de création de valeur et de performance ? La réflexion autour du concept d'éco-management vise à donner des clés méthodologiques pour toute entreprise qui voudrait s'employer à transformer son management, véritable levier du développement durable.

David Autissier est maître de conférences – IAE Gustave Eiffel – Université Paris XII.
Faouzi Bensebaa est professeur en sciences de gestion à l'université de Reims, professeur et directeur de la recherche dans le groupe ISEG (groupe IONIS) et consultant en entreprise.

La problématique L'entreprise consciente de sa responsabilité sociale

Les travaux sur l'épuisement des ressources dans les années 1970 ? La mise en avant des conséquences désastreuses du réchauffement climatique dans les années 1990 ? La prise en compte de l'impact environnemental depuis les années 2000 ? Autant d'éléments qui ont marqué le développement d'une conscience écologique. Laquelle pousse un grand nombre de firmes à prendre en compte de manière active leur « empreinte de durabilité ». Comment ? En intégrant les questions éthiques, sociales, environnementales, économiques dans leurs rapports. Cette prise en compte, appelée *triple bottom line*[1] ou rapport de développement durable *(cf. Global Reporting Initiative),* fait évoluer la performance vers le concept de performance sociale de l'entreprise (PSE). Il faut, pour la mesurer, des indicateurs clés.

La réponse exigée d'une politique verte

Cette performance sociale n'a commencé à concerner l'entreprise qu'à partir des années 1990 par le biais des rejets de CO_2 (dus aux externalités négatives de son activité) et après le sommet de Kyoto en 1992 (qui a conduit à la création d'un marché du CO_2 en 2005, c'est-à-dire d'un marché européen d'achats et de ventes de quotas de CO_2, le *European Emission Trading Scheme*). Depuis, les pressions diverses exercées par les institutions publiques, les ONG, les associations et autres parties prenantes ont amené la firme à se considérer comme un acteur social et à se sentir responsable. Elle se veut à cet égard *citoyenne*. Elle œuvre ainsi à reconnaître sa responsabilité économique par son aptitude à créer des richesses. Trois

1. Ehington J., *Cannibals with Forks : The Triple Bottom Line of 21st Century Business*, Oxford : Capstone, 1997.

autres types de responsabilité se conjuguent à cette prise de conscience : ils sont juridiques, éthiques et philanthropiques (Carroll, 1979)[1]. En d'autres termes, la réalisation de l'activité de la firme est liée à la préservation des intérêts des parties prenantes et à l'utilisation efficace et efficiente des ressources naturelles comme leur sauvegarde. Sur ce dernier point, l'entreprise se voit obligée de déployer « une politique verte » pour répondre à la question « Que faites-vous pour l'environnement ? ». Au risque, en cas de non-réponse ou de réponse peu convaincante, d'égratigner son image. Les retombées commerciales risquent alors de se révéler non négligeables.

Les nouveaux défis des directions du développement durable

On a alors vu se créer des directions du développement durable au spectre de missions plus ou moins bien définies. Elles dépendaient surtout de l'engagement d'individus particuliers et de leurs convictions. Des actions telles que le recyclage, l'optimisation du CO_2, l'utilisation de produits et matières labellisées « vertes », etc., ont été déployées par les firmes. Elles ont été pilotées en tenant compte des coûts, du retour sur investissement, mais surtout en considérant l'impact supposé positif sur l'image des entreprises. Quelques personnes seulement les pilotaient, ce qui les condamnait à rester assez marginales dans l'ensemble. Sont-elles aujourd'hui suffisantes pour que les firmes jouent pleinement leur rôle dans le développement durable ? qu'elles participent à l'évolution historique des comportements et à une rupture radicale par rapport aux croyances antérieures ? Entre la création de richesses matérielles, illustrée par le profit, et le développement durable, où l'entreprise fixe-t-elle ses arbitrages ? Ces actions initiatrices sont-elles les prémices à de nouveaux *green business* ?

Zoom

Éco-management : nouveau mot et nouvelles pratiques

L'éco-management désigne les pratiques de management visant à introduire le développement durable dans les objets de gestion de l'entreprise : stratégie, marketing, procédures, outil de pilotage, relations avec les tiers, etc. Il s'agit de façonner l'attirail managérial de telle manière qu'il permette l'activité de production dans un souci de développement durable.

Le cœur du sujet L'enjeu de l'éco-management

L'éco-management émerge comme un concept qui fait du management un acte de gestion tout en respectant les ressources mobilisées pour éviter leur épuisement. Manager, c'est organiser, contrôler et animer, mais également s'assurer que l'acte de production du bien ou du service respecte les ressources employées. L'enjeu pour les organisations réside dans le passage d'un management traditionnel à

1. Carroll A. B., A three dimensional conceptual model of corporate social performance, *The Academy of Management Review*, 1979, n° 4, pp. 497-305.

celui fondé sur une utilisation efficace et efficiente des ressources. Mais d'emblée surgit une difficulté supplémentaire : l'intégration d'un coût additionnel. De quoi perturber les logiques financières fondées sur l'*optimisation de la marge*. La solution passerait peut-être par la mise en place d'un indicateur financier vert pour valoriser le *green cash* des entreprises.

Trois stades d'éco-management aux ambitions variables se dégagent de l'analyse des pratiques et des contributions. Le premier stade est celui de la prise de conscience, illustrée par quelques actions symboliques dans une visée sociale. Le deuxième a trait à l'éco-management marketing qui vise à concevoir et produire des biens « responsables ». Le troisième stade vise à reconstruire la stratégie et la culture de l'entreprise pour la placer au service de l'environnement.

Éco-management social : quelques actions symboliques

L'écomanagement social est actuellement la pratique la plus répandue. Les entreprises créent une direction du développement durable. Des actions, en général très symboliques, sont menées : le recyclage de consommables, la réalisation et l'application de chartes à destination des partenaires, la mise au point de réflexions sur des moyens de substitutions énergétiques, le covoiturage, le calcul et la gestion du CO_2, etc.

Éco-management marketing : le concept de valeur étendue

Pour un produit donné, les clients sont-ils sensibles aux conditions de fabrication ? aux conditions de recyclage ? Ces mêmes enjeux sont-ils réellement maîtrisés par l'entreprise ? Un petit fruit universellement apprécié va illustrer notre propos, c'est la fraise. Les clients occidentaux, jusqu'alors peu conscients de l'incongruité de trouver des fraises en hiver sur nos marchés et dans nos grandes surfaces, commencent à s'en étonner. Ils s'interrogent de plus en plus sur leur provenance et sur la pollution générée pour les acheminer sur nos marchés. Une entreprise qui produirait ces mêmes fraises sous serres en France aurait intérêt à communiquer sur cette origine : elle répondrait ainsi à une nouvelle attente des clients, ce qui ne correspond cependant à aucun des critères classiques du marketing. Un exemple à l'image de la sensibilité grandissante aux enjeux écologiques. Sur le plan sociétal, une entreprise comme American Apparel, qui confectionne des vêtements, doit son succès autant à la qualité de ses produits qu'à sa promesse de fabrication sur le sol américain, et au respect affiché des règles sociales (par opposition aux délocalisations en Asie où la main-d'œuvre est sous-payée).

Faut-il plutôt investir dans le recyclage ou développer de nouveaux produits « propres » ? En réponse à cette question, Jean-Michel Moutot et Ganaël Bascoul proposent une alternative innovante au marketing classique avec le modèle de la valeur étendue, par opposition à la valeur ajoutée[1]. La *valeur étendue* prolonge la valeur ajoutée traditionnelle en intégrant l'impact sur la société comme sur l'environnement au sens écologique. La perception d'un « produit propre » devient une variable supplémentaire au prix, au positionnement, à la distribution et à la promotion (les quatre variables traditionnelles du marketing mix).

Éco-management stratégique : le secteur du *green business*

Fabrication de batteries, de panneaux solaires, prestations de conseil en développement durable, proposition d'une gamme de voitures électriques, dépollution des sols, recyclages deviennent des thèmes d'entrepreneuriat et les axes majeurs du secteur croissant du *green business*. Sur les 3 milliards d'individus actifs de plus de 15 ans que compte la planète, un peu plus de 100 millions travaillent dans des emplois verts, soit environ 3 % (source : Bureau international du travail). Selon l'Observatoire français de conjoncture économique, 500 000 emplois nouveaux pourraient naître dans les secteurs de l'énergie renouvelable et du développement durable à l'horizon 2020 en France.

En 2007, les acteurs du capital-risque américains ont investi plus d'un milliard de dollars dans des entreprises innovantes du secteur des *cleantech* – installées principalement dans la Silicon Valley. Les *cleantech* sont supposées remplacer les TIC (Technologies de l'information et de la communication). Cette considération conduit certains experts à estimer que la caractéristique distinctive de la Silicon Valley porte davantage sur sa capacité d'entreprendre que sur ses compétences techniques.

Les secteurs de l'énergie solaire, thermique et photovoltaïque sont un bon exemple du *green business*. Parce qu'ils sont perçus comme facteurs dynamiques de la réduction de l'effet de serre, particulièrement dans le résidentiel et le tertiaire, ces secteurs connaissent une croissance soutenue – plus de 300 % pour le solaire photovoltaïque en 2008 – grâce à l'attention accordée à l'énergie, aux perspectives offertes par le Grenelle de l'environnement et au paquet climat européen[2]. L'entreprise française Sunnco, le leader en France aujourd'hui, est l'image même de cette évolution.

Repères

Le *green business* représente :

- 3 % de la population salariée à terme dans le monde ;
- un potentiel de 500 000 emplois nouveaux en France à l'horizon 2020.

Source : BIT

---

1. Bascoul et Moutot, *Marketing et Développement durable, stratégie de la valeur étendue*, 2009.
2. Accord sur le paquet énergie climat à l'issue du Conseil européen réunissant l'ensemble des chefs d'État et de gouvernement des 27 pays européens le 12 décembre 2008.

Les enjeux La performance durable

Une entreprise est une organisation humaine qui s'évertue à produire des biens et des services pour satisfaire nos besoins. Elle est légitime parce qu'elle *crée de la valeur*, indiquée par la différence positive entre les ressources consommées et la valeur des productions réalisées. Est présumée ainsi performante l'entreprise qui sait créer de la valeur. Dans cette perspective, les systèmes de gestion recherchent les meilleures combinaisons possibles de ressources pour produire des biens et services en quantité et qualité.

Cette volonté de production efficiente se trouve à un moment donné confrontée à un paradoxe : jusqu'où produire moins cher et selon quelle responsabilité sociale ? Le profit et la responsabilité ne sont pas opposés mais complémentaires dans une dynamique de production maîtrisée. La performance ne doit pas s'exprimer uniquement en termes financiers mais doit rendre compte de la dimension sociale, c'est-à-dire intégrer les variables sociales, éthiques et environnementales. Dans cette perspective, la performance ne consiste pas à s'inscrire dans une logique spéculative de court terme (satisfaisant les attentes des seules actionnaires) mais dans une logique de production à long terme (répondant aux attentes de l'ensemble des parties prenantes).

En définitive, la valeur créée doit l'être dans le respect des règles socialement responsables. Les actions d'aujourd'hui serviront les investissements de demain et le bien-être social d'après-demain. Vœux pieux ou projet réaliste ? L'important est qu'un grand nombre d'entrepreneurs et de décideurs s'engagent sur la voie de la performance durable pour tous.

Lectures utiles

A one stop resource for businesses of all shapes and sizes to implement eco-friendly policies, programs and practices, Glenn Bachman, The Green Business Guide, Carrer Press, 2009.

Harvard Business Review on green business strategy, Harvard Business School Press, 2007.

Marketing et développement durable, Jean-Michel Moutot et Ganaël Bascoul, Dunod, 2009.

Sustainability Strategies : When does it pay to be green ?, Renato J. Orsato, Palgrave MacMillan, 2009.

Le développement durable au cœur de l'entreprise : pour une approche transverse du développement, Emmanuelle Reynaud, Dunod, 2006.

L'ISO 26000 : la responsabilité sociétale au service du développement durable

L'Organisation internationale de normalisation (ISO) est surtout connue pour ses normes techniques : il existe 20 000 normes ISO en vigueur et un millier sont élaborées chaque année. Les organismes nationaux membres de l'ISO décident en 2005 de l'élaboration d'une norme internationale sur la responsabilité sociétale avec le numéro d'ordre 26000. Le vote final pendant l'été 2010 a donné une base commune internationale à la contribution des organisations au développement durable.

Christian Brodhag est directeur de recherche à l'Ecole nationale supérieure des mines de Saint-Etienne, président du conseil d'orientation de l'Institut de l'énergie et de l'environnement de la francophonie (IEPF) et ancien délégué interministériel au Développement durable.

La problématique — Consommation/production : quelle gouvernance pour le privé ?

Le développement durable implique de modifier assez profondément les modes de consommation et de production, et la façon d'envisager le progrès économique et social. Ce changement ne saurait être piloté par la seule approche hiérarchique et réglementaire pour deux raisons. La première est qu'il faut un engagement profond du comportement de chacun des acteurs, un véritable engagement stratégique, à quoi ne suffisent pas les seules approches réglementation/sanction. La seconde est que ce changement doit se négocier à l'échelle mondiale dépourvue d'institutions capables d'exercer cette contrainte au-delà de la souveraineté nationale (lire du même auteur *Quelle gouvernance internationale du développement durable ?).*

La conférence de Rio comptait sur les politiques des États et l'augmentation de l'aide au développement pour conduire au développement durable. Cinq ans après, au moment des premiers bilans, la globalisation était largement engagée et l'on prenait conscience que l'investissement privé, tant par son contenu (type d'industrialisation) que par sa destination (un nombre limité de pays), jouait un rôle décisif. Si tant est qu'ait un sens de confondre le chiffre d'affaires des entreprises et le produit national brut des pays : sur les cent premières économies mondiales, on trouvait alors autant d'entreprises que de pays.

L'ISO initiateur et moteur

La première initiative visant directement les entreprises a surgi en 1997, la *Global Reporting Initiative* (GRI), un guide pour l'élaboration des rapports de développement durable des entreprises. En France, la loi NRE de 2000 a introduit l'obligation pour les entreprises cotées en Bourse d'intégrer des données environnementales et sociales dans les rapports annuels de gestion. La loi Grenelle de l'environnement en a élargi la cible en 2009.

Deux ans plus tard, en 1999, Koffi Annan, alors secrétaire général des Nations unies, interpelle les multinationales réunies au sommet de Davos et lance le Pacte mondial (Global Compact). Cet engagement volontaire des entreprises est orienté vers une dynamique de progrès dans la mise en œuvre des principes internationaux environnementaux, sociaux, de droits humains et de lutte contre la corruption.

Le sommet de Johannesburg (septembre 2002) approfondit le rôle des entreprises et place un accent nouveau sur les modes de consommation et production en lançant le processus de Marrakech.

C'est à ce moment que va naître l'ISO 26000. Le point de départ : la commission des consommateurs de l'ISO (COPOLCO, avril 2002) qui propose l'élaboration d'une norme de management social du même type que le système de management qualité (ISO 9001) ou environnement (ISO 14001), confortant ainsi le « troisième pilier » du développement durable. Un groupe d'expert (SAG) est constitué à l'occasion. Il rend son rapport en avril 2004 sans reprendre la proposition d'un système de management certifiable de la COPOLCO, mais en élargit le champ et la portée. Une réunion est organisée à Stockholm en juin 2004 pour débattre les options proposées.

L'ISO consulte les organismes nationaux membres qui décident de l'élaboration d'une norme internationale sur la responsabilité sociétale avec le numéro d'ordre 26000. La première réunion de rédaction qui se tient à Salvador de Bahia, en mars 2005 ouvrira un cycle de huit réunions.

L'ISO a utilisé son savoir-faire dans un processus complètement inédit qui allait bien plus loin que celui mis en œuvre pour les normes habituelles. La raison est liée tant à la complexité politique du sujet qu'au nombre de ceux qui ont participé à la négociation : des représentants de 99 pays, dont les deux tiers issus de pays en développement (chaque délégation nationale était formée des six parties prenantes – entreprises, gouvernement, syndicats, consommateurs, associations et consultants). De nombreuses organisations internationales comme l'Organisation mondiale du travail, l'Organisation mondiale de la santé ou le Programme des Nations unies ont pris part aux travaux, aux côtés de représentants des syndicats, d'entreprises ou de grandes ONG internationales. Ce processus relève de la gouvernance mondiale du développement durable. La dernière réunion qui s'est tenue à Copenhague en mai 2010 a mis la dernière main au texte qui a été mis au vote en août-septembre pour publication en décembre 2010.

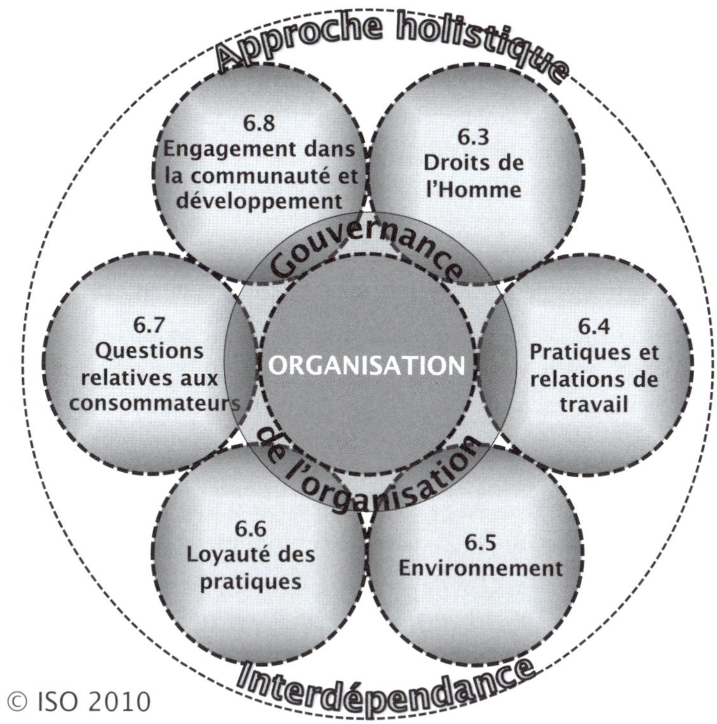

Figure 1 – Les 7 questions centrales de l'ISO 26000, lignes directrices pour la responsabilité sociétale des organisations

Le cœur du sujet À la recherche d'une plate-forme commune

Quelle est la portée de ce texte ? Il ne vise pas seulement les entreprises, mais tout type d'organisation, de toute taille et dans le monde entier. C'est une norme d'usage *volontaire*. Elle ne pourra servir ni pour des obligations légales ni pour une certification par tierce partie (contrairement aux systèmes de management).

Elle vise avant tout à établir une vision partagée et unifiée du champ de la responsabilité sociétale. Au nom de ce concept, des visions fort différentes servaient jusque-là de base à des interpellations de la société civile, des agences de notations, des systèmes de labellisation ou de certification. Ce foisonnement était un handicap à sa diffusion.

Cette négociation a permis le rapprochement de cultures et de visions diversifiées. Les syndicats ont accepté de se mettre sous l'ombrelle du développement durable à condition que l'on précise bien que le développement durable ne se limite pas à l'environnement mais inclut aussi la santé et le bien-être *(welfare)* de la société.

Deux modèles principaux de la responsabilité sociétale des entreprises s'opposaient. Un premier (plutôt porté par les Nord-Américains), qualifié de *contractualiste*, fondé sur une approche morale et les relations de l'entreprise avec les parties prenantes. Et un second modèle (plutôt porté par les Européens), qualifié d'*institutionnaliste* où les entreprises s'engagent pour le développement durable au-delà des obligations réglementaires. Le premier s'attachait à une rationalité procédurale, celle du comment et avec qui faire ? Le second à une approche substantive, ce qu'il faut faire et quelle performance atteindre ? Si l'on voulait déboucher, ces deux modèles principaux devaient s'enrichir mutuellement et s'hybrider.

Or une réflexion sur la responsabilité sociale des entreprises avait été menée en France dès 2000. L'Afnor avait piloté la rédaction de lignes directrices pour la stratégie et le management des entreprises en matière de responsabilité sociétale et de développement durable ; un texte connu sous l'acronyme de SD 21000[1]. Il avait débouché en 2003 sur une expérimentation dans toutes les régions de France au sein de plusieurs centaines de PME. Le modèle qui le sous-tendait intégrait à la fois des objectifs substantifs (en matière économique, sociale et environnementale) et procéduraux avec l'identification des parties prenantes et la prise en compte de leurs attentes. Ce modèle hybride testé sur le terrain a joué un rôle non négligeable dans la négociation de l'ISO 26000.

Traduit en anglais dès 2003, le SD 21000 était connu au plan international en 2005 au moment où débutaient les négociations à l'ISO. Il résolvait le principal clivage sur la RSE : substantif/procédural. Contrairement à d'autres pays où les délégations nationales étaient le siège de fortes tensions (entreprises, syndicats, ONG), la délégation française était fortement unie sur la base du SD 21000. Un engagement déterminé des membres de la délégation dans les instances de pilotage et de rédaction de l'ISO 26000 a fait le reste.

La responsabilité sociétale est la contribution des organisations au développement durable

L'ISO 26000 apporte une innovation : les normes internationales de comportements. Loin de considérer que le comportement des organisations doit être dicté par une morale immanente (le bien/le mal) ou par une négociation avec les parties prenantes, le texte considère les textes à vocation universaliste : Droits de l'Homme, Normes sur le travail, Conventions des Nations unies sur l'environnement… Ces textes sont écrits pour être traduits dans le droit national des pays qui les ont ratifiés, et ne s'appliquent pas *directement* aux individus et organisations mais peuvent définir des attentes vis-à-vis des comportements des organisations. Si le Pacte mondial proposait de développer quelques bonnes pratiques sur ces

1. Sous le code X30 021, la méthode de hiérarchisation des enjeux X30 023 utilisée dans l'expérimentation est en cours de révision pour faciliter la mise en œuvre de l'ISO 26000.

engagements sans en garantir l'application dans l'ensemble de l'entreprise, la 26000, elle, en fait le cœur.

Factuellement, l'ISO 26000 considère que la responsabilité sociétale est la contribution des organisations au développement durable, et qu'elle s'appuie sur sept principes : redevabilité , transparence, comportement éthique, respect des intérêts des parties prenantes, du principe de légalité, des normes internationales de comportement et des droits de l'homme. Les quatre premiers principes se rattachent au *modèle contractualiste* et les trois suivants au *modèle institutionnaliste*. Cette responsabilité sociétale s'applique à sept questions centrales : la gouvernance de l'organisation, les droits de l'homme, les relations et conditions de travail, l'environnement, loyauté des pratiques (contre la corruption), les questions relatives aux consommateurs et l'engagement dans la communauté et le développement.

Contrairement aux initiatives antérieures sur la responsabilité sociétale qui ciblaient les entreprises, l'ISO 26000 vise tout type d'organisation. Dans le cadre de la gouvernance internationale du développement durable qui implique l'ensemble des parties prenantes et tous les niveaux jusqu'au local, l'ISO 26000 apparaît comme une méthode pour organiser une contribution ascendante *(bottom up)* à la gouvernance internationale du développement durable sur des objectifs partagés. En permettant de construire la confiance et d'abaisser les coûts de transaction (tous les partenaires parlent le même langage et se réfèrent aux mêmes enjeux), l'ISO 26000 apparaît comme un élément pour construire des processus de coopération. Son application est volontaire, mais les avantages tirés de la coopération peuvent favoriser l'engagement.

Les enjeux — Un processus non figé

L'ISO 26000 apporte sans nul doute une innovation institutionnelle, mais son succès viendra de la qualité des réseaux et des processus qu'elle pourra initier. Un réseau francophone très actif lors de la négociation va s'impliquer dans cette mise en œuvre. Un dispositif de suivi sera mis en place sous l'égide de l'ISO, et un partenariat des Nations unies est même envisagé. Les interprétations qui en seront faites sont considérées comme une seconde négociation, en vue de la révision envisageable trois ans plus tard. Il s'agit plus d'un processus que d'un texte figé.

Lectures utiles

Le dossier de Médiaterre sur les étapes de la négociation ISO 26000 : *www.mediaterre.org/dossiers, 26000.html*

Chapitre 19

Comment faire entrer le développement durable dans la croissance et l'entreprise ?

Le développement durable : plus qu'un choix, une raison d'être

La crise est une correction sévère du système. Nous ne savons pas encore bien ce qui en sortira, mais elle sera transformante. Elle nous ouvre les yeux et les horizons. Elle dit que le vrai rythme de l'entreprise, c'est sa pérennité. Elle dit que sa vraie performance est autant dans sa façon de réussir que dans sa réussite elle-même. Elle fait émerger la vraie responsabilité des entreprises, environnementale, sociale et sociétale. Ce que nous appelons à La Poste le « développement responsable ».

Jean-Paul Bailly est président de *La Poste*.

La problématique — Une réussite doit profiter à toutes les parties prenantes

Ces vingt dernières années, la finance a pris le dessus sur l'économie. La cote en Bourse est souvent devenue le baromètre de la bonne santé des entreprises. Maximiser le retour sur investissement et la valeur pour l'actionnaire est devenu le critère essentiel. Ce phénomène a été aggravé par le « court-termisme ». Comme par exemple les normes IFRS[1], qui consistent à valoriser une activité au cours du marché du jour. Tout ceci est très porteur quand la croissance s'accélère, mais dangereux quand la tendance s'inverse. Tout a concouru à l'instabilité et à la volatilité du système. Et si nous reparlions de vision stratégique, d'enjeux globaux et de long terme ? En deux mots, de développement durable.

Aujourd'hui, près de 75 % des entreprises parlent de développement durable. Elles ont compris l'intérêt de l'approche et se la sont appropriée en construisant des démarches de progrès centrées sur quelques grands axes, quantifiables et mesurables. Dès 2003, j'avais la conviction qu'engager La Poste sur la voie du développement durable, c'était se doter d'un levier d'amélioration de son efficacité économique. Un levier sans lequel le développement durable ne peut gagner sa légitimité au sein de l'entreprise. Mais cette démarche va bien au-delà. Aujourd'hui, notre ambition pour 2015 repose sur une conviction : notre réussite doit respecter toutes nos parties prenantes et profiter à chacune.

Priorité client...

Je commencerai par le client. Le traiter avec considération, le conseiller dans son intérêt avant de penser au nôtre, et tenir un certain nombre d'engagements

1. Les normes internationales d'information financière, International Financial Reporting Standards, sont des normes comptables élaborées par le Bureau des standards comptables internationaux.

visibles comme « réduire le temps d'attente dans les 1 000 plus grands bureaux de Poste », c'est lui donner confiance et mériter sa fidélité durable. Nous montrer capables de fournir aux entreprises des solutions intégrées, mixant papier et numérique, est indispensable dans le contexte d'un courrier totalement ouvert à la concurrence ! Donner envie aux 287 000 postiers d'accompagner la transformation de l'entreprise en partageant sa réussite, c'est équitable et c'est vital. La Poste a eu longtemps des pratiques de contrats à durée déterminée et de temps partiel imposé, d'ailleurs critiquables. Désormais, nous privilégions la qualité de l'emploi, le développement des compétences et l'évolution professionnelle.

comme priorité salariés

Aujourd'hui, les salariés en CDD ne représentent plus que 3 % environ de l'effectif, la très grande majorité d'entre eux travaillent à temps plein et plus de 10 % des postiers ont été promus dans l'année ! Nous voulons faire du groupe La Poste un « employeur développeur » et nous sommes sur la bonne voie. L'une des spécificités de La Poste par rapport à toutes les entreprises est qu'elle vit au cœur de la société française et partage au quotidien ses enjeux. L'une de nos priorités est de donner de l'espoir dans les banlieues et nous continuerons à recruter des jeunes dans les quartiers.

Le cœur du sujet 60 000 véhicules, 1re flotte de France

L'avenir du groupe La Poste est aussi intimement lié à l'avenir des territoires où il est implanté. Nous avons nommé 21 délégués développement durable régionaux pour agir au plus près des réalités locales et avec les acteurs locaux et les appuyer dans leur démarche de développement durable. À titre d'exemple, La Poste met en place actuellement sur l'ensemble des territoires des plans de déplacements entreprise (PDE) qui incitent nos collaborateurs à privilégier les transports les moins coûteux et les moins polluants. Cette démarche volontaire est menée conjointement avec l'ensemble des parties prenantes locales : collectivités, autorités organisatrices de transport, partenaires sociaux...

Une évaluation DD des managers

Dans ce domaine comme dans tous les autres, rien ne se fera sans les postiers. La prise en compte du développement durable va leur permettre de saisir des opportunités nouvelles. En 2009, deux critères extra-financiers ont été intégrés dans l'accord d'intéressement des collaborateurs. Depuis 2010, des critères de développement responsable, aussi bien liés à l'environnement qu'à la non-discrimination et la promotion de l'égalité des chances, sont progressivement intégrés dans les modes d'évaluation des managers. C'est là un des moteurs du changement culturel que représente le développement durable.

Une implication concrète dans la lutte contre le changement climatique

J'ai gardé l'ouverture la plus large pour la fin, c'est encore plus d'implication dans la lutte contre le changement climatique. Pour cela, nous agissons de concert avec les opérateurs postaux européens et mondiaux. Ainsi, La Poste est l'un des membres fondateurs du programme de réduction des gaz à effet de serre des Postes européennes (GHG Réduction Program) lancé par PostEurop en 2007. Nous participons au Carbon Management Programme mis en place par IPC (International Post Corporation) qui rassemble 25 des plus grands opérateurs postaux dans le monde. Enfin, nous conduisons le groupe de travail développement durable de l'Union postale universelle.

À notre échelle, nous prenons des engagements ambitieux. Le groupe possède la première flotte de France : plus de 60 000 véhicules. Il possède aussi le plus grand parc immobilier de France avec près de 15 000 sites. Quand on sait que le transport et le bâtiment sont les deux principales sources de pollution d'émissions de CO_2, on ne peut que se sentir responsables. Nous voulons réduire de 12 % nos émissions de gaz à effet de serre d'ici à 2012.

Nous investissons massivement pour développer la filière des véhicules électriques. Le gouvernement nous a d'ailleurs missionnés pour faire émerger une demande importante de véhicules électriques qui permettra à cette industrie de se développer en France et en Europe. Le parc automobile de La Poste comptera à terme 10 000 véhicules électriques.

60 000 facteurs ont été formés à l'éco-conduite. Cette formation permet à l'entreprise de réduire ses émissions de CO_2 de 10 000 tonnes par an. Elle promet également une économie de 5 % en moyenne des consommations de carburant, ce qui représente plusieurs millions d'euros pour un groupe comme le nôtre. En outre, en adoptant une politique d'achats responsables ambitieuse, notamment en faveur du secteur protégé, nous encourageons aussi nos fournisseurs à adopter des pratiques plus responsables.

Les enjeux Valeur ajoutée contre profit

Le groupe s'engage également pour une utilisation plus responsable de la ressource papier. Nous visons 100 % de papier recyclé ou issu de forêts gérées durablement pour nos consommations internes en 2012. Nous développons dans le même temps une offre de produits et services plus responsable et sensibilisons nos clients aux valeurs de l'écrit et aux enjeux du média courrier.

Tous ces engagements nourrissent la confiance dans le groupe La Poste et stimulent au final sa performance. C'est le choix du groupe, et au fond, c'est sa raison d'être. Son objectif n'est pas de faire du profit à court terme, c'est de générer de la valeur ajoutée pour la société à long terme. La crise est dure, mais c'est une vraie occasion de changer le rôle de nos entreprises et d'inventer un système plus responsable et plus solidaire. Et si nous saisissions cette chance ?

Régulation des marchés et développement durable

La question de la régulation des marchés vient en tête de tous nos enjeux politiques. Tel n'eût pas été le cas si les acteurs concernés, publics et privés, avaient su prévenir ensemble les risques liés à la mondialisation désordonnée de la production et de la finance. L'autorégulation des entreprises s'est abîmée dans les excès, les inégalités et l'irresponsabilité collective. La réponse urgente est dans l'adaptation du management « au monde qui vient ».

Patrick d'Humières est président de l'Institut RSE Management.

La problématique Un modèle révolu, l'autorégulation

Nous venons de vivre plusieurs décennies d'un consensus entre la communauté économique et politique au cours desquelles l'autorégulation des entreprises fut considérée comme la meilleure relation aux marchés, tant qu'elle rapportait plus qu'elle ne coûtait. Cette période s'est nourrie de son efficacité indiscutable. Mais les excès, les inégalités et l'irresponsabilité collective en sont venus à bout. Au point qu'on se prend à rêver aujourd'hui d'une « organisation mondiale » de la finance, d'une gouvernance universelle du climat, d'une mutualisation de la santé publique planétaire, etc., aux côtés d'une libéralisation des échanges qui ne reconnaît que les avantages compétitifs des pays. Mais qu'on ne s'y trompe pas : le temps n'est pas venu où l'Organisation mondiale du commerce (OMC) acceptera des barrières sociales et environnementales, et où le monde multipolaire se ralliera à des protections qui n'intéressent que les pays riches confrontés au maintien de leur rente.

La RSE, défi européen

L'adaptation du management « au monde qui vient » consiste en une transformation du « modèle marketing lessivier » qui a formaté des générations de dirigeants, vers ce qu'on appelle la « responsabilité sociétale d'entreprise » (RSE) qui apporte une logique d'offre et de fonctionnement plus en phase avec les attentes de la société. La RSE intègre les technologies innovantes pour aller dans le sens du découplage des ressources utiles, de l'équité attendue, d'une plus grande accessibilité aux produits et d'un respect constructif de la légalité. Cette révolution du management, qui a commencé à travers quelques leaders qui ont su en faire un avantage concurrentiel, est le défi des Européens pour faire valoir une identité économique positive face au modèle court-termiste d'outre-Atlantique. Lequel concentre les critiques, à juste titre. La France détient une vraie carte à jouer dans ce sens, tant elle a la possibilité de se montrer exemplaire dans une gestion plus sociale et plus environnementale de l'économie. Or, elle s'y emploie, sans le valoriser vraiment.

Ce n'est pas une question de coût car ces préoccupations s'intègrent progressivement, se négocient et génèrent des gains importants. C'est essentiellement un enjeu *culturel* pour accepter en amont les messages de la société et rechercher une régulation optimum de son activité, au lieu de la tordre pour se créer des avantages indus et contestés. En acceptant d'étudier objectivement le fonctionnement optimum des marchés et de travailler à leur corégulation avec les acteurs publics et les parties prenantes, les entreprises donneront un vrai sens à leur démarche de responsabilité sociétale et se créeront des contextes de développement plus stables et plus équitables.

Le cœur du sujet Nouvelles donnes

Faute d'une telle évolution, la relation entre les États et les grandes entreprises ne cessera de se tendre. Leur puissance met en danger les États à faible gouvernance au profit d'une logique de marché qui favorise dangereusement le dumping social et environnemental au travers d'un va-et-vient de localisation et délocalisation de la production. Mais les échecs de l'autorégulation obligent les États à devoir entrer directement dans l'arène de la régulation, confrontés qu'ils sont à des enjeux nouveaux et cruciaux, du réchauffement climatique à la raréfaction des ressources naturelles, en passant par la réduction nécessaire des inégalités et l'accès attendu aux biens publics.

Les entreprises internationales au rendez-vous de la mondialisation

Deux phénomènes simultanés, au cœur de la mondialisation des échanges, font avancer inéluctablement les exigences de responsabilité à l'égard des entreprises internationales. D'une part, les pays émergents ne veulent pas voir leurs nouveaux fleurons à l'exportation mal référencés et leurs économies dévalorisées. D'autre part, en dépit de la crise, les populations des pays développés continuent d'exiger des acteurs économiques des pratiques socialement acceptables, au sens large, et ne sont pas prêtes à concéder des « régressions » en termes d'impact sur la santé, l'environnement ou les droits humains. S'ajoute à ces tendances la démonstration apportée depuis quelques années par des entreprises occidentales leaders qui ont su transformer en avantage concurrentiel des pratiques de responsabilité avancées, dans les zones dites « à faible gouvernance » notamment.

RSE : à la recherche des bons « deals »

La RSE fait son chemin un peu partout dans le monde. Elle trouve son sens en tant qu'engagement volontaire d'une entreprise pour modifier son offre et son fonctionnement en prenant en charge un intérêt collectif qui va dans le sens du développement durable. Mais la force de cette démarche réside dans le contrat passé avec les acteurs publics ou les ONG pour garantir à cette initiative sa crédibilité et sa portée.

Il est naïf d'espérer avant longtemps que l'OMC multiplie les « exceptions sociétales » au libre-échange. Reste donc une seule voie, pragmatique, favorable au rééquilibrage des contraintes sociales et environnementales, celle du Contrat de progrès État-entreprise, autour d'objectifs d'intérêt commun. C'est ce que propose la RSE en créant les conditions d'un *deal* volontaire en lien avec la société. *La RSE des années 2010 sera l'organisation de contrats de collaboration économique entreprise-société, dans le cadre d'une régulation collective vers un modèle global plus* « durable ».

Entre la loi déficiente et le marché surpuissant, un espace pour la régulation publique, notamment des enjeux nouveaux, dans les zones sensibles, peut-il voir le jour ? C'est la question fondamentale à laquelle la nouvelle RSE doit répondre, pour aider à réduire *la course au dumping social et environnemental dans l'organisation des échanges internationaux.* Ce qui suppose que l'État et la société y trouvent aussi leur compte, à travers la correction d'externalités et un apport positif qui ne verrait pas le jour autrement et qui peut justifier des contreparties claires.

Les enjeux — Un modèle en devenir, les contreparties aux entreprises

Deux conditions vont influencer l'utilisation de la RSE dans les relations économiques internationales entre les entreprises, les États et la société. Il faut d'abord que le *mécanisme de reconnaissance de l'effort de l'entreprise* permette à celle-ci d'affirmer son offre sous sa marque, ou de bénéficier d'un régime fiscal ou d'une contrepartie, réglementaire ou commerciale. La fiscalité et la tarification sont les seuls bons outils qui relient les marchés et l'intérêt général. Il faut que *les systèmes de contrôle des démarches RSE parviennent à objectiver les situations et à les comparer, afin de mesurer la réalité des progrès accomplis.* Il peut s'agir de certification des données, d'attestation des démarches, d'évaluation des pratiques. Les obligations, comme en France, au Danemark, au Brésil, d'afficher dans les comptes des indicateurs de performance sociétale, facilitent ce contrôle, en attendant que le mouvement en faveur d'un *one report* aboutisse.

Réguler sans affecter la croissance

Si l'on considère ces éléments, on peut imaginer à terme que les États concèdent aux « entreprises responsables » une réduction négociée de l'impôt sur les sociétés pour tenir compte de leur engagement mesuré et vérifié en faveur du développement durable local. Cette disposition aurait le grand avantage de justifier une application réelle et homogène de l'IS dont on sait qu'il est largement contourné et réduit par les stratégies d'optimisation fiscale sous toutes les latitudes. Soit nous modifierons, contraints et forcés, nos comportements économiques, sous les effets des crises à venir, prédictibles, soit nous saurons trouver des mécanismes de régulation des marchés qui ne s'opposent pas à la croissance ni à la diffusion des progrès. L'intérêt d'une gestion fiscale qui tiendrait compte de la contribution responsable des entreprises est un outil à considérer.

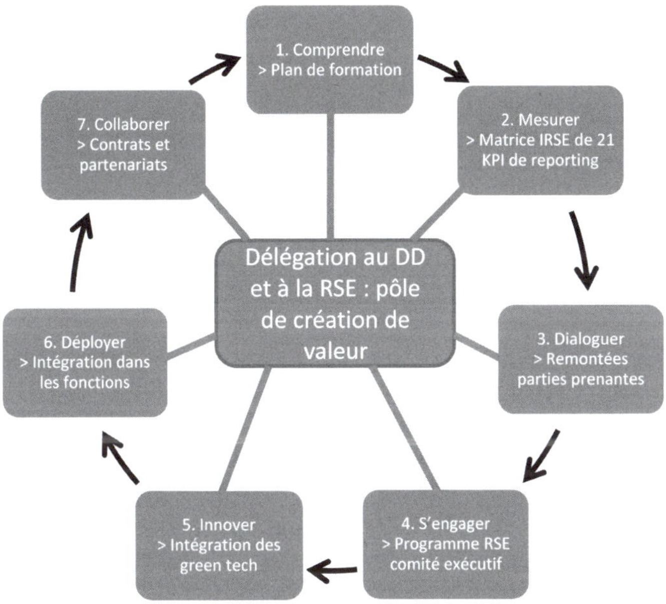

Figure 1 – Les sept étapes d'une démarche RSE

Lectures utiles

Le développement durable va-t-il tuer le capitalisme, Patrice D'Humières, Maxima, 2010.

À retenir

20 % des entreprises françaises répondent correctement à la loi de Nouvelle régulation économique (source : rapport ministériel, www.developpement-durable.gouv.fr/IMG/pdf/bilan_public_4sept09_version_SGG_cle72991f.pdf.

RH : les défis d'une fonction clé des entreprises

La réponse aux enjeux de développement durable place les entreprises face à de nouveaux défis. La fonction RH est au cœur de ces mutations, en tant qu'artisan de la professionnalisation et du changement de culture.

Agnès Rambaud est associé fondateur du cabinet Des enjeux et des Hommes.

La problématique Une fonction entièrement bouleversée

Cette fonction des ressources humaines demande des mutations de pratiques et de comportements professionnels (le corps social détient un rôle clé car il « conditionne » la performance globale en s'y impliquant ou en la refusant). Elle est au cœur de ces mutations, en tant qu'artisan de la professionnalisation et du changement de culture.

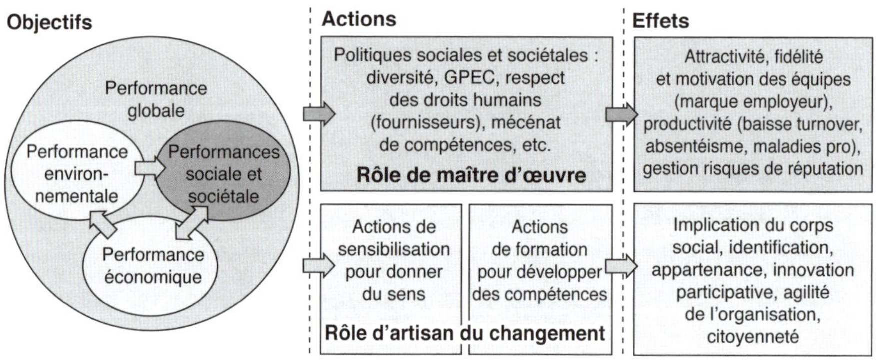

Figure 1 – L'implication des RH dans la performance globale
© Des enjeux et des Hommes

Faire évoluer les politiques sociales et sociétales

Les pratiques de GRH (recrutement, gestion prévisionnelle de l'emploi et des compétences, formation…) sont directement impactées par les évolutions démographiques (évolution de la pyramide des âges, vieillissement de la population), les dysfonctionnements sociétaux (chômage, exclusion, handicap…) ou les enjeux de mondialisation (épidémies, inégalités sociales, atteintes aux droits humains). De fait, elles ont été le théâtre de nombreux bouleversements ces vingt dernières années.

- *Une responsabilité élargie : L*es parties prenantes sont de plus en plus attentives aux pratiques sociales des entreprises. Elles les interpellent sur leurs impacts (directs ou indirects) sur le patrimoine commun, vont jusqu'à sanctionner les pratiques qu'elles jugent irresponsables (à l'image de la chute du cours de Bourse de Nike lié au travail d'enfants, de Saint-Gobain avec les impacts de l'amiante sur les salariés, de Mattel lors du scandale des jouets toxiques contenant des phtalates).
- La cartographie des parties prenantes a considérablement évolué avec l'apparition de nouveaux acteurs comme avec l'affirmation du rôle des anciens. Les DRH sont ainsi exposés aux pressions…
- *du législateur* qui multiplie les directives, de la simple incitation à l'obligation réglementaire (à l'exemple du renforcement de la loi handicap de 2005, de la loi sur l'emploi des seniors applicable au 1er janvier 2010) ;
- *des initiatives* (soft laws) *et référentiels de bonnes pratiques* qui élèvent le niveau d'exigence : Pacte mondial, charte de la Diversité, label Diversité, label Parité, GRI, charte de la parentalité… ;
- *des ONG* qui ont structuré leur action, renforcé leurs approches sectorielles (voir les rapports des Amis de la Terre sur les banques, sur les compagnies d'assurance, etc.). Et qui n'hésitent pas à pratiquer le *name and shame* (je nomme et je dénonce), y compris sur les aspects sociaux (*cf.* Clean Clothes Campaign) ;
- *des élus et acteurs territoriaux*, engagés dans des démarches de responsabilité, qui attendent des acteurs économiques qu'ils accueillent des contributions (exemple, le rôle d'employeur local) ou qui, à l'inverse, jouent un rôle d'amplificateur lors de conflits sociaux ou de délocalisation d'activité ;
- *des agences de notation et des investisseurs* (en particulier les fonds de pension de retraite ou les fonds souverains orientés sur le long terme) qui intègrent graduellement la gestion du capital humain dans l'appréciation de la valeur extra-financière des entreprises et qui excluent parfois des entreprises de leurs fonds sur des critères sociaux ;
- *des clients* qui sont de plus en plus sensibles aux conditions sociales de production des produits et services qu'ils acquièrent ;
- *des salariés et leurs représentants* qui n'hésitent plus à manifester leurs attentes comme leurs insatisfactions (en témoignent les baromètres sociaux, le *whistle-blowing*, etc.) et qui trouvent avec Internet et les réseaux sociaux de nouvelles caisses de résonance pour leurs récriminations (se souvenir des déclarations de salariés sur Facebook ou la grève sur Internet des salariés d'IBM Italie) ;
- *des candidats* de plus en plus soucieux de l'image de leur futur employeur et attentifs aux nouveaux enjeux sociaux comme l'est par exemple l'équilibre vie professionnelle/vie personnelle (se reporter à l'enquête Universum publiée chaque année dans *Le Monde*).

Ces pressions constituent des facteurs de risque nouveaux.

Le cœur du sujet De nouvelles pratiques et des voies de création de valeur

Ces pressions mêmes conduisent les DRH à prendre en compte, en parallèle des sujets traditionnels (salaires et classifications, conditions de travail, hygiène et sécurité, formation, mobilité), de nouveaux sujets : égalité des chances et traitement non discriminatoire, engagement citoyen, équilibre vie professionnelle/vie privée, gestion du stress et bien-être au travail, employabilité, valeurs et éthique des affaires, lutte contre la corruption, marque employeur, gestion des droits humains chez les fournisseurs, prise en compte des dimensions interculturelles dans des groupes internationalisés.

Elles les amènent à revisiter leurs pratiques et à se doter de nouveaux outils (consultation et concertation, gestion prévisionnelle de l'emploi et des compétences (GPEC), codes d'éthique des affaires) et de mettre sur pied de nouveaux dispositifs : mécénat de compétences, insertion, recours au secteur adapté, reporting au-delà du bilan social.

Elles offrent aux DRH des occasions de créer de nouvelles synergies (avec les salariés et leurs représentants comme avec d'autres directions fonctionnelles) pour adresser des questions qui demandent des approches partenariales.

Elles sont enfin des opportunités de repositionner la fonction en conseil stratégique auprès des instances de direction.

Quelques exemples essentiels

- La diversité : l'entreprise, reflet de la société. La société dans laquelle les entreprises opèrent est un lieu de diversité (ethnies, genres, religions, opinions politiques et syndicales, nationalités, langues, origines sociales, états de santé…). La prise en compte de cette dimension dans les politiques RH répond à l'exigence de ne pas créer de décalage avec l'environnement. Trouver des réponses au recrutement des personnes handicapées, harmoniser les grilles de rémunération hommes/femmes, favoriser l'intégration de minorités culturelles oblige à repenser les processus RH classiques (un exemple avec l'ANPE et sa « Méthode de recrutement par simulation » qui consiste à recruter sans CV sur la base de tests d'aptitude adaptés au poste à pourvoir). Sur ce point, le challenge du DRH est de parvenir à une *entreprise inclusive* qui reflète la diversité sociale dans laquelle cette entreprise évolue.
- *Une véritable gestion prévisionnelle de l'emploi et des compétences (GPEC) :* la prise en compte du capital humain amène les DRH sur le champ de l'innovation sociale : développement de référentiels de compétences, formation tout au long de la vie, dispositif de Droit individuel à la formation (Dif)… Il s'agit pour l'entreprise responsable d'aider les collaborateurs à se positionner comme

acteurs clés de leur employabilité. Cette perspective s'applique à la gestion des départs : trouver des alternatives au licenciement économique (essaimage, temps partiel) et accompagner le départ en retraite des seniors (vers une seconde carrière ?).

- *Développer des politiques de rémunérations équitables :* une gestion plus responsable des salariés demande un dialogue, une transparence et une créativité renforcée entre les partenaires, notamment sur les modes de rémunération. Les moyens d'action des DRH sont nombreux : prime individuelle sur les résultats, prime collective sur les bénéfices de l'entreprise, intéressement et participation, plan d'épargne entreprise, actionnariat d'entreprise…
- *Favoriser le bien-être et l'épanouissement des salariés :* intégrer les enjeux de développement durable à la fonction RH, c'est aussi répondre aux aspirations des salariés de plus en plus en quête d'équilibre entre vie professionnelle et vie privée, sujet de prédilection en particulier de la génération Y qui arrive sur le marché du travail. Des dispositifs existent mais sont trop souvent inexploités : télétravail, congé individuel de formation, congé parental, congé solidaire, mécénat de compétences… Même si les avancées restent timides en France, on remarque un engagement certain des entreprises dans la prévention du stress et des risques psychosociaux. Il s'agit, en amont, de réduire les sources potentielles de stress : organisation et management à l'écoute des salariés, services à la personne (garde d'enfant, conciergerie d'entreprise…) et, en aval, de soutenir les personnes en difficulté (soutien psychologique, aménagements des conditions de travail…).
- *Partager les exigences sociales avec les fournisseurs et sous-traitants :* une des responsabilités des entreprises est de garantir le respect des droits humains fondamentaux chez ses fournisseurs et sous-traitants (se reporter aux conventions de l'OIT sur le travail des enfants, le travail forcé, etc.). Ce qui implique un vrai travail d'équipe entre les responsables achat-*supply chain* et la RH pour structurer une politique qui va de la charte sociale fournisseurs à la réalisation d'audits sociaux et la mise en œuvre de plans d'actions correctives. Autres tendances constatées, la signature d'accords internationaux avec des représentants syndicaux pour garantir les droits sociaux dans toutes les implantations de l'entreprise et chez tous ses sous-traitants, et l'implication d'ONG défendant les droits de l'homme (comme FIDH, Amnesty International…) gage d'une évaluation externe de l'application de ses accords.

Les enjeux Accompagner le changement de culture

Si les salariés sont largement informés des enjeux de développement durable *via* les médias (Grenelle, Copenhague), le sujet reste complexe, jargonneux et anxiogène. S'ils perçoivent les risques qui pèsent globalement sur les grands équilibres économiques, sociaux, environnementaux, ils manquent de visibilité sur les conséquences attendues pour leur entreprise et leur emploi : sommes-nous concernés ? Mon job est-il menacé ?

La mise en place d'actions de sensibilisation au développement durable est une occasion de répondre aux interrogations du plus grand nombre, de partager des repères, de rassurer sur la réputation de l'entreprise, sur son devenir, sur son droit d'opérer, en montrant en quoi elle est concernée et comment elle entend agir de façon responsable.

L'engagement dans des démarches RSE (Responsabilité sociale de l'entreprise) donne un supplément de sens au projet d'entreprise. Il lui ajoute des valeurs inspirantes et consensuelles pour le corps social. Il renforce la fierté « d'appartenance ». Autant d'atouts bienvenus dans un contexte de désaffection.

Il convient pour les DRH de s'assurer de développer en interne…

- la capacité à comprendre les enjeux de RSE : dans l'absolu, pour le secteur et pour l'entreprise (actions de sensibilisation) ;
- les conditions d'intégration de la RSE dans les stratégies, pratiques, processus, métiers et compétences (organisation, programmes de formation, systèmes de management RH) ;
- le changement de culture (nouveaux modes de gouvernance, vision globale et long terme, ouverture aux parties prenantes).

La recherche d'un modèle de développement plus responsable passe par la remise en cause des schémas conventionnels des relations sociales et demande une véritable mutation de la fonction RH. Elle constitue pour les partenaires sociaux une opportunité de transformation du dialogue social.

Lectures utiles

La responsabilité sociale des entreprises : un levier de transformation du dialogue social, ORSE, 2009, et *Répertoire sur les pratiques d'égalité professionnelle entre les hommes et les femmes dans les entreprises*, 2009, www.orse.org

RH et développement durable – une autre vision de la performance, B. Calisti, F. Karolewicz, 2005.

HALDE, *Résultats des enquêtes sur l'égalité dans l'entreprise*, 2008.

Ministère de l'Économie et Vigeo, *Recueil des bonnes pratiques seniors*, 2009.

La mobilisation des équipes pour le développement durable, Comité 21 et Des enjeux et des Hommes, 2009.

Les pratiques d'égalité professionnelle entre les hommes et les femmes dans les entreprises, www.egaliteprofessionnelle.org

Achats : pourquoi et comment y intégrer le développement durable ?

La prise en compte des enjeux développement durable dans les politiques et les processus achats est encore récente. Il s'agit d'un sujet nouveau pour les acheteurs à intégrer au cœur des processus déjà en place sur le modèle de l'intégration de l'approche qualité dans les années 1980. Mais quel en est l'intérêt réel et comment mettre en place un tel programme au sein d'une organisation ? Des leviers d'actions existent.

Sylvain Lambert est associé responsable au sein du département développement durable de PricewaterhouseCoopers.

La problématique — Achats : un levier d'action prépondérant

Depuis les années 1980, la fonction achats est considérée comme stratégique au sein des organismes. Garante de la qualité des produits et services achetés, elle représente aussi un centre de profit dont le potentiel de rentabilité est élevé.

Le poids de la fonction achats dans les organisations est ainsi de plus en plus prépondérant. Elle accompagne le mouvement de recours accru à la sous-traitance et à l'externalisation. Les dépenses annuelles de 1 500 milliards d'euros des administrations publiques européennes en produits et services représentent ainsi 16 % du PIB de l'Union européenne, et les achats des entreprises industrielles correspondent en moyenne à 60 % de leurs chiffres d'affaires.

Parce qu'elle devient une fonction clé au sein des organisations, ses responsables se retrouvent d'autant plus confrontés à des problématiques de développement durable et à l'impérieuse exigence d'intégrer les préoccupations socio-économiques et environnementales au cœur des processus d'achat. On parle alors de la mise en place de programmes et de pratiques d'achats responsables ou durables.

Une prise de conscience récente

Jusqu'en 2004/2005, les programmes achats responsables sont quasi inexistants et l'approche se limite tout au plus à l'audit RSE (Responsabilité sociale des entreprises) des fournisseurs. Aujourd'hui, la prise de conscience est beaucoup plus largement partagée. Le baromètre HEC-Ecovadis 2009 auprès d'un panel de dirigeants achats européens confirme la tendance observée depuis quelques années : celle qui place les « achats responsables » comme la troisième priorité des dirigeants « achats » et indique que cet objectif est considéré comme « critique » ou « important » par 90 % d'entre eux.

Des moyens jusque-là limités à la protection du risque d'image

Aujourd'hui, eu égard aux scandales encore récents de mauvaises pratiques sociales et environnementales chez leurs fournisseurs susceptibles d'affecter durablement la valeur des organisations, l'approche des entreprises est encore essentiellement axée sur la maîtrise des risques, au travers par exemple de l'élaboration de chartes, codes de conduite et questionnaires à destination des fournisseurs, et sur la gestion des contraintes réglementaires de plus en plus importantes.

Le cœur du sujet Créer de la valeur en intégrant le développement durable aux achats

Trois types de bénéfices sont liés à la mise en place d'une démarche achats responsables : réduire les coûts, réduire les risques et générer des revenus supplémentaires.

Réduire les coûts

Le développement durable est un levier essentiel pour réduire le coût complet ou coût total de possession (TCO). Au-delà du coût d'achats, le coût complet intègre les coûts logistiques, d'utilisation et de fin de vie d'un produit, y compris l'éventuelle valeur tirée du bénéfice des ventes des matières usagées.

La mise en place d'une telle approche laisse augurer des gains financiers élevés, mais elle suppose d'identifier préalablement les catégories d'achats pour lesquelles ces gains sont les plus significatifs et les plus facilement accessibles. On pourra alors envisager une baisse des coûts opérationnels et de la consommation au travers, par exemple, de la baisse des coûts de maintenance ou des consommations d'énergie et de papier. En outre, une telle approche va engendrer un changement de spécification/technicité dans les cahiers des charges de certains produits (réflexion par exemple autour du suremballage).

Réduire les risques

La gestion du risque réglementaire et du risque d'image est un élément essentiel dans la mise en place d'une approche « achats responsables ». Récemment, de grandes marques internationales ont fait face à des coûts de mise en conformité et à une perte de leur valeur boursière en raison de pratiques condamnables de leurs fournisseurs.

Zoom

Exemples de coûts liés à une absence de gestion des risques RSE sur la *supply chain*

- Mattel, fabricant de jouets : plus de 20 millions de jouets rappelés au cours de l'été 2007 pour non-conformité (peintures à base de plomb, aimants mal fixés). Des poursuites judiciaires ont été engagées par un groupe d'actionnaires et 110 M$ ont été dépensés en frais de rappel et campagnes de communication. Le cours de l'action a chuté de 20 % en 2007.
- Gap, fabricant de vêtements : dénonciation de nombreuses violations du droit du travail chez les sous-traitants de Gap au cours des années 1990. En 2004, Gap lance un audit social auprès de tous ses fournisseurs qui le conduit à résilier plus de 130 contrats. Mais en octobre 2007, la presse révèle que des sous-traitants indiens de l'entreprise font travailler des enfants et Gap décide d'annuler le lancement de sa nouvelle collection enfants (plusieurs dizaines de milliers d'articles retirés des magasins).
- Palm, fabricant de produits électroniques : en juillet 2006, le Palm Treo 650 est retiré du marché européen car les fournisseurs impliqués ne respectent pas la directive ROHS sur les substances dangereuses. Le coût de retrait de l'ensemble des appareils du marché avoisine les 120 millions d'euros.

Pour contrôler au mieux ces risques, les entreprises en viennent à réaliser une cartographie des risques de leurs fournisseurs en vue d'identifier les moins fiables d'entre eux, les évaluer et suivre spécifiquement les plans d'amélioration mis en place sur le terrain. Pour établir cette liste de fournisseurs à risque, il est nécessaire de croiser un certain nombre d'informations, en particulier : destination finale du produit (clients/interne), volume d'achats, enjeux sociaux et environnementaux liés à la fabrication, zones géographiques d'implantation et part des achats concernés dans le chiffre d'affaires du fournisseur.

Générer des revenus supplémentaires

On remarque que les consommateurs sont de plus en plus sensibles à la prise en compte de la dimension environnementale et sociale dans leurs actes d'achats. Ainsi, la stratégie d'approvisionnement et le développement de nouveaux produits s'établiront sur la base de l'exploitation des innovations environnementales des fournisseurs. Elle va créer une distinction des produits de la firme et aider à gagner de nouveaux marchés, comme dans le cas de la voiture hybride de Toyota (avant les rappels de masse dus à un défaut de montage) ou de la peinture de marquage routier de Prosign, éco-conçue à partir de coquilles d'huîtres. Le développement de solutions et de produits éco-innovants s'appuyant sur une stratégie de *sourcing* en phase avec les attentes actuelles des consommateurs paraît donc constituer un enjeu de plus en plus prépondérant pour les entreprises.

Les enjeux Les principaux défis pour les entreprises candidates à la mise en place d'un tel programme

Sensibiliser

Le sujet du développement durable n'est en général pas familier aux acheteurs. Attachés en premier lieu à gérer le prix, la qualité et les délais, ils ne comprennent pas toujours bien l'utilité de prendre en compte la dimension durable. Il est donc nécessaire de sensibiliser, de former et de proposer des outils pratiques aux acheteurs pour faciliter l'intégration du développement durable tout au long du processus achats.

Déployer

Dans la phase de déploiement, il s'agit de prendre en compte l'intégration des critères de développement durable tout au long des principales étapes du processus achats : politique, stratégie familles, analyse du besoin, élaboration du cahier des charges, gestion du panel fournisseurs, appels d'offres, sélection, contractualisation, exécution du contrat et évaluation.

Le déploiement doit également s'entendre au-delà du département achats en assurant le lien avec les clients internes des acheteurs dont le rôle sera déterminant dans l'intégration du développement durable dès la définition des besoins et des stratégies d'achats par familles de produits.

Repères

Achats verts, solidaires ou responsables ?

- **Achats verts** : prise en compte dans les politiques et processus achats des caractéristiques environnementales des produits (en considérant l'ensemble du cycle de vie) et de la politique environnementale des fournisseurs (modes de production, SME, participation à des initiatives sectorielles/internationales).
- **Achats solidaires** : développement des achats auprès du secteur protégé et adapté du secteur de l'insertion par l'activité économique et du commerce équitable. Le secteur protégé ou adapté comprend notamment les entreprises adaptées (EA) et les établissements et services d'aide par le travail (ESAT).
- **Achats responsables ou durables** : notion qui englobe les thèmes précédents et qui prévoit l'inclusion de critères sociaux, éthiques et économiques dans la politique et les processus achats, en plus des caractéristiques environnementales et de la promotion de relations de long terme avec les fournisseurs.

Mesurer

S'il est important de mesurer en interne le suivi des actions mises en place, l'enjeu est avant tout d'en mesurer l'efficacité. La réalisation d'audits sur le terrain a-t-elle réduit significativement l'exposition aux risques réglementaires et d'image ? L'organisation est-elle capable de chiffrer les économies réalisées par catégories d'achats en coûts complets ? Il existe encore aujourd'hui un besoin criant de mise au point et de renforcement de tels indicateurs de performance.

Pour répondre à ces défis, il paraît de plus en plus établi qu'un responsable, voire toute une équipe, soit dédié au thème des achats responsables et qu'il puisse prendre en main le sujet au sein des directions des achats.

Lectures utiles

Les achats durables : un levier essentiel de la sortie de crise ? Livre blanc fondé sur le Baromètre HEC/Ecovadis 2009 et sur des entretiens avec vingt et un directeurs achats européens.

Norme Afnor sur les lignes directrices pour l'intégration des enjeux du développement durable dans la fonction achats.

La commande publique régionale au service du développement durable : production de recommandations illustrées par des retours d'expériences, février 2008, Comité 21.

Achats et développement durable, Comité 21, éditions Afnor, 2005.

Rapport sur les achats publics durables dans le cadre du Comop n° 4 du Grenelle de l'environnement, 2008.

Répertoire « *Achats et développement durable* », Orse, 2007.

Collection of statistical information on Green Public Procurement in the EU Report on data collection results, PricewaterhouseCoopers et Ecofys.

Unchaining Value Innovative approaches to sustainable supply, Sustainability, Unep, Global Compact.

Circulaire du Premier ministre du 3 décembre 2008 sur l'exemplarité de l'État au regard du développement durable dans le fonctionnement de ses services et de ses établissements publics.

Sites web de référence : *Plateforme Buy and Care*, www.buy-and-care.com, *Green Public Procurement*, http://ec.europa.eu/environment/gpp/index_en.htm

Marketing : de l'urgence de sa traduction dans le développement durable

Si l'entreprise a mis en place une démarche développement durable, celle-ci n'est pas toujours traduite dans la fonction marketing ni l'offre. Or, le marketing se doit de traduire de façon concrète l'engagement de l'entreprise dans son offre produit et sa façon de la concevoir. C'est la preuve de la volonté de l'entreprise de faire évoluer son marché. Pourquoi les choses ne vont-elles pas plus vite ?

Élizabeth Pastore-Reiss est fondatrice et directrice d'Ethicity.

La problématique — Marketing de l'offre

Les services marketing sont guidés par leurs clients, les marchés, les études. Mais aujourd'hui la demande reste faible. Il faut donc oser imaginer un marketing de l'offre…

La définition d'un produit durable n'existe pas, force est d'innover. Il s'agit d'oser, d'innover, d'anticiper pour que, avec la volonté de s'attaquer aux enjeux majeurs, le produit ou service rencontre son public. Il n'y a donc pas de règle toute faite mais des règles de conception de produit/service à établir afin d'aider chaque marketeur à se placer dans un cadre de conception nouveau. Pas simple, car les jeunes chefs de produits sont toujours façonnés selon les « 4 P » : Prix, Produit, Promotion, Place (distribution), avec une obligation de résultats dans un espace-temps assez court car la rotation des équipes est rapide et la pression des résultats à court terme forte.

Comment faire ?

Le cœur du sujet — Neuf règles pour intégrer le développement durable

Penser client, vraiment

Quels sont les réels besoins non satisfaits ? Un produit durable doit apporter un plus au consommateur et un double bénéfice : d'abord pour lui mais aussi pour la planète. Un produit durable est d'abord un produit qui dure, de bonne qualité.

Il s'agit de rassurer sur le bénéfice : 27,4 % des Français seulement considèrent qu'un produit durable est de meilleure qualité qu'un produit classique[1].

Revenir à l'essentiel

La base : chercher dans les gènes des marques et des produits ce qui fait réellement leur raison d'être et leur légitimité pour le consommateur. Il s'agit ensuite de travailler sur les enjeux majeurs du produit ou du service afin d'approfondir ses points forts et de réduire ses impacts. Le résultat devra être pertinent, accessible et visible sur le point de vente.

Réfléchir en cycle de vie et non plus de façon linéaire

R&D, achats, production, marketing, vente… Pour cela, créer des groupes de travail transversaux. On conçoit un produit de façon circulaire en analysant son cycle de vie environnemental et social et en cherchant à minimiser ses impacts. De nouveaux paramètres sont introduits : son poids carbone, son recyclage en fin de vie, et l'on cherche demain à faire en sorte que les déchets deviennent la matière première d'un nouveau produit… La créativité ne se limite pas aux équipes marketing, elle naît de l'intelligence collective et de la vue globale du produit. Faire simple, c'est compliqué !

Vouloir l'éco-socio-conception

Intégrer la réduction des impacts environnementaux et l'optimisation sociétale dans la conception tout en créant une économie durable du produit, c'est l'enjeu. Nous sommes dans un marketing du *process*. Ce qui va intéresser le consommateur, c'est que le produit acheté possède le meilleur rapport qualité/usage/modes de production possible. Il veut des preuves objectives et accessibles de ses impacts, qu'il ait été fabriqué autrement. 74 % des Français veulent plus d'informations sur le produit (garantie environnementale de production, origine des matières premières, impact sur la biodiversité, lieu de fabrication[2]…).

Co-construire avec les parties prenantes

En amont de la conception, intégrer les attentes des parties prenantes (ONG sur les matières premières, experts externes sur les *process*, associations familiales sur les enjeux majeurs liés au produit ou à son usage…). Pendant la vie du produit, échanges grâce aux sites internet pour enrichir les fonctions, l'usage…

---

1. Étude Ethicity/AM 2010, *www.ethicity.net*
2. Étude Ethicity, *op. cit.*

Du plus au mieux, voire au moins

Difficile pour les équipes habituées à ajouter des options, des fonctions, à alourdir plutôt qu'à alléger, à imaginer dans le « plus », les lots, les réductions. Avant, on ajoutait des options et on augmentait le prix (exemple type : les options pour les voitures). On raisonnait coût d'achat. Devant l'augmentation, là aussi inéluctable, des coûts d'usage, de maintenance, on commence à penser en coût global d'usage. C'est une autre façon de raisonner, aussi bien en interne que pour les réseaux de vente et les consommateurs... Il s'agit d'essayer le *moins*, le retour à la fonction, et de réinterroger en profondeur la fonction de ce que l'on vend. En 2010, 47 % des Français déclarent *consommer comme d'habitude, mais avoir cherché à remplacer certains des produits par des produits plus durables ou acheter moins et privilégier des produits durables*[1].

Passer du produit à l'usage

Cette autre façon de penser débouche sur un modèle économique différent : ce qui compte, et de plus en plus, c'est l'accès (le Vélib, par exemple), notamment grâce à Internet. Partout, le multicanal est déjà notre quotidien[2], c'est le début, *via* les applications des *smartphones*, d'un accès à l'information qui devra se montrer permanent afin d'optimiser nos modes de vie (transports, santé, usage des produits...). Créer une relation basée sur des valeurs partagées et qui apporte de la valeur d'usage est la meilleure façon de fidéliser et d'enrichir la relation avec ses clients.

Séduire et faire ressentir !

Aujourd'hui, on vit l'expérience du produit dans des lieux décalés ou symboliques, de façon ludique. Ce qui compte, c'est aussi le lien que crée le produit ou le service, la proximité avec les personnes qui sont derrière est essentielle, on se sent « relié ». C'est pourquoi l'on se montre très sensible à une production en direct du producteur, locale. Le contact se crée aussi sur l'humain. Créer de l'empathie donne la fierté de porter ce produit, et le client devient ambassadeur (par exemple, les chauffeurs de taxis « verts » sont très fiers de vous parler de leur Prius hybride).

Se crée ainsi une nouvelle dynamique partagée et porteuse de sens qui aide au passage à l'acte de la volonté de contribuer du consommateur. 40 % de la valeur des marques est aujourd'hui liée à leur identité développement durable[3].

1. Étude Ethicity, *op. cit.*
2. Communication de messages reliés entre eux par leur contenu, leur charte visuelle et promus par plusieurs canaux de communication (TV, radio, presse, Internet...).
3. Étude Euro-RSCG.

Innover et oser

Améliorer et faire évoluer ce qui existe est la clé, mais créer de la rupture dans les modèles est l'enjeu. Ce qui passe par la mise en place de processus d'innovation, immersion *out of the box* des équipes, expérience terrain des impacts, *learning expeditions*[1], expérimentations, erreurs, même, sont à encourager…

Les enjeux « Prospérer sans croître »

Nous vivons une crise des représentations et du besoin d'un nouvel imaginaire de l'individu et de son rapport au sens et au temps. Il s'agit d'accueillir une remise en cause profonde de nos modes de vie pour accompagner au mieux un équilibre durable entre croissance économique des entreprises, découplage de la consommation de ressources, et emploi. Il faut aider au mieux les équipes marketing en les dotant des outils professionnels (conduite du changement, aide à la décision), nécessaires à leur mutation.

Au cœur de la stratégie des entreprises, le marketing retrouve ainsi tout son sens noble. Il est capable d'initier une nouvelle dynamique d'offre de modes de vie et de consommation porteuse de profonde métamorphose. Il s'agit d'un modèle où l'on doit inventer comment *prospérer sans croître* (Nicolas Hulot). Il y a là un potentiel de nouveaux services : une opportunité !

Le marketing, les ventes, la promotion sont des fonctions clés dans l'entreprise pour contribuer au changement car la membrane entre l'externe et l'interne et ses équipes relève d'une culture de l'écoute et de l'anticipation, et une efficacité commerciale reconnue et indispensable. Nous sommes en transition entre un modèle marketing des 4 P (Produit, Promotion, Prix, Place – distribution) aux 4 E (*Experience, Everyplace, Exchange, Empowerment* – Expérience, Partout, Échange, Responsabilisation).

Zoom

Des 4 P aux 4 €

	Hier	**Aujourd'hui**	**Demain**
Prix	Produit	Coût global	Exchange
Produit	Linéaire	Circulaire	Experience
Place	Unique	Accès	Everyplace
Promotion	Plus	Autrement	Empowerment

1. Voyages d'étude encadrés ; la plupart du temps une équipe de spécialistes organise et anime pour les salariés d'une entreprise une série de rencontres d'entreprises et de sessions de travail.

Lectures utiles

Le marketing durable, Élizabeth Pastore-Reiss, Eyrolles, 2006.

Le guide du développement durable en entreprise, Isabelle Querne, Patrick Widloecher, éditions d'Organisation, 2009.

À retenir

20 % de consom'acteurs en France.

36 % des Français pensent qu'un produit de consommation responsable doit être respectueux de l'environnement (lors de sa fabrication ou lors de son usage).

26 % des Français pensent qu'il doit être fabriqué localement afin de favoriser le développement de l'emploi au plan local.

24 % des Français pensent qu'un produit responsable doit respecter les divers intervenants dans la production (petits producteurs, salariés).

26 % des Français sont prêts à louer des biens de transport personnel (voiture, vélo).

88 % des Français sont prêts (dont 33 % tout à fait d'accord) à changer leurs comportements pour préserver la biodiversité.

Communication : pour une performance environnementale

La prise en compte de la performance sociale et environnementale des actions de communication est une pratique émergente dans les agences et dans les départements de communication des annonceurs. À l'échelle du secteur, les impacts indirects (ceux des messages et moyens utilisés) jouent un rôle nettement plus important que les impacts directs (ceux de la vie de bureau), et sont plus complexes à appréhender et difficiles à changer.

Alice Audouin est la présidente de COAL, la coalition pour l'art et le développement durable.
Elle est directrice du développement durable d'Havas Media France.

La problématique — Ce que l'on attend désormais de la publicité

Le mouvement de « responsabilité sociétale » dans le secteur de la communication repose sur une collaboration inédite avec des experts du développement durable *via* la création de directions du développement durable jusqu'ici inexistantes. Face à la montée des enjeux du développement durable et à la demande des parties prenantes, le secteur de la publicité est désormais amené à identifier ses enjeux sociaux et environnementaux et à agir. L'utilisation croissante d'Internet apporte des enjeux inédits, tels que l'impact sur le réchauffement climatique de la consommation énergétique des serveurs, ou encore le respect des cibles fragiles et de la vie privée. Dans un contexte social national davantage publiphobe, les parties prenantes, de plus en plus diverses et nombreuses (professionnels de la santé, élus, organisations environnementales, associations de consommateurs, anti-publicité, etc.) expriment des attentes croissantes vis-à-vis de la publicité et de ses pratiques, notamment en termes de régulation.

Le cœur du sujet — La communication responsable

L'intégration du développement durable dans le secteur de la communication, comme dans tous les secteurs, passe par l'écoute des attentes des parties prenantes, la prise de conscience et la diminution de ses impacts sur l'environnement et la société, et des engagements sociaux, environnementaux et de gouvernance allant au-delà des dispositifs juridiques existants.

La communication responsable, dans une définition « idéale », s'exerce à trois niveaux :

- les moyens de communication, en utilisant des messages et des supports de communication responsables ;
- les cibles de la communication, en s'adressant à des consommateurs citoyens et responsables réceptifs au développement durable ;
- la finalité de la communication, en promouvant un mode de vie durable et des produits et services responsables.

Impacts sociaux et environnementaux de la communication

Zoom

Les enseignements majeurs de l'étude Publicité et environnement*

- L'environnement en tant que thème de communication continue sa progression dans l'univers publicitaire avec 1 % des visuels diffusés à 6 % en 3 ans. Si l'on constate une hausse du recours à l'argument écologique, les taux de manquement *(cf. infra)* sont, eux, divisés par deux entre 2006 et 2009.
- Sur 988 messages publicitaires environnementaux diffusés au cours du 1er semestre 2009, 90 % respectent les règles en vigueur, 7 % font l'objet d'un classement en « réserve », et 3 % sont classés en « manquement », pour non-respect flagrant et sérieux des règles en vigueur.

* Réalisée conjointement par l'Ademe et l'Autorité de régulation professionnelle de la publicité (ARPP), 2009.

Selon qu'ils concernent l'entreprise, l'action de communication ou ses effets, les impacts impliquent un nombre variable d'acteurs. Les impacts liés au fonctionnement de l'agence sont plus faciles à prendre en main par l'agence elle-même. Ceux liés à l'action de communication entraînent de nombreux fournisseurs. Quant à l'impact des *effets* de l'action de communication, il concerne encore plus d'acteurs – en particulier l'annonceur – en raison des caractéristiques du produit promu. Plus les impacts se font indirects, plus nombreux sont les acteurs et plus complexes les effets à maîtriser. Pour le secteur de la communication, le progrès en matière de développement durable dépend donc de sa capacité à fédérer les annonceurs, les agences et les fournisseurs dans une démarche commune d'intérêt général. Les initiatives de l'Uda, l'AACC et l'Udecam[1], sur le développement durable, sont un premier pas dans cette direction.

Les impacts liés au fonctionnement des agences de communication

Les impacts environnementaux correspondent, entre autres, à l'empreinte carbone des déplacements de chaque collaborateur, à la consommation énergétique des bâtiments, aux matériels (chauffage, climatisation, TIC, etc.) et aux ressources utilisés (eau, papier...), etc. Les impacts sociaux soulèvent, eux, les questions de la rémunération, de la gouvernance, le recours aux stagiaires, les pratiques de discrimination et d'égalité des chances, la place du dialogue social, les conditions de travail et de santé, etc.

1. Respectivement, Association des agences conseils en communication interactive, Union des annonceurs, Union des entreprises de conseil et d'achat médias.

Les impacts liés à l'action de communication

La fabrication et la production de la communication produisent des impacts liés au choix du support, aux sous-traitants mandatés, etc. Les impacts nés de l'influence des messages sont de nature sociétale. Ils dépendent de l'objet du message, de la taille et de la nature de la cible, du degré de répétition des messages, etc. Les supports publicitaires à leur tour entrent dans l'analyse avec l'exposition des enfants aux messages publicitaires, la densité des messages, la pollution visuelle et sonore, la protection de la vie privée, etc.

Pour évaluer les impacts des moyens utilisés, le secteur possède des outils, les écocalculateurs. Le plus avancé est copublicité, développé par l'Ademe, Écobilan-PwC-Havas Media-LVMH, reposant sur une méthode d'analyse de cycle de vie. Sur le seul critère du CO_2, cet outil mesure l'impact de campagnes médias. Une très grande campagne sur Internet ou en presse écrite va émettre par exemple jusqu'à 200 tonnes de CO_2.

Les impacts liés à l'efficacité de la campagne

Il s'agit ici de l'impact social et environnemental des ventes additionnelles générées par l'action publicitaire. Cette fois, un bilan positif ou négatif de ces ventes s'élabore à partir d'une moyenne d'impact par catégorie de produit. Ainsi, sur un critère d'émissions de CO_2, la vente additionnelle d'une voiture électrique sera jugée positive, celle d'un 4×4 négative.

Zoom

À propos du *greenwashing*...

Le *greenwashing*, ou écoblanchiment consiste à transmettre au public des informations qui sont – dans le fond et dans leur expression – une présentation erronée des faits et de la vérité, dans le but d'apparaître socialement et/ou écologiquement responsable, et en tirer des bénéfices aux yeux d'un public ciblé. Le *greenwashing* a été dénoncé dès la fin de l'année 2006, au moment où les publicités utilisant des arguments « verts » se multipliaient. Il est aujourd'hui mieux surveillé par l'ARPP qui a modifié ses « recommandations sur le développement durable ». La façon la plus efficace de l'éviter est de s'appuyer, au sein des agences de création, sur des spécialistes du développement durable. Ainsi, chez BETC, la présence d'un responsable du développement durable, Loïc Fel[1], a permis de résoudre en grande partie le danger de dérive.
Selon *greenwashingindex.com*, il existe cinq critères d'évaluation de l'écoblanchiment :
1. la pub jongle avec les mots afin de nous faire croire en un aspect écologique qui en réalité n'est pas ; 2. la pub utilise des images associées à l'environnement dans le seul but de paraître écologique ; 3. la pub présente un fait ou un slogan flou nous laissant croire à un bénéfice environnemental ; 4. la pub exagère la qualité ou le rendement écologique de son produit/entreprise ; 5. la pub camoufle des faits importants instaurant le doute et la confusion chez le consommateur.

1. Voir sa contribution portant sur l'esthétique verte, chapitre 21.

Lectures utiles

La communication responsable, Alice Audouin, Anne Courtois, Agnès Rambaud, Eyrolles, 2009, réédition 2010.

À retenir

7 tonnes de CO_2 : impact de la diffusion d'une campagne publicitaire à la télévision.

Petits pas durables pour PME

En matière de gestion durable, le défi n'est pas mince puisqu'il s'agit pour un patron d'entreprise petite et moyenne d'intégrer les réalités sociales et environnementales comme des objectifs à part entière. Une vraie révolution intellectuelle ! Ni confortable ni simple. Le principe pour s'y atteler est alors double. D'une part, démythifier le concept de gestion durable, d'autre part, assurer un passage en douceur vers la durabilité.

Pierre Biélande est universitaire, économiste, journaliste,
rédacteur en chef adjoint d'une revue informatique.

La problématique De la coupe aux lèvres...

L'anecdote vaut d'être contée. Elle concerne une société de consultance fort connue qui, très récemment, dans le cadre de pratiques de sa politique de durabilité, décida de proposer à ses salariés une voiture parmi les moins consommatrices de carburant. L'objectif ? Diminuer son impact CO_2. Louable, non ? Son choix se porta sur la Mini. Dans sa motorisation diesel, elle offre une consommation normalisée absolument record : 3,9 l/100 km et 104 g/km de CO_2. Tout allait donc aller pour le mieux dans le meilleur des mondes, sauf que… sauf que les jeunes salariés de cette société s'en donnèrent à cœur joie. Ils devinrent de vrais pilotes sportifs de ces petits joujoux. Et le résultat finit par tomber. En lieu et place d'une diminution de la consommation globale de carburant, elle avait augmenté. Ce cas de figure, bien réel, est révélateur d'un phénomène classique : la confiance que les acteurs économiques – mais pas eux seuls – placent dans les solutions technologiques pour faire face à la problématique environnementale. En oubliant, au passage, qu'au cœur de cette transformation résident l'homme et ses comportements. Le recours à la solution technologique aurait cette vertu essentielle de ne pas nous amener à modifier ces mêmes comportements. Logique, car s'il est bien une chose difficile, c'est de changer ses représentations de la réalité et ses comportements…

Il est plus facile de modifier les processus d'une entreprise et les comportements associés en cinq ans qu'en un !

Durable doux

Premier point : la démythification. Derrière les termes abscons de gestion durable ne se cache qu'une réalité bien tangible pour la PME : 1) améliorer les processus de production des biens et services ou 2) améliorer les biens ou les services eux-mêmes. Dans quel sens ? Pour l'essentiel en gardant en tête qu'en termes économiques, le produit ou le service soit toujours aussi performant si pas plus qu'avant.

Mais surtout, et c'est là la spécificité du durable, en agissant de telle sorte que l'impact environnemental du produit (du service) ou des processus soit moindre, et que les équipes qui travaillent dans et pour l'entreprise le fassent dans des conditions optimales en tenant compte des réalités économiques.

Même réduit ainsi à ses objectifs, le programme reste vaste. Alors, existe-t-il des recettes ? Oui et non ! Oui, car des outils offrent de progresser sur l'ensemble des fronts économique, social et environnemental. Exemple ? Le *Guide to Instruments of Corporate Responsibility*[1] propose des dizaines de normes de certifications susceptibles d'emmener l'entreprise dans le bon sens (normes ISO ou certifications EMAS ou SA 8000, par exemple).

Non, car chaque entreprise fonctionne avec ses spécificités, son patron, ses facilités, ses connaissances et ses compétences et… ses freins. Se lancer dans le durable, quand on ne dispose que de peu de ressources pour le faire, passe par la manière douce.

Le cœur du sujet La démarche pas à pas

La démarche dite des « petits pas » n'est guère « ronflante » comme appellation, mais elle exprime bien son propos : on agit à son rythme, par petites touches, en travaillant sur une thématique à la fois. L'objectif : se créer une culture de la durabilité et introduire les changements en douceur… Ce n'est généralement qu'en « phase 2 » – après avoir goûté et apprécié les petits plats – que l'on s'attaque à la complexité, accompagné par des spécialistes de la question. Indispensables : ils savent ce qui a fonctionné et… ce qui a échoué chez les autres.

Lors de cette première phase de pas à pas, il s'agit donc de mettre en œuvre des actions selon trois critères : 1) obtenir un impact sur l'un des deux autres aspects de la durabilité (social, environnement) ; 2) disposer des ressources nécessaires (*know-how*, temps, éventuellement finances) ; et 3) d'une maîtrise correcte de l'action. Ce premier pas se doit d'être simple afin d'assurer une première réussite. Autre avantage d'un choix simple, il ne provoque pas (trop ?) de raidissement, n'utilise pas de ressources trop importantes, teste la capacité de la direction à initier un projet « inhabituel » et celle des équipes à le réaliser.

Des actions à dimension sociale, parfois les plus nécessaires, sont toujours plus complexes à mettre en œuvre et présentent l'inconvénient de se révéler difficilement mesurables. Des objectifs comme « favoriser l'intégration des communautés » ne reposent que partiellement sur une chaîne de mesures à prendre. La complexité des relations humaines, les difficultés inhérentes aux modifications comportementales interdisent de prévoir le résultat de l'adoption des mesures *ad hoc*. À l'instar d'une mayonnaise, il ne suffit pas de combiner les ingrédients les uns après les autres pour la réussir. La sagesse préconise donc plutôt un choix à caractère environnemental.

---

1. www.pensionsatwork.ca/english/pdfs/conference_2005/goel_guide_to_instruments.pdf

Les enjeux Tiercé durable : gestion des déchets, mobilité, économies d'énergie

Parmi la trentaine de thématiques exploitables, trois se retrouvent traditionnellement en tête des préoccupations des entreprises : gestion des déchets, mobilité, économies d'énergie. Elles sont chargées de symbole, relativement aisées à initier et à gérer et, surtout, elles pourraient très vite s'avérer rentables. Du tri des déchets (papier, électronique, etc.) à leur valorisation, une entreprise de construction a commencé son processus par ce type d'action. Aujourd'hui, les travailleurs trient tout l'inutilisable : verre, plaques de plâtre, fraction PMC (plastiques-métaux-cartons à boissons), tubes en silicone, papier et carton, résine synthétique, etc. En tout, 32 catégories ! Certains types de déchets passent dans une presse mécanique pour obtenir des volumes plus faciles à transporter (désormais, un seul conteneur de déchets par mois au lieu de cinq). Tous les autres types de déchets prennent une destination spécifique. Une firme enlève gratuitement certains résidus valorisables, les pots de peinture vides sont pressés et servent de combustible pour les fours à cimenterie. Le plastique souple est racheté 170 euros la tonne, etc. Il a suffi de six mois pour réaliser la conversion et former les collaborateurs à acquérir de nouvelles habitudes.

Mobilité et énergie se traduisent par toute une série de choix : parc automobile renouvelé en voitures hybrides à basse consommation, employés incités à l'usage du vélo, des transports en commun et du covoiturage, achat d'électricité verte, puits de lumière au sein des bâtiments, dispositif d'éclairage hautement efficace piloté par des capteurs de lumière du jour, chauffage au sol relié à une chaudière au gaz à condensation à haut rendement… Petite liste non exhaustive, mais qui donne une idée de ce qu'il est rapidement possible d'envisager et qui démythifie la gestion durable. Pour que le choix se révèle aussi économique qu'intelligent, ne retenez que celles qui offrent un retour sur investissement inférieur à trois ans.

Des petits pas limités

Les petits pas ne sont toutefois pas la panacée. La démarche souffre de ses qualités. Approche par thématique, elle n'est que partielle. Il arrivera toujours un moment où le choix des actions à entreprendre devra se concevoir dans le cadre d'une approche stratégique globale avec éventuellement ses nouveaux produits, ses nouveaux designs, ses nouveaux modes de production, ses déménagements, ses nouveaux fournisseurs, ses nouveaux marchés… Il faudra alors choisir et planifier un ensemble d'actions et de thèmes et les gérer avec le risque de devoir décider d'un investissement similaire lorsqu'un plan d'action global sera élaboré (ex. mobilité, bâtiment). Autre aspect qui, à terme, risque de devenir encombrant : la dispersion des efforts, surtout en temps. Une approche holistique et stratégique, plus longue à concevoir, générera en revanche une optimisation des ressources. Ce que « le petit bout de la lorgnette » ne favorisera pas.

Zoom

Tableau des thématiques d'action

- Achats durables
- Bien-être au travail
- Biodiversité
- Bonne gouvernance
- Commerce équitable
- Développement des compétences
- Dialogue avec les parties prenantes
- Dialogue avec les riverains
- Diversité
- Droits de l'homme
- Économies d'énergies
- Égalité des chances
- Lutte contre la discrimination
- Énergies renouvelables
- Environnement
- Fournisseurs
- Implication dans la communauté
- Innovation
- Lutte contre la pauvreté et intégration
- Lutte contre le travail des enfants
- Mobilité
- Multiculturalité dans l'entreprise
- Participation des salariés
- Promotion des femmes dans le management
- Qualité du dialogue social
- Recyclage des déchets
- Recyclage des eaux usées
- Relation avec le client
- Santé
- Sécurité au travail
- Sous-traitants
- Traçabilité

Lectures utiles

L'entreprise verte : Le développement durable change l'entreprise pour changer le monde, Élisabeth Laville, Village Mondial, 2006.

La responsabilité sociale de l'entreprise, Michel Capron et Françoise Quairel-Lanoizelée, La Découverte, 2007.

Le management durable. Du concret pour réussir ensemble, Chronique Sociale, 2004.

The Committed Enterprise, Hugh Davidson, Butterworth-Heinemann, 2002.

Les indicateurs financiers du développement durable, Paul de Backer, Éditions d'Organisation, 2005.

Développement durable : l'intégrer pour réussir : 80 PME face au SD 21000, Karen Delchet, Afnor, 2007.

Responsabilité sociale de l'entreprise : faut-il enchaîner Prométhée ?, Philippe de Woot, Economica, 2004.

À retenir

2 650 000 PME en France, soit :

14,3 millions de salariés ou gérants ;

¼ des effectifs des PME regroupé dans des entreprises de moins de 10 salariés ;

58 % des entreprises de moins de 10 salariés recyclent les déchets, contre 9,8 % pour les entreprises de 11 à 50 salariés.

Les entreprises privilégient les actions qui n'induisent pas de coûts à la mise en place comme le recyclage (72,9 % des PME) et la réduction de la pollution. Il en va de même pour la réduction de l'impression (80,7 %) et la consommation d'énergie (86,4 %).

Sources : enquête de mars 2010 Pixmania-pro.com et Axiatel.com, CGPME, Insee.

Finance responsable : elle gagne du terrain !

ISR, ESG, PRI, autant de sigles mystérieux pour ceux qui ne pratiquent pas encore la finance responsable. Quasi inexistante, il y a une dizaine d'années, elle se décline en critères extra-financiers : Environnementaux, Sociaux et de Gouvernance (ESG), Investissement Socialement Responsable (ISR), enfin Principes pour l'Investissement Responsable (PRI) des Nations unies. Voyage au cœur d'une nouvelle approche du financement des entreprises.

Anne-Catherine Husson-Traore est directrice générale de Novethic.

La problématique Savoir de quoi l'on parle

La finance responsable est aujourd'hui devenue quasiment un secteur, avec ses compétences spécifiques et ses référentiels. Actions, obligations, monétaire, non coté, immobilier, tous les types d'investissement sont concernés même si l'ISR est surtout développé pour les actions de grandes entreprises cotées (les fonds ISR disponibles en France représentent 3 % des encours investis dans des OPCVM, soit 43 milliards d'euros). Pour intégrer une dimension extra-financière à la gestion, il faut disposer d'une analyse adaptée. Les grandes entreprises cotées, mais aussi d'autres organisations, tout comme les États et les collectivités territoriales, sont évaluées sur une batterie de critères extra-financiers (impacts environnementaux, émissions de CO_2, respect des droits humains, gouvernance…). Ces grilles d'évaluation sont bâties à partir de référentiels adaptés aux secteurs concernés : un groupe pétrolier n'a pas les mêmes problématiques environnementales et sociales qu'une banque ou un distributeur.

Ce type de recherche, en évolution et développement constants, est principalement proposé par des agences de notation extra-financière comme Vigeo ou Ethifinance en France, mais aussi des courtiers fournisseurs d'études *ad hoc* à leurs clients. Leur rôle, par exemple, sera de classer les constructeurs automobiles mondiaux en fonction de leur capacité à faire face aux nouvelles régulations sur les émissions de CO_2 des véhicules produits et de l'évolution de la demande des consommateurs.

On parle en outre d'Investissement Socialement Responsable (ISR) pour caractériser des fonds qui sélectionnent des entreprises sur des critères extra-financiers.

Quant aux Principes pour l'Investissement Responsable (PRI) des Nations unies, ils rassemblent plus de 600 investisseurs internationaux détenant ensemble plus de 20 000 milliards de dollars d'actifs qui se sont engagés à intégrer des critères ESG dans la gestion de leurs actifs et à faire la promotion de cette nouvelle approche.

Zoom

Un label ISR pour les épargnants

La plupart des épargnants français ignorent l'existence des fonds ISR alors que tous les réseaux bancaires et assurantiels disposent d'au moins un produit de ce type, voire d'une gamme entière.
Pour les aider, Novethic a lancé, en septembre 2009, un *label ISR*. Ce label, le premier du genre en Europe, garantit que 90 % des actifs du fonds qui l'a obtenu ont fait l'objet d'une analyse Environnementale, Sociale et de Gouvernance couvrant les trois thématiques, que le processus de gestion extra-financière soit expliqué avec pédagogie et transparence sur les sites internet qui en font la promotion, qu'un *reporting* extra-financier régulier et de qualité soit réalisé parallèlement au reporting financier et enfin que les promoteurs du fonds publient l'intégralité des lignes en portefeuille : 92 fonds ISR, distribués en France, ont obtenu ce label en 2009.

Le cœur du sujet Les grands défis

En plein essor, la finance responsable demeure une démarche pionnière. Même si la crise financière, amorcée en 2007, lui a donné un nouvel élan, il reste encore beaucoup de choses à construire pour qu'elle devienne une pratique dominante.

- Première difficulté : les investisseurs sont encore loin d'avoir à disposition des données extra-financières fiables et homogènes sur les entreprises dont ils sont actionnaires. Il n'existe aucun référentiel réglementaire, à commencer par les émissions de gaz à effet de serre. L'une des premières missions des investisseurs responsables est donc d'essayer d'obtenir ces informations sur un périmètre qui s'étend aujourd'hui de grandes capitalisations productrices de rapports de développement durable à des petites entreprises non cotées, en passant par des obligations d'État de la zone euro. Pour cela, ils s'efforcent d'agir auprès des compagnies *via* des coalitions dédiées qui leur donnent plus de poids. Le Carbon Disclosure Project, né en 2000, est aujourd'hui la principale source de collecte des données sur les émissions de gaz à effet de serre des entreprises dans une soixantaine de pays. Il a permis d'obtenir, par exemple, pour la première fois en 2009, des données de Gazprom, le géant pétrolier russe. Les initiatives des diverses associations mondiales d'investisseurs institutionnels sur le changement climatique, qui ont publié des référentiels sectoriels listant les informations dont ils ont besoin pour apprécier la stratégie ESG des entreprises, constituent une autre source. Il existe déjà trois référentiels : un pour le secteur des producteurs d'énergie, un autre pour les constructeurs auto, et un dernier pour le pétrole et le gaz.
- Deuxième difficulté : les producteurs d'analyse extra-financière doivent disposer de moyens suffisants pour fournir aux investisseurs qui sont leurs clients une recherche extra-financière approfondie et de qualité sur des entreprises éclatées : présentes dans des dizaines de pays, elles comptent des dizaines de milliers de collaborateurs et leurs métiers sont de nature très variée. Pour faire face à ces besoins et affronter la crise, plusieurs agences de notations extra-financières ont fusionné en 2009. Ces rapprochements préfigurent peut-être

l'émergence d'une analyse extra-financière plus uniforme, produite par une demi-douzaine d'agences de taille significative, sur le modèle de la notation financière.

- Troisième difficulté : l'ISR est encore un marché de niche, dominé par quelques grands investisseurs institutionnels dont l'horizon de gestion est à moyen-long terme. Or pour qu'il joue un rôle clé et recrée du lien entre l'économie réelle et la gestion financière, pour qu'il ramène les arbitrages de long terme sur le devant de la scène, il doit se déployer à grande échelle. Ce qui suppose que les investisseurs particuliers le plébiscitent pour placer leur épargne et que les grands investisseurs institutionnels dont le montant très élevé d'actifs offre un véritable effet de levier, intègrent progressivement les critères ESG dans l'ensemble de leurs pratiques.

Les enjeux Une finance responsable une fois réunifiée

On est encore loin de ce scénario même si de nombreux signes témoignent de la généralisation de ce type d'approche. Au sein des sociétés de gestion des grands groupes de banques et assurances s'est progressivement développée une expertise ISR confiée, au départ, à des analystes et gérants spécialisés. Progressivement, cette source d'information est mise à disposition de l'ensemble des gérants. Nombreuses sont aujourd'hui les maisons qui ont intégré les notes extra-financières à leurs tableaux de bord généraux. Elles permettent déjà d'acculturer ceux qui ne jurent que par des ratios financiers même si, *in fine*, les choix d'investissement sont toujours dictés par les mêmes indicateurs. Bloomberg et Thomston Reuters, deux des plus grands fournisseurs de données financières mondiaux, ont annoncé, au dernier trimestre 2009, mettre désormais à disposition de leurs clients des données extra-financières. Une autre initiative participe du même mouvement : un groupe d'investisseurs sous l'égide des Principes pour l'Investissement Responsable fait campagne auprès des places financières pour qu'elles obligent les entreprises cotées sur leurs marchés à fournir systématiquement des données extra-financières et à soumettre au vote annuel de leurs assemblées générales leur politique de développement durable.

En moins de dix ans, la finance responsable a conquis un terrain tout à fait considérable compte tenu du scepticisme dont elle faisait l'objet au démarrage. Mais il lui reste l'essentiel à accomplir : confondre dimension financière et extra-financière pour que les paramètres ESG soient examinés sur le même plan et avec le même impact que les critères financiers, partout et par tous.

Lectures utiles

Le site de Novethic : www.novethic.fr
www.unpri.org
www.eurosif.org
www.officiel-isr.org

À retenir

50,7 milliards d'euros : marché de l'ISR français fin 2009.
Près de 300 fonds ISR disponibles en France.
3 % des encours investis dans des OPCVM sont ISR.
92 fonds labellisés ISR par Novethic en 2009.

Le poste de directeur (ou responsable) du développement durable

Quand ont dû se créer les directions de développement durable, on y a fait glisser à leur tête des ex-directeurs de la communication plutôt seniors. Ainsi, les deux tiers des directeurs de développement durable en poste dans la première partie des années 2000 provenaient de la fonction communication. Au regard des nécessités qu'impliquent une véritable politique de développement durable, tout cela, heureusement, a rapidement évolué. Même si dans cette discipline, qui est d'abord un changement de comportements, un savoir-faire en matière de communication reste assurément un plus.

Patrick Widloecher est conseiller du président-directeur général et du délégué général du groupe La Poste pour le développement responsable, et déontologue du Groupe.
Isabelle Querne est directrice d'Hebdo DD, synthèse hebdomadaire du développement durable dans les médias.

La problématique Portrait-robot d'un « couteau suisse »

Qu'il semble loin le temps, en 2003, où l'on pouvait lire dans un quotidien économique français (*La Tribune*) que le poste de directeur du développement durable était « *un placard doré pour directeurs de la communication* »... En effet, comme le principal travail du directeur du développement durable dans les débuts – c'est-à-dire, en gros, après le vote au Parlement en 2001 de la loi NRE des Nouvelles régulations économiques – était de publier quelques informations sur ce que faisait son entreprise en la matière, agrémenté d'un tableau comprenant quelques indicateurs, beaucoup de chefs d'entreprise avaient alors trouvé tout naturel de confier cette responsabilité à la direction qui gérait déjà la publication du rapport annuel d'activités, le plus souvent la communication, et d'installer benoîtement, dans un premier temps, la nouvelle fonction au sein même de cette direction. Tel n'est donc plus le cas.

Prouver que le développement durable crée de la valeur

Avec une équipe en général plutôt réduite, le directeur du développement durable coordonne la mise en œuvre de la stratégie et du plan d'actions, anime son réseau de contributeurs au sein de l'entreprise, propose des pistes et des actions au reste de l'entreprise. N'oublions pas aussi le travail de veille et de *benchmark* à organiser en amont, le *reporting* pour mesurer les avancées et rendre compte des engagements pris, l'identification des inerties et des éventuels reculs et prendre ensuite les décisions adéquates pour accentuer la démarche ou redresser la situation. Bien sûr, il lui faut répondre aux questionnaires de plus en plus nombreux envoyés par les agences de notation sociale, les investisseurs, les clients. Ce directeur et son équipe doivent aussi, dans certains cas, contribuer aux réponses aux appels d'offres avec l'œil du développement durable, voire donner l'avis du développement durable sur les grands projets de l'entreprise ou participer à la construction d'offres nouvelles de produits et services en intégrant des critères de développement durable, le « marketing responsable ».

À l'externe, il valorise, avec le service communication, les actions développement durable de l'entreprise et/ou celles enrichissantes et qui portent valeur d'exemples, sans oublier les axes de progrès ; à l'interne, avec le service formation et toujours la communication, il développe les nécessaires actions de sensibilisation en direction des cadres et du personnel.

Parmi ses missions nouvelles, le directeur du développement durable peut aussi prendre en charge les dossiers éthique et déontologie ou un travail de relations avec les investisseurs, notamment si son entreprise est cotée. Il sera sans doute aussi de bon conseil pour les questions relatives à l'innovation technologique ou sociale.

Reste, pour le directeur du développement durable, à effectuer au quotidien un travail plus « politique » : prouver qu'avec le développement durable, on crée de la valeur pour l'entreprise, on améliore son efficacité économique, financière et sociale.

Le cœur du sujet Plus généraliste que technicien

Le développement durable n'est pas véritablement un métier. Ce sont surtout de bonnes pratiques qui irriguent l'ensemble des fonctions de l'entreprise. Le poste de directeur ou de responsable développement durable est donc, sauf cas très particulier, moins un poste de technicien qu'un poste de généraliste. Plutôt bon stratège, il est capable de traiter avec un bon sens politique la transversalité des trois piliers du développement durable. Il n'est nul besoin, par exemple, d'être un gourou de l'environnement ou un orfèvre en droit social pour réussir. Certes, pour dresser un bilan carbone ou mener une analyse de cycle de vie d'un produit, il vaut mieux disposer de connaissances techniques. Mais elles sont disponibles chez un(e) adjoint(e) recruté(e) sur le marché ou à la sortie des formations qui existent aujourd'hui, généralement de haut niveau (bac + 4 ou + 5). Novethic a, par exemple, recensé près de 200 formations initiales en développement durable et plusieurs dizaines de formations continues.

Comment s'entoure-t-il(elle) ?

Parmi les meilleures, celles de l'université de Versailles Saint-Quentin-en-Yvelines, qui a fourni ces dernières années d'excellents ingénieurs en économie de l'environnement aux grandes entreprises démarrant un processus développement durable, ou du pôle universitaire Léonard de Vinci à Nanterre avec son MBA spécialisé *Marketing & développement durable* ou encore de Skema Business School avec son MS *Management stratégique du développement durable* depuis… 2003.

Il est également possible de faire appel à des consultants spécialisés pour résoudre les problèmes techniques. Les grands cabinets de consultants (Ernst & Young, PricewaterhouseCoopers, Deloitte, AT Kearney, etc.) disposent tous d'importantes structures ou savoir-faire dédiés au développement durable. Il existe aussi des structures plus petites mais très performantes. On pensera ici à des agences comme Ethicity (très réputée pour le marketing responsable, mais pas seulement), Utopies, O_2 France, Be Citizen ou, pour la conduite du changement, Des Enjeux et des Hommes.

Quant aux multiples grandes écoles (HEC, ESCP, Polytechnique, Sciences Po, Euromed-Marseille, le Ceram…), elles développent à tour de bras des formations au développement durable pour leurs étudiants dans le cadre de masters spécialisés « management du développement durable ». Si certains restent perplexes face à ce foisonnement des formations et estiment qu'une bonne expérience du terrain de l'entreprise est préférable, on peut voir ces formations « grandes écoles » – excellentes pour la plupart, au demeurant – comme une corde supplémentaire à son arc. D'autant que de nombreux métiers doivent aujourd'hui prendre en compte le concept de développement durable et ses déclinaisons. On pense ici notamment aux ressources humaines, au marketing, aux achats, entre autres, voire à l'informatique avec le *green-IT*. Parmi les formations complémentaires dédiées notamment à ceux qui sont déjà dans l'entreprise, on signalera le CHEE&DD (Collège des hautes études de l'environnement et du développement durable), créé en 1995, et qui prépare les managers aux enjeux du développement durable.

Les enjeux — Les qualités d'un directeur du « DD »

Aujourd'hui, quand on veut recruter un directeur (ou un responsable) du développement durable, il vaut mieux commencer par s'interroger sur ses principales missions au sein de l'entreprise. Assez souvent, il lui faudra, dans un premier temps, faire passer le développement durable d'une démarche empirique à une démarche organisée, tout en aidant son entreprise à tenir compte des nouvelles contraintes environnementales, sociétales, juridiques, éthiques, économiques et sociales, et trouver au final les bons leviers pour que le développement durable participe à l'amélioration de la performance économique, financière et sociale de son entreprise.

Le choix d'un directeur ou d'un responsable développement durable repose sur la recherche de quatre qualités essentielles :

- Il sera motivé et convaincu (pourquoi pas un peu militant) car il faudra mener en permanence une bataille de conviction, à la fois pour mettre en mouvement tous les échelons de l'entreprise, à commencer par les managers, et pour faire arbitrer, si de besoin, en faveur du moyen et du long terme vs le court terme.

- Il devra bien connaître l'entreprise, sa culture, son fonctionnement, ses rouages, et si possible disposer d'un solide réseau interne. Un recrutement interne, c'est le cas 8 fois sur 10[1], sera ainsi souvent préférable à une recherche de candidat sur le marché. Il suffit d'ailleurs de lire régulièrement les annonces de recrutement dans la presse pour constater que quasiment jamais on n'y recherche un directeur ou un responsable du développement durable. Et les pages « nominations » ne mentionnent que très rarement un transfert de directeur développement durable d'une entreprise à l'autre. Dans les grands groupes du Cac 40 ou dans les majors du secteur public, les transferts depuis ces dernières années se sont en effet comptés sur les doigts d'une seule main et, malheureusement pour la quasi-totalité, se sont soldés par des échecs, sans que la qualité intrinsèque ni la motivation des intéressé(e)s puissent être mises en doute.
- Il disposera d'un bon relationnel pour convaincre d'agir des interlocuteurs internes sur lesquels il n'exerce pas d'autorité hiérarchique, et posséder d'excellentes dispositions pour communiquer afin de convaincre l'interne de changer de comportement, mais aussi les managers de surmonter les contradictions entre leurs objectifs de résultats à court terme et un développement durable qui s'apprécie plutôt sur le moyen ou le long terme.
- Il fera jouer son sens de la diplomatie, voire des qualités de négociateur, car il lui faudra dialoguer efficacement avec les parties prenantes et tous ceux qui, à l'extérieur, s'intéressent à la responsabilité sociale de son entreprise. Il lui faudra savoir mener des actions intelligentes et subtiles de *lobbying* afin d'éviter de se voir imposer des contraintes irréalistes, trouver en interne les compromis adéquats, y compris avec les partenaires sociaux en les convainquant, preuves à l'appui, que le développement durable n'est pas une nouvelle invention du patronat pour mieux exploiter les salariés…

Zoom

À qui rattacher le directeur du développement durable ?

Comme il s'agit d'une tâche transverse, beaucoup de rattachements sont possibles. À commencer peut-être par la fonction liée au pilier du développement durable le plus impactant pour son entreprise. Alors, il sera rattaché qui à la stratégie, à la qualité, aux ressources humaines, à l'innovation, au financier ou, dans le « pire » des cas, à la communication, comme aux débuts du développement durable…

Mais l'expérience montre que le développement durable se donne les meilleures garanties de réussir quand la fonction est directement rattachée au président de l'entreprise ou à son directeur général (en France, 1/3 des cas). Dans une même logique, on peut d'ailleurs raisonnablement espérer que le directeur du développement durable sera, dans un avenir proche, membre à part entière du comité exécutif de l'entreprise. Ce qui est déjà le cas dans quelques entreprises pionnières.

1. Baromètre Adecco-IAE en partenariat avec le C3D (janvier 2010) sur la fonction développement durable dans les entreprises du SBF 120.

Zoom

Quelle rémunération ?

La rémunération du directeur de la communication ou celle du directeur de la qualité est un bon référentiel pour définir celle du directeur du développement durable soit, pour les grandes entreprises de 80 000 à 150 000 euros bruts annuels, voire au-delà si le sort de l'entreprise dépend très directement de sa capacité à se montrer « *clean* » en matière environnementale ou sociétale. La société de consulting Hewitt a bâti dès 2007 un référentiel des rémunérations des directeurs de développement durable auquel on peut utilement se référer.

Lectures utiles

Le guide du développement durable en entreprise, Patrick Widloecher et Isabelle Querne, Eyrolles – Les Échos éditions, 304 p., 28 €

Chapitre 20

Comment acheter ?

Rendre la consommation citoyenne durable

La pression des événements, des décennies d'alertes de hauts fonctionnaires et scientifiques pionniers, les luttes d'organisations de consommateurs et usagers, d'ONG environnementalistes, humanitaires ou d'aide au développement, conduisent les politiques publiques à inciter fortement les consommateurs à modifier leurs comportements et leurs actes d'achats, notamment au regard des enjeux climatiques et sociaux. La consommation est le moteur de l'économie dans les pays industrialisés et reste une quête dans la plupart des autres. Elle est au cœur des grands enjeux mondiaux.

Alain Chosson est vice-président de la CLCV (Consommation, Logement et Cadre de Vie).
Il fut responsable du secteur environnement et cadre de Vie de la CLCV de 1990 à 2004.

La problématique — Dépasser la contradiction consommer = détruire

« Consommer : faire usage de quelque chose pour sa subsistance… Acheter un produit, une marchandise pour en faire usage. Litt. Action de consommer, de mener à son terme. »

« Société de consommation : société d'un pays industriel avancé où l'économie, pour fonctionner, s'efforce de créer sans cesse de nouveaux besoins et où les jouissances de la consommation sont érigées en impératif, au détriment de toute exigence humaine d'un autre ordre. »

(Source : *Le Larousse illustré 2000*)

Des définitions à la dure réalité

Manger, boire, s'habiller, se loger, se soigner, se former, se cultiver, communiquer, se doter d'un environnement sain, etc., sont les besoins les plus *élémentaires*. Pourtant, une majorité d'êtres humains n'y parviennent pas correctement et d'autres surconsomment en créant de multiples nuisances dont la société commence à prendre conscience. Alors, comment dépasser cette contradiction : la nécessité impérative de consommer – donc détruire – tout en construisant une société vivable durablement ?

Le cœur du sujet Affaire de cible

Trop souvent, les consommateurs sont accusés d'individualisme abusif, ils sont soupçonnés de ne prêter qu'insuffisamment attention à l'environnement, de gaspiller l'énergie, de produire trop de déchets, d'acheter des produits dangereux ou hors saison…

On entend aussi qu'il suffirait d'agiter le seul « signal prix » pour que les comportements deviennent vertueux. Or, une majorité de ménages n'est pas en situation de pouvoir agir, pour des raisons économiques, sociales, culturelles, et un nombre croissant d'entre eux ont accès de plus en plus difficilement aux services essentiels. Ne pas prendre en compte ces réalités produirait de nouvelles inégalités. Le remède risque d'être pire que le mal.

Créer les conditions du changement

Les consommateurs veulent légitimement bénéficier au maximum des nouveaux produits et services, des nouvelles technologies. Les choix personnels vont aussi de pair avec un intérêt croissant pour de nouvelles valeurs moins matérielles qu'elles ne l'étaient dans le passé.

Les consommateurs sont de plus en plus sensibles à la qualité de l'eau, de l'air, à la santé, à la sécurité alimentaire, aux économies d'énergies, aux placements éthiques, aux modes de développement, aux solidarités locales et internationales. Les bases existent pour qu'une consommation responsable se généralise.

Cependant, sans minimiser la responsabilité individuelle et collective des consommateurs et usagers, n'oublions pas qu'ils achètent ce qu'on leur vend, et ce que la publicité et le marketing leur vantent. Trop de produits et de services mis sur le marché ne devraient pas l'être.

L'éducation au développement durable doit donc viser en tout premier lieu ceux qui conçoivent, produisent, distribuent, promeuvent les produits et les services. Les créateurs, communicants, publicitaires jouent un rôle considérable et revêtent une responsabilité directe. Le système d'autorisation de mise sur le marché doit être revu en application du principe de précaution et de la stratégie de développement durable. L'écoconception et l'écoconstruction doivent tendre à devenir la règle de base de l'activité économique.

Les enjeux Les droits humains et l'environnement au centre des modèles

Il s'agit de créer les conditions d'accès au progrès pour tous, sans discrimination ni assistanat, de donner de l'envie et du sens aux actes déjà accomplis et à ceux qui sont sollicités. L'accès aux services essentiels doit être garanti pour tous. Les droits humains, l'environnement sont à placer au centre des préoccupations et des modèles économiques à construire. Mais non au détriment des avantages que procure le progrès technologique, économique et social. Au contraire, l'objectif au plan mondial est de consommer mieux et autrement, d'améliorer la qualité de la vie, l'accès à un confort et une sécurité légitimes tout en économisant et en préservant les ressources. Cette démarche doit donner envie, entraîner l'adhésion du plus grand nombre.

Les consommateurs veulent une information fiable, compréhensible, directement utile. Ils cherchent les conseils pratiques, techniques, les aides fiscales ou financières possibles pour modifier leurs équipements, pour acheter des biens plus économes, plus respectueux de l'environnement, à qualité d'usage identique. Ils veulent aussi être écoutés et consultés sur les choix qui les concernent.

Le droit et les moyens de choisir

La multiplication des signes de qualité et des allégations écologiques ou sanitaires est contre-productive, entretient l'ambiguïté, risque de conduire à de nouvelles formes de publicité de nature à induire en erreur, ne permet pas aux consommateurs de s'y retrouver pour choisir en connaissance de cause. Cette dérive se poursuit avec les modalités d'affichage du coût carbone par exemple.

Il faut s'en tenir à un petit nombre de signes de qualité, officiels, cohérents entre eux, accessibles à tous et facilement compréhensibles, contrôlés par des organismes agréés, indépendants des producteurs et distributeurs. Ainsi, en matière énergétique, l'étiquette énergie sur des produits performants, accompagnée de subventions, crédit d'impôt, TVA réduite et autres bonus-malus, est un signe fort et déclencheur pour les consommateurs.

Inverser les logiques

Les consommateurs n'acceptent plus de devoir payer plus cher pour des produits et services de qualité, rejettent l'idée de devoir payer toujours plus d'impôts et taxes pour réparer les dégâts de productions non vertueuses et demandent la plus grande transparence sur l'innocuité des produits.

Or, les productions qui lancent sur le marché des produits à très bas prix – on pourrait dire artificiellement bas – font de la concurrence déloyale à celles qui s'engagent dans une réelle démarche de progrès, comme l'écolabellisation : les entreprises ont organisé l'obsolescence rapide des biens et des services pour gagner la course poursuite entre concurrents.

Le progrès technique doit être maîtrisé et accepté socialement, comme le montrent les questionnements sur les rayonnements électromagnétiques ou les nanotechnologies. Alors qu'une large majorité de consommateurs européens déclarent ne pas vouloir d'OGM dans leur alimentation, la faisabilité de filières garanties et l'étiquetage « sans OGM » ne font pas encore consensus !

Les produits et services sains, loyaux, qui respectent la dignité humaine, l'environnement, doivent à fiscalité globale constante bénéficier d'une fiscalité allégée, d'aides publiques, afin de se rendre accessibles à tous en prix. L'information sur la réalité de tous les coûts directs et indirects doit devenir familière aux consommateurs, et un critère de choix.

Adopter de nouveaux outils

Le PIB se nourrit de la spirale pollution et dépollution, des atteintes à la santé et aux soins, etc. Cet indicateur ne peut demeurer le seul instrument de mesure de l'activité. Il s'agit d'intégrer l'ensemble des enjeux sociaux et environnementaux pour mesurer la croissance, déterminer sa nature et la rendre compatible avec l'avenir des générations futures. Non pas d'inventer pour autant une « norme Iso du bonheur » ! Le « bien vivre », le « mieux vivre » nous semblent plutôt découler du plaisir tiré d'un mode de vie écocitoyen, responsable et solidaire…

Autre aspect : la notion de coût global (investissement, fonctionnement, « réparabilité ») doit devenir la référence en matière de guide d'achat (ce que font la CLCV et le WWF avec le guide Topten[1]). L'ingénierie financière doit s'adapter pour faciliter les décisions des acheteurs.

Enfin, l'écoconception ne peut se réduire à une bonne technique. Le « savoir de l'usage » est à intégrer en amont et dans les processus d'analyse des cycles de vie. La durabilité doit aussi s'entendre en termes de durée de vie et de réparabilité des produits.

La confrontation constructive des savoirs, dans une démarche d'expertise pluraliste, est à organiser, à égalité de droits et de moyens, en amont de la production et de la commercialisation et pour leur évaluation.

1. Avec le concours de l'Ademe, la CLCV co-anime avec WWF France le site http://www.toptenguide.com. Ce guide d'achat sélectionne par gammes de produits (électroménager, voitures, écrans plats, ampoules, etc.), les dix produits les moins énergivores et au moindre impact sur l'environnement, au meilleur rapport qualité-prix (prix d'achat + coût de fonctionnement).

Lectures utiles

Dans la collection Consom'action chez CLCV-éditions Vuibert : *Ma maison douce* : aménager une maison économique et écologique ; *Éco écolo en famille* : consommer mieux en dépensant moins ; *Rayonnements, OGM, nanotechnologies, danger ou progrès ? ; Les services publics locaux mode d'emploi* : les éléments pour participer au débat public local et dans les commissions consultatives.

Publié par la CLCV en partenariat avec l'association Italienne Adiconsum, le guide du consommateur : *Économies d'énergie et énergies renouvelables dans les habitations,* avec le concours de l'Ademe, dans le cadre du programme européen Enerbuilding.

Le rapport remis en janvier 2010 à Valérie Létard, secrétaire d'État au développement durable, par la CLCV et ATD Quart Monde, *Transformation des modes de vie, des comportements et de la consommation,* dans le cadre de la préparation du pacte de solidarité écologique.

L'enquête européenne réalisée par Consumers International publiée en mai 2010, sur les politiques de responsabilités sociales de 35 chaînes de supermarchés en Belgique, au Danemark, en France, en Grèce, en Italie, en Pologne, au Portugal et en Espagne, à laquelle la CLCV a participé en interrogeant Auchan, Carrefour, Intermarché, Casino, Système U, Cora et Leclerc (www.consumersinternational.org).

À retenir

Des obstacles à l'accès à l'eau et à l'assainissement, aux énergies, aux moyens de télécommunication, aux transports, etc., demeurent identifiés en 2010 :

- ouverture et fermeture de compteurs d'eau : jusqu'à 50 € ;
- ouverture de la ligne téléphonique fixe : 55 € ;
- abonnements annuels (part fixe de la facture) : 82 € en moyenne pour l'eau et l'assainissement avec une fourchette de 0 à 276 € ; 70,80 € pour le service de base d'électricité ; pour le gaz : de 48,74 € hors chauffage à 162,80 € avec le chauffage ; téléphonie fixe : 192 € ;
- location annuelle de la cuve de gaz butane propane : en moyenne 400 €… avant d'avoir consommé quoi que ce soit.

L'explosion des charges fixes du budget des ménages :

- l'assurance multirisque habitation (moyenne de 250 €) ;
- le traitement des déchets ménagers (moyenne de 200 €).
- La loi a créé un droit au Très haut débit pour tous, ce qui correspond à un forfait minimum annuel de 350 €. Sur la base des tarifs moyens observés, le total annuel représente au minimum 1 055 € pour un ménage avec deux enfants, soit plus d'un mois de SMIC net. Compte non tenu du coût minimal d'accès aux moyens de paiement (droit au compte), du renchérissement des frais bancaires, même s'ils ont été un peu encadrés, des forfaits à charge en matière de médicaments et d'hospitalisation, etc.

Étude CLCV réalisée par MV2 Conseil et Maximiles du 23 au 30 octobre 2009 auprès de 1 000 personnes représentatives (www.clcv.org) :

- 63 % achètent plutôt les produits les moins chers (dont 76 % d'ouvriers, 74 % de 18-24 ans), 37 % répondent négativement (52 % de cadres, 48 % de 65 ans et plus, 45 % de 50-64 ans) ;
- 64 % se disent prêts à payer un produit plus cher s'il est respectueux de l'environnement (76 % de cadres et professions intellectuelles supérieures, 69 % de retraités), 36 % répondent négativement (47 % d'ouvriers) ;
- 50 % disent acheter régulièrement des produits écolabellisés (62 % de cadres, 57 % de 50-64 ans), 50 % répondent négativement (63 % d'artisans, commerçants, chefs d'entreprise de plus de 10 salariés) ;
- 35 % disent acheter régulièrement des produits issus de l'agriculture biologique, label AB (53 % d'artisans, commerçants, et 39 % de retraités), 65 % répondent négativement (82 % d'ouvriers et 74 % de 18-24 ans) ;
- d'une façon générale, 87 % trouvent excessive la publicité, 90 % estiment que l'utilisation d'arguments environnementaux dans les messages publicitaires correspond à une stratégie purement marketing et 96 % pensent qu'il est nécessaire de contrôler la sincérité des arguments environnementaux dans la publicité.

Comment acheter ? Comment s'y reconnaître ? La révolution des écolabels

Le CO_2 émis par les biens et services que nous consommons représente plus de la moitié des émissions du pays. Mais ces biens et services ont un impact au-delà de leur mise à disposition au consommateur (pour leur usage, leur conservation au froid). Leur fin de vie est à son tour une source de pollution au titre de déchet. Comment alors bien les choisir ?

François Moisan est directeur exécutif stratégie, recherche, international de l'Ademe *(Agence de l'environnement et de la maîtrise de l'énergie)*, président du Club CO_2.

La problématique — Consommateurs français : la prise de conscience

Notre impact sur l'environnement résulte de multiples activités, notamment nos consommations d'énergie pour les déplacements ou le chauffage de nos logements. Mais notre consommation de produits ou de services engendre, elle aussi, d'importants impacts sur l'environnement qui apparaissent tout au long de leur cycle de vie. Les impacts sur l'environnement d'un produit se réalisent notamment au moment de la production, bien entendu, mais ils commencent en amont, lors de l'extraction des matières premières épuisables ou à l'occasion de la culture des matières premières renouvelables. Les impacts générés par les transports entre les intermédiaires de la chaîne de l'offre, les étapes de transformation, la distribution, bien sûr, doivent entrer dans le bilan du produit.

Le boom des denrées bio

En 2009, 78 % des consommateurs ont conscience que leurs achats ont des incidences sur l'environnement[1] : 83 % d'entre eux déclarent que par leurs choix ils agissent en fonction de leurs convictions. Si les actes ne sont pas toujours corrélés exactement au déclaratif, il est intéressant de souligner que même dans un contexte de crise, le discours relatif au pouvoir d'achat ne fait pas taire les préoccupations environnementales. Au-delà du déclaratif, les évolutions des achats sont également en croissance très marquée pour les produits clairement identifiés comme étant des produits plus responsables : les produits issus de l'agriculture biologique connaissent une augmentation des ventes de 10 %, ceux du com-

1. www.blog-ethicity.net/index.php?2009/05/19/98-presentation-de-la-typologie-2009-des-consommateurs

merce équitable de 27 %, le chiffre d'affaires des produits écolabellisés augmente de 25 %[1]. Mais de quelles informations disposent les consommateurs pour diminuer l'impact environnemental de leur consommation ?

Le cœur du sujet S'y retrouver par les écolabels

Les écolabels s'appliquent à des produits manufacturés. Le label NF-Environnement et l'écolabel européen couvrent aujourd'hui une cinquantaine de familles de produits.

Comment ça marche ? Un référentiel est développé pour chaque famille de produits. Il donne des garanties sur la limitation des impacts environnementaux par ses critères sur l'ensemble du cycle de vie. Il offre en outre des garanties sur la qualité du produit à travers d'autres critères d'aptitude à l'usage. Les référentiels de l'écolabel français NF-Environnement sont adoptés par le Comité français des écolabels composé de producteurs, de distributeurs, d'ONG (environnement et consommation) et les pouvoirs publics. L'Ademe instruit les dossiers sous l'angle environnement et assume l'animation des groupes de travail d'élaboration des critères. Les référentiels de l'écolabel européen sont adoptés par un comité réglementaire où siègent tous les États membres de l'Union européenne. Ils ont été préalablement discutés au sein d'instances des parties prenantes, dont associations et professionnels.

Une information sur les impacts encore très binaire

L'objectif des écolabels est d'identifier les meilleures pratiques, de manière à déplacer le marché vers des produits vertueux et garder une incitation au progrès. La part de marché maximale visée par un écolabel est d'environ 20 %. Au fil de la diffusion des bonnes pratiques, un référentiel sera révisé pour monter en exigence et maintenir ainsi l'incitation au progrès.

1. www.mescoursespourlaplanete.com/les_chiffres_de_la_consommation_responsable_2007.html

La faiblesse de la diffusion actuelle de ces labels officiels (moins de 1 % du marché pour les écolabels et de l'ordre de 5 % pour les produits de l'agriculture biologique) est imputable à deux facteurs : un défaut de notoriété et un champ d'application encore trop restreint (trop peu de catégories de produits visées).

En outre, l'écolabel est discriminant. Autrement dit, il fournit au mieux une information sur 20 % du marché mais ne dit rien sur les impacts environnementaux des produits diffusés à hauteur de 80 % du marché restant. Il place le consommateur devant un choix binaire : un produit d'excellence ou celui sur lequel il ne dispose d'aucune information sur ses impacts environnementaux. Or, si un producteur est légitime lorsqu'il fait valoir des améliorations sur la conception de son produit (même s'il n'atteint pas encore les seuils fixés par l'écolabel), un consommateur l'est tout autant à souhaiter intégrer l'environnement dans son choix, sans pour autant vouloir devenir exemplaire. C'est ainsi, qu'en 2009, 85 % des Français souhaitent disposer d'informations sur les impacts environnementaux liés aux produits de grande consommation, chiffre en croissance de 20 % par rapport à 2008.

Étiquetage : une information comparative

Alors que les écolabels visent à distinguer *les meilleurs produits* d'une catégorie donnée sous la forme de démarches volontaires de la part du producteur, l'étiquetage environnemental des biens vise à donner une information sur l'impact environnemental de *tous les produits d'une même catégorie* : ils deviennent comparables. Et ces étiquettes sont alors obligatoires.

Les premières étiquettes mises en place en Europe ont concerné les réfrigérateurs. Elles se sont appliquées de façon uniforme dans tous les pays européens à partir du milieu des années 1990 puis se sont étendues à d'autres équipements (lave-linge, lave-vaisselle, éclairage...). Ces étiquettes classaient les appareils au regard de leurs *consommations d'énergie* et donnaient éventuellement des informations sur d'autres impacts environnementaux (consommation d'eau, bruit...). Contrairement aux écolabels, elles ne procèdent pas d'une analyse complète du cycle de vie mais se focalisaient sur les impacts au moment de l'usage, celui qui était supposé déterminant.

Cet étiquetage « énergie » des produits a connu un très vif succès. En partie parce que les consommateurs ont été sensibilisés par l'étiquette, mais également de par la réaction des fabricants qui ont orienté leur production vers des appareils plus économes pour bénéficier d'une offre « bien classée » (les évaluations conduites l'ont bien montré). Certains pays européens comme la France ont étendu l'étiquette *énergie* à d'autres équipements comme les véhicules ou les bâtiments.

En dix ans, les ventes se sont concentrées sur les classes A et B.

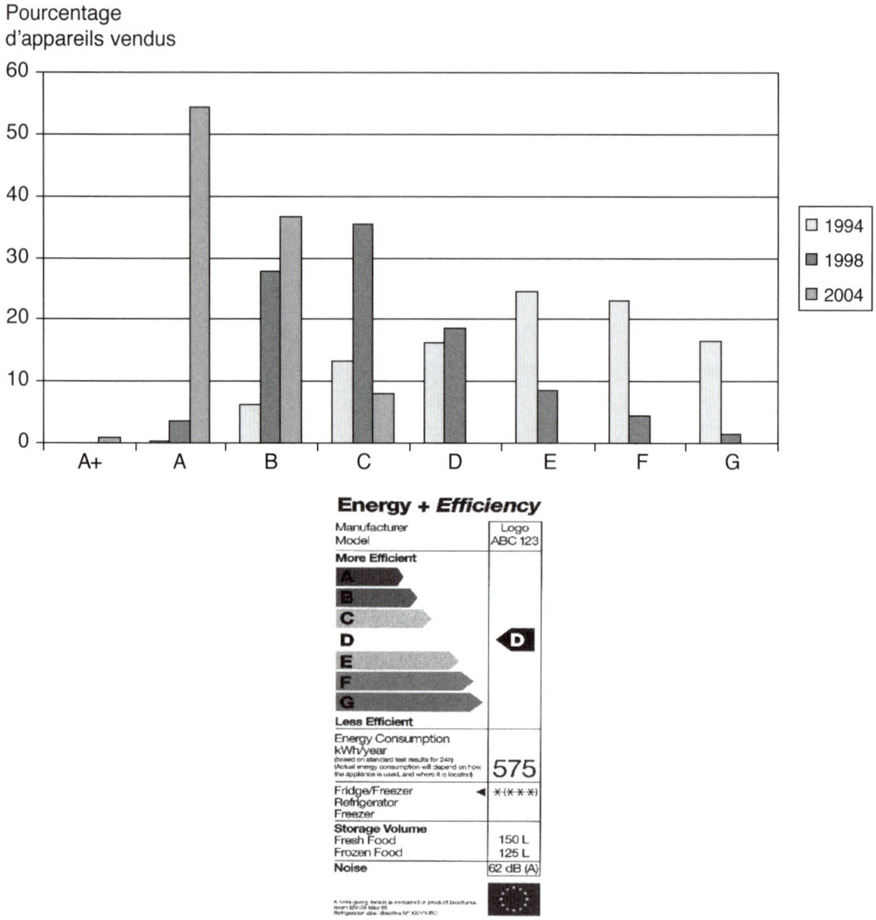

Figure 1 – Transformation du marché des réfrigérateurs en Europe : en 10 ans, concentration des ventes sur les classes A et B. © Ademe

Les enjeux L'affichage environnemental des produits

Les projets de loi issus du Grenelle de l'environnement en cours d'adoption par le Parlement français comportent une perspective d'affichage environnemental obligatoire des produits de consommation à l'horizon du 1er janvier 2011. Dans le but de développer les méthodologies qui rendront cet affichage comparable, l'Agence de l'environnement et de la maîtrise de l'énergie a initié avec l'Afnor une plate-forme qui rassemble les acteurs concernés. Elle a adopté un référentiel de bonnes pratiques en juillet 2008. Les travaux visent à préciser les règles d'évaluation, aborder les enjeux sectoriels par famille de produits[1] et préciser les modalités d'affichage de cette information environnementale. En parallèle, l'Ademe a pour mission de

1. http://affichage-environnemental.afnor.org

développer une base de données publique, générique, où chacun des acteurs de la distribution réalisera ces évaluations environnementales simplifiées de l'affichage.

L'idée de l'affichage environnemental consiste à apposer sur les produits des indicateurs quantitatifs d'impacts environnementaux. L'organisation d'une transparence de l'information sur ces impacts des produits vise à leur conférer une nouvelle qualité sur laquelle les consommateurs et les producteurs vont se positionner. Le consommateur va pouvoir orienter ses choix en tenant compte de la caractéristique « environnement » au même titre que des autres caractéristiques, « qualité », « prix », « goût », « marque »... Le consommateur construit ses choix par une analyse multicritère en permanence, qu'elle soit consciente pour des biens d'équipement ou inconsciente pour des produits à courte durée de vie, choisis très rapidement. L'enjeu est qu'il intègre l'environnement dans cette analyse.

Ces indicateurs devraient également influencer la chaîne de l'offre en révélant de l'information aux producteurs : ils vont découvrir les impacts environnementaux de leurs produits dont la plupart n'ont aujourd'hui pas idée[1]. Cette transparence les incitera à s'améliorer rapidement par des adaptations marginales simples. De plus, ces informations devraient jouer la fonction d'étalonnage des pratiques des producteurs entre eux : la connaissance des impacts environnementaux de leurs concurrents va pousser les producteurs à identifier des pistes de progrès. La transparence sur cette nouvelle qualité du produit devrait en faire un champ de concurrence.

Plusieurs distributeurs ont d'ores et déjà anticipé cette approche en procédant à l'affichage environnemental de certains de leurs produits dans le cadre d'une démarche volontaire.

Ces indicateurs seront-ils, comme prévu, au surplus, le moyen de valoriser une démarche d'éco-conception ? C'est le but. Ils donnent la clé d'engagements de progrès avec des clients réguliers. Enfin, certains producteurs efficaces et prenant conscience de cette qualité pourraient être amenés à demander un écolabel pour faire état de cette excellence. Ce phénomène devrait conduire à l'amélioration des produits mis sur le marché et achetés.

Lectures utiles

Passeport éco-produit, publication Ademe.

Guide de l'achat public écoresponsable, Observatoire économique de l'achat public, ministère de l'Économie, de l'Industrie et de l'Emploi.

1. Un sondage réalisé en 2009 dans le cadre du colloque PM4E de l'Ademe a révélé que 72 % des PME n'avaient pas d'information sur les impacts environnementaux de leurs produits et n'étaient pas dans un processus d'acquisition de ce type d'information.

À retenir

Labels : www.ecolabels.fr/fr/

Affichage : http://affichage-environnemental.afnor.org/

Management environnemental et écoproduits : *www.ademe.fr/eco-produit*

Le carbone dans nos actes quotidiens : une équation complexe, entre individuel et collectif

Par choix ou par nécessité, les actes du quotidien génèrent des émissions de carbone. La consommation de masse et les valeurs matérialistes dominantes sont passées par là : l'accès aux biens de consommation et aux services en tout genre est devenu un symbole fort de liberté individuelle et de réussite sociale pour tous, ou presque. L'usage de biens à fort impact carbone s'est largement diffusé dans le temps, dans l'espace, dans la société et influence largement nos pratiques de consommation, nos relations aux autres, voire nos modes de vie. Pour autant, la réalité du changement climatique et des prédations sur l'environnement change la donne.

Nicolas Houdant est directeur d'Énergies Demain.

La problématique — Modes de vie, impacts carbone

Le réveil sonne, il est six heures trente. La programmation de la chaudière s'est déclenchée depuis une demi-heure déjà. La température dans la maison est douce malgré le froid hivernal. Les enfants se lèvent à leur tour. On assiste au défilé de chacun à la salle de bains. La réserve d'eau chaude est importante, chacun pourra prendre sa douche. Le grille-pain crache ses tartines et la bouilloire est en marche pour préparer le petit-déjeuner. La maison s'éclaire au rythme des va-et-vient. La journée commence. Chacun se prépare pour vaquer à ses occupations : travail pour les uns, école pour les autres. Le bus de ramassage va bientôt passer, les parents pourront prendre leur voiture pour se rendre au bureau.

Le trajet est semé d'embûches : bouchons, places de parking très prisées. Quarante-cinq minutes plus tard chacun arrive enfin au travail. Les ordinateurs sont déjà sous tension, les téléphones sonnent, les lumières du bâtiment sont allumées depuis tôt ce matin, la climatisation bourdonne en fond sonore. Dès dix-sept heures, il faudra penser à partir pour éviter les encombrements du retour. Les travaux non réalisés le seront à distance.

Après un rapide détour au supermarché pour l'un, à la garderie pour l'autre, retour à la maison. Au menu ce soir, pizza, salade, yaourt. Il y a de la vie dans la maison : la télévision en bruit de fond, l'ordinateur est en marche pour consulter ses mails, le four est en préchauffage. La soirée est bien avancée : le lave-vaisselle vient de terminer son cycle et les poubelles sont sorties pour le ramassage du lendemain. La chaudière va suivre la cadence et, après la forte sollicitation de la fin de journée, elle va passer en régime nocturne. Demain, il faudra penser à mettre en route le lave-linge avant de partir au travail.

Chacun de ces gestes constitue une source d'émission de carbone.

Le cœur du sujet Le quotidien au cœur du défi climatique

L'augmentation des prix de l'énergie et la nécessité d'une diminution drastique de nos émissions de gaz à effet de serre vont remettre en cause nos modes d'organisation, de production et de consommation. Il faut agir. Agir aux plans politique aussi bien qu'individuel : 50 % de la réponse au changement climatique est entre les mains des individus selon l'Agence de l'environnement et de la maîtrise de l'énergie (Ademe)[1]. D'ailleurs, le consommateur est de plus en plus interpellé sur sa capacité à agir sur le quotidien, « consommateur acteur », « consommateur responsable ».

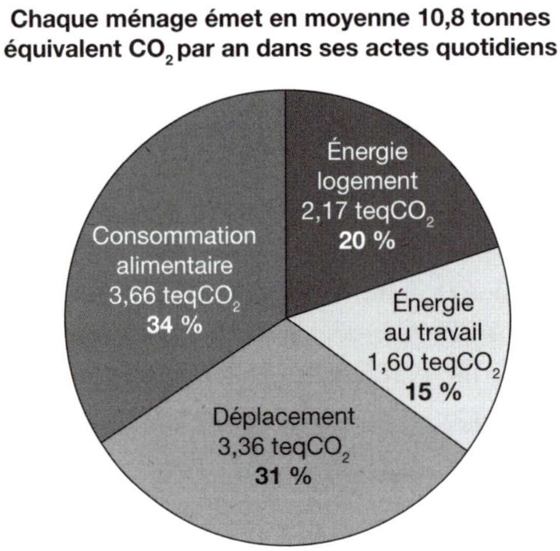

Estimation Énergies Demain, 2009
(hors émissions directes et indirectes liées à la production des biens d'équipements).

Figure 1 – Émissions de CO_2 par ménage et par an

Cependant, cette nouvelle « contrainte carbone » dans notre quotidien ne va pas de soi : la prise en compte du poids carbone des biens que nous consommons ou de nos usages de l'énergie n'a encore rien de trivial. Même si la « conscience environnementale » progresse, elle ne se traduit pas encore dans les actes : qu'un pot de yaourt ait parcouru près de 9 000 kilomètres, soit treize fois la distance entre le lieu de production et le lieu de consommation[2] et que l'emballage entre pour

1. Un ménage français émet en moyenne 15,5 tonnes de CO_2 par an. Les usages privés de l'énergie représentent 7,8 tonnes de CO_2 par an.
2. Stéphanie Böge, *The well-travelled yoghurt pot*, 1993.

25 % dans le contenu carbone du yaourt[1] ne nous en détourne pas pour autant. Ce ne sont pourtant pas les bonnes intentions qui manquent : selon une étude de l'Ademe, deux Français sur trois pensent qu'il faut changer de modes de vie pour faire face au changement climatique[2]. Si cette étude indique une conscience croissante du phénomène climatique, elle ne préjuge en rien du passage à l'acte.

Le carbone nie la réalité vécue

La prise en compte du carbone dans nos actes quotidiens soulève une première difficulté : ce quotidien est complexe, multiforme en dépit de l'apparente simplicité et de l'homogénéité des comportements. La consommation de masse s'accompagne d'une diversification des styles de vie et de structures d'usage des biens et services : chaque individu dans ses actes quotidiens façonne son propre profil de consommation en combinant des usages pratiques et sociaux des biens. La prise en compte dans l'empreinte carbone de ces schémas de consommation et de ces styles de vie multiples présente une difficulté majeure. Les inégalités croissantes dans la répartition des richesses, et donc dans les structures de consommation, rendent cependant nécessaires ces différenciations.

Le carbone n'a lui-même rien d'intuitif : il renvoie à une menace lointaine, les dérèglements du climat à l'échelle planétaire. Les réponses domestiques que nous suggèrent régulièrement des campagnes de communication et de sensibilisation paraissent dérisoires face à un péril – décrit à grands coups de catastrophisme et de discours sur l'urgence – qui semble dépasser les capacités de réponse de l'humanité, *a fortiori* de l'individu.

La prise en compte du carbone dans les actes quotidiens est-elle l'affaire de l'individu ?

Il est vrai que l'individu dispose d'un espace de choix sur lequel il peut agir pour réduire son impact sur le climat. C'est notamment l'espace des « gestes pour la planète » : faire la chasse aux consommations d'énergie insidieuses (veille de l'écran d'ordinateur, *box* Internet, etc.), choisir des ampoules basse consommation, consommer l'eau du robinet plutôt que l'eau en bouteille. Ces gestes aboutissent effectivement à des économies significatives. Une lampe basse consommation offre une durée de vie six ou sept fois supérieure à une ampoule classique[3] et consomme jusqu'à cinq fois moins. La bouteille d'eau d'un litre émet 0,32 kg de CO_2, soit près de 117 kg de CO_2 à raison d'une bouteille par jour pendant 1 an.

1. Estimation Énergies Demain, Greenext, 2005.
2. Ademe, RCB, 2009.
3. Ademe, guide pratique *Équipements électriques*, mars 2008.

Néanmoins, ces « petits gestes » ne sont pas à la mesure de l'objectif de division par quatre des émissions de gaz à effet de serre à l'horizon 2050. De plus, il n'est pas sûr qu'ils favorisent effectivement un changement de comportements et de pratiques. Comment faire de ces actes peu « coûteux » les prémices d'actions plus engageantes susceptibles de contribuer au changement ? La réponse à cette question exige de prendre en compte la dimension collective de nos actes quotidiens même les plus banals.

Les enjeux Le carbone, prétexte à la définition collective d'un projet de développement durable

La prise en charge du carbone dans nos actes n'est pas seulement l'affaire de l'individu face à lui-même. Les actes quotidiens induisent d'abord une dimension culturelle et affective : ils « attachent » l'individu à un environnement social de référence. La vie quotidienne s'inscrit dans des systèmes de représentations, de valeurs, de croyances, d'affects qui façonnent nos modes de vie, orientent nos choix et nos pratiques. Remettre le tout en cause par une injonction à la sobriété énergétique conduit à des attitudes de rejet, à l'image de l'affirmation de George Bush : le *mode de vie des Américains n'est pas négociable.*

Interrogation collective aussi parce que le collectif intervient dans nos décisions individuelles : les ménages ne font pas forcément un choix délibéré de vivre dans une « passoire thermique » ou d'aller au travail en voiture. Ces actes quotidiens renvoient tout à la fois à des aspirations sociales, à des représentations (comme « le transport en commun, c'est sale et pas sûr »), mais aussi à des contraintes financières, pratiques (par exemple, pas d'offre alternative à la voiture satisfaisante au regard de mes besoins). L'organisation du système productif est également prescriptrice de comportements de consommation.

Le carbone est avant tout un indicateur

La prise en charge collective, et en premier lieu politique, de la redéfinition de nos actes quotidiens dans un contexte inédit de contrainte carbone et climatique demande de définir *positivement* le changement. Il est important d'identifier des co-bénéfices tangibles dès maintenant pour normaliser les pratiques quotidiennes sobres en carbone. Le succès du « bio » est un bon exemple : ce n'est pas tant le moindre impact sur l'environnement qui motive les consommateurs mais bien plutôt des préoccupations individuelles liées à la santé, à la forme et au bien-être.

Le carbone reste aujourd'hui un objet technique utilisé négativement : il va exprimer le « poids » ou « l'empreinte », de nos actes quotidiens, et marque négativement ces « captifs » qui n'ont d'autre choix que de prendre la voiture pour aller travailler ou vivre dans un logement ancien à la qualité thermique désastreuse. Certes, l'évaluation carbone est indispensable à la réalisation des objectifs nationaux et internationaux de réduction des gaz à effet de serre (GES). Elle l'est même pour la conduite du changement car elle donne des repères, mesure les conséquences de nos choix quotidiens et aide à la définition d'un cadre de politiques publiques cohérent avec le défi qui nous est posé. Mais le carbone doit avant tout rester un *indicateur* mis au service de la *définition* d'un projet politique et de politiques publiques opérationnelles : il s'agit d'accompagner le changement, de donner l'occasion à chacun de réaliser ses actes quotidiens autrement et, finalement, de construire un système de valeurs positivement associé à la préservation du patrimoine commun.

Au-delà du carbone : vers une refonte des valeurs sociétales

Le carbone va-t-il changer nos manières de répondre à nos besoins et à nos désirs quotidiens, nos vies professionnelles, nos solidarités sociales ? Pour qu'il devienne producteur d'effets positifs sur les pratiques quotidiennes – et non pas un facteur de discrimination sociale en faveur de ceux qui peuvent se payer le « luxe d'être sobres » –, il est essentiel de créer un environnement social et matériel favorable. Y parvenir implique une refonte structurelle de l'organisation des territoires et des activités, mais aussi un accompagnement adapté des changements de comportements individuels. De nouvelles valeurs patrimoniales liées à la protection de l'environnement émergent, mais il faut encore les insérer dans un cadre de cohérence et de sens que l'unité carbone seule ne peut suffire à décrire.

Lectures utiles

De la sensibilisation aux changements de comportement, Aurélien Boutaud, Communauté urbaine du Grand Lyon, décembre 2009.

Des mots qui brûlent : communiquer sur le changement climatique, in La revue durable, n° 23.

Publications de l'anthropologue français Dominique Desjeux sur les comportements de consommation, les usages de l'électricité, la diffusion ou non des innovations dans le logement.

Sites Internet : www.energies-demain.com

Vision d'avenir et cercle du progrès : le concept de Carte pour l'environnement

Dans *Les cinq cents millions de la Bégum*, Jules Verne campe un ingénieur français fondateur d'une ville idéale, consacrée au bonheur et au progrès de l'humanité.
Au même moment, un rival crée une ville concurrente – cité noire dépassée par son propre développement, dédiée par la folie de son dirigeant exclusivement à la production d'armes de destruction. Ces deux visions du futur condensent le rêve et le cauchemar que peuvent devenir nos villes...

François Bordes est directeur de MyCo2.

La problématique Un besoin d'information et d'intelligence environnementale

Les moyens de la technologie offrent le choix : réaliser le meilleur comme le pire. Et c'est au fond à nous de créer la ville où nous rêvons d'habiter. L'avenir réside entre nos mains, tel est le message du talent et de l'imagination constructive et visuelle d'un Jules Verne, sa verve et sa curiosité exemplaire pour toutes les formes de culture et d'intelligence collective.

Nous sommes aujourd'hui, en 2010, sur de bien différentes réalités et bien d'autres technologies. Les sciences et les domaines du savoir ont explosé, comme l'intelligence accessible par les systèmes d'information. Un nouvel avenir énergétique décentralisé se dessine où les technologies 2.0 prennent la place des dispositifs centralisés.

La prise de conscience d'un dérèglement climatique a pris place dans l'inconscient collectif au moment où la crise économique nous pousse à remettre en cause nos modèles de développement et nous incite à nous interroger. Le consommateur exprime de nouvelles attentes, de nouvelles attitudes. Les entreprises sont pressées de montrer leur engagement environnemental à la fois pour des raisons réglementaires et d'image. Les collectivités lancent des écoquartiers, des écocités, des villes durables.

La ville durable recouvre toutes sortes de réalités mais une chose est sûre : le mouvement est lancé. L'envie existe, elle est réelle.

Profitons-en.

Le cœur du sujet Les éléments du succès d'une transition vers de nouveaux modes de vie et de consommation

Pour orchestrer la « transition de la consommation durable » en un succès qui ne se limite pas à du *green washing* mais qui entraîne une véritable transition écologique impliquante pour l'ensemble des habitants, plusieurs conditions sont nécessaires.

- *Accroître les connaissances et l'information environnementale.*

Les besoins d'information environnementale des produits et services vont exploser dans les années à venir. De même que l'information sanitaire et nutritionnelle a mis du temps avant de s'imposer sur les étiquettes, le chantier de collecte des informations environnementales est gigantesque : il faut remonter la chaîne logistique des fournisseurs et créer des circuits d'information intelligents en surmontant les barrières du secret industriel.

- *Recréer du lien social par l'environnement.*

La crise économique a agi comme une sorte de « réveil » pour certaines parties prenantes. On a réalisé les effets néfastes entraînés par des systèmes financiers mal régulés. Les décideurs ont, espérons-le, pris conscience un peu plus de la nécessité de remettre plus d'humanité et de lien social. Ce besoin est plus qu'une réponse à une conjoncture économique dégradée. Il traduit une véritable remise en cause des modèles de « l'excès ».

De nouveaux *business models* apparaissent. Ils créent de formidables opportunités pour les entrepreneurs qui les saisissent : économie de fonctionnalité (lire *chapitre 18 la contribution du philosophe Dominique Bourg*), croissance verte... Une économie fondée sur le service, le flux et l'usage plutôt que sur la propriété, est née. Elle est en train de révolutionner, à une vitesse folle, les transports, l'énergie, la grande consommation, l'habitat.

- *Donner le pouvoir au consommateur pour qu'il devienne « consom'acteur ».*

Le consommateur – que nous pouvons désigner dans un sens plus global de « citoyen » – joue le rôle clé dans la prise d'effet d'une transition écologique de la société. C'est en effet dans son acte d'achat et dans ses décisions de consommation qu'il influe sur les entreprises. Si l'on prend le rôle plus global de « citoyen », c'est tout son mode de vie qui est concerné par ces décisions : transports, habitat, logement.

L'information environnementale est nécessaire, mais non suffisante, pour induire un changement complet des comportements et une nouvelle donne écologique. Les signaux économiques, donnés par la politique de prix, par la fiscalité environnementale, alliées à une politique de récompense des écocitoyens et des écogestes, aident à passer du stade de la prise de conscience à celui d'un changement des habitudes et des comportements.

Parmi les dispositifs capables d'encourager les comportements vertueux, citons la Carte pour l'environnement.

Encourager l'éco-responsabilité

Encore rares sont les citoyens qui connaissent l'impact environnemental de leur mode de vie. Cette connaissance est pourtant un préalable à la prise de conscience de l'empreinte carbone associée à la consommation d'énergie dans l'habitat et les transports, et à la consommation courante (alimentation, textile, loisirs, etc.). Elle identifie les secteurs les plus émetteurs de CO_2 en fonction du mode de vie de chacun, et incite à s'interroger sur les comportements vertueux à adopter.

La Carte pour l'environnement est un dispositif de sensibilisation des particuliers sur leur impact environnemental et de récompense des écogestes. Ce dispositif innovant comprend deux volets : mesure des émissions de CO_2 associées au mode de vie de chacun, et potentiellement d'autres impacts tels que la consommation d'eau ou la production de déchets ; incitation économique positive à l'adoption de comportements vertueux.

La mesure de l'impact environnemental personnel repose sur le *suivi de la consommation*. Les porteurs de Carte pour l'environnement disposent d'un compte carbone personnel où se cumulent cumuler les émissions de CO_2 associées aux achats. De la même manière qu'un compte bancaire assure un suivi des dépenses, le compte carbone assure un suivi des émissions de CO_2. L'information environnementale des produits et services proposés aux consommateurs sera ainsi envisagée comme un outil d'aide à la décision. Elle constitue un moyen d'orienter leurs choix en les poussant à intégrer la dimension environnementale dans leurs actes du quotidien.

Récompenser les comportements vertueux

La Carte devient en outre une manière d'inciter les particuliers à opérer les bons choix. Et par des conseils accessibles sur les comportements vertueux, et par la récompense d'écogestes réalisés (sous forme de points verts valorisables par des cadeaux ou bons de réduction sur des achats durables, ainsi que des dons).

Trois leviers sont envisageables pour l'attribution des points verts : lors de l'achat de produits et services écocitoyens pour l'habitat, les transports et la consommation courante (biens écolabellisés ou performants sur le plan environnemental), afin de soutenir la consommation de biens qui favorisent la réduction de l'empreinte environnementale globale des ménages. Puis lorsqu'une amélioration de l'empreinte environnementale individuelle est constatée, afin de stimuler l'adoption de comportements vertueux (par exemple la réduction des émissions de CO_2 associées à l'habitat ou transports, la consommation d'eau ou la production de déchets). Enfin lorsque les émissions individuelles de CO_2 se révèlent nettement inférieures à la moyenne actuelle des ménages, de façon à inciter au maintien de modes de vie durables.

Les enjeux De nouvelles applications pour les TIC au service d'une consommation durable

La comptabilisation de l'empreinte environnementale personnelle consiste à enregistrer la valeur environnementale affectée aux achats réalisés. Le report sur le compte carbone des données de consommation par les particuliers eux-mêmes pourrait vite s'avérer fastidieux, surtout si la déclaration concerne non seulement la consommation d'énergie dans l'habitat et les transports, mais aussi la consommation courante. De plus, ce mode de collecte des données ne garantit pas une mesure fiable et précise de l'empreinte environnementale personnelle. Surtout, il exige une vérification *a posteriori* des données transmises par les particuliers afin de calculer le nombre de points verts susceptibles de leur être attribués.

Des dispositifs de Cartes pour l'environnement et de pilotage des émissions individuelles constituent une nouvelle opportunité pour les TIC (technologies de l'information et de la communication) dans le domaine du développement durable. Les compteurs intelligents et autres applications de régulation de la consommation d'énergie, les cartes à puce comme les *smartphones* ont de quoi remplir la fonction d'instruments de mesure de l'empreinte environnementale personnelle. Ils fonctionnent en collecteurs d'informations sur la consommation des clients, enregistrent la valeur environnementale affectée à chaque acte d'achat et reportent cette donnée sur les comptes carbone personnels. Les outils tels que les réseaux sociaux ou les blogs deviennent un lieu d'échange entre les communautés et favorisent le partage et la mutualisation des pratiques responsables.

Un nouveau lien entre les collectivités, les entreprises et les citoyens

La Carte pour l'environnement et d'autres dispositifs similaires serviront d'appui au respect des objectifs fixés en matière de changement climatique et de développement durable, par l'implication des citoyens dans la mise en œuvre des politiques et stratégies nationales et locales. Ce dispositif favorise la création d'un nouveau lien entre les collectivités et les habitants, notamment dans le cadre des Plans climat-énergie territoriaux et des Agenda 21 locaux.

Quelles réalités derrière l'engouement actuel pour les produits bio ?

Les produits bio connaissent aujourd'hui un succès fulgurant et l'engouement des consommateurs se confirme d'année en année. Ce profond changement d'attitude vis-à-vis de la consommation alimentaire montre bien que nous vivons aujourd'hui le retour de balancier des excès du système agro-industriel qui s'est construit après la Seconde Guerre mondiale.

Anne Ghesquière est fondatrice du site FemininBio.com.

La problématique — L'agriculture biologique, une réponse au désastre environnemental annoncé

Le souvenir des pénuries de la guerre a poussé la France à rechercher très vite une indépendance alimentaire. Cette volonté politique forte a impliqué l'essor considérable de l'agriculture intensive. Basée sur une logique d'accroissement des rendements agricoles, l'agriculture a alors connu rapidement un succès qui ne s'est pas démenti pendant des décennies. La France est ainsi devenue, et reste encore aujourd'hui, la première puissance agricole de l'Union européenne (UE). Mais à quel prix ?

Le cœur du sujet — L'agriculture bio : un phénomène mondial

L'agriculture intensive a permis à l'Europe d'assurer son indépendance agricole et de ne plus connaître de pénuries alimentaires. Mais elle a entraîné l'agriculture dans la spirale infernale du « toujours plus », au détriment du respect des cycles de la nature. Pour maintenir le rendement des terres cultivées, voire l'accroître, les agriculteurs ont eu recours à des produits de synthèse, certes efficaces mais dont les conséquences se sont révélées désastreuses pour l'environnement. L'utilisation massive de pesticides et d'engrais a appauvri les sols, maintenus fertiles de manière de plus en plus artificielle.

C'est pourquoi, face à la catastrophe écologique annoncée, l'agriculture bio émerge et se présente comme une alternative concrète. Les prémices de son développement remontent aux années 1970, mais le phénomène ne prend de l'ampleur qu'à l'orée du XXIe siècle. Ainsi, Pierre Rabhi, pionnier de l'agriculture écologique en France, explique : *Je fais partie des gens qui déjà en 1961 militaient pour une agriculture plus respectueuse de la vie. J'ai vu le massacre que l'on faisait de la nature avec les produits chimiques, comment l'on détruisait la terre, ce qui m'a rapproché de l'écologie. Il n'y avait aucun écho de nos activités. À l'époque, cette question était récusée, parce que l'ambiance générale était au refus de tout ce qui n'était pas conventionnel*[1].

Les temps ont bien changé. L'Agence Bio, groupement d'intérêt public français créé en 2001, publie chaque année les chiffres de l'agriculture bio. En 2001, 10 364 exploitations agricoles étaient certifiées bio. En 2008, elles étaient 13 298 et les chiffres ont encore progressé depuis[2]. La surface agricole française bio a pour sa part doublé sur la même période, mais reste très bas : 2 %.

L'agriculture biologique dans l'Union européenne

Les statistiques concernant nos voisins européens ont de quoi faire pâlir d'envie les plus fervents militants français du bio. Jusqu'en 2009, l'Italie occupait la première place du tableau en termes de production agricole bio et était même, en 2006, le seul pays de l'UE à revendiquer plus d'un million d'hectares cultivés selon le mode de production bio. L'agriculture bio italienne s'est développée de manière très dynamique, inspirée par une vraie philosophie du bien vivre. Cependant, l'Italie a été dépassée en 2008 par l'Espagne en termes de surface agricole biologique.

Pourtant, c'est l'Autriche qui est en tête du classement de surface agricole bio en pourcentage de surface agricole nationale totale : plus de 12 %. Premier des pays entrés en 2004 à apparaître dans le classement selon la part de surfaces agricoles bio au sein de l'UE, la République tchèque occupe la huitième place, la Lettonie se glisse en deuxième position, entre l'Autriche et l'Italie, suivie en quatrième position par l'Estonie[3].

Mais les écarts entre pays européens sont flagrants : Italie, Espagne, Allemagne, France, Autriche et Grèce représentent en 2006 plus de 77 % des exploitations biologiques européennes. À un pays près, la même liste comptabilise près des deux tiers des surfaces bio de l'Union européenne : Italie, Espagne, Allemagne, Royaume-Uni, France et Autriche.

L'agriculture biologique dans le monde

L'agriculture bio est loin d'être un domaine réservé à l'Union européenne : le monde entier se convertit au biologique[4]. L'Afrique était en 2007 le continent le plus riche en exploitations bio, tandis que l'Océanie remportait haut la main la palme du continent comptant le plus d'hectares de culture bio dans le monde

1. Interview de Pierre Rabhi pour *FemininBio*, 9 septembre 2009.
2. *Chiffres 2007*, chapitre 4 : Les principaux chiffres de la bio en France, Agence Bio.
3. *Chiffres 2007*, chapitre 3 : L'agriculture bio dans l'Union européenne, Agence Bio.
4. *Chiffres 2008*, chapitre 2 : L'agriculture biologique dans le monde, Agence Bio.

(12,7 millions). En 2007, la planète comptait 1,2 million d'exploitations bio, soit près de 32,3 millions d'hectares[1]. Cependant, la répartition de cette production dans le monde est très inégale. En 2007, sept pays regroupent à eux seuls près des deux tiers des surfaces certifiées : en tête, l'Australie, suivie de l'Argentine, du Brésil, des États-Unis, de la Chine, de l'Italie et de l'Inde.

La place occupée par chaque pays est très variable selon le critère analysé. Ainsi, le Liechtenstein (160,5 km²) caracole soudain à la première place du classement mondial lorsque l'on mesure la part de la surface agricole bio dans la surface agricole utile nationale. Vingt des vingt-sept États membres de l'Union européenne apparaissent dans les 35 premières places de ce classement, qui compte également d'autres pays européens, comme la Suisse (3ᵉ). Certains pays peu habitués aux premières places des classements internationaux prennent ici leur revanche : Samoa à la 9ᵉ place, Timor Oriental à la 10ᵉ, Vanuatu à la 16ᵉ place, Sao Tomé-e-Principe à la 20ᵉ… L'agriculture bio est définitivement un phénomène mondial.

Qu'en est-il des consommateurs ?

D'après l'Agence Bio, ils sont de plus en plus avertis. Elle publie depuis 2003 un baromètre annuel pour suivre l'évolution de l'implantation du bio en France. Les chiffres parlent d'eux-mêmes : en 2003, lors de la première enquête, le bio est déjà connu dans l'hexagone puisque 37 % des Français consomment déjà des produits issus de ce type d'agriculture au moins une fois par mois. En 2008, ils sont 44 %, dont 39 % consomment des produits bio au moins une fois par semaine, contre 17 % en 2003. Grands consommateurs, les Français mettent toutefois leur propre pays dans l'embarras : le pays importe la majorité des produits bio que ses habitants consomment, ce qui est en partie contradictoire.

Zoom

Attention au *greenwashing* !

Les entreprises ont bien compris que la tendance est au retour des produits authentiques. Mais attention au marketing : les termes « naturel », « durable » ne sont pas réglementés ! Alors ouvrez l'œil et méfiez-vous des mots accrocheurs et des graphismes verts. À moins de ne savoir décrypter les étiquettes, seule compte la présence d'un logo officiel comme les labels AB, ECOCERT, CosméBio, BDIH ou l'Écolabel européen.

Les enjeux Voir plus loin que l'agriculture biologique

Car le phénomène bio se double d'un retour au local. L'apparition des grandes surfaces dans les années 1960 a coupé le lien entre alimentation et nature tel qu'il existait depuis des millénaires. Ainsi, Pierre Rabhi s'indigne de la situation : *Quand je vois les hordes de pousseurs de chariots dans les grandes surfaces acheter des aliments qui ont fait des milliers de kilomètres, alors qu'ils pourraient être produits là*

1. Chiffres de l'Ifoam.

où ils sont consommés ! La nourriture ne doit pas voyager, la nourriture doit être quelque chose qu'une communauté humaine fait produire là où elle est. Il faut produire et consommer localement[1].

La démarche locavore

La démarche locavore répond à ce double besoin de consommer localement et de respecter l'environnement, la terre et les cultures, en un mot la nature, de diverses manières : réduction de la pollution liée au transport des produits, assurance de la qualité et de la fraîcheur, retissage du lien social. Ce dernier point est essentiel : dans une société où tout s'accélère et où l'information est à portée de clic, le tissu social est mis à rude épreuve. *Des études montrent que la consommation locale permet de soutenir l'économie d'un territoire. L'argent dépensé localement est réinvesti localement. Les communautés de locavores (plus ou moins avoués) sont généralement très solidaires et fières de défendre un savoir-faire territorial !*, souligne Anne-Sophie Novel, fondatrice du site Ecolo-Info.com[2]. Le retour à une agriculture respectueuse de l'environnement est vu comme le premier pas d'une restructuration des liens entre les hommes, grâce au recul induit face au rythme effréné de la vie urbaine.

Des produits bio à tous les rayons

Perçus par 98 % des Français comme des produits respectueux de l'environnement, les aliments bio sont aussi appréciés pour leur qualité et considérés comme plus sains. Acheter de telles denrées apparaît donc comme un signe de respect de l'environnement et de soi-même.

Car le bio dépasse l'alimentaire. On trouve aujourd'hui des produits bio dans des domaines aussi variés que l'entretien ménager, la mode et les cosmétiques. Dans tous ces domaines, les femmes représentent la majorité des consommateurs. Cet engouement par la population féminine est une chance : en tant que mères, elles vont transmettre aux générations futures les idées et valeurs humaines qui découlent du retour à la terre.

Lectures utiles

L'agriculture biologique, Chiffres 2009, collectif, La Documentation française, août 2009.

Les enquêtes annuelles antérieures de l'Agence Bio sont disponibles sur le site *www.agencebio.org*, et proposent un état des lieux très complet sur l'agriculture bio en France, en Europe et dans le monde.

---

1. Interview de Pierre Rabhi pour *FemininBio*, 9 septembre 2009.
2. Interview d'Anne-Sophie Novel pour *FemininBio*, 26 novembre 2009.

Chapitre 21

Culture et développement durable

Culture et développement durable

Si le développement durable ne devient pas une nouvelle culture, une nouvelle manière de voir et d'agir, en tenant compte des équilibres humains et des limites de ressources et des écosystèmes, cela signifie qu'il ne sera pas intégré, qu'il ne pourra se concrétiser dans le quotidien et les habitudes de chacun, et qu'il sera condamné. Pour une intégration culturelle réussie du développement durable, le secteur de la culture, des arts visuels en passant par la musique ou la littérature, doit jouer un rôle prioritaire. C'est loin d'être le cas aujourd'hui.

Alice Audouin est la présidente de COAL, la coalition pour l'art et le développement durable. Elle est directrice du développement durable d'Havas Media France.

La problématique — Le développement durable, le potentiel d'une révolution culturelle

Le développement durable est non seulement un terme, mais un concept, une nouvelle vision du monde et une nouvelle façon de vivre. Une nouvelle civilisation est possiblement en germe. Son enjeu culturel est l'acceptation libre par chacun des limites de son environnement et l'utilisation de ces limites pour définir un nouveau cadre d'épanouissement. C'est en entrant, petit à petit, dans nos représentations, nos valeurs, nos jugements esthétiques, nos aspirations, nos envies, et enfin et surtout, dans nos habitudes, que le développement durable deviendra une réalité, une valeur fondatrice d'une nouvelle culture. La culture prise *dans son sens le plus large* [...] *peut aujourd'hui être considérée comme l'ensemble des traits distinctifs, spirituels et matériels, intellectuels et affectifs, qui caractérisent une société ou un groupe social. Elle englobe, outre les arts, les lettres, les modes de vie, les droits fondamentaux de l'être humain, les systèmes de valeur, les traditions et les croyances*[1].

Le propos de la culture (en tant qu'industrie culturelle et lieu de créativité) est de traduire les enjeux du développement durable en un projet de société mobilisateur et de contribuer à sa concrétisation. L'internalisation du développement durable par le biais de la culture permet d'assurer sa diffusion pérenne et de renouer avec l'idée d'un mouvement collectif, équivalent aux grandes époques de changement historiques et sociologiques, à l'instar de la révolution industrielle.

Restant identifié comme un agent social sans implication pour des intérêts particuliers autre que les siens propres (pas de lobbies d'industrie, politique ou social), l'artiste est un vecteur efficace de la perception fédérative nécessaire au change-

1. Définition de l'Unesco.

ment de société. Il dispose sociologiquement d'une opportunité pour déployer une expression culturelle du « développement durable » qui ne sera pas perçue comme un dogme au service d'une idéologie, d'une industrie, d'une institution ou d'une discipline.

Une culture atomisée

Comment se crée actuellement la culture du développement durable ? Par la diffusion de connaissances, la mise en œuvre d'actions et de gestes, la valorisation de certaines valeurs, le bouche à oreille, etc. Les émetteurs de cette culture sont divers et nombreux. Parmi eux : l'État, *via* l'enseignement du développement durable dans les établissements scolaires, les campagnes de l'Agence de l'environnement et de la maîtrise de l'énergie (Ademe), les Grenelle ; les *people*, au travers de leurs engagements médiatisés ; les ONG, par la diffusion de leurs campagnes d'alerte ; les scientifiques, chercheurs et universitaires, au moyen de rapports et d'expertises pour certains médiatisés ; les médias, créateurs de documentaires ; les grandes entreprises que la loi oblige, dans leurs rapports annuels, à décrire leurs avancées « durables », et qui investissent dans la publicité « verte » ; les citoyens engagés, enfin, qui s'expriment par leurs actions collectives, leurs blogs, etc. Toutes ces informations et actions participent à créer une *culture du développement durable*. Cette culture n'est malheureusement aujourd'hui ni riche ni solide. Dispersée, quelquefois instrumentalisée, elle est même parfois agressive vis-à-vis de son sujet, aboutissant à l'émergence d'une contre-culture « anti-écolo ». Force est de constater que le développement durable, après 23 ans d'existence, n'a de succès qu'auprès d'un petit cercle d'initiés.

Le cœur du sujet Une proposition ouverte

La perception du terme « développement durable » est loin d'être unanimement positive dans le grand public. Le développement durable est encore souvent perçu comme un oxymore insoluble, un « fourre-tout », un « eco-centrisme » dangereux, ou encore une esthétique « anti-confort ». Les projections sont nombreuses. Elles révèlent la diversité des réactions humaines face à la « mauvaise nouvelle » : la découverte des limites réelles d'un monde que nous souhaiterions illimité. Ces réactions, qu'elles prennent le visage du déni, du rejet, de la prise de conscience ou de l'enthousiasme, doivent être prises en compte dans une approche culturelle, c'est-à-dire intégrant une dimension anthropologique. Et comprises comme des étapes d'un long processus menant à l'acceptation. Le chemin qu'il reste à parcourir pour une intégration culturelle heureuse du développement durable est forcément long. Le développement durable doit se diffuser en tant que proposition ouverte, tolérante et conviviale.

Le rôle du citoyen

Le dynamisme « viral » des citoyens les plus concernés, – qui s'organisent en réseau sur Internet, créent des blogs spécialisés, soutiennent des initiatives, participent à des campagnes de sensibilisation, intègrent des critères de développement durable dans leurs achats, leurs projets immobiliers et d'épargne –, est le levier central de la diffusion culturelle du développement durable. Il s'agit bien ici d'un nouveau mode de vie, d'une nouvelle culture, minoritaire certes, mais dotée d'une forte dimension participative. Chaque citoyen impliqué diffuse autour de lui à la fois de la connaissance et des modalités d'action.

Le rôle du secteur culturel

Le secteur culturel investit le plus souvent peu ou mal le développement durable. Prenons la télévision qui joue un rôle culturel central. Le développement durable y est généralement cantonné à des sujets dans les journaux télévisés ou à des documentaires, ce qui en augmente malheureusement la perception « anxiogène ». Il est globalement absent des séries à large audience, des fictions, des émissions de divertissement, des émissions de débat (exception faite de la controverse pro-Giec anti-Giec[1]...). Or ces contenus sont pourtant ceux où se créent les représentations, donc la culture. Insérer une dimension de développement durable dans une fiction peut se faire de façon subtile, sans même toucher à l'histoire ou au dialogue. Des gestes comme jeter un déchet par terre ou dans une poubelle, avoir un sac durable pour éviter les sacs plastiques lors d'achats, éteindre la lumière en quittant un appartement, ne sont pas précisés dans les scénarios, la marge de manœuvre est grande. L'erreur de perspective reste toujours la même : considérer le développement durable comme une thématique de niche et non comme une façon de vivre, une donnée de la société.

Regardons maintenant du côté des romans. S'il y a une belle production sur les dégâts sociaux des entreprises et de nos modes de vie, combien de romans abordent-ils les enjeux environnementaux actuels ? Presqu'aucun. Seules de petites maisons d'éditions spécialisées (mais qui connaît les éditions Gallmeister ?) s'intéressent véritablement au sujet du point de vue du roman. Il existe bien sûr des exceptions et des auteurs de valeur, mais pas dans le Top 50 de la rentrée littéraire ! La logique est certes schématique, mais implacable, pas de roman, pas de fiction au cinéma, pas de discussion du *Grand Journal* sur le sujet du film, pas de discussion à la cafétéria le lendemain, et ainsi de suite.

1. Le Groupe international d'experts sur l'évolution du climat dont les conclusions sur le réchauffement anthropique ont été vivement attaqués par les « climato-sceptiques ».

Une intelligentsia critique

Nous pouvons remonter plus loin encore, auprès des intellectuels médiatisés. On ne peut que constater les postures prises par certains vis-à-vis du développement durable : le désintérêt, la critique ou la suspicion. Plusieurs intellectuels occupent désormais une position accusatoire vis-à-vis de l'écologie. Comment une contre-culture écologique s'est-elle mise en place dans cette élite ? Parmi les explications : la crainte que des enjeux communs puissent créer des solutions communes de type autoritaire, une idée du plaisir et de la liberté individuelle comme acquis ne pouvant supporter aucune restriction, fût-ce pour les pérenniser à long terme, la défiance vis-à-vis des personnalités de l'écologie, etc. Au final, la surreprésentation médiatique des intellectuels sans expertise sur le sujet et la sous-représentation médiatique des intellectuels pertinents sur le même sujet (qui connaît le philosophe François Flahaut ?) freinent l'avancée culturelle du développement durable.

Les enjeux Des signes de changement

Zoom

Mémoires de la jungle, de Tristan Garcia*

Publié en 2010, ce roman d'un jeune auteur toulousain prouve à quel point le genre littéraire sait aborder les questions de fond concernant la biodiversité. Le narrateur, un chimpanzé, raconte sa vie après l'abandon du continent africain par les humains. Au moment où la nature reprend son territoire, le singe-héros qui n'a vécu qu'en zoo aura-t-il les moyens de survivre ?

* Éditions Gallimard

Si la situation générale semble difficile, fort heureusement des signaux positifs viennent donner espoir. Les forces en présence sont nombreuses pour une avancée culturelle du développement durable. Parmi ces forces :

- Le grand vivier d'intellectuels prolifiques et pertinents sur la thématique, qu'ils soient philosophes, anthropologues, psychanalystes, éthologues, économistes, etc. Il ne reste qu'à les médiatiser davantage.
- L'action grandissante des artistes contemporains sur des thématiques d'enjeux sociaux et environnementaux actuels relatifs au développement durable, et l'augmentation des lieux de visibilité de leur travail. Cette visibilité correspond aussi à la plus grande ouverture du marché de l'art aux artistes du Sud.
- Le démarrage d'un débat scientifique, fût-il né douloureusement par la critique, qui saura, s'il est intelligemment mené, placer les données scientifiques au cœur du processus de connaissances, créer un consensus sur des données objectives, ôter l'excès de passion et d'idéologie et créer une nouvelle doxa.

L'esthétique verte : changer de goût pour changer le monde

La diffusion des connaissances écologiques modifie notre perception de la nature. C'est en particulier en considérant l'unité des écosystèmes que notre expérience esthétique est profondément transformée. Au lieu de projeter sur la nature une représentation, nous apprenons à la percevoir dans son altérité. Ce changement ne se limite pas à la sphère du beau. Il implique une autre manière de se représenter au monde, et donc un nouveau cadre pour penser notre intégration à la nature.

Loïc Fel est docteur en épistémologie, responsable du développement durable de BETC Euro RSCG.

La problématique — L'écologie révolutionne la philosophie esthétique

Le développement de la conscience écologique permet de reconsidérer l'idée de nature en ranimant la réflexion esthétique. Elle était tombée en désuétude depuis que Hegel avait fait de la philosophie esthétique une philosophie de l'art. Le dernier grand modèle de pensée de la relation esthétique à la nature était celui de Kant, qui misait tout sur le sujet de l'expérience, celui qui projetait sur la nature des qualités esthétiques qui dépendaient de lui. Dans la mesure où la perception des dynamiques écologiques nécessite un passage par la connaissance, le nouveau modèle de l'esthétique de la nature ne peut plus être subjectif. Il s'agit alors de concevoir une esthétique objective.

De la Belle Nature à la Bonne Nature

Que ce soit dans les représentations construites dans la peinture et les jardins ou par les paysagistes, la nature traditionnellement valorisée correspond à un certain ordre, conforme à des conceptions humaines ou religieuses : la Belle Nature. Charles Perrault (1628-1703), par exemple, va jusqu'à affirmer que *ce n'est pas assez au peintre d'imiter la plus belle nature telle que les yeux la voient, il faut qu'il aille au-delà, et qu'il tâche à attraper l'idée du beau.* Songeons aux buis en topiaires de Versailles, strictement identiques été comme hiver quel que soit le siècle.

Aujourd'hui, la théorie environnementale présidant aux interventions de Gilles Clément par exemple, part de considération physique pour aboutir à des réalisations à l'esthétique bien identifiable. Sa conception du jardin ne part pas d'une esthétique formelle conforme à la « Belle Nature », mais de principes de gestion largement inspirés de l'agriculture biologique. Cette « gestion différenciée » consiste à choisir des plantes résistantes, adaptées au terrain, économes en eau, et une culture sans engrais qui n'empêchent pas d'obtenir des plantes épanouies. De plus, laisser des espaces libres pour les générations spontanées et employer des auxiliaires biologiques au lieu de pesticides favorisent la biodiversité. Ce qui est alors mis en avant n'est plus un espace correspondant à des conceptions anthropiques collées sur l'espace réel, mais des processus naturels, dynamiques et complexes pour un écosystème sain et durable : la Bonne Nature.

Le cœur du sujet Redéfinir le champ de la culture à l'aune de l'écologie

Zoom

L'écologie aura-t-elle raison de l'art ?

Force est de constater que l'esthétique écologique sait dépasser les clivages traditionnels de l'art et porter sa définition à un autre niveau que les catégories esthétiques formelles. Par exemple, l'architecture HQE (Haute Qualité Environnementale), se définit par un référentiel technique et des performances environnementales, donc par les données physiques et écologiques du bâtiment et jamais par un aspect formel comme le style visuel ou les matériaux choisis. Pourtant, ces points étaient la clé de définition de tous les mouvements architecturaux que l'histoire ait connue jusqu'ici. Cette fois, un mouvement culturel ne se définit plus sous l'angle strictement esthétique, mais déporte le débat en faisant d'une éthique environnementale concrétisée par des performances son seul critère.

Une des spécificités de la conception écologique de l'esthétique de la nature est qu'elle ne se satisfait pas d'énoncés et de représentations, elle ne peut s'exprimer que dans des actions qui l'incarnent. Pour pouvoir apprécier la Bonne Nature, en effet, il faut se référer à la nature elle-même, concrète et vivante, et non pas à une image que l'on s'en fait. Ce retour de l'expérience dans nos principes esthétiques fera que depuis une table d'orientation je peux faire l'expérience de l'écosystème, par tous mes sens, et non pas depuis une vue panoramique sur Internet.

Enfin, dans la mesure où le sujet n'est plus spectateur passif du monde mais un élément de l'écosystème, cette expérience peut devenir participative et tenir compte de la présence du sujet d'expérience. Ainsi, l'on préférera aux simples promenades plantées horticoles et sans intérêt écologique, une trame verte vivante dans laquelle les activités humaines peuvent se jouer en symbiose avec l'environnement. Les artistes se retrouvent interrogés sur leurs pratiques. En lieu et place d'une œuvre d'art figée qui incarnait une représentation, un public exigeant s'attendra à une intervention qui *réalise quelque chose* dans le monde. L'écologie libère l'artiste de la galerie et le beau n'appartient plus au seul domaine de l'art.

Pour une culture écologique

C'est en particulier Allen Carlson, philosophe canadien contemporain, qui postule que la diffusion des connaissances en sciences de la nature modifie notre perception et déplace l'expérience esthétique du sujet vers l'objet. Ainsi, de même que l'histoire de l'art est une éducation à l'expérience esthétique des œuvres d'art, les sciences de la nature donnent les clés de la perception nécessaire à l'expérience esthétique de cette même nature. D'autres auteurs complètent cette théorie esthétique avec les données historiques, culturelles et biographiques présentes dans notre appréciation esthétique.

Ce que cet ajout met aussi en évidence, ce sont les difficultés à utiliser la notion de « nature ». D'ailleurs, Allen Carlson lui préfère la notion d'environnement naturel. La difficulté réside en l'acception commune de la nature par opposition à la culture et à toute intervention humaine. Or, il est aujourd'hui impossible de trouver un écosystème qui aurait échappé à toute influence humaine.

Afin de conserver la notion de nature, Malcolm Budd, philosophe anglais contemporain, la définit comme l'ensemble des dynamiques et des phénomènes spontanés, comme la déprise agricole. La nature ne s'incarnant pas dans des objets, il est à nouveau possible d'envisager de faire l'expérience de la nature par ses processus. Ainsi, un arbre planté n'est pas naturel, mais le processus par lequel l'arbre pousse est naturel.

Mais cette conception s'acquiert par une sensibilisation et des connaissances, ce long processus peut aboutir à la constitution d'une nouvelle culture, une culture écologique, qui n'en est aujourd'hui qu'à ses prémices.

Les enjeux Sauver la nature au-delà de l'utilitarisme

Selon le mode de relation développé avec la nature, les écosystèmes et les espèces à sauver ne sont pas aussi nombreux.

Avec l'hypothèse basse de la survie immédiate, un stock de plantes comestibles et une biomasse minimale suffisent amplement, nul besoin impérieux d'aller sauvegarder le dernier moustique de la dernière mangrove de la dernière île émergée d'on ne sait où. Avec l'hypothèse anthropocentrique de l'utilité (potentielle), une importante biodiversité devient intéressante pour les applications pharmacologiques ou industrielles qu'on espère en tirer. Mais dans ce cas, une collection de spécimens vivants dans quelques parcs sanctuaires suffit. Si l'on y ajoute la valeur culturelle de la nature, apportant revenus du tourisme et valorisation du foncier, une biodiversité décorative suffira amplement.

Mais alors comment inciter à « sauver le monde » dans son entier ? L'esthétique a peut-être bien là un rôle à jouer. Attribuer une valeur aux espèces et à la biodiversité commune qui n'en a pas suffisamment d'un point de vue « survie » ou économique leur offre une protection quotidienne qui n'est pas négligeable. De même que pratiquement personne n'irait détruire une fresque historique sur un mur en pleine rue, si la nature est dotée d'une valeur esthétique commune, qui ira détruire les grosses chenilles de paon du jour qui dévorent quelques feuilles de la haie de son jardin ?

Lectures utiles

Histoire de l'écologie, Acot P., Presses Universitaires de France, Paris, 1988.

The aesthetic appreciation of nature, Budd M., Oxford University Press, New York, 2002.

Aesthetics and the Environment. The Appreciation of Nature, Art and Architecture, Carlson A., Routledge, London, 2000.

« L'esthétique environnementale d'Allen Carlson. Cognitivisme et appréciation esthétique de la nature », Dumas D., *in Æ Canadian Aesthetics Journal/Revue canadienne d'esthétique*, volume 6, Fall/Automne 2001.

L'esthétique verte, Fel L., Champs Vallon, Paris, 2009.

Art contemporain et écologie

L'engagement des artistes en faveur de la protection de l'environnement s'est développé parallèlement à la naissance de la conscience écologique, équation de faits sociaux, scientifiques, politiques et donc esthétiques. L'art écologique, parfois appelé « bio art » ou « art environnemental », se développe dès les années 1960, essentiellement dans les villes où la question du rapport de l'homme avec son environnement se fait plus pressente. À l'heure du développement durable, les problématiques écologiques, omniprésentes dans la société, réinvestissent le champ artistique. Les approches y sont aussi diverses que les enjeux.

Lauranne Germond est co-fondatrice de COAL.

La problématique Les artistes et l'écologie

Les artistes de « l'art écologique » se distinguent par leur intérêt pour la nature, mêlé à une ambition sociale, une remise en question des systèmes économiques et la mise en place de structures participatives. Joseph Beuys, figure tutélaire de l'art conceptuel, par son engagement militant – qui le conduira à devenir l'un des fondateurs du Parti vert allemand – et le développement du concept de « sculpture sociale », incarne ce courant qui a pris toute son ampleur depuis.

À la jonction des savoirs

Le rapport des artistes, notamment avec le politique et la sphère sociale, a changé. Loin du militantisme revendiqué, ils agissent d'avantage à l'échelle du quotidien, infiltrent et perturbent les réseaux sociaux et économiques, court-circuitent les politiques d'aménagement urbain, recyclent des objets usuels. L'artiste décrypte les approches scientifiques, s'approprie ses technologies de pointe, calcul, radar, temps réel, et développe de nouveaux groupes d'influence capables de maîtriser le flux médiatique et les plates-formes en réseau. À l'opposé, on remarque la prolifération des pratiques *low tech*, des réalisations à taille humaine, celles qui renouent avec des gestes archaïques, des pratiques artisanales et vernaculaires, et la quête d'un rapport direct et intuitif à la nature par l'expérience, entre autres, d'une vie en milieu sauvage… L'artiste se place à la jonction des savoirs, se risque à jouer le rôle de catalyseur en offrant l'éclairage d'un regard subjectif dans la masse obscure du discours global. Il quitte facilement le champ de l'art pour s'aventurer, parfois, mercenaire ou entrepreneur, à dénoncer des situations et proposer des solutions concrètes.

Le cœur du sujet Artistes impliqués

À l'automne 2010, les artistes anglo-allemands de HeHe font flotter leur Nuage vert, une image laser projetée sur les émissions de vapeur de l'incinérateur de la ville de Saint-Ouen. À l'extrémité du cycle création-destruction, là où la collectivité brûle ce qui n'a pu être recyclé autrement, on peut encore trouver du sens et de la beauté. L'œuvre joue un rôle de révélateur, elle laisse prendre conscience au public de son implication dans ce cycle et invite chacun à participer au processus. Des débats, médiations, négociations accompagnent le projet, véhiculant une série de messages sur la notion et la réduction des déchets. En 2007, à la Biennale de Sharjah, l'artiste danois Tue Greenfort a réalisé Exceeding 2° : il a augmenté de 2 °C la température du Sharjah Art Museum, normalement maintenu par la climatisation à des températures si basses que le public s'en plaint ! Avec l'argent économisé sur les dépenses d'énergie, l'artiste a acheté un morceau de forêt amazonienne en Équateur. Le collectif Superflex, autre représentant de la scène danoise, a fait des questions d'écologie l'un des axes principaux de son travail, et agit sur tous les fronts pour tendre à faire disparaître les frontières entre l'art et le réel : organisation de séances d'hypnose pour expérimenter le changement climatique dans la peau d'un cancrelat ou d'un ours blanc, ouverture de *free shops* tout est cédé gratuitement, production de la boisson énergisante Guarana Power en collaboration avec une coopérative de producteurs amazoniens, ou encore développement en Afrique de Biogaz.

Zoom

Les projets finalistes du prix COAL Art & Environnement 2010

Art Orienté Objet, L'alalie
Pascal Bircher, The door to hell
Collectif HeHe, Nuage vert
Valère Costes, Résidence en forêt tropicale Guyanaise
Magali Daniaux & Cédric Pigot, Final melt
Olivier Leroi, Un drapeau pour l'Antarctique
Frédéric Pradeau, Purificateur d'eau de mer
Momoko Seto, Planet Z
Philippe Terrier Hermann, The world.

Le jury du prix COAL Art & Environnement 2010

Paul Ardenne, critique d'art
Nathalie Blanc, géographe
Ari Brodach, directeur du développement durable de la Ville de Lille
Anne-Marie Charbonneaux, présidente du Centre National des Arts Plastiques
Denis Couvet, écologue, MNHN et école Polytechnique
Lorenzo Fiaschi, directeur, Galleria Continua
Fabrice Hyber, artiste
Jean-Pierre Sicard, directeur général délégué de CDC Climat
Guy Tortosa, inspecteur général en charge de la commande publique à la Délégation aux Arts Plastiques

Autre projet emblématique, Public Smog, de l'artiste américaine Amy Balkin, qui repose sur le marché des émissions carbone. Cette plate-forme propose au public d'acheter et de contrôler collectivement des bons d'échange carbone qui deviennent ainsi inaccessibles aux industries polluantes. Il constitue un bien commun, un parc d'air pur au sein de l'espace public. Ce travail suggère que les ressources communes telles que l'atmosphère sont indivisibles et remettent en cause la portée et l'intention des États-Unis ou des lois internationales relatives à la propriété et la pollution. Dernier exemple, l'approche de Maria Thereza Alves laquelle, avec son projet Seed of change, mené en collaboration avec des scientifiques, reconstruit à travers la dissémination des espèces végétales l'histoire des mouvements de population. Que les graines aient voyagé dans les poches des esclaves ou le ballast des cargos, leur implantation contemporaine dresse une carte historique du processus de globalisation où échanges de marchandises, exploitation humaine et commercialisation du vivant se rejoignent.

Les enjeux Pourquoi cet engouement des institutions pour les artistes ?

Parallèlement à l'intérêt des artistes, on constate, et ce depuis très peu de temps, un engouement des institutions culturelles, mais aussi des collectivités, ONG, entreprises agissant parfois par curiosité pour la « tendance verte », le plus souvent par conscience que la culture doit accompagner le changement de société en marche et joue là une occasion inespérée de réinvestir le champ du pouvoir et de la politique.

Le révélateur de la dimension du phénomène fut la présence manifeste de l'art à l'occasion du Cop 15 (Sommet de Copenhague). Des expositions en chaîne, notamment dans les quatre grandes institutions artistiques de Copenhague réunies pour présenter ensemble Re-think, à la multitude d'interventions artistiques, on a noté la mise en place d'une communauté d'artistes impliqués *via* le développement de plate-forme, de centres de ressources et de réseaux sociaux.

Zoom

Quelques initiatives majeures dans le domaine de l'art contemporain

Art for the Environment Initiative organisé par le PNUE, le centre de recherche Arts & Ecology de la Royal Society for the Art à Londres, le projet Cape Farewell, expédition d'artistes aux pôles, la Biennale de la fin du monde, et de nombreuses expositions de par le monde : Biennale de Sharjah 2007 : Art, Ecology and the Politics of Change, Melting Ice A Hot Topic – Bruxelles, Monaco, Chicago, Acclimatation à la Villa Arson, Greenwashing, Environment : Perils, Promises and Perplexities, Fondation Sandretto Re Rebaudengo, Earth : Art for changing planet, Royal Academy de Londres, Radical Nature, Barbican Center, création du prix Pictet pour la photographie…

Organisation des acteurs de la culture

L'organisation et la mise en réseau des acteurs sont l'une des particularités essentielles du phénomène basé sur la pluridisciplinarité. Il existe une volonté de dégager les artistes et les chercheurs de l'isolement et de réaffirmer haut et fort la place de la culture dans la société. Aux plans européen et institutionnel, le réseau Thin Ice et

Imagine 20/20 est exemplaire, créé par six organisations culturelles européennes – Artsadmin (Londres), Bunker (Ljubljana), Domaine d'O (Montpellier), Kaaitheater (Bruxelles), Lift (Londres) et Le Quai (Angers) – il compte aujourd'hui onze membres. Ils ont pour intention d'encourager et de stimuler les artistes comme le public à s'engager d'une manière créative sur les défis du XXIe siècle. Ils mènent de nombreuses actions concrètes sur la forme comme sur les contenus.

COAL, un peu de « charbon » dans l'eau froide

En France, l'initiative la plus ambitieuse est celle de l'association COAL, la « coalition pour l'art et le développement durable » (coal signifie « charbon » en anglais) créée en France en 2008 par des professionnels de l'art contemporain, du développement durable et de la recherche. Cette plate-forme favorise l'intégration de l'artiste au sein d'un réseau de parties prenantes sur les enjeux sociétaux et environnementaux *via* le lancement d'appels à projets, d'événements, d'expositions, de publications. Elle a lancé en 2010 le Prix COAL Art & Environnement, remis à l'artiste Thierry Boutonnier. COAL offre à une génération d'artistes jusqu'ici non impliqués de s'emparer de la thématique en toute liberté et, en conséquence, de la sortir d'un cercle « d'artistes spécialisés ». COAL contribue ainsi à l'émergence d'une scène artistique et d'expositions sur la thématique de l'environnement. Parmi ces expositions en 2010, citons, par exemple, sur la thématique du réchauffement climatique, Éclaircies, au Quai d'Angers, sur la biodiversité, Naturel Brut, Parcours Art et Biodiversité, dans les Parcs et Jardins de Paris, et sur l'environnement en général, Panorama, au Palais de Tokyo, etc.

L'ensemble de ces initiatives favorise la mise en œuvre immatérielle et sensible des enjeux cruciaux du développement durable.

Lectures utiles

Burning Ice : Art and Climate Change, David Buckland, Ali MacGilp & Sion Parkinson, éd. Cape Farewell, 2006.

Catalogue en ligne de l'exposition Rethink, *Contemporary Art & Climate Change* (Copenhague, décembre 2009) www.rethinkclimate.org

Cinéma et environnement

Un nouveau genre de documentaire émerge, qui choisit de s'interroger sur la réussite ou l'échec du développement durable, comme *Home* de Yann-Arthus Bertrand, ou *le Syndrome du Titanic*, de Nicolas Hulot. Mais ces œuvres semblent l'aboutissement de décennies de créations cinématographiques où l'environnement porte la marque de son temps.

Jean-Michel Valantin est docteur en études stratégiques et sociologie de la défense.

La problématique De l'environnement comme intériorité

Les paysages infinis des westerns de John Ford ou l'omniprésence de la rivière dans *Le déjeuner sur l'herbe*, de Renoir, sont autant de miroirs de l'intériorité des personnages dont les films mettent en scène les trajectoires existentielles. Ainsi, l'immensité de la prairie dans laquelle déferlent les colonnes de chariots est à la fois le cadre, mais aussi l'échelle, de l'effort que les pionniers accomplissent non seulement sur le monde, mais aussi sur eux-mêmes pour devenir des « Américains ». Ainsi, jusqu'au début des années 1960, les choix « environnementaux » des metteurs en scène procèdent, comme chez les fabulistes classiques, de l'allégorie ou de la métaphore. La représentation de la nature demeure largement un prolongement des tourments et des accomplissements des personnages.

Avec *Les oiseaux*, en 1963, inspiré par Daphné du Maurier Alfred Hitchcock fait basculer la situation. En suivant les débuts d'une histoire d'amour entre une belle oisive et un avocat qui se rend dans la petite ville littorale de Bodega Bay, Hitchcok fait jaillir une menace parfaitement inattendue, celle du déclenchement d'une guerre des oiseaux contre les hommes, sans qu'aucune « raison » ne soit donnée. Les hordes d'oiseaux qui s'abattent sur la ville lui donnent le moyen de représenter un brutal retournement de l'ordre du monde. Lequel n'est plus dominé par l'ordre humain mettant en cage le « règne » animal. Au contraire, le monde devient le terrain de chasse des oiseaux, et les humains deviennent les proies.

Au moment où commencent à se faire sentir partout dans le monde les effets d'un mode de développement déterminé par l'industrialisation accélérée du monde, l'explosion démographique et l'exode rural – développement qui prétend s'affranchir des ressources et des milieux naturels dont il dépend – les voilà qui font l'objet de nouveaux questionnements.

Hollywood et le Club de Rome

Des questionnements qui figurent déjà dans le rapport du Club de Rome en 1972, lequel prônait la « décroissance » comme réponse au risque d'asphyxie des écosystèmes, des ressources énergétiques, en particulier pétrolières, et de ce qui est aujourd'hui compris comme les « services écologiques », par l'emballement de la société de consommation de masse. C'est l'époque des premiers grands débats sur l'écologie.

Ils sont traduits dans *Soleil vert* de Richard Fleischer, en 1973. Dans ce film, les écosystèmes ont été ravagés par la pollution, la démographie s'est emballée, les villes sont devenues des mégalopoles insalubres où les gens survivent en mangeant du « soleil vert », pâte protéinée à l'origine mystérieuse. Un policier découvre que le « soleil vert » (*Soylent green*) est produit à partir du corps des vieillards euthanasiés de façon industrielle. Pour le cinéma, l'environnement devient alors l'enjeu et le cadre de référence de la crainte de voir l'humanité se condamner à une tragédie collective, à partir de la fin des années 1960.

Max in Nightmareland

Cette tragédie en devenir que le cinéma va décliner de mille manières, c'est celle de la pollution, de la surpopulation, de l'urbanisation généralisée, de la guerre conventionnelle et nucléaire. Entre 1973 et 1986, le cinéma fait de l'environnement le lieu d'un futur cauchemardesque : *Docteur Folamour*, *La Planète des singes* et ses quatre suites, *Apocalypse Now*, *Délivrance*, *Les dents de la mer*, *Mad Max* I et II, *Blade Runner*, *Le Jour d'après*, *Testament*, *Terminator*, *Aliens II*, ainsi que de nombreux « films catastrophes », créent une « histoire alternative » où l'environnement devient la zone ravagée, sacrifiée, où s'effondre la détresse humaine, engendrée par les erreurs collectives massives des sociétés industrielles.

Cependant, en 1985, John Boorman réalise *La Forêt d'Émeraude*. Elle décrit l'alliance entre une tribu amazonienne et un ingénieur afin de sauver la forêt d'un barrage dont le spectateur ne saura s'il est détruit par un dynamitage ou par les esprits sylvestres. En outre, le propos comme l'imagerie du film sont alimentés par tous les documentaires environnementaux, popularisés par Jacques-Yves Cousteau depuis les années 1950 et ses films sur la vie marine, qui ouvrent la voie à des dizaines d'œuvres sur l'évolution des milieux naturels, dont les milieux forestiers, face à l'artificialisation rapide due aux besoins de l'industrialisation.

L'hyperartificialisation

La dernière décennie du vingtième siècle est d'ailleurs marquée par l'interrogation sur les risques d'une hyperartificialisation du monde humain. Ainsi, le manga *Princesse Mononoké* porte-t-il sur la destruction matérielle et spirituelle de la forêt dans un Japon qui s'industrialise au point de perdre la source même de sa vitalité. En « extrême Occident », Hollywood produit la trilogie *Matrix* : l'humain s'y confond avec la technologie. Tandis que le *Titanic* coule, image de la technologie poussée à ses limites par l'orgueil humain.

Le cœur du sujet La nouvelle alliance

Cependant, dès 2000, la question environnementale est puissamment travaillée et popularisée par une série de films qui reposent sur le renouvellement de l'alliance entre les hommes et les forces naturelles, afin d'encadrer les effets indésirables et massifs de l'artificialisation de la planète. C'est tout le thème de la trilogie du *Seigneur des Anneaux* où la lutte du bien et du mal renvoie à la lutte contre l'orgueil technologique dévorant toutes les ressources et toute spiritualité. Cette problématique est d'ailleurs reprise dans la trilogie du *Pirate des Caraïbes* : là, les conflits entre les hommes brisent des équilibres fondamentaux.

Enfin, en 2004, la sortie de *The day after Tomorrow*, qui met en scène une méga-tempête déclenchée par le changement climatique, amène à une condensation du débat sur le changement climatique à l'échelle de l'opinion publique mondiale. Il prépare le succès global et inattendu de la conférence filmée d'Al Gore, *An inconvenient truth* (Une vérité qui dérange) sur le même sujet. Les changements environnementaux deviennent un enjeu de politique et de sécurité.

Du cinéma au développement durable

Il s'ensuit la prise de conscience de l'interdépendance entre les activités humaines et les grands équilibres environnementaux. Parmi bien d'autres œuvres, *Quantum of Solace*, vingt-deuxième aventure de James bond, en 2008, voit l'agent 007 déjouer le complot d'une organisation criminelle transnationale qui s'apprête à faire main basse sur les réserves d'eau de la Bolivie. James Bond devient ainsi un acteur stratégique du développement durable.

Cependant, en parallèle, le monde est mis en grand péril par les pandémies planétaires qui transforment les hommes en cannibales enragés dans *28 semaines plus tard*, ou dans *Je suis une légende*, mais aussi par l'effondrement quasi total de la fertilité dans *Les fils de l'homme*. L'humanité comme l'écosystème global sont au bord de l'effondrement. D'ailleurs, un nouveau genre de documentaire émerge, qui porte sur la réussite ou l'échec du développement durable, comme *Home* de Yann-Arthus Bertrand, ou *le Syndrome du Titanic*, de Nicolas Hulot.

Les enjeux Un nouvel espoir

Zoom

Avatar, de James Cameron

Ce film sur le conflit entre des indigènes forestiers et une compagnie minière est un objet culturel inédit dans l'histoire de l'humanité : son succès planétaire pose un système de représentations des conflits d'usages autour de la biodiversité, commun à des centaines de millions de spectateurs, soit à l'échelle du monde globalisée.

C'est alors qu'est distribué *Avatar* (voir encadré *Zoom*). Par cette fresque qui reprend le matériau de la conquête de l'Ouest en le reportant dans le contexte de la compétition pour les ressources énergétiques et de la crise de la biodiversité, James Cameron réalise un film sur les rapports contemporains entre l'homme, la technique, le vivant, l'éthique et la spiritualité, en créant une circularité entre ces thèmes, qui, jusqu'à présent, demeuraient fractionnés entre des œuvres plus spécialisées, en proposant que le XXIe siècle soit celui, non pas de l'effondrement global, mais du « réenchantement du monde ». En même temps, l'étonnant *District 9* explore les nouvelles formes d'aliénation de l'humanité prise au risque d'être divisée entre le « bidonville global » et l'économie transnationalisée.

Les croisements de ces débats constituent le matériau de nombreux films à venir.

Lectures utiles

Trois ouvrages de Jean-Michel Valantin

Hollywood, le Pentagone et Washington, les trois acteurs d'une stratégie globale, Autrement, 2010.

Écologie et gouvernance mondiale, Autrement, 2007.

Menaces climatiques sur l'ordre mondial, Lignes de repères, 2005.

La diversité, pilier incontournable du développement durable

Le respect de la diversité fait partie des droits humains, et par conséquent est l'un des piliers du développement durable. Il est partie intégrante non seulement de ce que l'on appelle la *composante sociale du développement durable* mais aussi d'un aspect dont on parle moins mais qui est primordial, la *composante culturelle*.

Bettina Laville est avocate associée en charge du développement durable
dans le cabinet Landwell & Associés (PricewaterhouseCoopers), membre du conseil d'État.
Elle fut coordonatrice pour la France de la conférence de Rio et fondatrice du Comité 21.
Elle a été conseiller pour l'environnement du président de la République François Mitterrand
et de deux premiers ministres.

La problématique Un principe réaffirmé dans tous les grands textes

Étonnant de voir le thème de la diversité, au sens de la diversité humaine, intégré au développement durable ? Il existe pourtant une Convention internationale sur la diversité biologique qui est destinée à protéger l'environnement et à mettre en œuvre des mesures nationales et internationales pour réparer les dégâts que notre mode de civilisation fait peser sur la nature, en faisant disparaître des espèces. Mais les grands textes sur le respect de la diversité humaine sont, dans les documents internationaux et nationaux de développement durable, mentionnés mais rarement explicités.

La diversité humaine, sociale et culturelle, est effectivement présente dans tous les textes onusiens du développement durable dans la mesure où ils s'appuient sur la Charte de San Francisco. Elle est aussi affirmée dès le début des conférences internationales sur l'environnement – la conférence de Stockholm en 1972 – qui stipulent le respect de la diversité humaine dans tous ses aspects. Ainsi, la Déclaration de Stockholm sur l'environnement adoptée en juin 1972 édicte, dans son principe numéro 1 : « L'homme a un droit fondamental à la liberté, à l'égalité et à des conditions de vie satisfaisante dans un environnement de qualité lui permettant de vivre dans la *dignité* et le bien-être. » Les mots-clés de la diversité sont prononcés : il n'y a pas de respect de la diversité sans respect de l'*égalité* des hommes entre eux ni respect de la *dignité*.

La Conférence de Rio ira plus loin en 1992 en détaillant certaines communautés qui ont droit à un respect particulier de leurs spécificités Ainsi, dans le Principe 22 de la Déclaration de Rio : « Les populations et communautés autochtones et les autres collectivités locales ont un rôle vital à jouer dans la gestion de l'environnement et le développement du fait de leur connaissance du milieu et de leurs pratiques traditionnelles… » D'autres communautés seront aussi citées, comme les femmes dans le Principe 20 ou les jeunes dans le Principe 21.

Parallèlement, en 1992, la Convention sur la diversité biologique reprend dans son préambule le droit des populations autochtones : « Reconnaissant qu'un grand nombre de communautés locales et de populations autochtones dépendent étroitement est traditionnellement des ressources biologiques sur lesquelles sont fondées leurs traditions, et qu'il est souhaitable d'assurer le partage équitable des avantages découlant de l'utilisation des connaissances, innovations et pratiques traditionnelles intéressant la conservation de la diversité biologique et l'utilisation durable de ces éléments… » Ainsi, pour la première fois, se dessine une « alliance » entre ce type de population illustrant la diversité humaine non seulement dans l'espace mais aussi dans le temps, et la conservation de la diversité biologique, précisée dans l'article 10. La Convention sur la diversité biologique à partir d'une biodiversité naturelle a traité de la diversité culturelle, en particulier grâce aux revendications des peuples autochtones en faveur d'une culture spécifique et de droits pour le respect de leurs(s) culture(s), au double sens du terme. Avec l'adoption par l'Unesco en 2005 de la Convention sur la protection et la promotion de la diversité des expressions culturelles, l'arsenal juridique international de la reconnaissance des diversités humaines et naturelles sera construit.

Zoom

Sommet de Johannesbourg : novateur sur la diversité

Le Sommet de Johannesbourg, dix ans plus tard, en 2002, consacrera la notion de diversité en souhaitant que toutes les populations du monde travaillent ensemble dans le cadre d'un partenariat mondial pour édifier un développement plus durable (art. 10). L'article 16, lui, liera de manière claire la diversité des habitants de la planète au devoir de sa conservation : « *Nous sommes déterminés à faire en sorte que notre riche diversité, qui constitue notre force collective, soit mise à profit pour nouer des partenariats constructifs axés sur le changement et visant à atteindre notre objectif commun, à savoir le développement durable.* » L'article 17 précisera le contenu de cette diversité qui s'exprime « *par le dialogue et la coopération entre les civilisations et les peuples de la planète, sans considération de race, de handicap, de religion, de langue, de culture ou de traditions* ». En outre, le Sommet de Johannesbourg évoquera à nouveau le rôle des populations autochtones dans son principe 25 : « *Nous réaffirmons le caractère essentiel du rôle des populations autochtones dans le cadre du développement durable.* »

Le cœur du sujet Choisir son mode de consommation

Au-delà de la référence constante aux grands principes de l'Onu, le développement durable intègre donc une sorte de « principe de diversité » que toutes les parties prenantes qui se réclament du développement durable se doivent d'appliquer.

C'est d'ailleurs deux ans plus tard, en 2004, que le *Rapport mondial sur le développement humain* du PNUD (Programme des Nations unies pour le développement), intitulé *La liberté culturelle dans un monde diversifié*, liera de manière claire le développement équitable avec la diversité. Dans l'ambiance générale de la montée des droits collectifs humains, Il conclut sans ambages : « *La démocratie et la croissance équitable sont importantes pour favoriser l'intégration culturelle. Mais elles ne sont pas suffisantes. Des politiques multiculturelles visant l'intégration culturelle afin de reconnaître les différences, soutenir la diversité et atténuer les asymétries de pouvoir, sont également nécessaires.* » Pour le PNUD, la liberté culturelle offre aussi aux individus de choisir des modes de vie correspondant à leurs souhaits, ce qui, implicitement, signifie que chaque individu a le droit de choisir un mode de consommation conforme au développement durable, autrement dit pas forcément dans les standards de la consommation imposée par le système économique dominant : « *Les précédents rapports mondiaux sur le développement humain* [...] *ont examiné les manières dont les politiques de croissance équitable, l'élargissement des perspectives sociales et l'approfondissement de la démocratie peuvent accroître ces choix pour tous. Une autre dimension du développement humain, difficile à mesurer et même à définir, est d'une importance vitale : la liberté culturelle est essentielle à la capacité des individus de vivre comme ils le désireraient.* »

Les enjeux France : un arsenal de lois de protection de la diversité

L'exemple de la France se montre particulièrement illustratif. Notre pays dispose d'un arsenal important de lois qui protègent la diversité et créent des outils de lutte contre les discriminations. Le cinquième « considérant » du préambule de la Charte de l'environnement de 2004 estime que la diversité biologique, l'épanouissement de la personne, et les progrès de la société sont ensemble affectés par nos modes de production et de consommation actuels. C'est que le législateur constitutionnel réunit en un même bloc la préservation de la nature et le respect de la personne. Le Code du travail (L. 1131-1 au L. 1134-5), et le Code pénal (articles 225 1 à 225-4) ont introduit le respect de la diversité dans le monde du travail comme la lutte contre les discriminations (18 critères relèvent de sanctions pénales). La loi du 5 juillet 2000 a aménagé l'accueil et l'habitat des gens du voyage, et la loi du 27 mai 2008 a renforcé la lutte contre les discriminations dont est garante la Halde, Haute autorité chargée de la Lutte contre les discriminations et pour l'égalité. Mais les rapports officiels de la Commission nationale du développement durable ne font pas état des mesures protégeant la diversité, ce qui se révèle particulièrement regrettable. En revanche, tous les mouvements des droits de l'homme et les réflexions actuelles sur le développement humain, en particulier dans le monde des ONG, relient le développement durable au respect de la diversité, ceci en France comme dans tous les pays.

La diversité, un progrès pour l'entreprise

Le secteur privé, constatant qu'il lui fallait respecter les textes cités plus haut, particulièrement depuis la loi de 2001 sur les nouvelles régulations économiques, engagé dans des politiques actives de développement durable, traite ensemble les deux sujets. Si bien que pour beaucoup d'entreprises, le pilier social du développement durable s'illustre par *la promotion de la diversité dans l'entreprise.* Presque 1 800 entreprises en France ont signé la charte de la Diversité dans l'entreprise proposée en 2006 par Claude Bébéar, président d'honneur du groupe Axa, et Yazid Sabeg, commissaire à la diversité et à l'égalité des chances. Ce texte formé de six articles, propre au contexte français, considère que la diversité est un *progrès pour l'entreprise,* et ses signataires s'engagent à sensibiliser et former les dirigeants et collaborateurs impliqués dans le recrutement, la formation et la gestion des carrières aux enjeux de la non-discrimination et de la diversité. Il pousse à respecter et promouvoir l'application du principe de non-discrimination sous toutes ses formes et dans toutes les étapes de gestion des ressources humaines, à chercher à refléter la diversité de la société française et notamment sa diversité culturelle et ethnique dans l'effectif. Il incite à communiquer auprès de l'ensemble des collaborateurs l'engagement en faveur de la non-discrimination et de la diversité, à faire de l'élaboration et de la mise en œuvre de la politique de diversité un objet de dialogue avec les représentants des personnels, à inclure dans le rapport annuel un chapitre descriptif de l'engagement de non-discrimination et de diversité. Ce dernier engagement a été compris par beaucoup d'entreprises comme une incitation à développer cet aspect dans le rapport consacré aux informations sociales et environnementales visé par la loi NRE (Nouvelles régulations économiques). Dès lors, de nombreuses entreprises ont mis en place des politiques très spécifiques. C'est le cas chez HSBC, le Crédit Agricole, Schneider Electric, Eiffage, etc.

De simples bonheurs...

Au plan international, des sociétés privées souhaitent de plus en plus s'insérer dans des actions économiques destinées à aider des populations autochtones à identifier les ressources de leurs savoirs traditionnels valorisables dans le commerce international. Le PNUD, dans le rapport précité, préconisait aussi des avancées nécessaires : « *Si les normes actuelles de la propriété intellectuelle ne peuvent prendre en compte les savoirs traditionnels communément connus ou leurs attributs de propriété collective, alors il faudra changer les règles. Les prêts accordés aux pays et aux sociétés pour des projets qui acquièrent à tort des droits de propriété ou qui n'offrent pas de compensations aux communautés devraient être retirés.* » On peut considérer que, depuis la récente Conférence de Nagoya (Conférence des parties de la convention sur la biodiversité), c'est en partie chose faite, avec l'adoption du Protocole APA.

Dans *Les yeux ouverts*, Marguerite Yourcenar donne la plus belle définition du développement durable, alliant la communauté des trajectoires et la diversité des destins : « *Il n'y pas seulement pour l'humanité la menace de disparaître sur une planète morte, il faut aussi que chaque homme, pour vivre humainement, ait l'air nécessaire, une surface viable, une éducation, un certain sens de son utilité. Il lui faut au moins une miette de dignité et quelques simples bonheurs.* »

Lectures utiles

Rapport du PNUD sur le développement humain, 2004.

Un humanisme de la diversité, Alain Renaut, Flammarion, 2009.

« L'invention de la diversité culturelle », Jean Musitelli, *in Annuaire français du droit international* volume 51, 2005.

Pour une anthropologie des mondes contemporains, Marc Augé, Lavoisier, 1997.

Bibliographie

Partie 1 : Les grands enjeux (changement climatique, effet de serre, énergies, eau, pauvreté, développement, agriculture, biodiversité, mer)

Ouvrages

Ariès P., *L'histoire des populations françaises et de leur attitude devant la vie depuis le XVIII*[e] *siècle*, Seuil, réédition 1971.

Arrhenius S., Fourier J. *et al.*, *Sur les origines de l'effet de serre et du changement climatique*, Éditions la ville brûle, 2010.

Assouline J. et S., *Géopolitique de l'eau, nature et enjeux*, Studyrama, 2007.

Barbault R., *Un éléphant dans un jeu de quilles : l'homme dans la biodiversité,* Le Seuil, 2006.

Beckouche P., Lucon Z., Taithe A., Ipemed, *L'Eau en Méditerranée : fonder une stratégie commune*, L'Harmattan, 2010.

Belpomme D., *Ces maladies créées par l'homme*, Albin-Michel, 2004.

Bethemont J., *Géographie de la Méditerranée, Du Mythe unitaire à l'espace fragmenté*, Armand Colin, 2008.

Blida M., Thivet G., *Ressources et demandes en eau en Méditerranée, situation et perspectives*, Éditions John Libbey, 2009.

Bœuf G., *Aux origines de l'environnement*, Fayard, 2010 (citant Henri de Lumley, *La grande histoire des premiers hommes européens*), Odile Jacob, 2007.

Boiteux M., *L'Homme et sa planète*, Académie des sciences morales et politiques, Puf, 2003.

Camdessus M. *et al.*, *Eau*, Robert Laffont, 2004.

Chevalier J.-M., *Les 100 mots de l'énergie*, Puf, coll. « Que sais-je », 2008.

Chevalier J.-M., *Les grandes batailles de l'énergie*, Gallimard, « coll. Folio Actuel », 2004.

Comair F.G., *Gestion et hydrodiplomatie de l'eau au Proche-Orient*, Éditions L'Orient-Le Jour, Beyrouth 2008.

Diop S. et Rekacewicz P., *Atlas mondial de l'eau*, Autrement, 2007.

Duby G., *Histoire de la France rurale*, 1962.

Emelianoff C., Stegassy R., *Les pionniers de la ville durable*, Autrement, 2010.

Evans A. (ed.), *The Feeding of the Nine Billion : Global Food Security for the 21st Century*, Chatham House Report, Royal Institute of International Affairs, 2009.

IMS-Entreprendre pour la Cité, *La Société, une affaire d'entreprise ?*, Eyrolles, 2006.

Favennec J.-P., *Géopolitique de l'énergie*, Éditions Technip, 2007.

Furfari S., *Le monde et l'énergie – Enjeux géopolitiques,* tome II, « Les cartes en main », Éditions Galland F., *L'eau : un problème de sécurité collective*, Sécurité Globale, Choiseul, 2009.

Gemenne F., *Géopolitique du changement climatique*, Armand Colin, novembre 2009.

Ligue Roc, *Humanité et biodiversité : manifeste pour une nouvelle alliance*, co-édition Ligue Roc/Descartes et Cie, 2009.

Griffon M., *Nourrir la planète*, Odile Jacob, 2006.

Griffon M., *Pour des agricultures écologiquement intensives*, L'Aube, 2010.

Hervieu B., Mayer N., Muller P., Purseigle F., Remy J., *Les mondes agricoles en politique*, Presses de Sciences-Po, 2010.

Jany-Catrice F., *Les nouveaux indicateurs de richesse*, La Découverte, 2005.

Jouzel J. et Debroise A., *Le climat, jeu dangereux*, Dunod, avril 2007.

Le Treut H. *et al.*, *Changement climatique : les savoirs et les possibles*, Éditions la ville brûle, 2010.

Margat J., *L'eau des Méditerranéens : situation et perspectives*, L'Harmattan, 2008.

Orsenna E., *L'avenir de l'eau*, Fayard 2008.

Petrini C. *Buono, pulito e giusto. Principi di nuova gastronomia*, Einaudi, 2005.

Reddy K.R., Hodges R.F., *Climate change and global crop productivity*, CABI, Wallingford, 2000.

Rosenzweig C., Hillel D., *Climate change and the global harvest*, Oxford University Press, 1998.

Sassi O., Aycard M., *Atlas historique de la Méditerranée*, Fayard, 2009.

Seguin B., Brisson N., Loustau D., Dupouey J.L., *L'homme face au climat*, Odile Jacob, 2006.

Soussana J.F., *Demeter,* Armand Colin, 2001.

Theys J., du Tertre C., Rauschmayer F., *Le développement durable, la seconde étape*, Éditions de l'Aube, 2009.

Viveret P., *Reconsidérer la richesse*, Éditions de l'Aube, 2003.

Périodiques

Alan J.A., "Virtual water : a strategic resource : Global solutions to regional deficits", *Groundwater,* 36 (4) : 545-546,1998.

Besbes M *et al.*, "Changing water resources and food supply in arid zones : Tunisia, 2009. *In* : Schneier-Madanes G, Courel MF, eds. *Water and sustainability in arid regions.* Paris : Springer, CNRS éditions.

Blanc P., « Liban, Israël : les dessous hydropolitiques d'une tension », Pierre Blanc, *Moyen-Orient*, n° 5, avril-mai 2010.

Brisset C., « La malnutrition au banquet des puissants ? », *Le Monde diplomatique*, novembre 2009.

de Charrette H., « Les enjeux méditerranéens : l'eau entre guerre et paix », *Les cahiers de la convention démocrate*, L'Harmattan 2004.

Delecolle R., Soussana J.F., Legros J.P., *Acad. Agric. Fr. C. R*, 85 (1999) 45-51.

Denis J.-J., « Euro-Méditerranée/Eurarabies ? », *Outre-Terre* n° 23. « Les défis de la santé en Méditerranée », (p. 31-38).

Hoekstra A.Y., Chapagain A.K, "Water footprints of nations : water use by people as a function of their consumption pattern", 2007, *Water resources Management*, 21:35-48.

Nicolazo J.-L., Redaud J.-L., *Les agences de l'eau, in* Johanet 2007.

Pisani-Ferry J., « L'année dernière à Copenhague », *Le Monde*, 11 janvier 2010.

Redaud J.-L., *Planète eau, repères pour demain, in* Johanet, 2000.

Roche P.A., Zimmer D. « Eau, aménagement et usages », 2006, in *Rapport RST de l'Académie des Sciences, Les Eaux Continentales*, direction G. de Marsily, 11-101.

Schmidhuber J., *PNAS,* F N., 104, 19703-19708 (2007).

Seguin B., Garcia de Cortazar, *Acta Horticulturae,* I, (2005), 689,61-71.

Zimmer, D., Renault, D., "Virtual water in food production and global trade", 2002, *Review of methodological issues and preliminary results.* Proceedings of the International Expert Meeting on Virtual Water Trade (ed. by Hoekstra A.Y.), Value of Water Research Report Series n° 12, IHE, Delft, 2003, 93-107.

« La Méditerranée assassinée », in *Peuples méditerranéens*, n° 62-63, janvier-juin 1993.

Rencontres d'Averroès, n° 14 : *La Méditerranée au temps du monde*, Parenthèses, 2008.

La responsabilité sociale des entreprises françaises, Alternatives économiques, hors-série, novembre 2009.

Littérature grise

Bois-énergie, solaire et emploi en Poitou-Charentes, Syndex, octobre 2007.

Changement climatique et emploi, Syndex, avril 2007.

Les dérèglements climatiques, les nouvelles politiques industrielles et les sorties de crises, Syndex, octobre 2009.

Gestion prévisionnelle des emplois et des compétences dans les secteurs de l'industrie et de l'énergie impactés par le Grenelle de l'environnement et l'évolution du système européen ETS d'échange des droits d'émission des gaz à effet de serre, Syndex, mai 2010.

Politique maritime de la France : une ambition maritime pour la France, Groupe Poséidon, La Documentation française.

Livre bleu *Stratégie nationale pour la mer et les océans.*

Livre vert : *Vers une politique maritime de l'Union : une vision européenne des océans et des mers*, SEC, 2006.

Données économiques maritimes françaises 2007 (Ifremer).

Énergies renouvelables marines : étude prospective à l'horizon 2030, Éditions Quæ.

Des énergies marines en Bretagne : à nous de jouer, Conseil économique et social de Bretagne.

État de l'environnement et du développement en Méditerranée, PNUE/PAM-Plan Bleu, 2009.

La biodiversité à travers des exemples : les réseaux de la Vie, CSPNB et MEEDDM, téléchargeables depuis www.biodiversité2010.fr

Les écosystèmes et le bien-être, HumanWorld Ressource Institute, (2005), Synthèse de l'évaluation du millénaire pour les écosystèmes, disponible sur le Net.

La biodiversité par les exemples, Conseil scientifique du patrimoine naturel et de la biodiversité, (2006, 2008), tomes I et II, ministère de l'Écologie, de l'Énergie, du Développement durable et de la Mer.

Stratégie nationale pour la biodiversité, rapport d'activité 2008, Direction de l'Eau et de la Biodiversité (2009), disponible sur le site du MEEDDM.

Rapport du Groupe de travail I – Les éléments scientifiques : www.ipcc.ch/publications_and_data/ar4/wg1/fr/contents.htm

Les trois rapports du pacte de solidarité écologiques remis à Valérie Létard en février 2010 :

Transformation des modes de vie, des comportements et de la consommation : www.developpement-durable.gouv.fr/IMG/pdf/synthese_et_rapport_transformation.pdf ;

Amélioration de la qualité de vie dans les territoires : www.developpement-durable.gouv.fr/IMG/pdf/synthese_et_rapport_amelioration_qualite_de_vie_dans_territoires.pdf ; Mobilisation citoyenne et sociale : www.developpementdurable.gouv.fr/IMG/pdf/synthese_et_rapport_mobilisation_citoyenne_et_sociale.pdf

Rapport de Madame Bruntland sur le développement durable, *Notre avenir à tous* :

Rapport de Joseph Stieglitz sur la mesure des performances économiques et du progrès : www.stiglitz-sen-fitoussi.fr

Le monde en 2025 – La montée en puissance de l'Asie et la transition socio-économique, Commission européenne (ftp://ftp.cordis.europa.eu/pub/fp7/ssh/docs/le_monde_en_2025_fr.pdf).

Les soins de santé primaires – Maintenant plus que jamais, Rapport sur la santé dans le monde, hors série, World Health Organization, 2008.

L'Organisation mondiale du commerce, La Documentation française (mis à jour en décembre 2009). www.ladocumentationfrancaise.fr/dossiers/omc/index.shtml

2010 développement et changement climatique – Pour un climat favorable au développement, Rapport sur le développement dans le monde, version préliminaire, La Banque mondiale. http://siteresources.worldbank.org/INTWDR2010/Resources/5287678 1226014527953/Overview-French.pdf

Conseil économique et social, *La stratégie nationale de développement durable 2009-2013* : www.conseil-economique-et-social.fr/rapport

Étude prospective régionale n° 10 : des indicateurs régionaux de développement humain dans le Nord-Pas-de-Calais et en Wallonie, juin 2006.

Projet Stratégie nationale de développement durable (2009-2013), www.ladocumentationfrancaise.fr/rapports-publics/104000065.

Plan national santé environnement 2 (2009-2013), www.sante-sports.gouv.fr/deuxieme-plan-national-sante-environnement-pnse-2-2009-2013.html

Règlement (CE) n° 1907/2006 du Parlement européen et du Conseil, du 18 décembre 2006, concernant l'enregistrement, l'évaluation et l'autorisation des substances chimiques, ainsi que les restrictions applicables à ces substances (REACH), instituant une agence européenne des produits chimiques.

Intégrer le développement durable dans les politiques de l'UE : rapport de situation 2009 sur la stratégie de l'Union européenne en faveur du développement durable. Communication de la Commission au Parlement européen, au Conseil, au Comité économique et social européen et au Comité des régions, http://europa.eu/legislation_summaries/agriculture/environment/l28117_fr.htm.

Loi de programme relatif à la mise en œuvre du Grenelle de l'environnement du 3 août 2009, dite Grenelle 1, www.senat.fr/dossierleg/pjl08-042.html.

Projet de loi d'engagement national pour l'environnement, dit Grenelle 2, http://www.senat.fr/dossierleg/pjl08-155.html.

Les discriminations à raison de l'origine dans les embauches en France, BIT, mars 2007.

The anatomy of a silent crisis of Global humanitarian forum 2009, www.ghfgeneva.org/Portals/0/.../human_impact_report.pdf

Grenelle de l'environnement : Instaurer un environnement respectueux de la santé, www.legrenelle-environnement.fr

Deuxième Plan national santé environnement (PNSE2), 2009-2013, www.ecologie.gouv.fr/IMG/pdf/PNSE_2_OO. pdf

Troisième rapport du World Water Assessment Programme, *Water in a Changing World*, www.unesco.org/water/wwap/wwdr/wwdr3/

Plan Bleu : *Méditerranée, les perspectives du Plan Bleu sur l'environnement et le développement.*

Stratégie méditerranéenne pour le développement durable, PNUE/PAM, Athènes 2005.

Les instruments durables de la gestion de l'eau, rapport de la Cour des comptes, 2010.

Données sur les ressources en eau et observatoire des services d'eau, in www.onema.fr

Évaluation du coût des impacts du changement climatique et de l'adaptation en France, MEEDDM/DGEC, 2010, www.onerc.gouv.fr

Les activités économiques dans le monde liées à l'eau, Rapport du CES, 2008.

L'économie des services publics de l'eau et de l'assainissement, novembre 2008, www.fp2e.org

Agriculture for Development, World Development Report 2008, World Bank, Washington, 2007.

The state of food insecurity in the World 2009. Economic crises : impacts and lessons learned, Roma, FAO, 2009.

The environmental food crisis. The environment's role in averting future food crises, United Nations Environment Programme (UNEP), February 2009.

Agricultural Outlook 2009-2018, FAO and OECD, Roma, 2009.

Mediterra 2010. Atlas des agricultures, de l'alimentation, de la pêche et des mondes ruraux en Méditerranée, CIHEAM, rapport annuel, Les Presses de Sciences-Po, Paris, février 2010.

Les oubliés de l'égalité des chances, Yazid Sabeg et Laurence Méhaignerie, Institut Montaigne, janvier 2004.

L'eau en Méditerranée : fonder une stratégie commune services de l'eau, climat et sécurité : Services de l'eau, climat et sécurité, L'Harmattan, 2010.

Climate Change 2007 : Climate Change Impacts, adaptations and vulnerability, IPCC Working Group II, Easterling W. *et al.* Food, fibre, and forest products, Cambridge University Press (2008).

The World Health Report 2007 – A safer future : global public health security in the 21st century, WHO, Geneva, 2008.

Partie 2 : Les politiques publiques (rôle des acteurs, stratégies)

Ouvrages

Bernier A., *Le climat, otage de la finance*, Mille et une nuits, 2008.

Braudel, F., *Civilisation matérielle et capitalisme, XVe-XVIIIe siècle* (vol. 1 : *Les structures du quotidien*, vol. 2 : *Civilisation matérielle et capitalisme*, vol. 3 : *Le temps du monde*), 1979, Armand Colin, Coll. « Destins du monde ».

Calame P., *La démocratie en miettes*, Descartes et Cie, 2003.

Calame P., *Essai sur l'œconomie*, ECLM, 2009.

Callon M., Lascoumes P., Barthes Y., *Agir dans un monde incertain,* « La Couleur des idées », Seuil, 2001.

Canfin P., Voynet D., *L'économie verte expliquée à ceux qui n'y croient pas*, Les Petits Matins, 2007.

Canfin P., Cohn-Bendit D., *Le contrat écologique pour l'Europe*, Les Petits Matins, 2009.

Courgey S., Oliva J.-P., *La conception bioclimatique,* Terre Vivante.

Crocq L., Huberson S., Vraie B., *Gérer les grandes crises sanitaires, écologiques, politiques et économiques*, Odile Jacob, 2009.

Emelianoff C., *et al.*, *Les pionniers de la ville durable*, Autrement, 2010.

Ewald F., *Aux risques d'innover*, Autrement, 2009.

Fernandez P., Lavigne P., *Concevoir des bâtiments bioclimatiques : fondements et méthodes*, Le Moniteur, 2009.

Gilbert C. (dir.), *Risques collectifs et structures de crises – Apports de la recherche en sciences humaines et sociales*, L'Harmattan, 2003.

Gillmor D., *We the media*, O'Reilly Media, 2004.

Glemarec Y., Nuttall C. *et al.*, *Charting a new Low-Carbon Route To Development : A primer on Integrated Climate change Planning for Regional Governments*, UNDP, 2009.

Kaplan D., Marzloff B., *Pour une mobilité plus libre et plus durable,* FYP éditions, 2009.

Kazazian T., *Il y aura l'âge des choses légères*, Victoires éditions, 2003.

Kneen B., *Les aliments trafiqués*, Écosociété, 2000.

Lagadec P., *La gestion de crise*, McGraw-Hill, 1991.

Lagadec P., Guilhou X., *La fin du risque zéro*, Eyrolles – Les Échos éditions, 2002.

Lazzeri Y., Moustier E., *Le développement durable dans l'espace méditerranéen : une gouvernance à inventer, enjeux et propositions*, L'Harmattan, 2010.

Lemoine P., *La nouvelle origine*, Nouveaux débats publics, 2007.

Manel A., *Historique, enjeux et conditions des politiques internationales pour un développement durable*, SES, 2005.

Maugard A., Cuisinier J.-P., *Regard sur la ville durable : vers de nouveaux modes de vie*, CSTB, 2010.

Nouzille V., *Les empoisonneurs*, Fayard, 2005.

de Perthuis C., *Et pour quelques degrés de plus…*, Pearson, 2010.

Prévot H., *Trop de pétrole*, Le Seuil, 2007.

Rosanvallon P., *La contre-démocratie,* Seuil, 2006.

van Staëvel E., *La pollution sauvage*, PUF, 2006.

Singh K., *Aviation and Environmental Pollution*, LAP Lambert Academic Publishing AG & Co KG, 2010.

Stiegler B., *Pour en finir avec la mécroissance*, Flammarion Lettres, 2009.

Suren E., Vers une écologie industrielle, ECLM, 2e édition, 2004.

Taleb N., *Le cygne noir : la puissance de l'imprévisible*, Les Belles Lettres, 2008.

Buland F., *Construire une maison bioclimatique*, L'Inédite, 2008.

Tirole J., *Politique climatique : une nouvelle architecture internationale*, La Documentation française, 2009.

Toffler A. *et al.*, *Richesse révolutionnaire*, Plon, 2007.

Vu B., *Le guide de l'habitat passif*, Eyrolles, 2008.

Vu B., *Maison basse consommation*, Eyrolles, 2010.

Atlas des relations internationales, Étude, 2008.

Atlas des développements durables, Autrement, 2008.

Le débat public : une expérience française de démocratie participative, Recherches, La Découverte, 2007.

Périodiques

Brodhag, C., Talière, S., *Sustainable development strategies : Tools for policy coherence*, Natural Resources Forum, 30 (2), pp. 136-145, 2006.

Hernu P., Emilian Y., « En quoi la régulation du développement durable permet-il de réguler la finance ? », *Crise et Finance durable* in *Banque & Stratégie*, n° 267, février 2009.

Laponche B., Prospective et enjeux énergétiques mondiaux, AFD, document de travail n° 59, janvier 2008.

Sabban M., « Réchauffement climatique : les régions veulent avancer sans attendre les États, une mutation en profondeur », *Le Monde*, mercredi 30 décembre 2009.

Stratégies métropolitaines, Institut d'aménagement et d'urbanisme d'Île-de-France, Paris, Cahiers n° 151, 2009.

Une expertise de l'empreinte écologique, Observation et repère statistiques n° 16 janvier 2010.

La révolution de l'économie verte, Problèmes économiques, n° 2966, mars 2009.

Les indicateurs de développement durable, La Revue du CGDD, janvier 2010.

Cahiers du Gemdev (groupement d'intérêt scientifique pour l'étude de la mondialisation et du développement). Voir en particulier les Cahiers, n° 3, 26 et 28.

Politique internationale n° 126 – dossier spécial, *Pour une finance durable*, février 2010.

« La Finance carbone », *Revue d'économie financière*, n° 83 (2006).

Green New Deal : Regional Solutions, Financial Times Special Report, September 21, 2009.

Green New Deal : Financing regional solutions, Financial Times Special Report, Monday December 14, 2009.

« Énergie-climat : sur la route de Copenhague », *Régions Magazines*, 4e trimestre 2009.

Littérature grise

Rapport *TIC et développement durable*, CGTI-CGEDD, décembre 2008.

Rapport Développement éco-responsable et TIC, CGIET, septembre 2009.

Étude de l'impact environnemental des achats sur Internet et dans le commerce traditionnel, Fevad, juin 2009.

La Stratégie nationale de développement durable, Comité interministériel pour le développement durable, 3 juin 2003.

Agir dans la dynamique européenne. Volume I : *Objectifs stratégiques et instruments* ; volume II : *Programmes d'action* ; volume III : *Douze indicateurs phares de développement durable*. http://lesrapports.ladocumentationfrancaise.fr/BRP/104000065/0000.pdf

La stratégie nationale de développement durable de la France : rapport sur la revue par les pairs et le processus d'apprentissage en commun, ministère de l'Écologie, ministère des Affaires étrangères,

Les indicateurs du développement durable et l'empreinte écologique, MEEDDM/ Commissariat général au développement durable.

La croissance verte : quels impacts sur l'emploi et les métiers ? www.strategie.gouv.fr.

Globalization of Science and Engineering Research, Arlington, VA (NSB 10-03), USA, January 2010, www.nsf.gov.

CleanTech Jobs trends 2009, Clean Edge, Inc., www.cleanedge.com.

High road or low road ? Job quality in the new green economy, A report by Good Jobs First, Commissioned by Change to Win, Sierra Club, the Laborers International Union of North America, and the International Brotherhood of Teamsters February 2009, DC-USA.

Rapport mondial sur le développement humain, Programme des Nations unies pour le développement, La Découverte, 2009.

Stratégie post-i2010 – vers une société de la connaissance ouverte, compétitive et verte, Rapport de la Commission Transports et Télécom, Commission européenne.

Rapport du PNUE sur l'économie verte, www.unep.org/greeneconomy.

Étude sur les technologies vertes du Fonds mondial pour la nature (WWF), www.wwf.org.

Industrie des TIC, Rapport d'étape du groupe de travail, www.medef.com.

Développement éco-responsable et TIC (Detic), Rapport du Conseil général de l'industrie, de l'énergie et des technologies.

Competitive Cities and Climate Change", Kamal-Chaoui, Lamia and Alexis Robert, 2009, *OECD Regional Development Working Papers n° 2*, 2009, OECD publishing.

Analyse économique et développement durable dans le secteur des transports : le rapport Boiteux II,

Annales des Mines, octobre 2001, 55.

Site du MEEDDM : www.developpement-durable.gouv.fr/Grenelle-2-un-changement-essentiel.html sur le thème du Grenelle 2 : un changement essentiel dans le domaine des transports

The world energy outlook, International Energy Agency, 2008.

"Aviation, the real World Wide Web", par Oxford Economics – http://www.oxfordeconomics.com/free/pdfs/ox_econ_aviation_report/main.html

"Aviation and the Global atmosphere", un rapport special du GIEC – http://www.grida.no/publications/other/ipcc_sr/?src=/climate/ipcc/aviation/125.htm#img84

"Plane simple truth", par Geoffrey Thomas

"The beginner's guide to aviation biofuels" par ATAG – http://www.enviro.aero/Biofuels.aspx

"The beginner's guide to aviation efficiency" par ATAG – http://www.enviro.aero/Content/Upload/File/ATAG_BeginnersGuidetoAviationEfficiency_WEBRESO.pdf

Rapport sur le développement dans le monde : repenser la géographie économique, Banque mondiale, De Boeck, 2009.

Kit d'information sur les Plans climat-énergie territoriaux, Réseau Action Climat France, 2008.

Transports et environnement : comparaisons européenne, Études et documents, Commissariat général au développement durable, MEEDDM, avril 2009.

Transport durable et développement économique, Corinne Meunier et Thomas Zeroual, *in Développement Durable et Territoires*, Dossier 8 http://developpementdurable.revue.org

Programme Action 21 (Agenda 21), Cnued (1992), Conférence des Nations unies sur l'environnement et le développement, Rio.

Conférence SCORE (Sustainable Consumption Research Exchange), Bruxelles, mars 2008.

Intergovernmental Panel on Climate Change – Fourth Assessment Report (www.ipcc.ch).

Actes de la Conférence nationale sur les indicateurs de développement durable, MEEDDM-CESE-Cnis, mercredi 20 janvier 2010.

Conférence de Copenhague sur le changement climatique, http://en.cop15.dk

L'UE contre la coupe illégale du bois : http://ec.europa.eu/development/policies/9interventionareas/environment/forest/forestry_intro_fr.cfm

Intégration de l'environnement dans la politique de développement de l'UE : http://ec.europa.eu/development/policies/9interventionareas/environment_fr.cfm

Rapport annuel 2009 sur les politiques communautaires en matière de développement et d'aide extérieure et sur leur mise en œuvre en 2008, http://bookshop.europa.eu/is-bin/INTERSHOP.enfinity/WFS/EU-Bookshop-Site/fr_FR/-/EUR/ViewStandardCatalog-Browse?CatalogCategoryID=aLoKABstP1sAAAEjGIkY4e5K

The Economics of Ecosystems and Biodiversity, Pavan Sukhdev, 2009, www.teebweb.org

Développement durable : mise en œuvre d'Action 21, du Programme relatif à la poursuite de la mise en œuvre d'Action 21 et des textes issus du Sommet mondial. 64e session, 2e commission, point 53a, A/C.2/64/L.59, (p. 8), AG ONU (3 décembre 2009), New York.

The Stern Review on the Economics of Climate Change (webarchive.nationalarchives.gov.uk).

Ernst&Young – Ministère de l'Écologie, de l'Énergie, du Développement durable et de la Mer : *Réaliser un projet MDP ou MOC* (www.exporter.gouv.fr).

Banque mondiale : *States and Trends of the Carbon Market 2008* (siteresources.worldbank.org).

L'élu, l'énergie et le climat – L'essentiel de ce que les collectivités territoriales doivent savoir, Amorce, 2008.

Le guide méthodologique, Ademe, 2009, www.pcet-ademe.fr

Un Plan climat à l'échelle de mon territoire, Guide Ademe, Énergie-Cités, MIES, MEDD, AMF, 2005. Guide téléchargeable depuis www2.ademe.fr

Materializing policies force sustainable use and economy-wild management of ressources, 2006, Wuppertal Institute (www.wupperinst.org).

Carbon Free Prosperity 2025, Clean Edge, Inc. and Climate Solutions, 2008.

Partie 3 : L'entreprise responsable

Ouvrages

Acot P., *Histoire de l'écologie*, Presses Universitaires de France, Paris, 1988.

Audouin A., Courtois A., Rambaud A., *La communication responsable*, Eyrolles, 2009, réédition 2010.

L'agriculture biologique, Chiffres 2009, collectif, La Documentation française, août 2009.

de Backer P., *Les indicateurs financiers du développement durable*, Éditions d'Organisation, 2005.

Bachman G., *A one stop resource for businesses of all shapes and sizes to implement eco-friendly policies, programs and practices*, The Green Business Guide, Carrer Press, 2009.

Bourg D., « Économie de fonctionnalité et intelligence économique dans un contexte de finitude des ressources », in P. Veltz et Th. Paris (éd.), *L'Économie de la connaissance et ses territoires*, Paris, Hermann, 2010.

Bourg D., Grandjean A., Libaert T., *Entreprises et environnement. En finir avec les discours*, Village mondial, 2006.

Buckland D., MacGilp A., Parkinson S., *Burning Ice : Art and Climate Change*, éd. Cape Farewell, 2006.

Capron M., Quairel-Lanoizelée F., *La responsabilité sociale de l'entreprise*, La Découverte, 2007.

Davidson H., *The Committed Enterprise*, Butterworth-Heinemann, 2002.

Delchet K., *Développement durable : l'intégrer pour réussir : 80 PME face au SD 21000*, Afnor, 2007.

Fel L, *L'esthétique verte,* Champs Vallon, Paris, 2009.

Hulot N., Comité de veille écologique *Pour un pacte écologique,* Paris, Calmann-Lévy, 2006.

Humières (d') P., *Le développement durable va-t-il tuer le capitalisme ?*, Maxima, 2010.

Laville E., *L'entreprise verte : Le développement durable change l'entreprise pour changer le monde*, Village Mondial, 2006.

Lovins A., *The natural Capitalism*, Paul Hawken, 2003.

Moutot J.-M., Bascoul G., *Marketing et développement durable*, Dunod, 2009.

Orsato R. J., *Sustainability Strategies : When does it pay to be green ?*, Palgrave Mac-Millan, 2009.

du Tertre C., « Économie de la fonctionnalité, développement durable et innovations institutionnelles », *L'économie des services pour un développement durable. Nouvelles richesses, nouvelles solidarités*, Éd. Heurgon et J. Landrieu (coord.), L'Harmattan, Paris, 2007.

Pastore-Reiss E., *Le marketing durable*, Eyrolles, 2006.

Querne I ; Widloecher P., *Le guide du développement durable en entreprise*, Éditions d'Organisation, 2009.

Reynaud E., *Le développement durable au cœur de l'entreprise : pour une approche transverse du développement durable*, Dunod, 2006.

Rouer M., Gouyon A., *Réparer la planète, la révolution de l'économie positive*, 2007.

Valantin J.-M., *Hollywood, le Pentagone et Washington, les trois acteurs d'une stratégie globale*, Autrement, 2010.

Valantin J.-M., *Écologie et gouvernance mondiale*, Autrement, 2007.

Valantin J.-M., *Menaces climatiques sur l'ordre mondial*, Lignes de repères, 2005.

de Woot P., *Responsabilité sociale de l'entreprise : faut-il enchaîner Prométhée ?*, Economica, 2004.

Capitalism at the crossroads : The Unlimited Business Opportunities in Solving the World's Most Difficult Problems, Stuart L. Hart, 2004.

Le management durable. Du concret pour réussir ensemble, Chronique Sociale, 2004.

Ma maison douce : aménager une maison économique et écologique, CLCV-éditions Vuibert, 2009.

Éco écolo en famille : consommer mieux en dépensant moins, CLCV-éditions Vuibert, 2009.

Harvard Business Review on green business strategy, Harvard Business School Press, 2007.

Périodiques

Bourg D., Buclet N., « L'économie de fonctionnalité. Changer la consommation dans le sens du développement durable », *Futuribles*, n° 313, novembre 2005.

Dumas D., « L'esthétique environnementale d'Allen Carlson. Cognitivisme et appréciation esthétique de la nature », *Æ Canadian Aesthetics Journal/Revue canadienne d'esthétique*, volume 6, Fall/Automne 2001.

The aesthetic appreciation of nature, Budd M., Oxford University Press, New York, 2002.

Aesthetics and the Environment. The Appreciation of Nature, Art and Architecture, Carlson A., Routledge, London, 2000.

Steinberger J., van Niel J., Bourg D., "Profiting from negawatts : Reducing absolute consumption and emissions through a performance-based energy economy", *Energy Policy*, 37 (2009), pp. 361-370.

« Des mots qui brûlent : communiquer sur le changement climatique », in *La revue durable,* n° 23.

Littérature grise

Catalogue en ligne de l'exposition Rethink, *Contemporary Art & Climate Change* (Copenhague, décembre 2009) www.rethinkclimate.org

Les pratiques d'égalité professionnelle entre les hommes et les femmes dans les entreprises, www.egaliteprofessionnelle.org

Les achats durables : un levier essentiel de la sortie de crise ? Livre blanc fondé sur le Baromètre HEC/Ecovadis 2009 et sur des entretiens avec vingt et un directeurs achats européens.

Norme Afnor sur les lignes directrices pour l'intégration des enjeux du développement durable dans la fonction achats.

La commande publique régionale au service du développement durable : production de recommandations illustrées par des retours d'expériences, février 2008, Comité 21.

Achats et développement durable, Comité 21, éditions Afnor, 2005.

Rapport sur les achats publics durables dans le cadre du Comop n° 4 du Grenelle de l'environnement, 2008.

Répertoire « *Achats et développement durable* », Orse, 2007.

Collection of statistical information on Green Public Procurement in the EU Report on data collection results, PricewaterhouseCoopers et Ecofys.

Unchaining Value Innovative approaches to sustainable supply, Sustainability, Unep, Global Compact.

Circulaire du Premier ministre du 3 décembre 2008 sur l'exemplarité de l'État au regard du développement durable dans le fonctionnement de ses services et de ses établissements publics.

Étude prospective sur l'économie de fonctionnalité en France, mémoire dans le cadre du mastère spécialisé management du développement durable de HEC Paris, sous la direction d'Alan Fustec, et sous l'impulsion de la FNH par V. Combe, S. Perrier, B. Pireyn et C. Richard.

Evaluation CarSharing (pdf), étude de l'Office fédéral de l'environnement en allemand avec un résumé en français et en anglais :

www.bfe.admin.ch/php/modules/publikationen/stream.php?extlang=de&name=de_606183202.pdf (13 août 2008).

L'économie fonctionnelle, vers un nouveau modèle économique, rapport remis dans le cadre du Grenelle de l'environnement par Ch. Gobin (Vinci Construction France).

Rapport final au ministre d'État, ministre de l'Énergie, de l'Écologie, du Développement durable et de l'Aménagement du territoire présenté par J.-M. Folz, Grenelle de l'environnement, Chantier n° 31, Groupe d'étude « Économie de fonctionnalité », rapport comportant en annexe une étude d'Ernst & Young.

Rayonnements, OGM, nanotechnologies, danger ou progrès ? Les services publics locaux mode d'emploi : les éléments pour participer au débat public local et dans les commissions consultatives.

Le dossier de Médiaterre sur les étapes de la négociation ISO 26000 : *www.mediaterre.org/dossiers, 26000.html*

La responsabilité sociale des entreprises : un levier de transformation du dialogue social, ORSE, 2009, et *Répertoire sur les pratiques d'égalité professionnelle entre les hommes et les femmes dans les entreprises*, 2009, www.orse.org

RH et développement durable – une autre vision de la performance, B. Calisti, F. Karolewicz, 2005.

HALDE, *Résultats des enquêtes sur l'égalité dans l'entreprise*, 2008.

Recueil des bonnes pratiques seniors, ministère de l'Économie-Vigeo, 2009.

La mobilisation des équipes pour le développement durable, Comité 21 et Des enjeux et des Hommes, 2009.

Publié par la CLCV en partenariat avec l'association Italienne Adiconsum, le guide du consommateur : *Économies d'énergie et énergies renouvelables dans les habitations,* avec le concours de l'Ademe, dans le cadre du programme européen Enerbuilding.

Rapport remis en janvier 2010 à Valérie Létard, secrétaire d'État au développement durable, par la CLCV et ATD Quart Monde, *Transformation des modes de vie, des comportements et de la consommation,* dans le cadre de la préparation du pacte de solidarité écologique.

Enquête européenne réalisée par Consumers International publiée en mai 2010, sur les politiques de responsabilités sociales de 35 chaînes de supermarchés en Belgique, au Danemark, en France, en Grèce, en Italie, en Pologne, au Portugal et en Espagne, à laquelle la CLCV a participé en interrogeant Auchan, Carrefour, Intermarché, Casino, Système U, Cora et Leclerc (www.consumersinternational.org).

Passeport éco-produit, Publication Ademe.

Guide de l'achat public écoresponsable, Observatoire économique de l'achat public, ministère de l'Économie, de l'Industrie et de l'Emploi.

De la sensibilisation aux changements de comportement, Aurélien Boutaud, Communauté urbaine du Grand Lyon, décembre 2009.

Sites

www.novethic.fr
www.unpri.org
www.eurosif.org
www.officiel-isr.org
www.buy-and-care.com
http://ec.europa.eu/environment/gpp/index_en.htm
www.energies-demain.com
www.agencebio.org
www.prixdelacroissancevertenumerique.eu
www.acidd.com
www.greenandconnectedcities.eu
www.e-activites-durables.eu
www.fing.org
www.villes-internet.net
www.gillesberhault.com/ressources (rapports et études récentes sur les TIC et le développement durable)

www.legambiente.com (rapport écomafias)
www.ltic.org
www.caissedesdepots.fr
http://development.donoratlas.eu (atlas européen de l'aide au développement)
www.iddri.org
www.diplomatie.gouv.fr
www.developpement-durable.gouv.fr
www.un.org/french/millenniumgoals (objectifs du millénaire pour le développement)
www.nrg4sd.org/
www.theclimategroup.org/
http://gov.ca.gov/press-release/14032/
www.aer.eu/fr/presse/2010/sur-la-route-de-copenhague-a-cancun.html
www.debatpublic.fr
www.ademe.fr
www.millenniumassessment.org
www.fondationchirac.eu
www.reportingrse.org
http://climat.meteofrance.com/chgt_climat/accueil
www.halde.fr
www.stop-discrimination.info
www.ecoresponsabilite.environnement.gouv.fr
www.mdrgf.org
www.artac.info
www.appeldelajeunesse.org
www.eaufrance.fr
www.lesagencesdeleau.fr
www.partenariat-francais-eau.fr
www.stiglitz-sen-fitoussi.fr
http://aspofrance.org
www.manicore.com (blog de Jean-Marc Jancovici)
www.waterfootprint.org
www.coalition-eau.org
www.encyclopedie-dd.org
www.charte-diversite.com

Composé par STDI

Sources Mixtes
Groupe de produits issu de forêts bien gérées, de sources contrôlées et de bois ou fibres recyclés.
www.fsc.org Cert no. BV-COC-070701
© 1996 Forest Stewardship Council
FSC

Achevé d'imprimer : EMD S.A.S.
N° d'éditeur : 4123
N° d'imprimeur : 24558
Dépôt légal : février 2011
Imprimé en France

Cet ouvrage est imprimé - pour l'intérieur - sur papier Ambergraphic 90 g des papeteries Artic Paper, dont les usines ont obtenu la certification environnementale ISO 14001 et opèrent conformément aux normes ECF et EMAS